중국역사지리

중국 시공간으로의 여행

이 책의 저작권은 저자와 독점 계약한 내일의 나에 있습니다.
저작권법에 의해 한국 내에서 보호를 받는 저작물이므로 무단 전재와 복제를 금합니다.

중국역사지리

중국 시공간으로의 여행

2023년 1월 15일 초판 1쇄 발행
2025년 6월 20일   2쇄 발행

지 은 이	유원준
편 집	유해민
디 자 인	유해민
인 쇄	(주)아트인
펴 낸 곳	내일의나
펴 낸 이	유해민
등 록	제2020-000045호
주 소	서울특별시 강북구 도봉로 369 3층
전 화	(02)997-0140
이 메 일	metomorrow@naver.com
블 로 그	blog.naver.com/metomorrow
인스타그램	www.instagram.com/publisher_tomorrow
홈 페 이 지	www.me-tomorrow.com
I S B N	979-11-969952-4-9(93910)
값	28,000 원

■이 도서는 한국출판문화산업진흥원의 '2022년 중소출판사 출판콘텐츠 창작 지원 사업'의
  일환으로 국민체육진흥기금을 지원받아 제작되었습니다.

중국역사지리
중국 시공간으로의 여행

유원준 지음

┃일러두기┃

1) 지명과 인명에 관한 표기는 한자음을 중심으로 하였다.
2) 현 중국의 행정구획은 1급 행정단위인 성省과 직할시, 그 아래에 광역시 개념의 지급地級도시, 다시 그 아래에 일반 도시인 현급縣級 도시와 현縣이 있다. 산동성 봉래시蓬萊市의 경우 지급地級 연대시烟臺市 관할의 현급縣級 봉래시蓬萊市이다. 따라서 북경·천진·상해·중경 등 4개 직할시는 시명市名만, 지급시는 성省·시명市名을, 현급시는 성省·지급시地級市·현급시명縣級市名을 모두 기술하였다.
3) 19세기 이전 인물만 생몰 연도를 표기하고 20세기 인물은 특별한 경우에만 표기하였다.
4) 참고자료에 포털은 별도 표기하지 않았다.

목차_중국 시공간으로의 여행

저자의 말

머리말
- 시간과 공간_21
- 자연경관과 문화경관_23
- 환경과 역사_25
- 관련 문헌 소개_27
- 표기법 및 통계_32

제1장 역사지리 : 시간과 공간의 만남

제1절
중국 이해의 균형 찾기

1. **중국이라는 나라**_37
   - 복잡지의 적용 무대
   - 의구한 역사, 노쇠한 자연

2. **업데이트가 필요한 인식의 틀**_41
   - 낡은 거울의 굴절 효과
   - '어떻게' 대신 '왜'를

3. **오해와 이해 사이에서**_45
   - 껄끄러운 대국의식
   - 정치권력과 행정편제의 그물망
   - 고객 존중에 무심한 주인

제2절

역사지리학의 문제의식과 과제

1. 역사학의 반성과 생태학_53
   - 반성과 성찰
   - 환경사의 대두
   - 촘촘하고 넓은 그물망

2. 배후 조정자, 기후_56
   - 숨은 조정자
   - 취약한 고리, 결정적인 방아쇠
   - 신의 메시지, 기후 변화

3. 불변과 가변 사이에서_59
   - '기후불변론'의 오류
   - 위험한 진실, '기후결정론'
   - 온난화와 기후에 대한 새로운 인식
   - 감춰진 보물

제3절

역사지리학의 학문적 성격과 영역

1. 역사지리학의 학문적 성격_64
   - 역사지리학에 대한 정의
   - 보조학문으로서의 역사지리학
   - 독립적 교차학문으로서의 역사지리학

2. 중국 역사지리학의 출범과 성취_67
   - 도입과 출발
   - 창시자와 3대가
   - 주요 학자와 성취
   - 학문의 영역과 분류

제2장 지명과 지명학, 지도

제1절

지명과 지역명의 유래

1. **지명과의 만남에 앞서** _75
   - 지방과 지역
   - 대륙과 아대륙
   - 한인과 한족, 소수민족

2. **지명과 지역명의 유래** _80
   - 중원과 중국
   - 화하와 중화
   - 지명과 피휘

3. **행정명의 유래** _84
   - 지명의 개념과 수렴
   - 지명 책정의 방식
   - 길상과 번영의 기원
   - 지명학 연구와 저작

제2절

중국의 고지도와 지도학

1. **명대 이전의 지도** _91
   - 고대의 지도
   - 서진 배수의 지도
   - 송대의 지도
   - 원·명대의 지도

2. **청대의 지도와 지리지** _94
   - 강희제의 '황여전람도'
   - '건륭내부여도'
   - '대청회전여도'
   - '해국도지'

제3장 행정지리 : 행정편제의 변화와 현황

제1절
역대 지방 행정편제

1. 진~남북조의 지방 행정편제_99
   - 진·한의 행정편제
   - 삼국과 위진남북조의 행정편제

2. 수~청의 지방 행정편제_100
   - 수·당대의 행정편제
   - 송대 이후의 행정편제

제2절
지방 행정편제와 행정단위

1. 성급 행정단위_104
   - 성급 행정단위와 지역 구분
   - 시제의 도입과 4대 직할시
   - 23개 성
   - 5개 자치구
   - 2개 특별행정구

2. 성 관할 행정단위_113
   - 독자경제도시
   - 부성급 도시
   - 지급시
   - 자치주와 맹
   - 지구

제3절

지급시 행정편제와 관할 단위

1. **지급시 관할 현급 행정단위**_126
   - 지급시 구청
   - 현급시
   - 현과 자치현
   - 기와 자치기
   - 구

2. **지급시 관할 향급 행정단위**_129
   - 가도
   - 현 직할구
   - 진·향 및 민족향
   - 쑤무와 민족쑤무

제4장 구역지리 : 중국의 지역구분

제1절

지역구분의 개념과 구분법

1. **천하와 만리장성**_136
   - 천하 개념과 '우공9주'
   - 중원과 사이
   - 남방과 북방

2. **청조의 변지 통치**_141
   - 청조의 영역 확대와 제국적 성격
   - 청조 이래의 변지정책

제2절

8대 지역 구분과 기타 구분

1. **8대 지역구분과 화북·화중·화남**_147
   - 8대 지역 구분
   - 정치경제적 구분의 특성

2. **화동·중남·동남**_149
   - 화동·서북·서남
   - 중남·동남과 5대 지역

3. **기타 지역 구분**_153
   - 자연지리적 구분법
   - 경제지리적 구분법
   - 군 관할지역 구분법

제5장 자연지리 I : 지형과 기후, 수자원

제1절

지형의 형성과 기본 구조

1. **위도와 경도, 기온**_169
   - 중국의 위치와 기온
   - 티베트고원과 계절풍기후

2. **계단식 대지형 복합체**_173
   - 3개의 대지형 복합체
   - 1급 대지형의 특성
   - 2급 대지형의 특성
   - 3급 대지형의 특성

제2절
기후의 변천사

1. **제1차 온난기와 한랭기**_178
   - 제1차 온난기(기원전 3000~기원전 1000)
   - 제1차 한냉기(기원전 1000~기원전 770)

2. **제2차 온난기와 한랭기**_183
   - 제2차 온난기(기원전 770~기원전 30)
   - 제2차 한냉기(기원전 30~600)

3. **제3차 온난기와 한랭기**_186
   - 제3차 온난기(600~985)
   - 제3차 한냉기(985~1192)

4. **제4차 온난기와 한랭기**_188
   - 제4차 온난기(1192~1277)
   - 제4차 한냉기(1325~1880)

제3절
식생과 생태환경의 변화

1. **인간의 오랜 간섭과 환경의 변화**_193
   - 중국의 토지 이용과 문제점
   - 천연식생이 사라진 대륙

2. **사막과 황사**_201
   - 중국의 사막
   - 중국의 사지
   - 사막화 현상과 그 원인
   - 황사의 종류와 발생의 증가

3. **수자원과 남수북조 공정**_211
   - 강과 문명의 탄생
   - 남수북조 공정

제6장 자연지리 Ⅱ : 황토와 황하, 그 도전과 응전

제1절
황토와 황토고원의 특성

1. 황토와 황토고원_221
   - 황토의 조성 물질과 특성
   - 황토고원의 형성과 특성
   - 황토고원의 지리적 구분

2. 황하의 형성과 발전_231
   - 황하 개관과 하단河段 구분
   - 황하 형성에 대한 지질학적 검토

제2절
황하의 물길과 유수량·수사량

1. 물길과 지류의 특성_237
   - 황하의 물길
   - 황하의 지류

2. 니사와 수사량_242
   - 니사의 크기
   - 하단별 함사량과 수사량
   - 수사량의 변화

3. 유수량과 수자원_246
   - 유수량 개관
   - 유수량의 변화
   - 수자원 개발과 이용

제3절

황하의 홍수와 생태환경의 변화

1. 토양 유실과 홍수_250
   - 황하 우역의 토양 유실과 문제점
   - 고함사 홍수
   - 하상 첨식과 하천부지

2. 홍수와 물길의 변천_256
   - 역대 홍수 기록과 그 원인
   - 물길 변천 요인과 특성
   - 역대 둘길의 변천 상황

3. 황하 유역 생태환경의 변화_268
   - 황하 우역 원생태계 논란
   - 주요 학자들의 견해
   - 황하 우역 생태환경의 문제점

제7장 자연지리Ⅲ : 장강 만리의 물결과 숨결

제1절

장강 수계의 특성과 변천

1. 장강의 형성과 발전_279

2. 운몽택의 소멸과 홍호의 성장_282

3. 형강 수계의 역사적 변천_284
   - 상형강 하상의 변천
   - 하형강 하상의 변천

4. 동정호의 수축과 팽창_287

5. 팽려택의 소멸과 파양호의 출현_289

6. 태호평야 수계의 변천_292

제2절

해하·회하·한강의 역사적 변천

1. 해하 수계의 형성_294
   - 해하 수계의 인위적 형성
   - 해하 수계 주요 하류의 변천

2. 회하의 특성과 역사적 변천_298
   - 회하의 하단과 특색
   - 회하와 황하

3. 황회해평야 호소의 변천_301
   - 황회해평야
   - 고대 황회해평야의 호소 분포
   - 송대 이후 황회해평야 호소의 변천

4. 한강의 특성과 역사적 변천_306
   - 한강의 하단과 변화
   - 한강의 항행과 지정학적 중요성

제3절

해안선의 역사적 변천

1. 요동만 해안_309

2. 발해만 해안_310

3. 소북해안_313

4. 장강 하구 해안_315

5. 항주만 해안_318

제8장 인구지리 : 인산인해, 넘치는 인구

제1절

역대 인구 현황과 변화 추이

1. 중국의 인구 추이_323

2. 제국 초기의 인구_328
   - 선진先秦시대
   - 진대
   - 한대

3. 이민족의 유입과 이주_337
   - 삼국시대
   - 남북조시대
   - 수당시대

4. 1억 인구 시대의 개막_345
   - 총인구 1억 돌파
   - 남북 인구 비율의 역전
   - 사회적·공간적 유동성의 증대
   - 남북송 교체와 제2차 인구 대이동
   - 원대의 인구 추이

5. **인구 통계와 대류현상**_353
   - 명의 이주정책과 인구 이동
   - 이갑제와 인구의 대류현상
   - 산간으로의 이주

제2절

내부 프론티어의 종식과 본격적 이산

1. **청의 인구증가와 생태계와의 부조화**_359
   - 지구온난화와 인구증가
   - 인구증가와 환경 악화
   - 내부 갈등의 증폭과 혼란

2. 변방과 교계지로의 침투_363
- 대만으로의 이주
- 만주로의 이주
- 내부 식민지로의 이주

3. 객가와 화교_369
- 객가의 형성과 그 특성
- 해외 이주의 활성화
- 화교사회의 형성

제3절
과도한 인구압과 '계획생육'

1. 잘못된 판단과 다산정책_377
- 중국의 인구관
- 모택동의 '계급투쟁만능론'과 마인초의 비극
- 다산정책 추진의 후유증과 인구 전망

2. 강압적 산아제한정책과 통제_381
- 전면적인 산아제한 전쟁의 추진
- 강력한 초과 출산 통제와 인구 조사

3. '가족주의' 사회의 가족해체_383
- 최근 인구 상황
- 급격한 출산율 저하 요인
- 최근의 조정정책

도표 및 사진 목록

지도목록

참고문헌

저자의 말

대학원에 입학하여 들었던 첫 수업이 바로 '중국역사지리학'이었다. 역사지리학에 대한 지식이 희박한 상태에서 교수님의 심한 절강浙江 사투리와 낯선 지명을 알아듣는 일은 쉬운 일이 아니었다. 처음 접하는 간체자 교재를 읽어야 하는 부담도 컸고, 대륙에서 나온 교재라서 복사도 대출도 안 된다고 하여 국립중앙도서관에 가서 일일이 손으로 베껴야 수업에 임할 수 있었으니 참 고단한 수업이었다. 하지만 석사학위 논문으로 「북송 전기 태호太湖유역 부세賦稅 문제 연구」를 쓰면서 역사지리적 배경지식 없이 지역을 연구하는 게 얼마나 위험한 일인지 알 수 있었고, 그 뒤 중국 답사 때마다 역사지리의 중요성을 거듭 확인할 수 있었다.

역사지리학의 필요성을 절감한 또 하나의 계기는 강의였다. 과거의 나처럼 학부생 대다수가 중국 지리에 대한 기본 지식이 없는 상태에서 중국사 공부를 시작하였다. 중국사를 공부하는 사람이면 누구나 인명과 지명을 외우는 일에 어려움을 겪기 마련이다. 인명에는 다시 자와 호가 있고, 관직 명칭이 더해진 별칭까지 있어 어려움을 더하지만, 지명 역시 시대에 따른 변화가 커서 혼란스럽기 그지없다. 『삼국지연의』를 여러 차례 읽어서 환하게 꿰뚫고 있다고 자랑하는 사람도 삼국지에 나오는 지명을 물어보면 말꼬리를 내리는 경우가 대부분인데, 이는 어찌 보면 당연한 일이기도 하다.

인명·지명보다 더 복잡한 것이 자연환경에 대한 이해다. 국토면적이 작고 삼면이 바다로 둘러싸여 기후 변화가 크지 않은 우리나라와 달리 중국은 기후·토양·수문 등의 변화가 매우 크고 지형적 복잡성 또한 유난한 편이다. 황하처럼 수없이 물길을 바꾼 경우야 두말할 필요도 없지만 평범해 보이는 경관을 이해하는 데도 적지 않은 역사지리 지식이 필요하다.

호수의 수심은 저수량, 수리 개발, 선박의 구조와 적재량, 운송, 날씨와 홍수 관리 등 다양한 면에 관련된다. 하지만 서울(605㎢)보다 4배나 큰 태호(2,427㎢)를 보면서 평균 수심이 1.9m에 불과하다는 것을 상상해내기란 쉽지 않다. 곤륜崑崙산맥의 만년설이 녹아내리면서 무너트린 바위틈에서 떨어져 나온 옥돌이 100㎞나 떨어진 호탄和田까지 강물을 타고 굴러온다는 것을 직접 보기 전에는 믿기 어렵다. 이처럼 지리 환경은 직접 체험하지 않고는 쉽게 이해하기 힘들다.

하지만 중국 역사지리에 대하여 객관적이고 균형 있는 책을 쓰는 일은 쉬운 일이 아니다. 종합적이면서 간결해야 하기 때문이다. 말이야 그럴듯하지만 이런 모순된 과제를 실천하기가 참으로 쉽지 않다. 게다가 중국은 '이러이러한 점이 서로 다르다'라는 내용만 갖고도 얼마든지 책 한 권을 쓸 수 있고 그 반대 또한 가능하다.

분량 문제도 고민이었다. 중국 영토는 한반도의 40여 배에 달하기 때문에 전체 모습을 조망하는 데 초점을 두면 구체적인 지역 정보가 부족하고, 만약 각 지역에 대한 상세한 정보를 다 수록하면 백과사전처럼 두꺼워져 독자들을 질리게 한다. 개혁개방을 시작한 이래 중국에 관한 각종 통계가 한 해가 지나면 무의미해질 정도로 변화하고 있다는 점도 부담이다. 중국을 바라보는 사람들의 시각에 따라, 또는 보고 싶은 대상에 따라 각기 다른 욕구가 있다는 점도 부담스러운 일이다.

그와 함께 고려해야 할 점은 현 중국지리에 대한 기본 지식이 미흡한 독자에게 역사지리를 소개하는 문제였다. 각 지역의 지리정보를 먼저 소개하고 자연지리에 대한 개괄적인 설명을 한 뒤 역사지리를 다루는 것이 순리이기 때문이다. 하지만 분량 등의 문제로 각 지역의 지리정보는 별도의 책에서 소개하는 것으로 결정하였다. 그 균형추는 전적으로 저자의 감각에 의존하였으며, 그에 따른 책임 또한 온전히 저자에게 있다.

　이 책은 중국에서의 장기 체류와 수십 차례의 여행을 통해서 얻은 체험을 기초로 하였다. 그동안 중국에 대한 현장 답사는 파미르고원의 산자락부터 산동반도의 끝까지, 내몽고의 사막부터 고온다습한 광동까지, 한랭한 동북지역의 자작나무 숲에서 온난한 운남의 대나무 숲까지 나름대로 열심히 돌아다니며 얻은 경험과 자료, 그리고 대북과 북경에서 보낸 9년여 세월의 생활이 그 기초를 이루고 있다.

　나름대로 열심히 찾아본다고 하였지만 제반 여건상 중국 역사지리학에 관한 원천적 연구나 접근은 거의 불가능하였다. 그래서 중국 측 연구 성과에 거의 전적으로 의존할 수밖에 없었고, 관심사와 시각차에 따른 지적 불균형을 해소하려고 노력했으나 책을 마무리하고 난 지금도 여전히 많은 것이 조심스럽기만 하다. 조속히 우리의 손에 의해 우리의 수요에 부응할 수 있는 연구가 진행되기를 바랄 뿐이다.

　집필을 마치면서 가장 먼저 생각나는 사람은 경희대학교 지리학과의 고 김종규 교수다. 필자와 가장 가까운 선배 교수로 곳곳에 남아 있는 그와의 추억을 생각하며, 내 연구실에서 빙긋이 웃고 있는 그의 사진을 보면서 이 책을 썼다. 김종규 교수가 번역한 E. 라우텐자흐의 『코레아』는 지역학 연구의 전범으로 필자에게 깊은 감명을 주었고, 휴버트 램의 『유럽』도 문화지역의 형성과정과 지역구조에 대한 방법론을 익히는 데 큰 도움을 주었다. 그 밖에도 헤르만 플론의 『과거와 미래의 기후변화 문제』, 크리스티안 디트리히 쉰비제의 『기후변동론』를 비롯해 휴버트 램의 『기후와 역사』 등 일련의 번역서를 통해 기후사를 통해 역사를 이해할 필요가 있다는 새로운 시각과 지식을 소개해주었다.

　이 책이 이루어지기까지 가장 큰 동기를 부여하고, 자료를 제공하여 주었으며, 지리학 전공자가 아닌 저자에게 많은 가르침을 준 고 김종규 교수가 이 책을 보았더라면 참으로 좋아했을 것이라는 생각에 다시 한 번 깊은 감사와 진한 그리움을 전하고 싶다. 아울러 생태학에 대한 많은 자료와 조언을 제공해주고 책 제목을 정해준 공우석 교수, 기상학과 고지도 분야에 도움을 준 이준호 박사와 이명희 박사에게도 감사의 말씀을 전한다. 항상 관심과 격려를 아끼지 않는 가족과 지인들께 조그만 성과라도 보여드릴 수 있어 다행이다.

2022년 여름, 도봉산 자락 지행재遲行齋에서 유원준

머리말

1. 시간과 공간

한중 양국은 지리적 인접성 때문에 오랜 역사 속에서 부단하게 오가며 교류 협력과 갈등 대립을 넘나들며 살아왔다. 또 한중 양국은 역사의 여명기부터 지금까지 역사의 주체가 교체되거나 단절된 일이 없었기에 양국 사이에 발생하는 모든 일은 긍정적이건 부정적이건 역사의 프리즘을 거쳐 보게 된다는 점에서 근본적으로 역사적 산물의 성격을 지닌다. 그래서 중국을 이해하기 위한 첫걸음으로 역사가 중시되는 것이다.

그런데 인간의 모든 활동과 그로 인해 발생하는 현상은 일정한 공간 속에서 진행되기 마련이다. 따라서 중국인들이 살았던 공간에 대한 적절한 접근과 이해 없이는 역사와 문화에 대한 깊이[1] 있는 이해나 장기적 전망을 하기 힘들게 된다. 게다가 중국은 예로부터 지금까지 방대한 영토를 유지하였고, 현 국토면적도 960만㎢로서 세계 4위에 달한다. 교통과 통신이 불편했던 과거에 이렇게 넓은 영토를 꾸준히 유지해 온 나라는 세계에서 중국이 유일하며, 중국인은 자신들의 나라가 독자적인 하나의 대륙이라고 여겨왔다. 그리고 '땅이 넓고, 사람이 많으며, 물산이

---

[1] 중국과 비교할 만한 유일한 국가인 인도에는 전 지역을 통일한 온전한 제국이 없었다. 최대의 영토를 보유했던 무굴제국도 남인도 일부는 지배하지 못하였으며, 인도가 독립할 당시 여전히 565개의 토후국이 존립하고 있었다. 그래서 많은 국가가 같은 문화권이라는 의식 속에서 병존하였다고 보는 편이 더 적합할 것이다.

풍부하다'는 뜻에서 '대大·다多·박博'을 자신들의 특성을 설명하는 대표적인 단어로 들곤 하였다.

땅이 넓다 보니 중국은 전국의 기후가 모두 좋거나 다 함께 풍년을 구가하는 경우가 매우 드물었다. 어느 한 곳에서 홍수가 나면, 반드시 어느 한 곳에서는 가뭄이 발생하곤 하였다. 1998년, 전례 없는 폭우로 장강에 대홍수가 발생하였는데, 제주도 앞바다가 담수처럼 묽어져서 애꿎은 물고기들이 떼죽음을 당할 정도였으니 얼마나 많은 장강의 물이 바다로 유입되었는지 짐작할 수 있다. 하지만 그때 화북지역은 전례 없는 가뭄에 시달려 황하의 물길이 142일 동안 끊어질 정도였다. 장강의 폭우란 화북에 내려야 할 비가 남쪽으로 몰려간 결과였고 황하의 단류斷流는 그 반대 결과였으니 중국은 에너지 불변의 법칙이 어떻게 작용하는지 확인하기에 족한 넓이를 가진 국가이다.

풍년이 든 지역에서 흉년이 든 지역으로 인구와 곡물이 이동하는 일 역시 예로부터 다반사였다. 그래서 중국인에게 공간의 다양성에 대한 인식과 함께 이주와 이동의 상시화, 운송과 유통의 일상화가 자연스레 자리 잡았다. 삶에 가장 필요한 요소로 '의식주'를 드는 우리와 달리 '행行'을 더해 '의식주행'이라고 말한 까닭이 바로 여기에 있다.

다만 시간의 흐름에 따른 변화가 뚜렷한 데에 비해 공간의 변화는 매우 느리고 인지하기 어렵다. 그래서 흔히 공간을 변치 않는 것으로 여겨서 특별한 관심을 표하지 않는 경우가 많았다. 하지만 공간도 시간 못지않게 우리 삶의 형태와 세계관에 큰 영향을 주며, 마찬가지로 공간도 인간에 의해 계속 변화해 왔다. 중국의 자연도 오랜 세월 동안 많은 사람에게 간섭받으며 변화하였고, 개입 기간에 따른 다양한 변이의 흔적을 안고 있다. 그래서 신대륙인 미국을 이해하는데 주로 사회과학적 관점과 방법을 동원하는 것과 달리 중국에 대해서는 공간과 시간을 통합한 역사지리적 접근이 더 유용하다고 평가받는다.[2]

---

2   류제헌, 중국역사지리, 문학과 지성사, 1999, 8~9.

그러면 인위적 개입의 가장 큰 요인은 무엇일까? 그것은 바로 압도적인 인구압人口壓이었다. 중국 인구는 통계가 불명확한 인도를 제외하면 늘 세계 최고였고, 특히 지난 천 년간 타의 추종을 불허하는 최대의 인구 대국이었다. 그로 말미암은 엄청난 인구압은 중국 전역의 자연환경을 그대로 두지 않게 한 결정적 요인이었다.

오래된 인구 대극이라는 공통점 때문에 중국과 인도의 자연환경은 많은 유사점을 지니고 있다. 과도한 개간과 남벌로 인한 토양 침식, 수자원 고갈과 오염, 사막화와 기온 상승, 도시화와 에너지 소비 증가 등 양국의 자연은 아주 오래전부터 엄청난 피로도에 시달리고 있다. 그래서 중국의 특성을 대표하는 '대·다·박'에 한 글자를 더 한다면 '구久'가 들어가야 할 것이다.

2. 자연경관과 문화경관

중국 문명을 지금까지 지속시키고 확장한 강인한 생명력의 근원은 무엇일까? 중국학 전공자라면 누구나 생각해보기 마련인 큰 화두이다. 그리고 그 근원을 찾아 많은 학자가 길을 떠났지만 '초안정구조超安定構造'를 이룬 중국 문명의 단단한 외피를 특정 시각과 방법만으로는 뚫기 힘들었다(김관도, 1994, 255). 설령 구멍을 뚫는 데 성공하더라도 그 내부에 있는 장벽을 다시 통과해야 하고, 복잡하게 얽혀 있는 내부 회로를 잘 파악하기가 어려워 대부분 좁은 지역만 맴돌고 돌아오기 일쑤였다.[3]

---

[3] 중국을 제대로 파악하기 위해서는 내부자의 시각을 공유하는 것이 필요하다. 하지만 외국인이 중국에서 내부자가 되기란 정말 어려운 일이다. 단위單位라고 하는 독립된 모듈 형태로

그렇다면 중국이라는 거대한 역사와 공간, 그 안에 담긴 인간 공동체를 종합적으로 이해하는 첫걸음을 어떻게 내딛는 것이 가장 바람직할까? 시간이라는 종단면과 공간이라는 횡단면 그 어느 하나만으로 중국의 모습을 온전히 파악할 수 없다면 그 둘을 합리적으로 융합시키는 것이 중국을 제대로 이해하기 위한 선결 조건이라는 결론에 이르게 마련이다.

문명의 탄생과 그 성격을 형성하는 여러 가지 요인 가운데서 자연환경만큼 중요한 요인이 없다. 이 세상 누구나 특정한 자연환경 속에서 살면서 거기에 적응하여 나름의 역사와 문화를 만들어간다. 북극이라는 자연환경에 대한 이해 없이 에스키모를 말할 수 없고, 사막이라는 자연환경을 모르고 배드윈Bedouin과 대화할 수 없음은 너무도 당연하다. 이집트를 이해하는 첫걸음이 나일강 범람의 특성을 이해하는 데서 시작하듯 중국 고대 문명에 대한 이해도 황토와 황하를 이해하는 것에서 시작할 수밖에 없다.

하지만 자연환경 홀로 문명의 탄생과 운명을 결정지은 것은 아니다. 문제 해결을 위한 의지와 노력, 적극성과 창조성, 오랫동안 체득한 경험과 기술 등이 그 못지않게 중요하다. 이렇게 자연환경과 문화는 매우 밀접한 관계를 맺고 문명을 창조하기에 우리가 접하는 상당수의 자연경관은 순수한 자연의 소산이 아니다. 자연적 경관임과 동시에 '역사적 경험'이 고스란히 담긴 문화적 경관이다. 특히 중국의 자연경관은 유구한 역사와 많은 인구가 동원되어 조각한 하나의 역사체이며, 자연적·인문적 경험의 총합이라는 성격이 그 어떤 나라보다도 뚜렷하다. 그리고 이 점은 아무리 강조해도 지나치지 않을 것이다.

구성된 사회의 구조상 현지 중국인이라도 그 안에 들어가는 것은 매우 어려운 일이다. 따라서 현지 조사를 하려면 중국 학자조차 상부의 보증과 현지인의 조력이 필수조건이며, 그것도 비정치적인 분야, 부담스럽지 않은 결과가 예측될 때만 비로소 순조롭게 진행될 수 있다.

역사지리학은 시공간을 적절하게 결합하여 조망하고 분석하는 통합적 지식의 필요성을 절감한 선구자들에 의해 마련된 학문이다. 역사학과 지리학은 시간과 공간이라는 더없이 큰 잣대로 세상을 재단하는 것이기에 모든 것을 종합적으로 파악하고 체계화할 수 있다던 칸트 Immanuel Kant(1724~1804)의 말에 귀를 기울인 학문적 결실이다.

물론 역사학과 지리학 두 분야를 온전히 이해하는 것은 매우 어려운 일이며, 그 한계 또한 있기 마련이다. 그렇지만 중국을 종합적으로, 또 균형 있게 바라보는데 역사지리학이 매우 유효하다는 점만은 앞으로도 의심의 여지가 없을 것이다. 아쉽게도 국내에는 중국역사지리 전공자가 극소수에 불과하고, 관련 교과가 개설된 대학도 찾아보기 힘들다. 또 현지 조사를 통해 학문적 성과를 축적하는 일은 경제적으로나 물리적으로 너무 힘들어 거의 모든 기초자료를 중국에 일방적으로 의존할 수밖에 없는 현실에서 수준 높은 연구 성과물을 기대하기도 힘들다. 하지만 그렇다고 이것이 중국역사지리 연구를 회피할 수 있는 타당한 이유는 분명 아니다.

3. 환경과 역사

그동안 중국사 연구, 특히 사회경제사 연구는 생산력 증대를 역사발전의 원동력으로 보고 인구의 증가, 경작지의 확대, 농업과 수공업 생산량의 증가, 유통경제의 확대, 도시의 발달 등을 중요 지표로 삼아 시대와 지역의 발전 여부를 평가하였다. 이러한 인식의 바탕에는 자연에 대한 인간의 정복을 당연시하고 긍정하는 근대적 물질주의가 자리하고 있다. 자연이란 인간에게 주어진 불변의 상수이며, 인간의 노력과 과학기술을 활용한 적극적 개발이 바로 생산력 증대의 요건이며 역사발전의 척도라는 것이다.

중국은 방대한 인구를 유지한 대표적인 농업국가여서 시대마다 당시 여건하에서 경작 가능한 대부분을 땅을 남김없이 개간하였다. 개간은 절대 선이며, 근면의 상징이며 칭송의 대상이었다. 물이 없는 곳에는 인공 수로를 만들어서라도 물을 공급하고 농경지를 넓히는 것을 관리의 최고 치적으로 평가하였다. 반대로 목조 건축 위주의 주거 형태를 유지하고 땔감을 공급하기 위하여 끊임없이 숲을 파괴하였으나 그에 대한 지적과 비판은 보기 힘들었다. 인구의 증가, 시비법施肥法의 보급, 지력 손실이 적은 벼농사의 확대는 역설적으로 자연도 휴식과 재충전이 필요한 존재라는 생각을 하지 못하게 만들었다.

이제 중국에서는 인간의 손길이 닿지 않은 천연식생을 찾아보기 힘들고, 극심한 대기 오염, 황하의 단류 위기, 초지의 사막화, 남수북조南水北調 공정의 불가피성과 수반되는 문제 등 환경 파괴에 따른 후유증은 갈수록 심해지고 있다. 이는 환경에 대해 인위적 개입과 파괴가 계속되었으나 그것을 제대로 인식하지 못한 대가이다.

역사학자는 불변과 가변이라는 양대 연구 주제 가운데 주로 후자를 선호하였다. 그런데 가변은 불변을 전제로 성립되는 것이다. 역사학자들이 불변의 요소로 간주해 온 것에 안타깝게도 자연환경이 포함되어 있다. 과학이 발달하지 않아 인위적 개입과 변화가 어려웠던 시절, 그때의 자연환경이 지금과 비슷할 것이라는 막연한 생각이 역사 연구와 서술의 전제로 자리했었다.

물론 지형·기후·강수량 등 자연환경은 인위적인 제도·기술·의식 등에 비해 가변적 요소가 적고, 인위적 개입은 19세기 이후에 본격화되었기 때문에 자연환경을 불변의 요소로 봤다고 해서 선배 학자들을 일방적으로 비판해서는 안 된다. 하지만 날로 심각해지는 환경 파괴와 기후변화, 그로 인한 인류 미래에 대한 우울한 전망은 기존의 시각에 대한 역사학계의 근본적인 검토와 전환을 요구하였고, 역사학은 이를 진지하게 받아들이기 시작하였다.

농업은 공업과 비교해 볼 때 친환경적일 수 있으나 유목과 목축에 비하면 그렇지 못하며, 개간을 통한 경제적 성장이 한편으로는 점진적이며 지속적인 환경 파괴였다는 점을 비로소 인지하기 시작하였다. 그래서 '가장 먼저 개발하였다.'는 말을 '가장 지속적이고 주기적인 부담을 대지에 안겨 주었다.'고 바꿔쓰는 사고의 대전환이 뒤늦게나마 이루어지고 있다.

이제 자연환경의 변화는 더는 역사 전개의 장기 배경이 아니다. 역사 연구의 중요한 과제인 동시에 지금 당장 해결해야 할 현안이라는 생각의 전환은 미세먼지로 앞을 볼 수 없는 답답한 환경 속에서 더욱 힘을 얻고 있다.

4. 관련 문헌 소개

중국역사지리학에 대해 관심 있는 독자를 위해서 아래의 참고 문헌을 간략하게 소개한다.

역사지리학에 대한 개설서로는 최진성의 『역사지리학강의』와 기꾸치 도시오의 『역사지리학방법론』이 있다. 최진성은 경관지리학을 중심으로 역사지리학의 학문적 특성과 구체적 응용 사례에 대해서 다루었고, 기꾸치 도시오는 다양한 역사지리학 이론과 방법론에 대하여 상세히 서술하고 있는데, 방법론에 관한 책이므로 전공자의 입문서 성격이 더 강하다.

류제헌의 『중국역사지리』는 이 분야에 대한 국내 최초의 개설서로서 역사지리 전반에 걸쳐 균형 있게 다루고 있다. 추일린의 『중국역사지리 개술』 일부가 발췌 번역되어 있다. 유소민의 『기후의 반역』은 부제처럼 중국 역대 대부분의 정치적 동란이 한랭 건조한 기후가 장기 지속되면서 발생한 심각한 기아 때문이라고 지적하면서 문헌 자료와 고고학적 발굴, 화분 분석 등 다양한 실증 자료를 제시하고 있다.

정철웅의 『역사와 환경』은 중국 환경사에 관한 최초의 국내 저작으로서 동정호와 호북성 산악지역을 중심으로 명·청대에 발생한 환경변화 사례를 보여준다. 『자연의 저주』는 부제에서 밝힌 것처럼 명·청대 장강 중류 지역의 갑작스러운 인구 증가와 산림 파괴 등에 대한 방대한 자료를 면밀하게 분석하고, 자연은 무분별한 개발의 대가를 냉정하게 요구하고 있음을 상세히 규명하였다. 『코끼리의 후퇴』는 송대 이후 중국이 '고도의 균형함정'에 빠졌다는 주장으로 유명한 마크 엘빈이 쓴 통시대적인 중국 환경사다. 엘빈은 중국에서 코끼리의 서식지 감소와 삼림 남벌의 상황을 분석하고 환경문제에 관한 개별적 사례와 인식을 900쪽의 방대한 분량으로 서술하였다. 정철웅이 번역한 또 하나의 명저는 하병체의 『중국의 인구』다. 명·청대 인구 문제에 국한된 아쉬움이 있기는 하지만 방대한 지방지 자료를 활용한 실증적 연구로 유명하다.

화북지역을 중심으로 중국 고대의 자연환경과 농업조건, 지역별 농작물 분포 등의 연구에 주력해 온 최덕경이 그 연구 범위를 넓혀 저술한 『중국 고대 산림 보호와 환경생태사 연구』는 생태환경의 실태와 파괴 요인, 숲과 늪지에 대한 보호정책에 대하여 구체적으로 서술하고 있다. 『동아시아 농업사상의 똥 생태학』는 동아시아에서 똥을 폐기물이 아닌 비료 자원으로 활용함으로써 생산력을 높이고 환경을 보호하였음을 밝히며 다양한 비료의 출현에 관하여 서술하였다. 이는 『제민요술齊民要術』·『농서農書』의 번역 등을 통해 축적된 저자의 해박한 지식과 저자 개인의 영농 경험을 바탕으로 이룩한 뛰어난 연구 성과다.

문화지리 분야로는 호조량의 『중국의 문화지리를 읽는다』가 있다. 중국의 문화적 특성과 지역별 차이에 대한 저자의 깊은 공력이 적절한 분량과 깊이의 조화 속에서 균형 있게 표출되었다.

임춘성·왕효명의 『21세기 중국의 문화지도』에는 상해란 도시공간이 지닌 문화지리적 특성을 중문학 전공자 특유의 섬세한 접근과 낭만적 서사를 통해 소개하고 있다. 역사학에서 다루기 힘든 관점과 서술이 돋보이는 책이다.

다바타 히사오 등의 『중국소수민족입문』은 제목 그대로 중국 내 각 민족에 관해 간략하나 객관적이고 균형 있는 시각을 유지하면서 소개하고 있다.

중국 자연지리에 대한 저서 가운데 김추윤·장삼환의 『중국의 국토환경』은 가장 상세하고 포괄적으로 서술한 책이다. 물론 방대한 분량에도 불구하고 특정 지역의 특징까지 살펴보기에는 아쉬움이 남지만, 이는 저자의 책임이라기보다는 중국이란 공간의 크기에 따른 부득이한 결과이다.

이강원의 『사막중국』은 중국의 사막화가 단순한 자연현상이라기보다는 인위적 요인에 의한 것임을 지적하고 있고, 한중황사조사연구단의 『황사』는 황사 및 사막화 현상에 대해 짧지만 다양한 보고서로 이루어졌다. 브르노 바우만의 『타클라마칸』은 스벤 헤딘의 타클라마칸사막 횡단로를 재탐사한 기록으로 타클라마탄 사닥에 대한 이해에 유익하나 서지 정보가 다소 불명확하다.

중국 역사지리와 직접 관련된 저서는 아니나 공간·기후·환경 등 역사지리 연구에 필수적인 서적 가운데 대표적인 것은 다음과 같다.

오토 프리드리히 볼노의 『인간과 공간』은 그동안 시간과 비교해 소홀하게 다뤄온 공간에 대해 다양한 형이상학적 정의와 함께 시간처럼 공간도 인간의 체험을 결정하는 양자의 균형 잡힌 연구 필요성을 강조하면서 사실상 모든 공간은 문화경관에 속한다고 하였다.

그레이엄 클라크의 『공간과 시간, 그리고 인간』도 볼노의 저서와 유사한 주제를 다루고 있는데, 좀 더 평이하게 서술하고 있어 이해하기가 편하다.

하름 데 블레이의 『왜 지금 지리학인가』는 지리학이 복잡다단한 세계를 폭넓게 이해하고 신속한 결단의 근간이 될 수 있음을 인구·기후·테러 등의 주제를 예로 들고 있으며 중국과 유럽 등의 지정학적 변화와 전망에 대해서 역사지리적 시각에서 분석한 명저다. 팀 마샬의 『지리의 힘』은 최근 국제 정세의 급변과 관련해 주목받고 있는 지정학의 개념을 각 지역의 구체적 상황을 들어 설명한 책이다. 중국 관련 내용은 오류가 많지만, 지정학의 개념을 쉽게 이해하는 데 도움이 된다.

왕휘王暉의 『아시아는 세계다』는 '트랜스시스템사회'란 개념으로 중국이란 중층적이고 복합적인 역사체에 대한 새로운 접근 방식을 제시하였고, 나아가 포괄적인 지역 연구의 시각도 내보였다.

엘스워스 헌팅턴의 『문명과 기후』는 1915년 출간 당시의 한계와 인종주의적 편견에도 불구하고 방대한 자료 수집과 나이테를 이용한 기후 측정, 다양한 지도화 작업 등을 통해 문명의 성립과 발전에 기후가 얼마나 중요하게 작용하였는지를 최초로 본격 서술한 기념비적 저서다.

헌팅턴의 책과 비슷한 제목으로 번역된 휴버트 램의 『기후와 역사』는 기후 변동의 원인과 기록 복원 방법, 다양한 기후의 영향 등에 대하여 상세히 서술하고 있는 권위 있는 전문서이다. 번역자는 휴버트 램의 이 책이 헌팅턴의 『문명과 기후』이래 가장 뛰어난 저서라고 평가하였다. 단 이 책을 읽기 위해서는 일정 수준의 자연과학적 지식이 필요하다.

브라이언 페이건의 『기후, 문명을 바꾸다』는 2만 년 전부터 1,200년까지의 기후 변화를 설명하면서 문명 형성과 발전에 온난화의 영향이 크게 작용했다고 지적하였다. 『기후는 역사를 어떻게 만들었는가』는 소빙기라고 알려진 1300~1850년의 기후 변화와 그로 인한 환경 재앙을 사례를 들어 설명하였다. 브라이언 페이건의 두 책은 폭넓은 지식과 풍부한 사례에 더해진 좋은 번역으로 비전공자도 재미있게 읽을 수 있다.

도날드 휴즈의 『고대문명의 환경사』는 지중해 문명이 봉착했던 환경문제를 집중적으로 다룬 대표적인 저서다. 저자는 그리스와 로마 문명의 붕괴가 환경 파괴의 직접적인 후유증 때문임을 거듭 강조하고 있다.

에드워드 하임스의 『토양과 문명』은 오래되긴 했으나 인간은 물론 모든 문명은 토양에 기생하는 존재라며 토양의 중요성을 본격적으로 제기한 저서로 유명하다.

앨프래드 크로스비의 『생태 제국주의』는 서구 제국주의의 대외침략이 정치적·경제적 측면 외에 생태학적 측면에서도 심각하였음을 지적하고 있다.

윌리엄 맥닐의 『전염병과 인류의 역사』는 아즈텍 문명을 소멸시킨 천연두, 몽골에 의한 유럽의 페스트 창궐 사례 등을 통해 전염병으로 바뀐 사례를 소개하면서 전염병은 역사 진행의 보조축이 아니라 오히려 중심축이라며 '거시 기생' 등 전염병 분석의 틀을 이용해 전체 역사를 조망할 것을 제안하였다.

한주성의 『인구지리학』은 인구지리학의 역사와 인구성장 이론, 다양한 분포와 이동, 인구정책 등을 종합적으로 다루고 있어 인구지리에 대한 개념을 이해하는 데 크게 도움이 된다.

최근 다양하게 나온 각종 여행기는 일일이 다 가볼 수 없는 중국의 역사지리 이해에 빼놓을 수 없는 요소이다. 그 깊이와 시각의 층차가 매우 크지만 모두 나름의 유용한 정보를 담고 있다. 특히 대만 출신 여행자의 기록은 중국에 대한 또 다른 시각을 제공해준다. 대표적인 것들을 참고문헌에 수록하였다.

5. 표기법 및 통계

지명과 인명에 관한 표기는 한자음을 중심으로 하였다. 외래어 표기 규정에는 지명과 인명을 현지음으로 표기하는 것이 원칙이라고 되어있다. 하지만 한자는 외래어가 아니며 한글로는 권설음 등 중국어 음가를 다 표기할 수 없다.

또 외래어 표기 규정에 따르면 '태산泰山'은 고유명사이므로 '태산산'으로 표기하여야 하고 장강長江은 '창장강'으로 표기하라고 되어있다. 실로 견강부회牽强附會가 아닐 수 없다. '나일·인더스·미시시피' 모두 '큰 강'이란 뜻의 현지어인데, 모든 언어를 알 수 없으니 나일강과 미시시피강이라고 표기할 수밖에 없다. 몽골어·위구르어·티베트어 등 우리가 쉽게 접할 수 없는 언어도 마찬가지다.

거란의 발상지인 '시라무렌'은 몽골어로서 누렇다는 '시라'와 강이란 '무렌'이 합해진 지명이다. 하지만 뜻을 알 수 없으므로 '시라무렌강'으로 표기하는 것이 합리적이다. 하지만 한자로 표기할 경우, '황하潢河' 혹은 '황수潢水'면 족하다. 한자 지명에도 산과 강을 붙여야 한다고 고집하려면 백두산도 '백두산산'으로, 한강도 '한강강'으로 써야 하는데, 이는 한자와 영어 모두 외래어라는 편협한 생각에서 나온 잘못된 규정이다.

외래어 표기 규정의 비현실성도 혼란을 더하게 한다. 북경을 '베이징'으로 표기하라고 하지만 '뻬이징'이 원음에 가깝고, '상하이'도 '샹하이'로 표기하는 것이 더 낫다. 또 중국어에는 동음이의어가 엄청나게 많고, 성조도 있어 이를 반영하지 않으면 중국인도 모르는 현지음이 된다. 더욱 심각한 것은 베이징과 상하이는 한국 포털에서만 검색할 수 있다는 점이다. 따라서 베이징 대신 북경, 상하이 대신 상해라고 표기하고 꼭 필요한 경우 한자를 써주는 것이 바람직하다.

지명을 표기할 때는 '절강성 항주시'처럼 행정단위를 쓰되, 중복되는 경우 생략하였고, '금릉金陵·장안長安' 등 과거의 지명을 표기할 때는 행정단위를 쓰지 않았다. 성급 행정지명에 대해서는 특별한 경우가 아니면 한자는 물론 성·시를 표기하지 않았고, 지급시와 현급시를 동시에 표기해야 할 경우, 번거롭더라도 둘 다 표기하였다. 지경·인명 등 고유명사는 소괄호 제도 내에서는 한자를 중복하여 표기하지 않는 것을 원칙으로 하였다.

지리학 용어 가운데 일부는 중국 측 용어를 차용하였다. 행정구획과 인구 등 각종 통계는 Baidu에 실린 2020년 자료 가운데 정부 공식 자료를 우선하였고, 적절한 통계가 없는 경우 개인 자료와 최근 자료를 수록하고자 하였다.

제1장 역사지리
시간과 공간의 만남

▮제1절▮ 중국 이해의 균형 찾기

1. 중국이라는 나라

1) 복잡계의 적용 무대

중국을 조금만 공부하면 '중국은 어떠하다'라고 단정할 수 없다는 사실을 금방 알게 된다. 중국은 어떤 나라인가? 중국인은 어떤 사람인가? 단순해 보이는 질문에 대한 답을 찾기가 생각보다 어렵다. 강력한 통일국가라고 하지만 지역의식이 강하고, 문화적 통일국가라고 하지만 언어적 통일도 이루어지지 않은 나라이며, 유가적 국가라고 하지만 도교가 정서적 정체성을 대표하는 나라다. 중국인에 대한 정의 또한 마찬가지다. 뭐라고 단정하기에는 남북의 차이, 동서의 차이가 너무 크고, 도시와 농촌의 차이가 차라리 타국보다 더 큰 경우가 많다. 그런데도 강력한 통일제국을 유지한 유일한 국가이다.

그것은 중국이라는 역사의 무대가 엄청나게 크기 때문이다. 무대가 크다 보니 등장인물도 많고 사건도 많아 대하소설처럼 얽히고설킨 사연이 복잡하게 전개된다. 어떤 것이 원인이고 결과인지 일도양단하기가 힘들다. 인구와 영토가 2배, 3배 늘어나면 역사 현상도 그에 따라 2배, 3배 늘어나는 것이 아니라 공간의 크기, 인구의 수, 역사의 누적에 따라 제곱으로 확대되기 때문이다.

전근대 시대에 중국처럼 거대한 몸집을 계속 유지하기란 결코 쉬운 일이 아니었다. 크고 많고 넓은 나라를 유지하려면 강력한 정치 시스템과 경제적 추동력, 문화적 흡인력을 갖추고 있어야 한다. 수도라는 심장을 통해 경제라는 영양분을 공급해줄 혈관이 구석구석까지 뻗어야 하고, 통신이라는 예민한 신경망이 확보되어야 하며, 문화적 일체감이 뒷받침해야 하기 때문이다. 이런 점에서 중국의 통합 관리 능력은 매우 독보적이었다.

정치적 통합성 유지는 시대를 막론한 최대 관심사였고, 역대 통치자 모두 정치적 통합성을 저해하는 일말의 가능마저 철저하게 제거해야 한다는 DNA를 공유하고 있었다. 지배자와 피지배자 모두 분열을 비정상적인 것으로 간주하였고, 분열은 통일로 가는 과도기라고 간주하는 사고방식이 뿌리 깊게 자리하였으니 그것 자체가 중국이 이룩한 뛰어난 성과였다.

그러나 거대한 공간은 그 자체로 통제력 이완을 촉진하는 다양함과 분산성의 온상일 수밖에 없었다. 여러 층차의 중심 지역과 주변 지역, 내지와 변지, 내지 내의 소외지역 등 다양한 지리적 요소들이 주어진 환경에 따라 복잡하게 상호 작용하며 중국 역사의 진전을 이끌어 왔다. 그 안에는 정치권력에 도전하지 않는 한 상당한 활동 공간이 보장되는 완충지대가 생각보다 넉넉하게 자리하고 있었다. 일견 모순되어 보이는 이런 모습의 결과가 '되는 것도 없지만 안 되는 것도 없는' 것처럼 보이는 오늘날의 중국을 만들었다.

그래서 중국사 연구에는 복잡계에 대한 인식이 전제되어야 한다. 중국의 다양한 역사 요소, 그 하나하나의 모습을 파악하기가 쉽지 않지만 다양한 요소들의 복잡한 상호관계로 인해 발생하는 현상을 파악하는 일은 더더욱 어렵기 때문이다. 하지만 여기에도 고르디우스의 매듭은 있기 마련이다. 인지적 임계점에 도달하는 순간 사안을 단순하게 치환하여 결정을 내려야 한다는 사고의 전환이 동시다발적으로 이루어지기 때문이다.

복잡계는 누구나 객관적으로 파악하기 어렵다. 그래서 엉뚱한 것처럼 보이지만 인지 능력의 축적 위에 감각적 체득 능력을 쌓는 것이 복잡계 해석의 해답이 될 수 있을 것이다. 말처럼 쉬운 것은 아니지만 중국통이 되기 위해서는 감각적 공명 능력이 꼭 필요하다는 생각이다. 그리고 그런 능력을 배양하기 위해서는 매크로와 마이크로를 계속 오가며 자신만의 그림이 나올 때까지 중국을 반복해 그리는 수밖에 없다.

큰 그림을 그리기 위해서는 탄탄한 스케치 능력이 필요하다는 말은 여기에도 똑같이 적용된다. 복잡계를 만든 최대의 요인은 아무래도 많은 인구였다. 인구 문제는 단순한 경제적 문제가 아니다. 어지간히 큰 사건이 아니면 작은 일小事이라고 가볍게 넘기는 대범함보다는 무관심에 가까운, 때로는 인명 경시 풍조와 뿌리 깊은 계층의식도 여기에서 기인하는 것이다. 그래서 이들을 엮은 그물을 들어 올리기 위해서는 그물코를 잡는 작업이 선행되어야 한다. 아마 각 지역의 행정편제와 그 변화를 이해하는 것은 거대한 중국을 그물질하는 가장 기초적인 작업이 될 것이다.

다음으로 해야 할 일은 각 지역의 특성을 보다 구체적으로 살펴보는 일이다. 각 성의 크기가 우리나라보다 넓은 경우가 다수이므로 34개 성만 알아서는 제대로 대화하기 어렵다. 대다수 중국인의 생활과 생각 속에 자리한 '자기의 실제 활동·감지 공간'은 성보다는 지급시地級市이다. 그것은 지급시 면적이 우리의 도보다 크기 때문이다. 그래서 중국인에게 고향이 어디냐고 물어보려면 적어도 333개 지급시를 알아야 한다. 쉬운 일은 아니지만 그렇다고 그냥 넘어갈 수간도 없는 일이다.

2) 의구한 역사, 노쇠한 자연

삼면이 바다인 우리나라는 다행히도 기후를 비롯해 각종 자연환경이 상당히 안정적이다. 그래서 '의구依舊한 강산'이라고 한다. 하지만 강과 산뿐 아니라 모든 자연환경은 끊임없이 변하고 있고, 특히 중국의 자연환경은 우리보다 훨씬 빠르고 크게 변화하고 있어 '10년이면 강산도 변한다'는 말을 실감하게 한다.

중국의 자연환경은 문명이 시작하던 신석기시대부터 지금까지 계속 바뀌었을 뿐 아니라 심한 경우 본래의 모습을 찾기 힘들 정도까지 진행되었다. 지금 화북지역은 건조한 기후와 사막화 문제를 해결하기 위해 멀리 호북성 단강구丹江口와 장강에서 취수한 물을 가져와 쓰고 있으나 중국 문명의 발생기인 3,000년 전만 해도 코뿔소와 코끼리가 다수 서식하던 온난 다습한 지역이었다.

지금 하북·하남·산동의 교계지交界地에서는 고대의 유물이 출토되지 않는다. 그곳은 매년 여름마다 황하의 홍수가 만들어 낸 거대한 호수가 있던 곳이어서 사람이 살기 시작한 지 오래되지 않았기 때문이다. 지금 연중 300일 가까이 바닥을 드러내 보이는 화북의 하천들도 900년 전에는 거란 기병을 막기에 족할 정도로 푸른 물 넘치는 곳이었다. 이런 사실을 모르면 거란과 송의 군사적 대치 상황을 제대로 이해하기 힘들다.

지난 2천여 년 동안 황하는 남북으로 수백km를 오가며 물길을 바꾸었고, 황하가 크게 요동칠 때마다 화북과 화중 지역의 자연환경도 따라서 몸부림칠 수밖에 없었다. 황하가 범람할 때마다 켜켜이 쌓인 황토는 맹자가 양혜왕梁惠王을 만나기 위해 갔던 시절의 개봉開封을 지하 12m 아래에 묻어두었고, 포청천이 활동했던 송대의 개봉 역시 두께 8m의 황토 아래 묻혀 있다. 당시 높은 언덕 위에 서 있던 개보사開寶寺 철탑鐵塔이 지금 평지에 있는 것도 황하의 홍수가 바꾼 풍경이다. 이 같은 사실은 아무리 큰 홍수가 나도 물길 자체가 바뀔 일 없는 우리로서는 상상하기 힘든 일이다.

한때 사회주의 국가는 사적 이익을 추구하지 않아서 공해 물질 발생 요인이 적고 자연환경에 대한 훼손도 미미하다는 꿈같은 이야기가 유행한 일이 있다. 하지만 실상은 전혀 그렇지 않았다. 생산력이 모든 것을 결정한다는 공산당의 믿음은 이미 노쇠한 중국의 자연에 감당하기 힘든 부담을 안겼다. 모두가 책임진다는 말은 누구도 책임지지 않는다는 말처럼 중국의 산천은 생산력 증대라는 절대적 가치로 인해 심각하게, 때로는 맹목적으로 훼손되었다. 하지만 자연에 휴식을 주기에 중국은 언제나 여유가 없었다.

지금도 중국은 성과 제일주의를 표방하는 관료 집단의 독촉하에 급속한 경제성장에 매진하고 있으며, 내수 증진을 통한 성장률 부양을 위해 대규모 도시화 정책을 추진하고 있다. 하루가 다르게 높아지고 있는 스카이라인처럼 중국의 에너지 사용량, 식량 소비량 등 모든 지표가 가파르게 올라가고 있다. 이 모든 것이 중국의 자연환경을 더욱 악화시키고 있다. 열심히 달리고 있는 중국 경제의 눈부신 발전이 왠지 불안한 질주처럼 보이는 것은 미래의 중국인에게 청구될 환경부담의 비용이 상상을 초월할 것으로 예측되기 때문이다.

자연의 호흡은 대단히 길어서 언뜻 눈에 띄지는 않지만 늘 살아 숨쉬는 것이기에 정태적인 것으로 간주해서는 안 된다. 자연의 호흡과 맥박은 왕조의 교체나 경제의 부침과 밀접한 상관관계를 갖고 있었고, 앞으로도 그럴 것이다. 이제 환경문제는 단순한 환경문제에 그치지 않는다. 자연의 건강 상태에 대하여 주의를 기울이지 않으면 자연은 어느 순간 심각한 중증의 환자가 되어 병석에 누울 수 있다. 그 순간 자연은 정치의 취약한 아킬레스건에 박히는 날카로운 화살로 변한다.

2. 업데이트가 필요한 인식의 틀

1) 낡은 거울의 굴절 효과

전 세계에서 중국을 가장 잘 이해할 수 있는 여건을 갖춘 나라의 하나가 바로 우리나라다. 역사적 경험, 지리적 접근성, 언어적 접근성, 문화적 접근성, 경제적 이해관계 등 전방위적으로 밀접한 관계를 맺고 있어 다양한 측면에서 깊이 있는 연구가 가능하다. 전공자와 연구자 숫자도 가장 많은 편이다. 또 우리나라 사람 대부분 자신이 중국을 어느 정도 알고 있다고 생각한다. 하지만 외형적인 성취에 비해 여전히 아쉬운 면이 있다. '한국인은 중국을 잘 모르는데, 잘 알고 있다고 생각하는 것이 가장 큰 문제'라는 것이 우리를 잘 아는 중국인들의 한결같은 지적이다.

사실 우리는 중국을 하나의 객관적 실체, 분석의 대상으로 연구하고 분석해 본 경험이 일반의 생각보다 적었다. 우리는 오랫동안 중국을 배워야 할 대상으로 여겼지만 병자전쟁(1637)을 계기로 조선은 중국의 실체를 보려 하지 않았다. 삼전도의 굴욕을 견딜 수 없었던 조선이 선택한 것이 어처구니없게도 저들을 오랑캐로 폄하하고 내 눈과 귀를 닫는 정신승리법이었다. 아편전쟁 이후 중국은 배울 가치가 없는 존재가 되었고, 일제강점기에는 일본의 이간책까지 더해져 버려야 할 유산으로 전락하였으며, 한국전 이후로는 언급조차 해서는 안 될 금기의 대상이었다. 그래서 가장 가까이 있긴 하지만 우리가 중국을 멀리한 시간은 벌써 350년이 넘는다.

그래서일까 중국에 대한 우리의 이해는 객관적 지식 대신 일종의 인상impression에 근거하는 경향을 지니고 있다. 이런 태도는 고대사를 통해 현대를 비춰보려는 자세에서 가장 두드러지게 드러난다. 『삼국지연의』의 주인공인 유비·관우·장비는 1,700년 전 인물이니 광개토대왕이나 계백장군보다 앞선 실로 까마득한 옛날 사람이다. 하지만 우리는 그들의 이미지를 현 중국인에게 그대로 투사하는 매우 독특한 접근을 하고 있다. 그러다 보니 유비의 자字가 현덕玄德인 것은 잘 알지만 장개석蔣介石의 개석은 자이고, 중정中正이 이름이라고 하면 처음 들어본다며 낯선 표정을 짓는 이가 많다.

고대의 중국을 잘 안다고 생각하면 할수록 요즘 중국은 더더욱 낯설다. 지금 중국은 분명 우리가 생각하던 중국과는 거리가 멀다. 유교적 전통이 남아 있을 것 같은데, 어디에 있는지 찾기 힘들다. 사회주의 국가라고 하는데, 전혀 평등해 보이지 않는다. 심지어 중국인들이 어떻게 사회주의에 매료되었는지 쉽게 와 닿지 않는다. 이처럼 이웃에 있음에도 불구하고 현대의 인물과 사건보다 고대의 인물과 사건이 더 친숙한 현상은 한중관계의 독특한 일면이다.

이렇게 낡은 거울을 통해서 다소 왜곡된 모습을 비춰보려는 경향은 청조를 부인해야 했던 조선의 편향된 선택의 결과물이었다. 보기 싫다고 눈을 감은 세월이 오래되었고, 각자도생어도 정신없었던 20세기 전반기를 지나 정작 중국을 바라볼 여유가 생겼을 때의 중국은 오랜 내우외환에 시달린 낙후된 모습이었다. 그래서 조선의 시각, 일제강점기의 시각, 90년대의 시각이 다 연결되었고, 그동안의 시각에 특별한 문제가 있다고 생각하지 않게 된 것이다. 잘 모른다고 전제하면 자연스레 배우려고 하지만 나름 잘 알고 있다고 생각하는 것이 그만 벽이 되고 만 것이다. 가장 성리학적인 국가를 건설했음에도 불구하고 정작 중국의 실체를 알지 못하였던 조선 후기의 실수를 다시 범하지 않기 위해서라도 이 문제를 진지하게 검토해 볼 필요가 있다.

2) '어떻게' 대신 '와'를

오랜 역사를 통해 가장 밀접한 관계를 맺고 있는 중국을 파악하는 데 우리가 활용해 온 특유의 인식론과 방법론은 무엇인가? 오랫동안 중국은 우리가 선진 문화를 구할 수 있는 곳이었다. 한자와 한문, 유가와 불교, 삼성육부제와 균전제, 당률唐律과 조세제도, 인쇄술과 자기, 군사기술 등 많은 것을 배워왔다. 이 확인된 경험 때문에 우리는 그 내용을 면밀하게 분석하기보다는 조속한 도입과 보급이 더 힘썼다.

우리나라만 그러한 것은 아니지만 새로운 문화를 알게 된 지식인은 그것을 객관적으로 분석하고 평가하기보다는 문화의 유통경로를 독점하여 자신의 입지를 강화하는데, 이용하려는 성향을 강하게 지니고 있었다. 여기에서 '왜' 보다는 '어떻게'에 치중하는 사유방식이 강하게 자리 잡았다.

 그런 결과 불교의 교리를 차분하게 분석하는 냉철함보다는 조속히 불국토를 만들어야 한다는 열정이 더 앞섰고, 공자의 유학과 주희의 성리학이 어떻게 다른지를 살피기보다는 주희의 말을 일점일획의 오류도 없는 절대 진리로 자리매김하는 데 급급하였다. 이는 본질에 대한 이해보다는 그들의 권위를 이용해 자신의 권위를 제고시키는데, 더 신경 썼기 때문이었다.

 한중관계는 1992년 수교 이후 양적으로는 유례를 찾아보기 힘들 정도로 급속히 커지고 있다. 그러다 보니 실증적인 분석을 통해 차분하게 결과물을 집적하고, 거기에서 자연스럽게 거시적 전망을 찾을 시간이 없다. 당면한 현안을 해결하기에도 여유가 없다. 자신의 선입견에 맞춰 조급하게 결론을 내리려 하거나 심지어는 제삼자의 시각에 맞춰 춤을 추기도 한다. 특정 개념에 현상을 맞추려는 경향 때문인지 정의 내릴 수 없는 것까지 정의 내리려 하고, 감정으로 처리할 일이 아닌데도 호불호나 선악이 분명하다. 그러니 관망하고 유보할 여유가 자리 잡지 못하는 것이다.

 물론 현재의 중국은 과거의 중국이 아니며, 우리 또한 더는 과거의 우리가 아니다. 한중관계 역시 전례를 찾아보기 힘들 정도로 급변하고 있어 차분히 분석하기엔 여유가 없으나 한중 양국의 지정학적 여건이 변하지 않는 한 그 이면에 잠재해 있는 역사적 맥락을 찾는 노력은 계속 유효할 것이다. 나무만 보고 숲을 보지 못하는 우를 막으려면 더더욱 그러하다. 이제는 '어떻게' 보다 '왜'를 먼저 생각하는 사고의 전환이 필요하다.

3. 오해와 이해 사이에서

1) 껄끄러운 대국의식

　우리와 중국 사이에는 넘기 힘든 심리적 장벽이 여럿 있지만 유독 높은 장벽이 하나 있으니 그것은 바로 중국 특유의 '대국의식大國意識'이다. 스스로 대국이라고 자처하는 나라마다 고유의 대국의식을 가지고 있다. 러시아와 미국은 물론, 인도와 이란, 멕시코까지도 그러한 의식이 생각의 밑바닥에 깔려있다. 중국에 조공한 베트남도 주변국에는 조공을 강요하면서 아황제국亞皇帝國이라 자부하였고, 미국 앞에서의 멕시코와 중남미 앞에서의 멕시코는 달라도 한참 다르다. 크기란 이처럼 상대적이고 의식 또한 그러하다.

　마찬가지 이치에서 대국이 아니었던 우리로서는 이런 사고방식을 이해하기 힘들고 또 이해하고 싶어 하지도 않는다. 이처럼 낯설고 거북한 사안이긴 하지만 대다수 중국인이 강한 대국의식을 지니고 있고, 특히 정부에서 강한 대국의식을 가져야 한다고 강조하고 있으니, 최근 중국 외교의 거친 언사와 행동의 뿌리에 바로 이 대국의식이 자리한다. 불편하고 불쾌하지만, 이것이 현실로 존재하는 한 그에 대한 면밀한 분석과 현명한 대처 방안에 대하여 생각하지 않을 수 없다.

　대국의식은 어디서 나온 것일까? 통상 대국의식은 유구한 역사, 높은 문화, 강한 경제력 등을 바탕으로 형성되나 공간의 크기가 가장 크게 좌우한다. 각자에게 주어진 활동 공간·체험 공간의 범위는 공간에 대한 감각적 인지력의 차이를 형성한다. 끝없이 펼쳐진 초원, 웅위한 고산준령, 불타는 사막 등 대자연이 주는 경외감과 그에 대한 소속감이 정서적으로 얼마나 큰 영향력을 발휘하는지 굳이 설명할 필요가 없을 것이다.

　또 대국의식은 주변국과의 상대적 비교에 근거한 것이어서 감성적 측면이 큰 비중을 차지하기 마련이고, 이것이 학습되면서 하나의 실체처럼 변하기도 한다. 지금 중국 정부는 대국의식이 국가에 대한 순수한 자부심과 만족감의 근원이며 하나의 명백한 실체라고 강조하고 있다. 또 대국의식을 갖추지 않고서는 대국에 맞는 대우를 받을 수 없고, 대국에 맞는 영향력도 행사할 수 없다고 주장하고 있다. 대국의식에 대한 중국의 이런 정의와 정책은 우리의 심기를 몹시 불편하게 만든다.

'토끼와 거북이' 이야기 역시 우리와 중국 교과서는 그 해석이 다르다. 토끼가 거북이에게 진 것은 일시적인 방심 때문일 뿐, 거북이는 결코 토끼의 경쟁자가 될 수 없다며 풀이 죽은 토끼를 격려하는 것으로 마무리 짓는다. 경쟁에서 일시 뒤질지라도 결국 자신이 최후의 승리자가 될 수 있다는 자신감의 근원이라는 점에서 그 장점이 분명 존재하지만 대국의식은 본질적으로 이웃을 존중할 줄 모르는 오만함, 또는 자아도취에 빠진 정저지와井底之蛙의 위험성을 내포할 가능성이 농후하다. 중국 정부가 화평굴기和平崛起를 내세우며 '화목한 이웃睦隣·안정된 이웃安隣·부유한 이웃富隣'을 외교의 중심축으로 하는 삼린三隣정책을 표방한다는 것이 까마득한 옛날 일로 느껴질 정도로 중국 외교가 거칠게 느껴지고, 우리는 물론 세계 각국에서 혐중嫌中의식이 커지고 있는 것도 바로 이런 의식에 바탕을 두었기 때문일 것이다.

중국에 대국의식이 있다면 우리에게는 정통론이 있지 않을까? 우리의 대외관계는 기본적으로 남북을 축으로 전개되었다. 만주를 통해 남하하는 북방세력과 바다를 통해 북상하는 해양세력과의 관계가 대외관계의 양대 축이라고 해도 과언이 아니었다. 이들의 침략에 대하여 우리가 채택할 수 있는 방어 전술은 한반도의 깊은 종심을 활용해 적의 보급선을 최대한 늘인 뒤 단속적인 차단과 저지 전략을 택하는 것이 최선이었고, 외교적 책략 역시 양자택일이었을 뿐 별다른 선택의 여지가 없었다.

한반도에 본격적인 다자외교의 무대가 처음 전개된 것은 19세기 말이지만 1910년 일제의 강점으로 다자외교의 시대는 오래가지 못하였다. 정부 수립 이후에도 냉전체제에 따른 일방적인 국제관계 속에서 운신의 폭은 제한적이었고, 1989년부터 시작된 공산권 붕괴에도 불구하고 북한의 핵 개발로 본격적인 다자외교의 무대가 전개되기 힘들었다.

피아의 구분이 너무 명확한 환경에서 지냈기에 우리에게 합종연횡의 외교적 상상력은 뿌리내리기 힘들었다. 대신 우리가 별다른 논리적 점검이나 정서적 거부감 없이 받아들인 것은 바로 정통론이었다. 정통론은 보수파 사학자 사마광司馬光(1019~1086)조차 그 실체에 대해 의문을 제기할 정도로 모호한 것이지만 국제화된 지금도 우리의 뇌리에 자리한 정통론의 위세는 여전히 대단하다. 우리 사회에 만연한 편 가르기의 출발점이며, 소통 불능을 초래하는 기준점이기도 하다.

정통론은 그 본질에서 관념론이며 도덕론이다. 그렇기에 이웃 국가와의 관계에서도 '진정성'을 중시한다. 그러면 우리의 진정한 친구는 누구인가? 내 친구와 또 다른 친구 사이가 원만하지 않을 때 우리는 어떻게 해야 하나? 밉지만 필요한 친구에게는 또 어떻게 대하는 것이 좋을까? 하지만 결론부터 말하면 진정한 친구는 국제사회에서 존재하지 않는다. 진정성이란 본질적으로 실체가 모호한 것이어서 마치 양파의 속을 찾는 것과 같은 것이다. 따라서 진정함을 찾는 일에 집착할 필요가 없고 반대로 경계심이 미덕일 수도 있다. 어쩌면 세상은 진정한 친구만 필요한 것이 아니다. 너무 진지하면 부담스러울 수도 있다. 그냥 마음 따뜻한 친구, 만나서 즐거운 친구면 족할 수 없을까? 이 세상에 없는 친구를 찾기보다는 조금이나마 좋은 친구를 사귀려는 태도가 지혜롭지 않을까?

남북분단으로 인해 현실적으로 섬에 살고 있으나 세계를 무대로 활동해야 하는 우리로서는 고립된 섬을 벗어나기 위한 각별한 노력이 필요하다. 양극 관계를 경제적 측면에서만 접근하는 일방적 사고도 문제지만 근거 없는 우월감과 열등감은 우리의 미래를 위해 조속히 극복해야 하는 과제 가운데 하나다.

2) 정치권력과 행정편제의 그물망

　북경올림픽에서 보았듯이 중국인은 한당성세漢唐盛世를 가장 자랑스럽게 생각한다. 하지만 아무리 역사적 맥락이 강하게 이어져 내려오는 중국이라도 현 중국은 한·당보다는 명·청의 직접적인 후계자이며, 좀 더 현실적으로 지금의 삶을 결정하고 있는 것은 아편전쟁부터 110년간 지속된 전란의 고통과 패전의 굴욕감, 그것을 극복하기 위한 대안으로 찾은 사회주의 시스템이다.

　아마 현 중국이 우리에게 낯설고 이해하기 힘든 것은 최근의 역사와 사회주의 정치 시스템과의 관계에 대한 이해 부족이 가장 큰 원인일 것이다. 현대사는 긍정적이건 부정적이건 중국공산당이 역사의 주역으로 등장하는 과정이었다. 따라서 사회주의 시스템에 대한 이해는 중국을 파악하는 데 필수적이다. 그러기 위해서는 공산당의 국가지배, 군·당·정의 상호관계로 구성된 권력 구조, 중앙과 지방의 복잡한 상호관계, 번역하기 어렵고 생경한 한자 용어 등 많은 장애물을 넘어야 한다.

　잘 알고 있다고 생각하기에 갖는 고정관념 또한 검토해봐야 할 숙제 가운데 하나이다. 당 말 안사安史(755~763)의 난으로 균전제적 질서가 와해 되자 당조는 자산에 따라 세액을 결정하는 양세법兩稅法을 도입하면서 경제적 불평등에 대한 국가적 통제를 포기하였고, 그 전통이 이후 천년 넘게 유지되었다. 심각한 경제적 불평등은 공산혁명을 가능케 한 핵심 요소였지만, 천년 넘게 유지되어 온 관성은 결국은 공산당 통치하의 경제적 불평등이란 새로운 모습으로 부활하였다.

　'20명에게 10명분의 식량만 주어진다면 어떻게 나눠 먹는 것이 사회주의적인가?'라고 물어보면 대부분 '반씩 쪼개 먹는 게 사회주의적인 것'이라고 답한다. 하지만 정답은 당 서열대로 10명이 먹는 것이다. 그것이 사회주의적이다. 정치적 선전으로서의 사회주의와 현실에서의 사회주의를 구분해야 하고, 경제적 불평등의 뿌리에 대한 중국적 전통과 현 시장경제의 요소를 구분할 수 있어야 중국을 좀 더 잘 이해할 수 있을 것이다.

과거 모든 국내 언론은 당서기와 국가주석 위에 있는 최고 직인 중앙군사위 주석 등소평鄧小平(1904~1997)을 가리켜 '무관의 제왕'이라고 보도하였다. 현직 최고 권력자를 은퇴한 원로로 취급한 것이다. 만약 양로원에 있으면서도 최고 권력을 휘두를 수 있다면 당연히 그 이상한 시스템을 분석했어야 했다. 서기와 성장 가운데 누가 선임자인지, 부서기와 총장의 상하 관계가 어떤지 제대로 이해하기 시작한 지도 오래되지 않았다. 당과 군의 관계가 어떤지도 여전히 명확하게 와 닿지 않는다. 막연히 우리 생각과 경험으로 재단하다 보니 본의 아닌 실수가 적지 않았다. 중국 관련 뉴스가 우리에게 매일 전해지기 시작한 지 10년도 채 안 되었으니 중국 관련 정보가 누구나 아는 일반의 상식이 되기까지 아직도 더 많은 시간이 필요하다.

하지만 한 걸음 뒤로 물러나 보면 공산당 통치의 결과물로 보이는 것의 상당수가 중국 본래의 모습임을 발견할 수도 있다. 중국을 이해하는 가장 핵심적인 키워드는 시대를 막론하고 '정치권력'이다. 정치권력의 절대 우위는 중국사를 관통하는 가장 중요한 상수常數이다. 건국 이래 경세輕稅정책을 유지한 데다가 실크로드 개척으로 대외무역과 군수업으로 돈을 모은 부호들이 정치적 발언권을 가지려고 하자 한무제漢武帝(기원전 156~기원전 87)는 고민령告緡令을 통해 정치권력에 도전할 가능성을 지닌 대상인을 일거에 파산시켰다. 그 뒤로 권력 앞에 무릎 꿇지 않은 상인은 한 명도 없었다. 그것은 지금도 마찬가지다. 정치권력에 대한 두려움은 모든 중국인에게 내재된 기본적인 문화 유전자다.

넓은 영토, 많은 인구, 다양한 경관, 거듭된 외부적 충격에도 불구하고 강력한 통일체를 유지하며 지속적인 발전을 가능하게 한 요소 가운데 하나가 바로 중국의 지방행정체계이다. 복잡한 행정편제, 중층적 구조는 그 자체로 중국인의 의식 구조를 담는 얼개이자 중국인의 세계관이기도 하다. 조선왕조와 마찬가지로 정1품부터 종9품까지 18개 품계로 이루어진 관료조직이지만, 실제 품계는 50여 개로 나눠지고, 같은 품관도 동급·대행·겸직·파견·시보 등의 구분을 통해 구분되고, 품계 이외의 하위 관리가 또 있어 마치 하늘의 별자리처럼 거대한 행정망 속에 자리한 자신의 위상을 찾고, 그에 따른 처신의 폭을 인지하려는 사유방식은 중국인의 보수성과 절제력의 근원이기도 하다.

　이해하기 힘든 일이 있을 때마다 '다 공산당 때문이야'라고 말하는 것은 도움이 되지 않는다. 중국공산당에 대한 강한 거부감을 지닌 대만과 홍콩에서도 중국의 모습을 얼마든지 찾아볼 수 있음은 무엇을 의미하는가? 까닭 없는 일은 거의 없다. 알고 보면 오래되지 않았으나 자세히 보면 역시 오래된 것이 많은 나라다. 유일하게 살아남은 고대문명일 뿐 아니라 자신의 역사와 문화 속에서 계속 자양분을 받아 새로운 모습을 덧칠해가는 중국 문명의 독특한 생존방식은 중국을 이해하는 데 있어 가장 중요한 요소 가운데 하나이다.

3) 고객 존중에 무심한 주인

　현재 우리의 국제적 위상은 19세기 말과는 비교할 수 없을 만큼 커졌기 때문에 우리를 둘러싼 국제 정세가 마치 조선왕조 말과 다를 바 없다는 말은 분명 과장된 것이고 때로는 현실을 호도하는 것일 수 있다. 하지만 주변 국가 모두 세계 최강국이라는 특수한 환경과 거기에 더해진 남북대치라는 요소로 인해 외교적 환경의 복잡함만은 크게 다르지 않다. 특히 최근 중국의 부상으로 대륙세력과 해양세력의 각축이 일렁이면서 그 파장은 동북아는 물론 동남아시아, 나아가 인도를 포함한 남아시아 전체가 새로운 관계 정립을 위해 요동치고 있다. 그래서 그 어느 때보다 복잡한 전략적 사고를 해야 한다.

　중국은 우리의 최대 고객이다. 2013년 우리나라는 일본을 제치고 중국의 최대 수입국이 되었다. 이듬해인 2014년에는 중국에 1,453억 달러를 수출해서 552억 달러의 흑자를 냈다. 2014년 당시 무역수지가 사상 최대의 흑자인 471억 달러라고 했으나 중국 무역을 제외하면 81억 달러 적자였던 셈이다. 2016~2019년 4년 동안 중국에서 벌어들인 무역흑자는 우리나라 전체 무역수지의 99.3%에 해당한다. 하지만 최근 이런 상황은 놀라울 정도로 빠르게 변하고 있다.

또 중국은 하나의 중국이 아니다. 한국무역협회의 2021년도 통계에서 볼 수 있듯 우리의 10대 수출국 가운데 중화권은 중국·홍콩·대만·싱가포르 등 4개국이나 되며, 그 비율도 36%나 된다. 인도네시아·태국·필리핀의 상권도 화교가 장악하고 있으니 지금 우리는 중화권과의 무역을 통해서 살고 있다고 해도 과언이 아니다. 장사의 귀재라는 중국인을 상대로 이런 실적을 올렸으니 참으로 대단하긴 하지만 손님은 왕이라고 했다. 고객의 입장에 대해 잘 알수록 고객 만족이 가능하고 우리에게도 이익이 된다.

한편 중국은 최대의 무역상대국이고 전략적 동반자 관계이지만, 북한과 지정학적 이해를 같이하고 있어 경제와 정치의 부조화는 피하기 힘든 숙제이며 특히 군사적 이해관계의 모순은 결코 피할 수 없는 한중관계의 기본모순 가운데 하나이다. 그런데 북·중 관계는 우리의 생각만큼 긴밀하지 못하다. 중국에 대한 북한의 경계심은 대단히 크며, 북한에 대한 중국의 영향력은 알려진 것처럼 크지는 않다. 중국 외교가 취하고 있는 전략적 도호함은 중국의 역할을 기대하는 외부의 시각과 달리 실질적 해결방안을 갖고 있지 못한 상태에서 중국이 취할 수 있는 최선의 정책이라고 봐도 좋을 것이다.

냉전적 현실과 글로벌한 국제 환경 사이에서 중국에 대한 우리의 인식은 사안에 따라 현격한 차이를 보인다. 때로는 친한 이웃 같고 때로는 무심한 이웃 같고, 심지어는 냉혹한 남처럼 30년 동안 여러 차례 정서적 냉탕과 온탕을 오가다가 최근에는 얼음처럼 차가운 상황이 계속되고 있다. 역사적으로 경험해보지 못한 다자외교의 DNA가 무척이나 아쉬운 실정이다. 이런 아쉬움은 대만과 홍콩에 대한 우리의 언론과 외교에서도 마찬가지다.

  홍콩의 현실과 미래를 서구 언론의 시각을 빌려 재단하는 것이 과연 합리적인지 검토할 필요가 있다. 대만에 대한 무심함이야 더 말할 나위가 없다. 정부가 앞장서 범한 많은 외교적 결례, 그로 인해 벌어진 간극은 실로 민망함을 금치 못한 정도다. 친구에 대한 무례는 그들을 분노하게 하고, 나아가 제삼자 모두 우리를 경계하게 하고 불신하게 만든다.

| 제2절 | 역사지리학의 문제의식과 과제

1. 역사학의 반성과 생태학

1) 반성과 성찰

요르단의 페트라Petra처럼 찬란한 고대문명을 꽃피운 중동지역의 거대한 유적이 황량한 사막 가운데 폐허로 남겨진 모습을 보거나 멕시코의 태양의 피라미드와 캄보디아의 앙코르와트가 사람들에게 잊힌 채 삼림의 왕성한 생명력에 삼켜져 버린 것은 기후변화가 문명의 발전과 소멸에 어떠한 영향을 주는지를 생생하게 보여주는 대표적인 사례이다.

인류의 문화적 창조력을 가장 잘 보여 준 고대문명이 지금 사막 한가운데 버려진 흙더미에 불과하게 된 것은 자연에 대한 충분한 이해와 적절한 배려가 없으면 문명을 몰락시키는 엄청난 방식으로 자연이 복수한다는 것을 전하는 메시지였다. 즉 사멸된 고대문명은 인간이 자연을 잘못 다룬 가장 극단한 사례이다.

하지만 이처럼 자연환경의 파괴로 사멸된 문명의 폐허를 보면서도 역사학은 여전히 생산력 증대를 역사발전의 기준으로 삼는 잘못된 관행을 버리지 않았다. 인류가 어떻게 자연을 개조하고, 환경을 바꿔서 현재와 같은 물질문명을 이룩하였는지만 관심을 표명하였을 뿐 삶의 바탕인 자연 자체의 역사에 대해서는 극도로 무관심하였다. 그랬던 역사학이 최근 환경 개념을 중시하고 이를 역사 해석에 반영하기 위해 노력하는 것은 그동안의 잘못에 대한 깊은 반성과 성찰의 결과다.

2) 환경사의 대두

1960~1970년대부터 시작된 환경보호운동의 영향과 확산에 힘입어 환경사 연구는 미국에서 가장 먼저 새로운 학문으로 자리 잡았다. 환경사의 출현과 신속한 확산은 역사 연구와 해석에 새로운 이념과 시각을 제공해주었다. 환경사는 생태학을 이론적 기초로 삼아 역사에 나타난 인간과 자연 간의 상호관계, 그리고 자연을 매개체로 한 사회적 관계를 연구 대상으로 하였다.

환경사는 인류가 자연을 개조한 역사에 대해 반성하는 비판적 성향을 지닌 새로운 학문이었지만 한편으로는 19세기 중엽부터 '역사지리학'의 일환으로 발전해 온 학문의 새로운 확산이기도 하다. 환경사는 우리가 현재 직면하고 있는 환경문제가 고대에도 심각했음을 밝힘으로써 국가적 차원을 넘어선 문명적 차원에서의 포괄적 역사 해석이 필요하다고 생각하게 하였다.[1] 그리고 이를 위해서 역사와 환경 과학에 대한 충분한 이해를 바탕으로 문제를 다차원적으로 파악하고 종합적으로 조감할 수 있는 학제적interdisciplinary 식견이 필요함을 깨우쳤다.

현재 환경사 연구는 크게 네 가지 측면을 포함하고 있다. 첫째, 자연생태시스템의 역사를 탐구함으로써 과거의 자연환경을 재구성하고, 그를 통해서 역사시기 자연계의 모습을 이해하는 것이다. 이런 측면에서 환경사는 곧 생태사라고도 할 수 있다. 둘째, 역사시기 사회경제적 영역과 환경과의 상호작용을 탐구하는 것이다. 셋째, 특정 사회나 국가의 환경에 대한 정치와 정책을 연구하는 것이다. 넷째, 역사에 출현하였던 인류의 환경에 대한 의식을 연구하는 것이다.

---

1 사카이야 다이치堺屋太一는 『知價社會』(1990)에서 융성했던 고대가 막을 내리고 중세의 침체가 오래 지속된 데는 산림자원의 고갈로 인한 에너지 부족 때문이며, 이것이 다시 검소와 절제를 강조하는 종교적·윤리적인 윤리관을 강조하는 방향으로 지속되었다고 주장한다.

사실 인간의 활동과 자연환경을 이분법적으로 나누어 설명하는 것은 논지 전개의 편의를 위한 것일 뿐 적절한 방식은 아니다. 인간 자신이 자연의 일부이며, 자연으로부터 끊임없이 영향을 받고 있기 때문이다. 아울러 인간은 가장 광범위한 규모로 자연의 모습을 바꾸고 자연 구성원 사이의 상호관계에 깊숙이 개입할 수 있는 능력을 과시해 왔다. 그러한 능력의 발휘 과정과 결과가 문명의 흥성과 몰락의 주된 원인이었다.

중국의 환경과 관련해 주목해 볼 분야로는 첫째, 개간이 너무도 쉬운 황토고원의 농업환경, 둘째, 중농重農주의에 입각한 개간에 대한 절대적 긍정, 셋째, 북방 유목민을 막기 위한 방어선 구축 작업과 둔전, 넷째, 인구 균형을 맞추기 위한 대규모 사민徙民정책, 다섯째, 연료와 목조건축용 수요로 인한 남벌, 여섯째, 수자원 부족과 사막화, 일곱째, 대를 이어야 한다는 유가적 관념으로 인한 다산 등을 들 수 있다. 이 모두가 기존 중국사 연구의 중요 주제였다. 하지만 이제는 이런 연구 주제를 하나로 통합하여 환경이라는 포괄적 시각에서 새롭게 분석하고 평가할 필요가 더욱 커진 것이다.

3) 촘촘하고 넓은 그물망

환경학은 유기적·무기적 환경 모두를 포함하므로 유기적 측면에 집중된 생태학보다 좀 더 넓은 개념이다. 하지만 역사학에서는 엄밀한 의미의 학문적 구분보다는 환경학과 생태학이 중첩된 부분에 더 많은 관심을 가진다. 그리고 어감의 친밀성 때문에 환경학보다 생태학이란 용어를 조금 더 선호하는 경향이 있다.

생태계라는 개념은 국가를 넘어 보다 넓은 지역을 연구 대상으로 할 때 매우 편리하다. 가장 넓은 범위로 지구 자체가 하나의 생태계이며, 지중해·중동지역 등도 하나의 생태계로 파악할 수 있다. 그보다 더 작은 지역도 그 나름의 물리적인 환경을 갖추면 하나의 독립된 생태계라고 할 수 있다. 이처럼 생태계란 열린 개념이므로 특정 시각에 따라 세분된 범주를 넘어선 종합적 연구에 유용하다.

생태학의 개념을 중국사에 적용하여 접근하면 새로운 통찰력이나 방법론을 얻을 수도 있다. 통일에 대한 지향성과 지역적 분열처럼 서로 길항하는 현상을 하나로 묶어서 설명할 수 있는 포괄적 방법을 찾아낼 수도 있다. 왕조사 중심의 시대구분을 생태적 기준에 따라 달리 묶을 수도 있다. 성 단위의 행정구획 대신 황하생태계, 회하생태계, 장강생태계 등으로 구분하는 방식도 가능하다.

특정 지역을 분석하면서 그것을 기능하게 한 배후지역을 폭넓게 볼 수 있도록 생각의 외연을 확장할 수도 있다. 호흡·신경·혈액 등이 원활하게 작동할 때 우리 몸이 건강하듯이 특정 지역의 배후에서 미시적이지만 끊임없이 작용하는 현상에 집중하여 더 촘촘하면서도 넓은 그물망을 만들어낼 수도 있다.

2. 배후 조정자, 기후

1) 숨은 조정자

환경학·생태학과 함께 역사지리의 새로운 영역으로 기후학이 주목받고 있다. 고대문명 발상의 필수조건으로 기후가 얼마나 중요한지 모두 인지하면서도 구체적 사안에 대해 즉각적 영향력을 행사할 수 없다는 점 때문에 그동안 기후를 단순한 밑그림에 불과하다고 생각해 왔다. 그러나 중장기적인 역사의 흐름을 결정짓는 엄청난 영향력을 기후가 행사해 왔다는 점이 기상학의 도움으로 드러나면서 최근 기후와 역사의 관계가 다시 주목받기 시작하였다.

　기후는 그 성격상 아무 말 없이 누구의 눈에도 띄지 않게 조용히 활동한다. 그래서 기후는 공기처럼 누구나 중요한 줄 알면서도 당장에 급한 일이 아니어서 그에 합당한 주의를 기울이지 않았다. 하지만 생각지도 않은 곳에 풍요를 선사하거나 질병과 기근을 만연시키고, 그것으로 다시 정치·사회를 뒤흔드는 부메랑으로 작용하는 주역이 기후였고, 그 대부분이 혼자 몰래 꾸민 일이었음이 최근 속속 밝혀지고 있다. 더구나 통계상 유의미해 보이지도 않는 정상기후normal climate 내에서의 미세한 변화만으로도 그 같은 엄청난 일을 일으켰다는 점이 충격적으로 받아들여졌다.

　예를 들어 1690~1940년대 영국의 연평균기온은 작물의 평균 생육 기간을 1개월가량 연장하기에 충분하였다. 이런 기후의 '개선improvement'내지 온난화는 곡물 수확량 증대와 충분한 영양 공급으로 인구를 증가시키고 경제적 번영과 사회적 안정을 유도하였다. 하지만 전반적인 온난화 추세 속에서도 불규칙한 변동은 수시로 나타났다. 겨울 날씨에 가까운 7월 날씨도 있었고, 1816년은 전 세계적으로 여름이 없던 해로 기록되기도 하였다.

　1815년 4월에 갑자기 터진 사건은 모든 이를 고통스럽게 했으나 누구도 그 까닭을 알지 못하였다. 인도네시아 숨바와섬에 있는 해발 4,000m의 탐보라Tambora 화산이 거대한 폭발과 함께 15㎦의 화산재를 성층권 44㎞까지 뿜어냈다. 이때 뿜어낸 먼지 베일dust veil은 1812~1814년에 분출된 화산재와 함께 지구를 덮어 평균 기온을 0.4~0.7℃나 떨어트렸고, 바람 순환 패턴도 변화시켰다. 여름에 한국과 중국, 인도 남부에 폭우가 쏟아졌고, 유럽 전역도 마찬가지였다. 북미 동부 전 지역은 6월인데도 북동풍이 불면서 눈이 내렸고, 거꾸로 우크라이나의 여름은 평소보다 더 무더웠다.

　1816년의 기후 요란은 전 세계적인 기근을 초래하였고, 1816~1819

년의 유럽 역사에서 가장 심각한 발진티푸스가 유행하도록 하였으며, 남동 유럽과 동 지중해에서 페스트를 창궐하게 하였다. 그리고 1816~1817년에 벵골에서 시작하여 전 세계를 휩쓴 최초의 심각한 콜레라 창궐 역시 탐보라 화산의 폭발과 직접 관련되었다.

2) 취약한 고리, 결정적인 방아쇠

이처럼 기후의 역사와 인류의 역사는 그 주기와 정도는 다르지만 서로 긴밀하게 영향을 주고받는 하나의 시스템이며, 주기는 얼마든지 단축·변화되고 새로운 사건을 일으킬 수도 있다. 문명의 발전과 성숙기는 온화한 기후와 상당 부분 일치하며 퇴보와 쇠퇴기 역시 기후 요란과 맥을 같이 하는 경우가 많다. 특히 시스템의 부재나 쇠퇴기기에 발생한 기후 요란搖亂disturbance과 부침climatic, 충격shock은 쇠퇴 주기를 크게 단축시킨다. 이렇게 기후 요란은 급속한 멸망을 초래하는 결정적인 방아쇠 역할을 하므로 안정적 기후보다 더 많은 관심을 받기 마련이다.

또 기후변화의 영향력이 가장 두드러지게 나타나는 지역은 중심지대보다는 취약한 주변지대이다. 농목한계선을 비롯해 각 행정구역의 교계지交界地는 '생태적 인내력'이 약한 지역이어서 기후변화가 초래한 여러 상황 증거가 비교적 선명하게 드러나기 마련이다. 즉 기후변화와 그 지역의 사회경제적 요인이 부정적으로 결합할 때 노출되기 마련인 각종 취약성이 가장 먼저 불거지는 취약한 고리이기도 하다.

이 점은 중국에서 두드러지게 나타난다. 왜냐하면 중국은 과도한 인구로 인한 자연 파괴가 일찍부터 진행되어 현대사회에서나 찾아볼 수 있는 기후에 미친 인구압의 영향이 가장 먼저 나타난 지역이기 때문이다.

3) 신의 메시지, 기후변화

사람들은 홍수와 가뭄에 시달릴 때마다 기후란 변화무쌍하고 예측할 수 없는 것이라고 여겼다. '80 노인이 처음 겪는 추위'라는 표현은 개인적 체험과 주변 환경의 변화 등을 통해서 사람들은 다소 막연하지만, 기후변화를 민감하게 인지하였음을 말해준다.

그런데도 대다수 사람은 기후변화나 기후 요란climatic disturbance을 정상에서 일탈한 일시적이고 우발적인 것으로 여겼다. '처음 겪는 날씨'란 말에는 자신이 묵시적으로 인정하고 있는 정상기후가 있다는 뜻이며 그렇기에 거시적이고 주기적인 기후변화의 가능성을 인지하거나 상상하기는 대단히 어려웠다.

기후에 대한 중국의 개념 역시 온난하고 쾌적한 정상기후를 상정한 채 일시적 기상 변화나 기후 요란을 통치자의 부덕不德함에 대한 천명天命의 경고로 해석하고 덕정德政을 통해 기상 이변을 잠재우는 데만 관심을 집중하였다. 악천후나 태양 흑점의 변화를 신의 경고나 징벌로 여긴 것은 서양도 크게 다르지 않았다.

3. 불변과 가변 사이에서

1) '기후불변론'의 오류

기후가 불변한다는 생각은 기후에 관한 과학적 측정이 시작된 19세기에도 크게 바뀌지 않았다. 그것은 기후변화에도 불구하고 B.P.7000년 이래 기후가 상대적으로 장기 안정기에 접어들어서 기후·식생 분포와 관련된 대부분의 인자는 현 상태와 크게 다르지 않았기 때문이다.

또 자연의 품이 한없이 넓다는 생각에 근대의 오만함이 더해져 물길을 바꾸고, 종자를 개량하고, 체계적으로 관리하면 기후변동으로 인한 부정적 측면은 얼마든지 극복 가능하다고 생각하였다. 과학적이고 객관적인 최초 통계에 드러난 우연한 안정성도 이 같은 믿음을 더해 주었다. 유럽과 북미의 주요 도시에서 표준기상계기를 이용하여 장기 관측한 결과 1875~1895년의 기후가 100년 전과 매우 유사하다는 것을 확인하였다.

기후변동을 단정하기에 100년의 기록은 너무도 짧았고 표준값의 오류도 컸지만, 무엇보다도 그것은 우연의 일치에 불과하였다. 하지만 최초의 과학적 관측 결과였기 때문에 1935년 국제기상기구는 1901~1930년의 관측 결과를 '기후표준평년climatic normal period'으로 채택하는 성급한 결론을 내렸다.

유례없이 온난 습윤한 예외적인 30년을 기준으로 정한 데는 손쉬운 설명을 위해서 일정한 기준이 필요하다는 기후학 실무자들의 주장도 고려되었다. 아무튼 이것이 '표준 기후'로 정해진 뒤 기후학에서는 기후의 불변성에 기초한 논리를 계속 사용하였고, 사람들은 기후란 표준 상태로 회복되는 것이라고 여기게 되었다.

2) 위험한 진실, '기후결정론'

물론 기후의 중요성을 강조한다고 해서 기후결정론climatic determinism을 그대로 수용하자는 것은 결코 아니다. 역사를 그렇게 단순화할 수 없을 뿐 아니라 기후결정론·환경결정론은 태생부터 상당한 제국주의적 편견을 내재하고 있기 때문이다. 또 기후 요란의 정도와 영향에 대한 정확한 판단과 일반화가 매우 어렵고 심지어는 사실을 왜곡할 수 있다는 점도 충분히 고려해야 한다.

그럼에도 불구하고 역사 연구에서 기후는 여전히 매우 중요하게 고려해야 할 사항이다. 기후는 항상 농업 생산성과 건강 등 삶의 기본 조건을 결정짓는 주역이었고, 분란을 조장하는 음모꾼이었으며, 문명과 국가의 쇠토 과정을 결정적으로 앞당기는 암살자 역할을 했기 때문이다.

1845~1846년까지 6년 동안 아일랜드의 기후가 유난히 온난 습윤해지면서 발생한 감자마름병과 발진티푸스가 아일랜드 인구를 1/4로 감소시킨 사건, 그리고 1973년의 석유파동과 그 뒤를 이은 실업 및 불경기의 배후에는 기상 이변으로 인한 1972·1975년의 대규모 흉작 및 식량 비축 감소가 있었다는 뒤늦게 알려진 사실은 그 대표적 사례라고 할 수 있다.

다만 기후사를 이용한 연구에서 가장 유의해야 할 점은 자료가 신뢰할 수 있는 통계치를 가져야 한다는 점이다. 최근 지구의 대기 순환에 대한 지식 증가에 힘입어 기후 측정의 정확성이 증가하였으나 신뢰할 수 있는 통계치를 가지려면 장기적인 분석이 필요하고, 거기에는 적지 않은 비용과 시간이 필요하다.

3) 온난화와 기후에 대한 새로운 인식

아무튼 1980년대부터 기후가 크게 변하기 시작하였다. 에너지 소비 증가, 대기오염, 산림 감소, 수질 오염 등 인위적 악재들이 기후 온난화와 해수면 증가, 오존층 파괴와 사막화 등을 가속화하였다. 이런 초유의 사태는 사람들에게 기후변화와 환경변화를 새롭게 인식하게 하였으며, 특히 인구 증가와 에너지 소비 증가가 환경과 기후 체제 교란의 주범임을 깨닫게 하였다.

온난화의 원인과 추세에 대한 논의는 상당수 가정에 근거한 것이지만 과학기술의 발전에도 불구하고 인류가 기후변화에 자유롭지 않으며 기후 충격에 갈수록 더 취약해지고 있다는 점만은 누구도 부인할 수 없는 사실이다. 기후와 역사의 관련성과 경향성을 추적하는 일이 이미 역사학의 과제로 넘어왔다. 기후가 아주 작은 몸짓만으로도 역사의 흐름을 얼마든지 바꿀 수 있는 놀라운 힘을 지니고 있다는 사실, 그리고 그동안에도 쉴 새 없이 몸을 뒤척여왔음을 뒤늦게나마 알게 된 이상 더 침묵할 수 없게 된 것이다.

4) 감춰진 보물

　객관적인 측정 자료가 없는 전근대의 기후 측정을 위해 이용할 수 있는 자료 및 방법은 다음과 같다. 우선 일기 자료가 있다. 개인 일기를 비롯해 농사·항해 일지 등에는 정확하고 구체적인 자료가 잘 담겨 있고, 특히 각 지역에 대한 비교자료가 풍부하다. 조선시대 『승정원일기 承政院日記』에도 기상 자료가 다수 수록되어 있다. 다만 기록이 너무 방대하고 산재되어 활용하기가 쉽지 않다는 점이 숙제다.

　둘째, 물가 기록인데 그 가운데 곡물 가격이 가장 중요하다. 최종 수확량에 좌우되기 마련인 곡물 가격은 전쟁·반란 등 외부 요인을 제외하면 기상 여건의 영향이 절대적이기 때문이다.

　셋째, 다양한 화석기록의 연층이다. 화석기록에는 진흙 퇴적층과 얼음 연층 등이 있다. 해석상의 어려움이 많지만 여러 유형을 종합하면 신뢰성 있는 결론을 얻을 수 있다.

　넷째, 방사성 탄소연대측정법 radiocarbon dating을 이용하는 것이다. 유기물을 구성하는 탄소에 존재하는 미량의 불안정한 탄소 동위원소에서 생성되는 방사능을 정밀하게 측정하는 것이다.

　다섯째, 화분 분석인데, 후빙기 기후사 대부분은 1950년까지 화분 분석을 통해서 알려졌다. 빙하가 녹으면 남쪽부터 숲이 확산되므로 화분을 분석하여 그 변화를 추정할 수 있다. 또 숲의 점진적인 변화는 기후변화에 빠르게 반응하는 곤충을 통해서도 확인할 수 있다. 그러나 지형적 제한과 경작 등으로 인해 제한요인이 많고, 100년 이하의 정확한 시간 분석이 거의 불가능하다는 단점이 있다.

  그 밖에도 북미에 제한된 것이기는 하지만 나이테 분석을 이용하기도 하고, 호수 퇴적물과 해저 퇴적물도 기후사 연구에 활용한다, 단 퇴적 속도가 매우 느리므로 역사 시대의 단기 변화 추세를 밝히는 데는 활용할 수 없다.

제3절 역사지리학의 학문적 성격과 영역

1. 역사지리학의 학문적 성격

1) 역사지리학에 대한 정의

　사마천司馬遷은 『사기史記』에서 진과 한의 수도가 위치한 관중關中지역은 인구가 전국의 1/3이지만 경제력은 60~70%를 차지한다며 다음과 같은 네 가지 요인을 지적하였다. ①관중의 토질이 비옥하고, 수리관개水利灌漑가 발달하여 농업 생산력이 우수하다. ②관중은 서남쪽 사천四川과 이어져 사천의 풍부한 물자를 공급받을 수 있다. ③관중의 서북은 목축이 발달하여 소와 말 등 가축이 풍부하다. ④진秦이 중국을 통일한 뒤 각지 부호들을 강제 이주시켰고, 한 역시 이 정책을 계승하여 관중에 전국의 부가 집중되었기 때문이다.

　사마천이 지적한 네 가지 요인 가운데 ①~③항은 지리적 요인이고, ④항은 지리 외적 요인이다. 모든 지리경관은 자연적 요소와 인위적 요소를 결합한 것이다. 따라서 한 지역의 상황을 파악하는데 지리적 요소와 역사적 요소를 통합적 시각으로 볼 때 비로소 지역에 대한 전면적이며 종합적인 파악이 가능하다.

　역사학과 지리학 모두 종합적 학문의 성격을 지니고 있으나 역사학은 종관적·시간적 측면에, 지리학은 평면적·공간적인 측면에 중점을 두기 때문에 이 둘을 함께 교직交織한 학문이 바로 역사지리학Historical Geography이다. 이렇게 교직이 가능한 것은 사학의 연구 공간인 왕조와 지리학의 연구 공간인 국가가 대부분 일치하기 때문이다. 그래서 '역사는 과거의 지리이고, 지리는 현재의 역사'라고 하는 것이다.

2) 보조학문으로서의 역사지리학

역사지리학의 학문적 성격에 대한 정의는 크게 보조학문이라는 견해와 독립적 교차학문이라는 견해 둘로 나눌 수 있는데, 보조학문이라는 견해도 다시 둘로 나눌 수 있다. 하나는 역사학의 보조학문이라는 견해다. 중국에서 연혁沿革지리는 가장 기본적이고 중요한 지리학적 내용으로 평가되어 오랜 학문적 전통을 갖고 있다. 하지만 지리학 자체가 역사학의 한 분야로 간주되어 『사고전서四庫全書』의 경우 사史에 포함되었고, 지금도 역사학의 한 분야로 분류하고 있다.

중국 국무원國務院의 학위신청 학과 분류에도 역사학은 1급 학과로 분류되어 있고, 그 아래에 속하는 2급 학과로 사학이론·역사문헌학·고고학·박물관학·중국고대사·중국근현대사·세계사·전문사·역사지리학이 포함되어 있다. 또 중국 각 대학의 사학과 교과과정에서 역사지리학은 전공필수 또는 전공선수과목에 포함되어 있다.

또 다른 하나는 지리학의 보조학문이라는 견해다. 지리는 고대부터 현재의 개념과 유사하였으며, 과거의 지리환경 복원이 주된 연구 대상이라는 점에서 역사지리학은 지리학의 보조학문이라는 견해다. 이들은 중국역사지리학 영역이 중국지리학회 소속 분과위원회에 속해 있으며, 1급 학회가 아직 없고, 국가자연과학기금에서도 역사지리학의 연구비 신청을 받아주고 있다는 점을 그 근거로 들고 있다. 또 지리학과의 1/3에 역사지리학이 개설되어 있다는 점도 논거로 제시하고 있다.

3) 독립적 교차학문으로서의 역사지리학

이와 달리 역사지리학은 역사학이나 지리학의 보조학문이 아니라 그 자체로 하나의 독립 학문이며 교차학문의 성격을 지닌다는 견해도 있다. 이들은 역사지리학은 지리적 공간을 연구 대상으로 하지만 연구 대상이 되는 시대·자료·방법은 역사학에 의존하기 때문에 독자적인 교차학문 내지는 파생학문의 성격을 지닌다고 강조한다.

이들은 전통 지리학이 지표상의 물리적 특징을 지도로 표시하는 데 중점을 두었던 것과 달리 역사지리학에서는 자연 및 인문적 다양한 특징을 지도로 표현한 것을 그 근거로 들고 있다. 그리고 나아가 '역사와 지리는 본래 분리할 수 없는 성격史地不分家'을 지닌다며 역사지리학은 '인지시공학人地時空學'을 지향하며 독립적이고 종합적인 새로운 학문으로 발전해야 한다고 주장하기도 한다.

이처럼 서로 다른 견해에도 불구하고 한 가지 주목할 점은 영어권의 역사지리학과 달리 중국에서는 역사란 용어 뒤에 지리학의 특정 분야를 덧붙여 역사지리학의 세부 분야를 지칭한다는 점이다. 영어권에서는 자연역사지리학·문화역사지리학·도시역사지리학 등으로 사용하는 명칭이 중국에서는 역사자연지리학·역사문화지리학·역사도시지리학 등으로 표기된다.

이는 중국 역사지리학이 제도적으로 역사학의 범주에 속해 있어 역사학자들이 주도적 역할을 담당하며, 인문적 내용이 풍부하고 다양하기 때문으로 지리학자 위주의 서양과 다소 대비된다. 하지만 그 경계가 강하지 않고 오히려 서로 보완적이라는 점은 동서가 다르지 않다. 아울러 중국 학계에서 관행적으로 구분하는 역사지리학의 세부 분야도 중국 역사지리학이 독립적인 교차학문으로 성장할 수 있는 풍부한 잠재력을 가지고 있음을 말해준다.

2. 중국 역사지리학의 출범과 성취

1) 도입과 출발

중국의 역사지리학은 일찍이 역사학과 함께 발달하여 왔지만, 근대 학문으로서의 출발은 그렇게 오래되지 않았다. 중국의 역사지리학은 영토의 변경, 행정구역의 변화, 지명 및 위치의 변경, 도시의 변천, 수계의 변천 등을 고증하는 이른바 연혁지리학이 전해 내려오면서 역사학의 보조 수단으로만 인식되어 있었을 뿐 독자적인 방법과 내용을 가진 학문 분야로 인정받지 못하였다.

역사지리·역사지리학이 근대 학문으로 도입되기 시작한 것은 서구와 일본의 역사지리학 연구 성과가 전해지면서였고, 그 시기는 그동안 알려진 1923년 설과 달리 좀 더 일렀을 것으로 추정한다. 아무튼 중국 학계는 1930년대부터 일본의 연구 성과를 본격 도입하기 시작하였고, 그 영향을 받은 고힐강顧頡剛(1893~1980)과 담기양譚其驤(1911~1992) 등이 주도한 우공禹貢학회에서 『우공禹貢』반월간을 출간한 것(1934)은 가장 대표적인 성과로 꼽힌다. 하지만 본격적인 연구가 시작되자마자 곧 중일전쟁이 발발해 사실상 더 이상의 연구가 진전되지 못하였고, 본격적인 연구는 전후로 미뤄졌다.

하지만 사회주의 체제의 경직된 분위기와 각종 정치적 풍파로 인해 역사지리학은 부진을 면하기 힘들었다. 역사지리학의 기존 연구가 주로 고대에 편중되어 있고, 현대 관련 연구는 취약한 것은 이러한 정치적 상황과 무관하지 않다.

2) 창시자와 3대가

중국 역사지리학의 창시자로는 고힐강을, 세 명의 대가로는 복단대학의 담기양, 북경대학의 후인지侯仁之(1911~2013), 섬서陝西사범대학의 사념해史念海(1912~2001)를 들 수 있다. '고사변古史辨운동'의 창시자이기도 한 고힐강은 『우공』반월간을 통해 역사지리학 연구의 초석을 다졌다. 담기양은 고힐강의 제자로서 우공학회를 함께 창립하였고, 복단復旦대학에 중국역사지리연구소를 설치하였으며(1982), 역사지도의 제작과 황하 등 자연지리연구에 주력하였다.

후인지는 도시지리·사막지리 연구를 처음으로 열었고, 역사지도집의 편찬에 주력하였으며 북경대학에 역사지리연구소를 설치하였다(2003). 사념해도 우공학회 창립 회원이었고, 황토고원의 환경변화 연구에 주력하였으며, 섬서사범대학에 역사지리연구소를 설치하였다(1983).

이 가운데 후인지는 역사지리학이 현대 지리학의 일부이며 기존의 연혁지리학과 본질적인 차이를 갖고 있다고 주장하였다. 담기양과 사념해는 후인지의 관점에 대해서 찬성하면서도 역사지리학 연구가 역사시기에 집중된다는 점을 들어 현대 지리학의 일부라는 주장에 대해서는 찬성하지 않았다.

하지만 이들이 연구소를 설치한 것이 모두 1980년대 이후, 즉 개혁·개방이 추진된 뒤라는 점에 주목할 필요가 있다. 개혁·개방이 추진되기 전까지 역사지리학을 비롯해 모든 학문적 연구는 문화대혁명의 여파로 극도로 위축되고 왜곡된 상태에서 10여 년을 지냈다. 역사지리학에서도 특히 역사인문지리 분야가 그러하였으며, 사상적으로 무색무취한 역사지도학만 나름대로 연구가 진행될 수 있었다.

이런 상황 속에서 복단대학 중국역사지리연구소에서 『중화인민공화국 국가역사지도집』을 간행한 것이(1982) 역사지리학이 정부 및 관련 학계로부터 주목받는 중요한 계기가 되었다. 그리고 1980년대 후반부터 역사인문지리학의 연구물들이 쏟아져 나오기 시작하였고, 새롭게

양성된 젊은 학자들에 의해 이루어진 분야별 구체적 연구 성과는 1990년대 이후부터 본격적으로 나오기 시작하였다.

3) 주요 학자와 성취

전통적인 연혁지리학의 가장 대표적 연구 분야는 영토와 행정구역의 변화인데, 최근에는 이를 더욱 심화시켜 역사정치지리학으로 발전시켰다. 주진학周振鶴은 영토의 변화, 주변국과의 지정학적 관계, 핵심지역과 변방지역의 변화, 수도 선정의 지정학적 요소 등에 주목하였다. 특히 정치제도 가운데 지리적 요소의 분석, 지리적 요소를 정치체제 구성요소의 하나로 보는 관점, 지리적 요소를 이용한 정치문제 해결 과정에 주목하였다.

농업지리는 중국 역사지리학에서 당연히 중시되어야 할 분야지만 1980년대 이후 사념해의 주도하에 비로소 중시되는 등 상대적으로 늦게 시작하였지다. 하지만, 연구 성과는 상당히 풍부한 편이다. 특정 지역 연구를 비롯해 인구 증감과 개간 규모, 농작물 구성과 분도, 생산의 지역 차이와 변화 등을 주로 연구하였다. 또 목축·어렵 등을 포함한 종합적 연구, 서부내륙지역에 대한 연구 등 경제지리의 일환으로 계속 확대하고 있다.

도시지리는 역사지리학 가운데 가장 깊이 있게 연구된 분야로서 북경대학의 이효총李孝聰은 단순히 특정 도시만 연구하는 것보다는 특정 지역의 중심지로서의 역할, 특정 지역의 문화적 분기 등과 관련해 연구할 필요가 있다고 주장하였다.

문화지리는 가장 최근 연구가 시작된 분야지만 연구 수요와 성과 모두 상당히 풍부한 편이다. 하지만 문화지리학에 시대적 상황을 결합하고, 문화의 근원·전다·구역·경관·환경과의 관계 등을 주로 연구한다고 하지만 그 이론적 기초는 부족한 편이다. 그 가운데 남경대학의 호아상

胡阿祥은 고전문학과 역사지리학을 결합한 문학지리라는 새로운 개념을 제안하고 문학 현상의 지리적 분포·변천, 문학과 지리의 관계 등을 연구하였다.

그 밖에도 민족지리는 지역적 분포와 활동 범위, 이주 노선, 고지명, 농목업 발전과 자연환경에 대한 영향을 주로 연구한다. 화중華中사범대학의 공승생龔勝生은 의학지리라는 새로운 개념을 제시하고, 인구·질병·의학·환경·재해 등을 연구 주제로 상정하였다. 고개高凱의 연구도 주목할 만하다. 1990년대 이후 새롭게 출현한 학문 영역은 역사지형학이다. 또 사회지리, 과학기술지리 등 새로운 영역이 계속 출현하고 있지만 각광을 받는 것은 아무래도 현실적 수요가 많은 지역 연구라고 할 수 있다.

4) 학문의 영역과 분류

통상 역사지리학은 다음과 같이 다섯 개 분야로 그 영역을 나눈다. ①선사지리학과 협의의 역사지리학, ②유적역사지리학(=고고지리학), 문헌역사지리학, ③역사계통지리학, 역사지지학, ④역사계통지리학, 자연역사지리학, 인문역사지리학, ⑤역사지지학과 지역사, 경관사이다. 그러나 중국에서는 역사지리이론, 역사자연지리, 역사인문지리로 3분하거나 역사자연지리, 역사인문지리, 구역역사지리, 역사지도학으로 4분하기도 한다. 여기에서 역사지도학이란 고지도 연구를, 구역역사지리란 지역역사지리를 가리키는 용어다.

역사자연지리와 역사인문지리 자체도 그 내용이 매우 다양하고 풍부하므로 편의상 다시 여러 가지의 하부 분야로 구분한다. 역사자연지리의 하부 분야는 연구 대상을 기준으로 기후·지형·환경 변천 등으로 세분한다. 역사인문지리의 하부 분야 역시 연구 대상을 기준으로 행정구분, 농업지리, 지역개발, 도시지리, 인구지리 및 이주사, 문화지리, 교통지리, 군사지리 등으로 구분한다. 그리고 여기에 지명고증학, 지명역사학, 역사지리 문헌, 지리학자 연구 분야가 추가되기도 한다.

[표 1-1] 역사지리학의 영역과 세부 분류

영역	세부 분류
역사자연지리	역사기후변화
	역사지형학
	역사식물지리
	역사동물지리
	역사토양지리
	역사의학지리
역사인문지리	정치지리
	도시지리
	농업지리
	인구지리
	교통지리
	군사지리
	민족지리
	문화지리
문헌연구	정사지리지
	역대지리총지
	산천지리저작
	고지도
역사지도집	
기론 및 방법론	

제2장
지명과 지명학, 지도

제1절 지명과 지역명의 유래

1. 지명과의 만남에 앞서

1) 지방과 지역

우리가 근대 학문을 수용하면서 가장 많이 이용한 통로는 일본이었다. 철학·사회·자유·권리·연애·자연 등 서구의 근대적 용어 대부분이 일본의 번역을 거쳐 들어왔기 때문에 일본이 창안한 번역어의 도움 없는 학문의 연구란 상상하기 힘들 정도다. 일본은 대학 체제를 비롯해 많은 제도를 독일에서 배워왔고, 철학·법학·지리학 등이 특히 그러하다. 지금 우리가 쓰고 있는 지리부도의 지명 표기는 다 영어 발음을 원칙으로 하여 '에스빠냐'를 '스페인'으로 표기하지만 '하이델베르크'등 독일 지명만은 독일어 음가 그대로 표기하고 있다. 이 또한 일본이 남긴 유산이다.

1945년 이후 우리가 학문의 도입선을 새롭게 바꾸면서 원산지에 따라 용어에 일부 개념 차가 나타나기 시작하였다. 예를 들어 고원에 대한 사전의 정의를 보면, ①주변 지역보다 해발고도가 상당히 높고, 주변 지역과는 급사면으로 경계가 이루어져 있으나 표면의 기복이 작은 넓은 땅. 대체로 해발고도의 하한을 약 330m(1,000피트)로 보기도 한다. ②보통 해발고도 60㎝ 이상에 있는 넓은 벌판, ③2,000m 이상의 해발고도에 수평 지층으로 구성되어 연속적으로 평탄한 지형이다.

이렇게 고원의 기준이 330~2,000m로 크게 다르고, ③번 기준에 따르면 우리나라에는 고원이란 아예 있을 수 없게 된다. 여기에 중국의 지리적 용어까지 더하게 되면 조금 더 복잡해진다. 예를 들어 지방地

方·지역地域·지구地區·구역區域의 중국 사용례를 살펴보면 모두 공간을 나타내는 유사한 단어지만 적용 범위는 각기 다르다.

지방은 가장 폭넓게 사용하는 용어여서 place, point, locality 등으로 다양하게 번역된다. 단 구어적 표현이므로 학술 용어로는 잘 사용하지 않는다. 같은 지형적 특징을 지닌 공간은 그 크기에 따라 광범위한 것은 지역, 그보다 작은 것은 지구, 더 작은 것은 구역으로 구분하고 있다.

지역territory은 인문적·자연적 요소를 종합적으로 포괄하고 지역적·경관적 특징을 모두 반영하는 개념이다. 또 지역은 지방보다 공간의 차별성을 강조하는 용어여서 다른 공간과의 비교에 주로 사용한다. 동북지역·화북지역 등으로 쓴다.

지구area도 비교적 큰 공간을 나타내는 개념으로 '다산지구多山地區·발달지구發達地區'등으로 쓰지만, 한편으로 성省과 시市 사이의 행정단위인 지급시地級市 행정구역 명칭prefecture이기도 하다. 구역region은 대체로 지구보다 더 작은 공간이다.

구릉과 산, 산지山地와 산구, 산맥·산계山系·산괴山塊 역시 그러하다. 중국에서 구릉은 해발 200~500m의 고지대로서 주변과의 상대 고도가 200m 이내이며 경사가 완만한 지형으로 산이 침식을 받아 형성된 곳이 대부분이어서 주변과의 연결성이 불명확한 것을 가리키는 용어이다. 산지山地는 주변과의 지세地勢에 따른 구분으로 산과 계곡의 총칭이고, 산구山區는 산지·구릉·고원을 포함한 일정한 지역을 뜻한다.

주로 산과 산맥의 개념만 사용하는 우리와 달리 중국에서 산맥은 일정한 방향으로 산과 산의 연결이 비교적 명확하게 드러난 경우이며, 산계山系는 일정한 방향으로 형성된 산맥들의 집합체를 뜻한다. 그밖에도 산괴山塊는 구조단열운동으로 융기한 거대한 산체를 가리키는 용어이다.

본서에서는 가능한 한 우리나라에서 통용되는 지리 용어를 사용하려고 했으나 구분이 모호한 경우 불가피하게 중국 용어를 사용하였다.

2) 대륙과 아대륙

중국은 큰 나라다. 중국인 스스로 자신들의 국가를 가리켜 '천하'라는 말로 표현하였다. 땅이 넓고 물산이 풍부하다며 '지대박물地大博物'을 특징으로 내세워 왔다. 서구 학자들도 중국을 하나의 국가라기보다 사실상 하나의 대륙이라고 생각한다. 서구 학자들이 쓴 대다수 책은 중국을 고립된 대륙이라고 소개하면서 시작한다. 북쪽으로는 몽골초원과 시베리아, 서쪽으로는 티베트고원과 타클라마칸사막, 남쪽으로는 동남아시아 열대우림으로 분리되어 있어 고립성이 강하다고 하였다.

하지만 대륙이란 다른 광대한 육괴陸塊landmass로부터 분리 독립된 별개의 광대한 육괴를 가리키는 용어다. 이런 일반적 기준을 적용할 경우, 가느다란 파나마 지협으로 연결된 남북아메리카, 수에즈 지협으로 연결된 아프리카와 달리 중국은 대륙이라고 하기 힘들다. 험준하지만 사방으로 교통로가 이어져 있고, 특히 감숙회랑甘肅回廊을 통해서 유럽까지 연결되었으니 광대한 유라시아 대륙의 한 구성요소일 뿐 중국을 독립된 대륙이라고 하기는 어렵다.

하지만 이런 객관적 상황과 상관없이 중국인들은 중국을 하나의 대륙이라고 생각하고 있고, 많은 외국인도 대륙으로서의 특성을 인정하고 있다. 이런 점은 인도나 유럽 역시 마찬가지여서 그들 스스로 하나의 독립된 하나의 대륙에서 살고 있다고 생각하고 있다. 이렇게 지리적 실체로서의 중국과 역사적 실체로서의 중국은 다르며, 바로 이 점이 지리학과 역사지리학이 각기 다른 입장을 선택할 수 있는 근거이기도 하다.

3) 한인과 한족, 소수민족

명확한 인종적 구분이 어려운 동아시아에서는 외모보다는 생활방식 내지는 문화가 피아를 구분하는 기준이었다. 서주西周시대 황하 중·하류지역에 살던 사람들은 자기들이 사는 지역을 중원中原, 자신들을 가리켜 화하華夏 또는 제하諸夏라 칭하였다. 화華는 '화려하다·흥성하다',[1] 하夏는 '크다'[2]는 뜻으로서 "중국에는 예의의 큼이 있어 '하'라고 칭하고, 복장의 아름다움이 있어 '화'라고 칭한다[3]고 하였으니 '화하'는 '화려한 복식을 입는 예의의 나라'를 뜻한다.[4]

반면 다른 지역 사람들을 가리켜 사이四夷라고 폄하하였다.[5] 동이東夷·서융西戎·남만南蠻·북적北狄이 바로 그것이다. 하지만 서주의 문화가 점차 널리 퍼지면서 동이와 남만이 가장 먼저 그들의 문화권에 편입되기 시작하였다.

하지만 유목 위주의 생활을 하던 서융과 북적은 시종 위협적인 존재였다. 그러자 전국시대 말기부터 이들을 가리켜 초목이 우거진 변방을 뜻하는 번蕃, 혹은 먼 곳을 뜻하는 호胡라고 칭하기 시작하였다. 번과 호의 본래 뜻은 약간 다르지만, 사용례를 찾아보면 다분히 관념적이고 관습적인 용어일 뿐 명확히 구분하거나 논리적 일관성을 가지고 쓰지는 않았다.

---

1 화華는 '모란이나 국화처럼 크고 늘어진 꽃송이'를 그린 글자로서 '꽃'이란 뜻이다. 그런데 위진남북조 때 '쉽게 변하는 식물'이란 뜻의 속자俗字인 화花가 화華를 대신하기 시작하여 주객이 전도되었다.

2 하夏는 '머리부터 발까지 사람의 전신'을 그린 글자로서 '큰 사람'이란 뜻이다. 자신을 가리키는 '자칭'으로 쓰면서 국호가 되었고, '크다'에서 '무성하게 자라는 여름'을 뜻하게 되었다.

3 『좌전左傳』 정공定公 10년(기원전 492)조 : "中國有禮儀之大, 故稱夏 ; 有服章之美, 謂之夏."

4 『좌전左傳』 양공襄公 26년(기원전 547)조에 실린 "초가 화하를 잃었다(楚失華夏)"는 기사는 화하華夏라는 용어가 처음 쓰인 사례다.

5 이夷는 '사람'을 그린 대大와 '활'을 그린 궁弓으로 이루어져 '평정하다·제거하다·상처입히다'라는 뜻이다. 후에 중원 동쪽 또는 중원 이외의 이족異族에 대한 멸칭으로 널리 쓰였고, '활을 잘 쏘는 사람'이란 뜻으로도 쓰였다.

한대 이후 화하 대신 한인漢人·한민漢民·한아漢兒·한가漢家 등의 호칭을 사용하기 시작하였으나 굳이 자신을 객관화하고 상대화할 필요성을 느끼지 못하였기 때문인지 한족漢族이란 용어는 찾아보기 힘들다. 동한 이후 북방과 서방의 유목민이 대거 중원으로 이주하여 함께 살게 되자 번한蕃漢 또는 호한胡漢이라는 용어가 등장하였으나 이 또한 양자를 정확하게 대응하기 위한 용어는 아니었다. 자신들과 대응이 될 만한 타자가 존재하지 않는다는 사고방식은 상대에 대한 호칭에서 두드러져 온통 부정적 이미지의 글자가 동원되었을 뿐 명확한 구분은 관심사가 아니었다. 이런 시각은 그 뒤로도 이어져 심지어 송대에 여진을 가리켜 흉노라고 표현해도 문제 삼지 않을 정도였다.

그러면 한인과 한족은 어떤 차이가 있을까? 한인은 호인胡人의 상대적 개념이고, 한족은 비한족에 대한 상대적 개념이다. 민족 개념에 대해서 논란이 많긴 하나 근대 민족국가 성립을 계기로 형성된 것이라는 점을 고려해 볼 때 전근대사前近代史에 한족이란 용어를 사용하는 것은 아무래도 무리이다. 현재 중국에서는 정치적 의도로 민족 개념을 무차별적으로 확대 강조하고 있는데, 한인漢人·거란인 등으로 표기하는 것이 더 합리적이라는 생각이다.

소수민족이란 용어의 사용은 더욱 신중할 필요가 있다. 소수민족은 본래 스탈린이 소비에트 러시아의 민족을 분류하는 체계를 만들면서 나온 정치적 용어여서 역사적 용어로는 적절하지 않다. 또 많고 적음은 상대적인데, 한족을 기준으로 하면 전 세계 모든 민족이 다 소수민족이 된다. 따라서 부득이한 상황에만 소수민족이란 용어를 사용하는 것이 바람직하다.

이런 용어에 관해 우리말에서 적절한 해답을 찾기는 어려웠다. 아쉽게도 우리 역시 타자를 망라하는 범칭이 없었으며, 국호와 지명으로 구분할 수 없는 타자에 대한 호칭으로는 다분히 배타적·비하적인 어감을 가진 '오랑캐'가 사용 가능한 유일한 단어였다.

2. 지명과 지역명의 유래

1) 중원과 중국

중국이란 무슨 뜻일까? 세상의 중앙에 있는 나라를 뜻하는 것 같지만 중국은 본래 국호가 아니라 천하의 중심을 뜻하는 지리적 개념이었다. 좀 더 구체적으로는 황하 중·하류 지역, 즉 中原지역을 뜻하는 말이었다.[6] 국호가 아니었기에 10세기에도 '장강 유역은 우리 중국과 풍속이 다르다'는 말이 있을 정도로 중국은 문화적·지리적 범주를 뜻하는 다소 막연한 개념으로 폭넓게 사용되었다.

『서경』에 처음 등장한 '중국'이라는 용어는 이후 그 범주가 시대에 따라 다양하게 변하였다. 서주(기원전 1046~기원전 771)에서는 섬서 중부의 관중關中이나 낙양河洛 일대를 뜻하였으나, 동주東周(기원전 770~기원전 256) 때는 주 왕실에 복속하는 모든 지역, 즉 황하 중하류 지역을 가리키는 것으로 확대되었고, 이후 각 제후국의 영토 확장에 따라 범위가 더욱 커졌다. 진한秦漢 이후에는 황하 유역과 무관하게 중원왕조의 전 영역을 포괄하는 것으로 바뀌었다.

또 중국은 지역적 범주 외에도 문화적 정통성을 의미하였다. 선비인 鮮卑人이 건립한 북위北魏(386~534)는 스스로 중국을 자처하면서 한인 정권인 남조를 도이島夷라고 경멸하였고, 남조 역시 중국을 자처하면서 북위를 위로魏虜라 칭하며 인정하지 않았다. 거란과 북송, 금과 남송 역시 각자 중국을 자처하면서 상대를 중국으로 인정하지 않았다.

---

6 中은 '성곽의 정 중앙에서 휘날리는 깃발'을 그린 글자로서 '가운데'를 뜻한다. 原은 '언덕 아래 솟구치는 샘물'을 그린 글자로서 풍요로운 들판을 뜻한다. '천하의 중심에 있는 들판'이란 뜻의 中原은 『시경』에 처음 나오며, 『상서』「우공」편에서 세상을 9州로 나누자 현 하남성인 豫州가 곧 中州라 칭해졌고, 위진남북조 때 지명으로 정착한다.

중국이란 용어가 외교문서에 국호로 처음 등장한 것은 중국과 러시아가 체결한 니뿌추尼布楚조약에서였다(1689). 당시 청조 대표의 정식 명칭은 '중국대성황제흠차분계대신中國大聖皇帝欽差分界大臣'이었다.

이렇게 오랫동안 중원과 유사한 개념으로 막연하게 사용되어온 중국이라는 용어는 아편전쟁에서 패한 뒤 체결한 남경조약(1842)부터 대청大淸이란 국호를 대신하며 자주 등장하기 시작한다. 그리고 서구 제국주의 열강의 침략이 거세지면서 점차 왕조 명칭을 뛰어넘는 보편적인 역사체의 명칭으로 자리 잡게 된다. 이는 서구 제국주의의 무력에 굴복하면서 자신들이 더는 천하의 중심이 아님을 자인하고, 청조가 지구상의 많은 국가 가운데 하나임을 받아들인 결과였다.

이에 한시적인 왕조를 뛰어넘는 보편적 개념어로 중국이 사용되기 시작하였고, 1912년 중화민국Republic of China 건국으로 마침내 근대적 개념에서의 정식 국호가 되었다.

2) 화하와 중화

춘추시대 이래 사용한 '화하華夏'·'제하諸夏', 그리고 한대 이후 사용한 한인漢人이는 칭호가 널리 알려졌지만, 대다수 중국인이 가장 오랫동안 사용한 자칭은 화하도 제하도 아닌 '대당제국 사람', '대청제국 사람'처럼 왕조명을 이용한 것이었다.[7]

중국의 별칭에는 화하 외에도 중화中華·중하中夏·구주九州·신주神州·사해四海·해내海內 등이 있다. 중화와 중하는 중원이라는 지리적 개념과 그곳에 사는 사람들의 개념이 합쳐진 용어로서 위진魏晉 문헌에 처음 출현하여 남북조 때부터 널리 사용되기 시작하였고 이후 중원왕조의

---

[7] 우리나라에서 청요리, 중화요리, 중국요리로 이름이 바뀐 것 역시 국호의 변화를 반영한 것이다.

영역을 통칭하는 용어로 자리 잡았다. 중화의 약칭은 화華이며, 화교 등으로 용례에서 볼 수 있듯이 외국의 대칭으로 사용한다.

『상서尙書』「우공禹貢」편에 처음 나오는 9주九州는 전국戰國 중기에 생긴 호칭으로서 당시 영역을 모두 9개로 나누었다. 그 구분이 상당히 타당하다고 인정받아 9주는 중국을 뜻하는 용어로 쓰여 왔고, 지금도 중국의 별칭으로 쓰이고 있다.

전국시대 제齊의 추연鄒衍은 대9주설大九州說을 주장하였다. 추연은 우공 9주를 다 합한 것을 '적현신주赤縣神州'라고 칭하고, 이 같은 것이 9개가 모인 것이 '소9주小九州'이며, 소9주 주위를 비해裨海라는 바다가 둘러싸고 있다고 하였다. 그리고 다시 이 소9주 9개를 합한 것이 '대9주大九州'이며 그 주위를 '대영주大瀛州'가 감싸고 있다는 가설을 내세웠다. 여기에서 나온 신주도 중국의 별칭으로 쓰고 있다.[8]

사해는 중원 중심적 사고에서 나온 별칭으로 해외의 대칭이기도 하다. 중원을 중심으로 동서남북 4면에 바다가 있다고 상정한 데서 나온 것이다. 그래서 중국을 '바다 가운데'라는 뜻을 지닌 '해내海內'라고도 칭한다. 『사기』에는 진시황의 중국 통일을 가리켜 '해내일통海內一統'이라고 하였다.

중국의 별칭 가운데 구주·신주보다 외국인에게는 더 잘 알려진 것은 지나支那다. 본래 인도·로마 등에서는 중국을 Cina·Thin 등으로 표기하였다. 널리 알려진 것처럼 모두 진秦을 음사한 것인데, 이것을 한자로 다시 음사한 것이 바로 지나다. 불경에서도 중국을 가리키는 용어로 자주 쓰였는데, 일본에서는 명치유신 이후 의도적으로 중국에 대한 멸칭蔑稱으로 사용하였다.

---

8 중국의 별칭인 신주 또는 신주대지는 중국의 유인 우주선 이름이기도 하다.

그 밖에도 '비단의 나라'를 뜻하는 '사국絲國'을 그리스·로마에서는 라틴어로 Sinae·Serica·Seres라고 표기하고 중국에 대한 별칭으로 썼다. 또 본래 거란을 뜻하였으나 중국의 별칭이 된 '캐세이Cathay'도 있다. 거란이 실크로드를 장악하게 되자 유럽에서는 거란이 곧 중국이라고 알려졌기 때문인데, 러시아에서는 지금도 중국을 가리켜 '키타이'라고 부른다.

3) 지명과 피휘

글자나 언어에 신비한 주술성이 내재한다는 생각은 고대 군명에서 일반적으로 나타나는 현상이지만 중국에서는 좀 더 각별하였다. 일반인도 이름을 부르는 것을 큰 실례로 여겨서 자를 부르거나 호를 부르는 것이 상례였고, 관직 등으로 대칭하는 사례도 많았다. 그러니 부모나 조부모의 이름을 부르는 것은 불효에 해당하였고, 황제의 이름을 부르거나 읽고 쓰는 일은 불경과 도발에 해당되어 엄격하게 처벌되었다. 따라서 만약 황제의 이름이 들어간 글자가 있으면 뜻이 비슷한 다른 글자로 바꾸거나 음을 바꿔서 읽어야 했고, 황제를 상징하는 연호도 마찬가지였다. 이를 가리켜 피휘避諱라고 하는데, 역대 황후·태자를 비롯해 공자 같은 성현 등도 피휘의 대상에 해당하였다.

서한 문제文帝의 이름이 유항劉恒이어서 '늘 항'의 항산군恒山郡을 '늘 상'의 상산군常山郡으로 바꿔야 했다. 경제景帝의 이름이 유계劉啓여서 '열 계'의 계봉啓封은 '열 개'의 개봉開封으로 바꿔야 했다. 진시황의 아버지 이름 자초子楚를 피휘하여 초를 모두 형荊으로 바꾸도록 해서 『여씨춘츠呂氏春秋』에 있는 형荊자의 대부분은 본래 초楚자였다.

후에 피휘의 번거로움을 고려하여 황태자의 이름은 평소 잘 사용하지 않는 특이한 글자를 썼지만, 수 양제 양광楊廣이나 당 태종 이세민李世民처럼 황태자가 아닌 사람이 갑자기 황제로 즉위할 경우, 또 광·세·

민처럼 널리 쓰는 글자를 모두 바꿀 경우, 그 번거로움은 매우 컸다. 수양제의 이름을 피해 고친 지명이 34개였고, 당 태종은 일일이 논하기도 힘들 정도였다.

3. 행정명의 유래

1) 지명의 개념과 수명

지명은 통치자가 임의로 정한 것과 지역 주민들이 생활 속에서 자연스럽게 붙인 것으로 나눌 수 있는데, 이는 지명에 오랜 역사와 문화가 자연스럽게 내포되었음을 말해준다. 따라서 지명이 없어질 경우, 역사적 사건까지 사라지기 때문에 최대한 유지하는 것이 바람직하다. 현재 중국에서는 국무원國務院의 「지명관리조례地名管理條例」에 따라 일반인이 식별하기 힘든 벽자僻字나 이체자異體字, 혹은 편견이나 부정적 이미지를 유발할 수 있는 특별한 경우가 아니면 지명을 바꾸지 않는 것을 원칙으로 하고 있다.

지명 가운데는 자연지리적 특성을 반영한 것이 가장 많아 호남성의 경우 역대 현 명칭 242개 가운데 113개(47%)이며, 현재 사용 중인 것도 45개(48%)로 수위를 차지한다. 산서성 564개 현 명칭 가운데 산과 강을 반영한 것이 159개(28%)로 수위를 차지한다.

지명의 수명 또한 마찬가지다. 섬서성의 경우 역대 현 명칭을 합산하면 모두 500여 개가 되는데, 그 가운데 2,000년 이상 오래된 것이 8개, 1,500년 이상이 18개, 1,000년 이상이 33개, 500년 이상이 77개, 100년 이상이 116개다. 이 가운데 자연지리적 특성을 반영해서 지어진 이름이 각각 63%, 61%, 58%, 53%, 50%를 차지한다.

절강성도 역대 설치된 현이 모두 108개, 명칭은 201개였는데 현재의 69개 행정단위 명칭 가운데 자연지리적 명칭이 33개(48%), 인문지리적 명칭이 5개(7%)로서 총 38개(55%)를 차지한다. 반면 통치자와 관련된 정치적 성향의 지명은 수명이 가장 짧다.

2) 지명 책정의 방식

  지명을 정하는 방식은 우리나라와 중국 모두 큰 차이가 없다. 제·초·한 등 서주의 분봉分封은 중국의 중요하고 광범위한 지명을 결정한 가장 중요한 요소로서 지금까지도 그 역사성과 상징성을 지니고 있다. 주나 현의 명칭은 분봉의 근거가 있으면 그것을 우선시하지만 그렇지 않을 경우, 산·강·천 등 지형을 활용하는 방식, 진津·포浦·항港 등 기능을 활용하는 방식, 안安·녕寧·창昌 등 길상자吉祥字을 활용하는 방식, 용·기린 등 길상 동물을 활용한 방식, 동서남북 및 음양 등 방위를 활용하는 방식, 연호를 활용한 방식 등이 대표적으로 쓰였다.

  지명을 정하는 보다 구체적인 방식을 살펴보면 우선 동서외 좌우의 구분이 있다. 방위의 기준은 최고 통치자인 황제이므로 황제가 있는 곳을 중심으로 동서남북을 결정한다. 또 왕은 항상 남쪽을 향해 앉기 때문에 남면南面의 관념에 따라서 왼쪽이 동쪽이고, 오른쪽이 서쪽이 된다.

  당대의 경우 산서를 하동河東, 즉 황하의 동쪽이라 칭하고 하동도河東道를 설치하였고, 현 감숙·청해를 포함하는 황하 이서를 모두 하서河西라고 칭하고 하서절도사를 임명하였다. 이는 현 섬서와 산서를 흐르는 황하 구간과 현 영하자치구를 흐르는 황하 구간 모두 남북 방향으로 흘러서 동서를 가르는 기준으로 적합했기 때문이지만 어디까지나 황제가 머무는 장안이 가장 중요한 기준이었다.

  장강은 현 무호蕪湖~남경 구간에서 서남~동북 방향으로 흐르는데,

이곳은 대운하가 개통되기 전 중요한 남북 교통로였다. 당시 이 구간 하단을 가리켜 강동(江左), 북단을 강서(江右)라고 칭하였다. 항우가 '강동의 부로를 볼 면목이 없다'고 했던 강동과 손권이 강동 6군을 장악하였다고 한 것도 같은 까닭이었다. 산동성을 산좌山左, 산서성을 산우山右라고도 칭하거나 롱산隴山, 즉 현 육반六盤산맥이서의 전 지역을 가리켜 롱우隴右라고 칭한 것도 마찬가지였다.

둘째, 산의 남쪽, 강의 북쪽을 양이라고 하고, 산의 북쪽, 강의 남쪽을 음이라고 한다. 귀주성 귀양貴陽은 귀산貴山의 남쪽에 있어서 붙여진 지명이고, 요녕성 심양瀋陽은 심수瀋水의 북쪽에 있다고 하여 붙여진 지명이다. 마찬가지로 강소성 강음江陰은 장강의 남쪽에 있어서 붙여진 지명이다.

셋째, 관문도 지명과 방위를 나타내는 중요한 기준이었다. 주·진·한·수·당의 천년 수도가 있던 관중은 동쪽의 함곡관函谷關, 서쪽의 대산관大散關, 남쪽의 무관武關, 북쪽의 소관蕭關에 의해 둘러싸여서 붙여진 이름이다. 이 함곡관을 기준으로 서쪽을 관서·관내라고 하였고, 동쪽을 관동과 관외로 구분하였다. 매우 모호한 구분 같지만 『한서』 「우후전虞詡傳」에 실린 "관서에서는 장수가, 관동에서는 재상이 배출된다(관서출장關西出將, 관동출상關東出相)"는 말은 지리적 환경과 문화의 깊은 관계를 잘 말해준다.

당대에는 사천의 검문관劍門關 이남을 검남劍南이라 칭하고 검남도劍南道를 설치하였으며, 후주後周 세종이 화북평야 북부지역에 있는 거란의 와교관瓦橋關·익진관益津關·어구관淤口關 등을 점령하였는데, 송대에 이곳을 가리키는 '관남지關南地'가 고유한 지명이 되었다. 명대에는 만리장성의 서쪽 끝인 가욕관嘉峪關을 기준으로 관내와 관외를 구분하였으며, 청대에는 산해관山海關 이동에 있는 만주 일대를 가리켜 관외關外 또는 관동關東이라고 불렀다.

지금은 대표적인 9개 관문으로는 산해관·가욕관·거용관居庸關·동관潼

關·안문관雁門關·낭자관娘子關·자형관紫荊關·구승관武勝關·우의관友誼關을 꼽고 10대 관문에 검문관을 포함시킨다. 그밖에도 북경과 만주를 잇는 고북구古北口, 장성 밖에 있는 옥문관玉門關과 양관陽關 등도 대표적 관문의 하나다.

[지도 2-1] 10대 관문과 기타 주요 관문[9]

3) 길상과 번영의 기원

왕조의 안정과 번영을 기원하는 통치자의 소망이 지명에 반영되는 것은 자연스러운 현상이다. 그 가운데 하남성 정주시鄭州市 등봉시登封市는

---

9 ①~⑩은 10대 관문이다. ①산해관, ②거용관, ③자형관, ④무승관, ⑤낭자관, ⑥안문관, ⑦동관, ⑧검문관, ⑨가욕관, ⑩우의관이다. ❶고북구, ❷함곡관, ❸소관, ❹대산각, ❺무관, ❻옥문관, ❼양관

가장 대표적인 사례이다. 최초의 왕조로 알려진 하夏는 양성陽城을 수도로 정하고 산에 올라 제사를 지내 하늘에 건국의 대업을 이루었음을 고하였다.[10] 여기서 등봉과 고성이란 개념이 생겼다. 696년 측천무후가 숭산嵩山에 올라 중악으로 봉한 뒤 자신이 큰 공적을 이루었다고 하늘에 고한 뒤 숭양현嵩陽縣을 등봉현登封縣으로, 양성현陽城縣을 고성현告成縣으로 개칭하여 자신의 행위를 정당화하였다.

이런 사례는 송대 이전까지 계속 출현하였지만 한·당과 같은 통일제국의 경우 왕조의 영역 및 유지 기간을 고려하면 그 수가 많지 않은 편이다. 그러나 정통성을 놓고 치열한 경쟁을 벌인 경우, 또는 상대국보다 국력이 취약한 경우에는 그에 비례하여 길상함을 기원하는 지명이 많이 출현하였다.

한대에는 국운 창성을 기원하는 한창현漢昌縣, 평안을 기원하는 한평현漢平縣, 흥성을 기원하는 한흥현漢興縣 같은 명칭이 모두 9개 출현하였다. 삼국시대, 국력이 강하였던 위魏는 자신들의 발흥지였던 허許를 허창許昌으로 개칭하는 데 그쳤으나 위보다 국력이 약했던 오와 촉에서는 지명을 통해 한의 정통을 잇는다는 점을 강조하고자 하였다. 그래서 오는 한창현을 오창현吳昌縣으로, 한평현을 오평현吳平縣으로, 한흥현을 오흥현吳興縣으로 개칭하였다. 영토가 좁고 개칭하기도 마땅치 않았던 촉한은 한평현漢平縣·한덕현漢德縣·한풍현漢豐縣을 신설함으로써 정통성을 확보하고자 노력하였다. 서진西晉도 진창현晉昌縣·진안현晉安縣 등의 현명을 18개나 신설하였다.

이 같은 경향은 남북조시대에 들어와 더욱 두드러졌는데, 북조에 비해 국력이 약했던 남조는 후대로 갈수록 국력이 약해지자 길상함을 기리는

---

10 산에 오르는 것이므로 등산登山이고, 전례 없이 큰 업적을 이루었음을 고하는 것이므로 고성告成이며, 하늘에 제사를 지내는 것이므로 봉선封禪이다.

지명의 수가 늘어났다. 이러한 경향은 수·당대에도 비슷하였으며, 정통성에 관해 자유로울 수 없었던 측천무후則天武后(624~705) 때 가장 두드러졌다.

왕조명을 지명으로 사용하던 전통은 오대五代이후 대폭 줄어들기 시작하였다. 그것은 특정 지역의 명칭을 통해 왕조의 안정과 번영을 기대하기보다는 통치자를 대표하는 연호의 개정을 통해 그 같은 소망을 달성하려는 것으로 바뀌었기 때문으로 보인다. 거란과 서하, 금의 군사적 압력에 늘 시달렸던 송조는 중국 역사상 가장 많은 길상한 연호를 사용하였다.

이런 전통은 명대에 들어와서 완전히 단절되었다. 명은 국호를 지명으로 삼는 것을 엄격하게 금지하여 절강성 명주부明州府를 영파부寧波府로 바꿨고, 이 점은 청조 역시 마찬가지였다. 복건성 최북단에 있는 포성현蒲城縣은 이러한 지명 변경의 대표적인 사례다. 포성현은 동한 때 한흥현으로 출발하였으나 이후 왕조의 교체에 따라 으흥현, 당흥현, 무령현, 당흥현을 거쳐 742년 포성현으로 바뀐 뒤 지금까지 내려오고 있다.

이처럼 왕조명을 사용한 지명은 정권의 교체와 동시에 폐지되기 마련인데, 지금까지 남아 있는 것은 운남성 곤명시昆明市 진녕현晉寧縣, 절강성 금화시金華市 무의현武義縣, 강서성 구강시九江市 무녕현武寧縣, 산서성 장치시長治市 무향현武鄕縣 등 전체 246개 가운데 4곳뿐으로 잔존률이 1.6%에 불과하다.

군대와 관련된 지명도 중국 전역에 상당히 많은데, 산동성 위해시威海市, 감숙성 무위시武威市처럼 직접 무력을 과시하는 지명은 많지 않지만, 명대 설치한 군 주둔지 관련 명칭이 많이 남았고, 특히 변방에 위衛·둔屯이란 지명이 집중되어 있다.

군과 관련된 지명 가운데 특이한 명칭으로는 우록牛彔과 잡륜卡倫이 있다. 우륵은 여진어로 큰 화살을 뜻하는 niru의 음역인데, 청의 팔기 내 300명으로 이루어진 편제 단위를 가리키는 말이다. 이들을 배치하면서 지명으로 변한 우록이 요녕성·신강성 등지에 남아 있다. 잡륜은 초소라는 뜻이다.

그 밖에도 20세기 들어와 민권·박애 등 근대적 개념을 이용한 지명을 짓기도 했으나 그 수가 많지 않고 오래가지 못하였다.

4) 지명학 연구와 저작

지명은 갑골문에서도 500여 개가 발견되었으며, 10만 여권에 달하는 지방지는 지명 연구의 보고다. 지명 연구는 동한 말 응소應劭가 『한서집해漢書集解』에서 『한서』「지리지」에 수록된 지명 가운데 245개의 연원을 분석한 것을 시작으로, 역도원酈道元의 『수경주水經注』에도 1,052개의 지명 연원에 대한 해석이 실려 있다.

지명학에 관한 곽자장郭子章(1543~1618)의 연구 사례를 살펴보면 중경시 대족구大足區의 지명 유래에 대해 기존 서적에는 '토질이 비옥하고 생활이 풍족해 비만이 발에도 드러나기 때문'이라고 되어 있다. 하지만 현지 현령은 토질이 척박하고 생활이 빈곤하여 사실에 부합하지 않는다고 생각하고 산속에 있는 거인 발자국에서 유래한 것이라고 하였다. 하지만 곽자장은 대족현이 당 대족 연간(701)에 설치된 것을 찾아서 연호를 지명으로 삼았음을 밝혀냈다.

이렇게 지명의 연혁에 관한 연구는 역사적 사실의 확인 작업에 큰 도움을 주며 정치권력의 변화를 추정하는 방증 자료로도 유용하다. 지명 연구에 관한 대표적인 저작은 당대 이길보李吉甫의 『원화군현지元和郡縣志』, 송 악사樂史의 『태평환우기太平寰宇記』, 왕상지王象之의 『여지기승輿地紀勝』, 왕응린王應麟의 『통감지리해석通鑑地理解釋』, 곽자장의 『군현석명郡縣釋名』, 고조우顧祖禹의 『독사방여기요讀史方輿紀要』, 원·명·청의 『일통지一統志』 등이 있다.

| 제2절 | 중국의 고지도와 지도학

1. 명대 이전의 지도

1) 고대의 지도

중국에서 지도를 제작한 역사는 오래되었고, 관련 기록은 대단히 풍부하지만 실물로 남아 있는 것은 매우 드물다. 전국시대에 만들어진 『관자管子』의 「지도地圖」는 지도에 관한 중국 최초의 전문적인 서술로서 지도의 군사적 중요성과 지도 제작에 반드시 포함되어야 할 사항이 실려있다. 『전국책戰國策』에도 지도에 관한 일화가 여럿 포함되어 있는데, 그 가운데 진시황을 암살하기 위해 연燕에서 파견한 자객 형가荊軻가 두루마리 지도안에 비수를 숨겨갔다는 일화가 가장 유명하다. 당시 형가가 가지고 간 것은 독항督亢이라는 곳의 지도였는데, 지도를 바치는 것이 곧 땅을 할양하는 데 가장 중요한 내용이었음을 말해준다. 또 진의 수도 함양을 점령한 유방이 가장 먼저 챙긴 것이 진의 도적圖籍, 즉 지도와 호적 및 조세 문서였다는 것도 지도가 국가 경영과 전술 전략의 요체로 중시되었음을 보여준다.

한대에는 군사적인 용도 외에도 제후를 분봉할 때 토지와 함께 지도를 나누어 주었다는 기록이 있는데, 호남성 장사시長沙市 마왕퇴馬王堆 유적에서 비단에 그려진 3폭의 지도가 발견됨으로써 사실로 입증되었다.[11]

---

11 지도는 종이를 발명하기 전 종이 대용으로 쓰던 가늘고 얇은 비단인 겸백縑帛에 그려졌고, 옻칠함에 보관 중이었다. 지도의 크기는 96×96㎝, 98×73㎝ 크기로서 각각 장사국 남부, 군 주둔지, 도시를 그린 지도였다. 마왕퇴의 매장이 기원전 168년에 이르러졌으므로 이 지도가 현존 초고의 지도라고 할 수 있다.

지도는 황제의 남면南面를 기준으로 제작되어 위가 남쪽이며 왼쪽이 동쪽으로서 지금의 지도와는 방위가 정반대이며,[12] 위도와 경도 개념 대신 주요 하천을 기준으로 한 점도 이전 지도의 전통을 계승한 것으로 보인다. 도시는 □, 향촌은 ○로, 군 주둔지는 ■로 표기하였다.

2) 서진 배수의 지도

중국 역대 지도 제작자 가운데 가장 유명한 인물인 배수裵秀는 서진西晉의 사공司空이란 고위직에 있으면서 전 중국을 대상으로 한 '우공지역도禹貢地域圖'18편을 제작하였다. 또 기존의 지도를 축약하여 5㎞를 1分(3.3㎝)으로 하는 '방장도方丈圖'도 제작했다고 하는데, 서문을 통해 축적과 방위의 개념, 거리 표시 등의 내용을 알 수 있다.[13]

수·당대는 각 주군州郡마다 지도를 제작하게 하였는데, 이를 모은 수의 '구우도지區宇圖志'와 당의 '원화군현도지元和郡縣圖志'가 유명하며, 당이 전국을 10개 감찰구로 나눈 것을 반영한 '십도도十道圖'를 세 차례 제작하였다. 또 마경식馬敬寔의 '제도행정혈맥도諸道行程血脈圖'는 교통로에 관한 지도로서 교통을 혈맥에 비유한 것이 눈에 띈다. 안사의 난 이후 실크로드에 대한 장악력을 상실한 당조로서는 이 지역에 대한 군사적 대비의 필요성 때문에 지도의 수집과 제작에 힘을 쏟는데, 가탐의 '롱우산남도隴右山南圖'는 가장 대표적인 지도이다. 그리고 배수의

---

12 조지프 니덤Joseph Needham은 위를 남쪽으로 설정한 지도 제작은 중국 고유의 것은 아니며 아랍 각국이 더 일찍 이런 방위를 활용하여 지도를 제작하였다고 지적하였다.(『중국과학기술사』, 제6권, '지리학')

13 배수裵秀는 당의 가침賈耽, 원의 주사본朱思本과 함께 중국의 3대 지도 제작자로 손꼽히지만, 그가 제작한 '우공지역도'는 제작 후 비부秘府에 보관되어 상세한 내용은 파악하기 힘들다. 또 '방장도'를 만들게 된 동기가 80필의 겸백을 이용하여 만든 기존의 지도가 부실했기 때문이라고 하는데 당시 1필의 구체적인 크기 등을 알 수 없다.

제작 방식을 수용하되 17년에 걸쳐 3배나 크게 제작한 '해내화이도海內華夷圖'는 후대 지도 제작에 큰 영향을 주었다.[14]

3) 송대의 지도

송 역시 수당의 제도를 계승하여 각 주에서는 윤년마다 지도를 제작하여 중앙에 올리도록 하였다.[15] 그 가운데 전국을 통일한 직후에 제작된 '순화천하도淳化天下圖(993)'는 전국에서 수집한 400종에 달하는 지도를 모아서 비단 100필을 들여 만든 것이다. 지도는 제작된 뒤 秘閣에서 보관하였다. 한편 거란·서하·금과의 잦은 전쟁으로 변경지역 지도에 대한 군사적 수요가 급증하자 국방 업무를 전담한 추밀원樞密院과 현지 지휘관이 공유할 수 있도록 2부의 지도를 제작하여 공유하였다. 이런 지도에는 주로 '대경도對境圖'라는 명칭을 사용하였다.

송대 지도 제작에서 이룩한 주목할 만한 성칙로는 목판 지도인데, 두루마리 형식의 기존 지도는 펼쳐놓고 사용하기 불편한데 심괄沈括은 밀랍을 이용해 입체 지형도를 만들고 다시 그것을 목판에 새기게 하는 방식을 채택하였는데, 심괄은 이것이 과거에 있던 '비조도飛鳥圖'를 재현한 것이라고 하였다. 그 밖에도 비석에 지도를 새기는 방식도 처음 출현하였고,[16] '천하지경역정도天下至京驛程圖'같은 교통지도 등 전문적 지도도 출현하였다.

---

14 '해내화이도'는 고대의 행정 지역을 그리고 그 위에 다시 현 행정 지역을 각기 붉은색과 검은색으로 그리는 새로운 방식을 처음 도입한 것으로도 유명하다.

15 왕응린王應麟의 『옥해玉海』에는 송대의 지도 제작에 관하여 비교적 상세하게 기록하고 있다.

16 섬서성 서안역사박물관에 소장된 11세기에 제작된 비석 지도인 '우적도禹迹圖'와 '화이도華夷圖'는 제작 수준이 높지는 않지만, 산을 ▲으로 표기한 것이 눈에 띈다. 그리고 강소성 소주시 공묘孔廟에 있는 비석 지도는 일반 도시와 달리 각 로路의 치소治所는 양각으로 새긴 것도 특색이다.

4) 원·명대의 지도

원대에는 지도학적으로 특별한 자료나 변화는 발견되지 않지만, 도교의 도사로 전국을 10년간 주유하고 그 견문을 충실하게 활용하여 지도를 제작한 주사본朱思本의 '여지도輿地圖'가 대표적이다. 주사본의 '여지도'는 명대 나홍선羅洪先의 보완을 거쳐 범위와 내용이 확충된 '광여도廣輿圖'로 발전하였다. 그리고 명대의 지도 가운데 주목할 것은 후대에 전해진 '정화항해도鄭和航海圖', 그리고 27년 동안 운하를 관리한 경험을 살려서 반계순潘季馴이 제작한 '하방일람도河防一覽圖'는 대운하의 갑문 시설 및 물길의 변화 등을 상세하게 실었다.

2. 청대의 지도와 지리지

1) 강희제의 '황여전람도'

명말 예수회 전교사 마테오리치가 중국에 전해준 경위도經緯度를 이용한 지도 제작법은 중국에 별다른 영향을 주지 못하였는데, 중국과 러시아와의 국경 분쟁에 전교사들이 상당히 기여하자, 강희제는 10년에 걸쳐 전국에 631개의 경위 기준점을 근거로 한 근대적 지도인 '황여전람도皇輿全覽圖'를 처음 제작하였다(1717).

'황여전람도'는 북경을 본초자오선으로 삼아 140~150만 분의 1의 비율로 남북으로는 해남도에서 흑룡강까지, 동서는 대만에서 신강성 하미哈密까지를 대상으로 만들었으며 전국지도 외에도 총 32개의 성별 지도로 이루어졌다.[17]

---

17 '황여전람도'는 모두 3종의 판본이 있어 각각 제1 역사당안관, 심양 고궁박물원, 북경도서관 등에 소장 중이다. 그리고 '황여전람도'를 바탕으로 옹정제 때 '황여방격전도皇輿方格全圖'가 제작되었다.

2) '건륭내부여도'

이후 건륭제는 신강의 준가르부를 평정하고 새로 점유하게 된 지역에 90개의 경위 기준점을 더해 '서역도지西域圖志'를 제작하였고, 1760년에 다시 '황여전람도'를 바탕으로 '건륭내부여도乾隆內府輿圖'를 제작 완료하였다. '건륭내부여도'는 러시아 북부·지중해·인도 남부까지를 포함하는 등 그 범위가 '황여전람도'의 2배나 되었다.

3) '대청회전여도'

청조는 1886년 북경에 회전관會典館을 세우고 『대청회전大淸會典』을 편찬하면서 그 일환으로 '대청회전여도大淸會典輿圖'를 편찬하였는데, 이때 처음으로 위를 북쪽으로 우측을 동쪽으로 하는 현재의 지도 방식을 수용하였고, 축척과 부호 사용 등에서 많은 진전이 있었다. 하지만 중국의 전통적 방식과 서양의 근대 지도 제작 방식을 혼용하였음에도 지역에 따른 정확도는 여전히 큰 차이를 보였다.

4) '해국도지'

아편 무역을 단속하기 위해 광주로 파견된 임칙서林則徐는 아편 단속과 함께 서양에 대응하기 위해서는 서양에 관한 자료를 수집하고 번역하는 일이 시급하다고 보고 곧 번역 작업에 착수하였다. 우선 영국인 휴 머레이Huge Murray가 쓴 『세계지리대전』(1334)를 발췌 번역하여 『사주지四洲志』를 편찬하였고, 이를 바탕으로 위원魏源은 서구적 관점에서 세계를 바라본 『해국도지海國圖志』를 출간하였다. 『해국도지』는 두 차례에 걸친 증보를 통해 1852년에 총 100권의 완간본을 출간했다. 『해국도지』는 세계 각국의 지리·산업·인구·정치·종교 등을 소개하였을 뿐 아니라 당시 중국인의 세계관을 반영하는 각종 자료가 포함된 책으로서 중화사상을 통해 세상을 보던 오랜 전통을 포기하고 서구적 관점에서 세상을 바라보게 했다는 점에서 매우 획기적인 저서라고 할 수 있다. 이러한 지리정보의 수집을 통해 임칙서는 시장 개방 등을 요구하는 영국 등과 달리 러시아는 영토 그 자체에 대한 야욕이 크다며, 청조에 가장 위협적인 존재로 주목하였던 점은 특기할 만하다.

제3장 행정지리
행정편제의 변화와 현황

제1절 역대 지방 행정편제

1. 진~남북조의 지방 행정편제

1) 진·한의 행정편제

  중국의 역대 행정구획은 진한대의 군현제郡縣制, 위진남북즈의 주군현제州郡縣制, 당송대의 도로제道路制, 원명청의 행성제行省制 등 크게 4단계를 거쳤지만 가장 기층의 행정단위는 시종일관 현縣이었다.

  진시황은 통일을 달성한 뒤 전국에 36개 군, 800~1,000개 현을 설치하였다가 다시 군을 48개로 늘렸다. 서한은 군국제郡國制를 실시하여 말기에 103개 군국, 1,587개의 현을 설치하였고, 동한 영화永和 연간(136~141)에는 105개 군국, 1,180개 현을 설치 운영하였다.

  동한 말, 중앙의 통제력이 약해지자 한 무지가 설치했던 13개 자사부刺史部가 점차 감찰구에서 행정구로 변하기 시작하였고, 영제靈帝 중평中平 5년(188)에는 자사刺史를 주목州牧으로 바꾸어 군도 위의 1급 행정구역이 되었다.

2) 삼국과 위진남북조의 행정편제

  동한의 13개 주 가운데 위魏가 9개를 차지하였고, 오吳와 측蜀이 각각 1개 주를 차지하였으며, 형주荊州·양주揚州는 위와 오가 분점하였다. 3국이 설치 운영한 군현의 숫자는 위魏가 101개 군국, 730여 개 현, 오吳가 49개 군, 340여 개 현, 촉蜀이 20개 군, 138개 현이었다.

  서진西晉이 삼국을 통일한 뒤(280) 광주廣州를 포함한 기존의 14개 주에 7개 주를 더하여 모두 21개 주로 늘였고, 그 아래에 172개 군국과 1,232개 현을 운영하였다. 서진이 붕괴하고 남북조의 분열이 시작되자 정통성을 강조하기 위해 서로 행정단위를 대폭 증가시키기 시작하였다.

그 결과 남북조 말기의 행정단위는 주가 253개, 군이 617개로서 서진과 비교해 주는 10배, 군은 3배나 증가하여 대단히 기형적인 모습을 보였다. 또 북방에서 이주한 주민을 수용하기 위해 교주僑州·교군僑郡·교현僑縣이라는 독특한 지방 행정기구를 설치하였다.

[표 3-1] 남북조의 주·군·현 수

국가		주	군	현	비고
북조	북위北魏	111	519	1352	
	동위東魏	67	255		북위 영토의 1/2
	서위西魏	42	264		
	북제北齊	92	508	1124	
	북주北周	105			
남조	동진東晉	31	254	934	
	송宋	22	238	1,179	
	제齊	23	395	1,474	
	양梁	107	586		
	진陳	42	109		양 영토의 1/3

2. 수~청의 지방 행정편제

1) 수·당대의 행정편제

수隋 문제文帝는 집권 직후인 개황開皇 3년(584)에 대규모 행정 통폐합을 실시하여 509개 군을 없앴고, 전국을 통일한 뒤인 개황 9년(589)에는 진陳의 군급 행정구획을 모두 없앴다. 양제煬帝 역시 지나치게 많아서 본래의 기능을 상실한 주와 군을 통합하여 군현 2단계로 축소하였다. 수의 행정단위는 군이 190개, 현이 1,255개였다. 곧 군현제가 주현제州縣制로 바뀌었고, 당·송 등 후대 왕조 모두 이를 계승하였다.

당은 군을 다시 주로 명칭만 바꾸었을 뿐 주현 2단계를 그대로 유지하여 정관貞觀 13년(639)의 경우 총 358개 주, 1,551개 현을 운영하였다. 당대에 전국을 10개 도道로 나누었지만, 이는 상시적인 행정구획이 아니라 감찰監察 편의를 위한 구획에 불과하였다. 하지만 자연지리적 여건도 충분히 고려한 구획이었기 때문에 후대 행정구획 설정에 큰 영향을 주었다.[1]

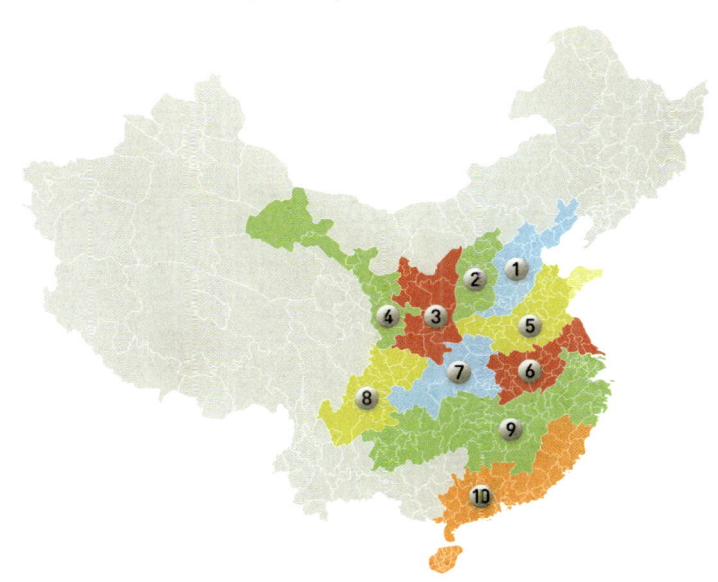

[지도 3-1] 당의 감찰구역도

현종은 개원開元 1년(713)에 수도인 옹주雍州를 경조부京兆府로, 동

---

1 ❶하북도, ❷하동도, ❸관내도, ❹롱우도, ❺하남도, ❻회남도, ❼산남도, ❽검남도, ❾강남도, ❿영남도

도東都인 낙양洛陽을 하남부河南府로 승격시킴으로써 주 가운데 일부를 부府로 승격시키는 전례를 만들어 후대로 이어졌고, 그 수는 꾸준히 늘어났다. 하지만 부는 주 가운데 비교적 중요한 곳을 형식상 우대하는 것일 뿐 실제로는 주와 동급이었다.

개원 21년(733)에 도 5개가 늘어나 모두 15개가 되었다. 개원 29년(741) 당시 설치 운영된 주현의 수는 328개 주(3부府·6도호부都護府·319주), 1,573현이었다. 안사安史의 난(755~763)이 진압된 뒤 번진藩鎭이 사실상 1급 행정단위가 되자 번진을 가리켜 도道라고 칭하기도 하였다. 807년 당시 도는 48개, 주는 296개(7부·1도호부·288주), 현은 1,453개였다.

2) 송대 이후의 행정편제

북송 초, 당의 제도를 이어받아 전국을 13개 도로 나누었는데, 태종이 15로路로 고쳤고, 신종神宗 때 다시 23개 로로 늘렸다. 로는 감찰구역 겸 행정구역의 성격을 지니고 있지만, 감찰권이 더 우선시 되었다. 신종 때의 행정구역은 부 34개, 주 254개, 현 1,297개였다. 남송은 진령秦嶺산맥과 회하淮河 이북을 상실하여 영토가 2/3이하로 줄어들었지만 17개 로 체제를 유지하였다.

거란은 당 후기의 절도사 체제를 수용하고, 전국에 5경도京道, 156개 부주, 209개 현을 설치하였다. 금의 행정구획은 기본적으로 북송의 것을 그대로 받아들여 대정大定 29년(1189) 전국을 20개 로로 나누고 179개 부주, 683개 현을 설치하였다. 원 영종英宗은 전국을 12개 행정구로 나누고 중서성에서 현 산동·산서·하북·하남과 내몽고 일부 지역을 직할하게 하였다.

명은 양경兩京과 13개 포정사사布政使司 등 총 15개 행정단위를 설치하였다. 하지만 포정사사를 '성省'이라고 부르는 관습은 그대로 지속되었다. 청은 총 26개 행정단위를 운영하였다. 장성 안의 내지는 호광을 호남·호북으로, 강남을 강소·안휘로, 섬서를 섬서·감숙으로 분할하여 모두 18개 성을 설치하였고, 장성 북의 변지에는 5개 장군 관할구, 서장·서녕西寧 판사대신辦事大臣 관할구를 설치하였고 군사적으로 가장 민감한 내몽고는 중앙의 이심원理藩院에서 직접 관할하였다.

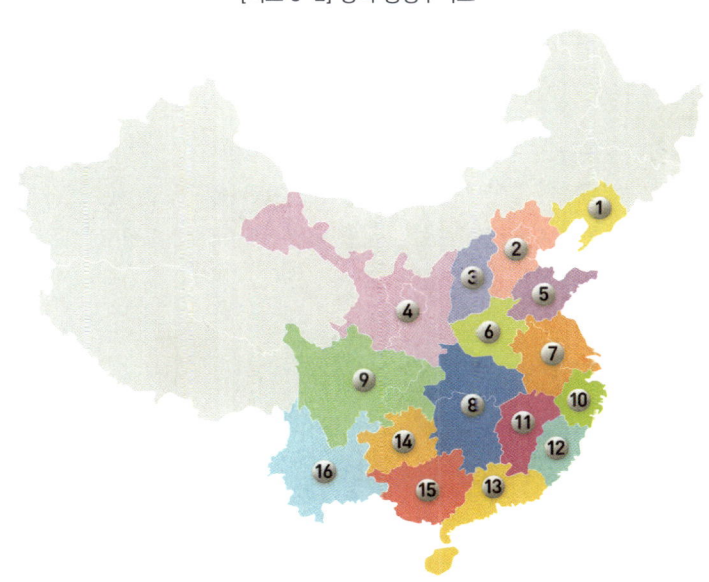

[지도 3-2] 명의 행정구역도²

---

2 ❶요동, ❷경사京師(북직예北直隸), ❸산서, ❹섬서, ❺산동, ❻하남, ❼남경(남직예 南直隸), ❽호광湖廣, ❾사천, ❿절강, ⓫강서, ⓬복건, ⓭광동, ⓮광서, ⓯귀주, ⓰운남

제2절 | 지방 행정편제와 행정단위

1. 성급 행정단위

1) 성급 행정단위와 지역구분

중국의 지방 행정단위는 본래 1급인 성급省級, 2급인 현급縣級, 3급인 향급鄕級 3등급으로 이루어졌으나 1980년 성급과 현급 사이에 지급地級 행정단위를 신설하여 4등급 체제로 바뀌었다. 지급 단위 설치는 성에서 직접 현급 단위를 관할할 때 발생하는 비효율성을 개선하려는 것이었다.

성급 행정단위는 중앙정부에서 직접 관할하는 1급 지방 행정단위이며 직할시直轄市·성省·자치구自治區·특별행정구特別行政區·생산건설병단生産建設兵團 등 5종이 있다. 1950년에 12개 직할시, 29개 성, 9개 행서구行署區, 1개 자치구, 1개 지방으로 시작한 성급 단위는 1999년까지 모두 7회에 걸쳐 큰 변화가 있었다. 1954년에는 3개 직할시, 26개 성, 1개 자치구, 1개 지방, 1개 지구로 감축되었으며, 1959년에는 천진의 강격시키고 열하熱河·서강성西康省을 없앴으며, 신강위구르·광서장족·영하회족·서장자치구를 신설하였다. 그 뒤로 대규모 개편은 없었으며 천진의 직할시 회복, 창도지구 철폐, 해남성과 중경시 신설, 홍콩과 마카오의 특별행정구 신설 등이 있었다.

2021년 현재 성급 행정단위는 4개 직할시, 23개 성, 5개 자치구, 2개 특별행정구 등 총 34개다. 이 가운데 신강新疆생산건설병단은 고대의 둔전병처럼 생산과 국방 의무를 부여하는 특수한 조직으로 1급 행정단위이기는 하지만 중앙정부와 신강위구르자치구 정부의 이중 통제를 받고 있으며 성급 행정단위 수에는 포함되지 않는 특별한 행정단위이다.

성급 행정단위의 중심지를 가리켜 성은 성회省會, 자치구는 수부首府라고 구분하지만,[3] 이는 제도상의 구분일 뿐 실제로는 모두 성회라고 칭한다. 각 성회·수부 수장의 직위는 성장省長과 동급인 성급省級 도시, 부성장과 동급인 부성급副省級 도시, 청장廳長과 동급인 청급廳級 도시 등 인구와 경제 규도에 따라 다르다.

성급 도시는 북경·상해·천진·중경 등 4개 직할시이며, 부성급은 하얼빈哈爾濱·장춘長春·심양瀋陽·제남濟南·서안西安·남경南京·무한武漢·성도成都·항즈杭州·광주廣州를 비롯해 성회가 아닌 대련大連·청도靑島·영파寧波·하믄廈門·심천深圳을 포함해 모두 15개이다. 청급은 그 밖의 성회 17개이다. 그 밖에도 다양한 도시의 등급 기준이 있다.

성급 행정단위를 지역별로 구분하는 데는 다양한 기준이 있다. 최근에는 주로 경제적 관점에서 분류하는 것이 일반적이지만 역사지리적 관점에서 전통적인 중원왕조의 영역(내지)과 청대에 비로소 증국 영토에 포함된 지역(변지)로 크게 구분한 뒤 세분하는 방식이 가장 일반적이다. 이에 근거한 것이 아래의 [지도 3-3]과 [표 3-2]이다.

---

3 자치구는 물론 자치주의 지방정부 소재지를 모두 수부首府라고 칭한다.

[지도 3-3] 성급 행정단위와 지역구분도[4]

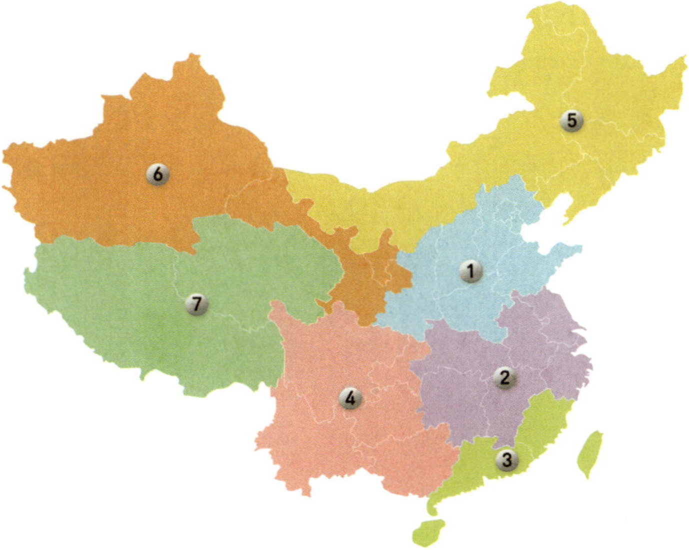

---

4 ①화북, ②화중, ③동남, ④서남, ⑤동북, ⑥서북, ⑦청장지역

[표 3-2] 성급 행정단위의 지역 구분, 약칭 및 성회[5]

구분		시·성·자치구 명칭	약칭	성회省會수부首府
내지	직할시	북경시北京市	경京	
		천진시天津市	진津	
		상해시上海市	호滬	
		중경시重慶市	유渝	
	화북華北지역	하북성河北省	기冀	석가장石家莊
		하남성河南省	예豫	정주鄭州
		산동성山東省	노魯	제남濟南
		산서성山西省	진晉	태원太原
		섬서성陝西省	섬陝, 진秦	서안西安
	화중華中지역	호북성湖北省	악鄂	무한武漢
		호남성湖南省	상湘	장사長沙
		강소성江蘇省	소蘇	남경南京
		강서성江西省	감贛	남창南昌
		안휘성安徽省	환皖	합비合肥
		절강성浙江省	절浙	항주杭州
	동남東南지역	복건성福建省	민閩	복주福州
		광동성廣東省	월粵	광주廣州
		해남성海南省	경瓊	해구海口
	서남西南지역	사천성四川省	천川, 촉蜀	성도成都
		귀주성貴州省	귀貴, 검黔	귀양貴陽
		운남성雲南省	운雲, 전滇	곤명昆明
		광서장족廣西壯族자치구	계桂	남령南寧
변지	동북東北지역	흑룡강성黑龍江省	흑黑	하얼빈哈爾濱
		길림성吉林省	길吉	장춘長春
		요녕성遼寧省	요遼	심양瀋陽
	서북西北지역	내몽고內蒙古자치구	몽蒙	호흐호트呼和浩特
		신강위구르新疆維吾爾자치구	신新	우룸치烏魯木齊
		영하회족寧夏回族자치구	영寧	은천銀川
		감숙성甘肅省	감甘, 롱隴	난주蘭州
	청장青藏지역	청해성青海省	청青	서령西寧
		서장西藏자치구	장藏	라싸拉薩
기타	특별행정구	홍콩특별행정구香港特別行政區	항港	
		마카오특별행정구澳門特別行政區	오澳	
	생산건설병단	신강생산건설병단新疆生產建設兵團	병단兵團	우룸치烏魯木齊
		대만臺灣	대臺	대북臺北

---

[5] 본서에서는 전통적인 중원왕조의 영역(내지)과 청대에 비로소 중국 영토에 포함된 지역(변지)로 양분한 뒤 세분을 하는 것이 타당하다고 판단하여 [표 3-2]을 작성하였다.

2) 시제의 도입과 4대 직할시

중화민국 성립 직후 기존의 주현 2단계의 지방 행정조직을 모두 현으로 일원화하였다. 하지만 주 가운데서도 크고 중요하여 부府였던 곳은 현으로 2단계 격하되는 것에 반발하여 시市라는 새로운 명칭을 이용하여 자신들의 위상을 고수하려고 하였다. 당시 중앙정부였던 북양北洋정부는 이를 허용하지 않았지만, 국민정부 소속의 광동성 의회는「광주시임시행정조례廣州市暫行條例」를 제정하여 자신들의 수도인 광주廣州를 전국 최초의 '시'로 승격시켰다(1921.2).

이를 계기로 전국 각지에서 시로 승격하려는 움직임이 잇따르자 북양정부는 부득이 '시자치제市自治制'를 공표하여 시제市制를 인정하였다(1921.7). 그러자 현을 보통시로 바꾸는 움직임이 전국적으로 벌어졌다. 북양정부는 시를 특별시와 보통시로 구분하고 특별시는 성에, 보통시는 현에 속하게 하였으며, 수도인 북경은 행정부 장관의 직접 관할 하에 두었다. 시를 관할하는 행정기관 명칭은 '시정공소市政公所'라고 하였다. 북양정부 시기(1912~1928) 특별시는 경도京都(북경)·진고津沽(천진)·송호淞滬(상해)·청도青島·하얼삔哈爾濱·한구漢口(무한武漢) 등 총 6개였다.

국민정부가 북벌을 통해 전국을 통일한 1928년, 시의 행정기관을 '시정부市政府', 대의기관을 '시참의회市參議會'로 정하였으며, 1930년에 '시조직법'을 개정하여 '특별시'와 '보통시'를 중앙정부, 즉 행정원이 직접 관할하는 원할시院轄市와 성이 직접 관할하는 성할시省轄市로 구분하였다. 이 행정원 직할시를 통상 직할시라고 칭하였다. 성 정부 직할시는 현縣과 동일한 등급이었다.

국민정부는 중앙정부 직할시 승격의 조건으로 인구 100만 이상을 원칙으로 하였으나 지역 안배 등 정치적 고려 등으로 인해 꼭 준수되지는 않았다. 1948년까지 성립된 직할시는 남경을 비롯해 총 12개였다.

중화인민공화국 성립 직후 청도·대련·하얼삔 등 3개 시가 직할시에서 탈락된 대신 안산鞍山·무순撫順·본계本溪 등 3개 시가 직할시로 승격하였다. 이로써 일본이 지배하던 요녕성에는 심양을 포함해 총 4개의 직할시가 집중적으로 설치되었다. 그리고 1950년에 다시 여대旅大(여순旅順·대련大連), 1953년에 하얼삔·장춘長春등 3개 도시가 직할시로 승격하여 동북지역은 7개로 늘어났다. 반면 국민정부의 수도였던 남경은 1952년이 성정부 직할시로 강등되었기 때문에 1953년, 직할시는 총 14개가 되었다.

1954년 중국 정부는 다시 북경·천진·상해를 제외한 11개 직할시를 성정부 직할시로 강등시켰고, 1958년에는 천진도 강등시켜 하북성 성회로 삼았다. 천진은 1967년 다시 하북성에서 분리되어 직할시 지위를 회복하였고, 중경도 1997년에 사천성에서 다시 분리되어 직할시 지위를 회복하였다. 이로써 직할시는 북경·상해·천진·중경 4곳이 되었으며, 최고위직인 직할시 위원회 서기는 통상 중앙정치국 위원이 겸임한다.

[표 3-3] 4대 직할시 현황

		인구(만명)	면적(km²)	GDP(억원元)	편제
북경	2014	2,152	16,410km²	21,330억원	14구 2현
	2021	2,189		40,270억원	16구
상해	2014	2,426	6,340km²	23,560억원	16구 1현
	2021	2,487		43,215억원	16구
천진	2014	1,517	11,760km²	15,722억원	13구 3현
	2021	1,387	11,966km²	15,695원원	16구
중경	2014	2,991	82,402km²	14,265억원	21구 13현 4자치현
	2021	3,205		27,894억원	26구 8현 4자치현

3) 23개 성

성省이란 행정단위 명칭은 상당히 오래되어 위진魏晉 때부터 상서성尚書省·중서성中書省 등의 관명으로 사용되었으나 모두 중앙부서의 명칭이었을 뿐 지방 행정단위의 명칭은 아니었다. 588년 수隋 문제文帝가 진陳을 공략하면서 수춘壽春에 회남행성淮南行省을 일시 설치한 적이 있었고, 금金도 북송을 멸망시킨 뒤 일시 지방에 행상서성行尚書省을 설치한 일이 있으나 워낙 단기간 운영되어 일반 행정제도라고 하기는 힘들다.

성이 정식 지방 행정단위가 된 것은 몽골이 금의 행성行省 제도를 참고하여 전국에 군사 업무를 전담하는 기관을 설치한 것이 계기가 되었다. 원 세조世祖는 중앙정부 업무를 관장하는 중서성을 설치하고, 각 지방에 중서성 업무를 대행할 수 있는 행중서성行中書省을 설치하였다. 본래 행중서성은 군사 업무만 전담하는 임시기구였으나 점차 일반 행정 업무까지 맡게 되어 지방 행정기구로 변해갔고, 남송을 멸망시킨 후에는 공식기구로 정착하였다. 이 제도는 명조·청조를 거쳐 현재까지 지속되었다.

성 인민정부는 성 인민대표대회人民代表大會의 집행기관 성격을 지니고 성장·부성장·비서장·청장·국장·위원회주임 등으로 구성되어 있다. 임기는 5년이며, 국무원과 성 인민대표대회에 대해 행정 책임을 진다.

4) 5개 자치구

자치구自治區는 비한인의 자치권을 보장한다는 명분으로 설치한 1급 지방 행정단위로서 내몽고·영하회족·신강위구르·서장·광서장족자치구 등 모두 5개가 있다. 하지만 지속적인 이민정책을 통해 한인의 비중을 점진적으로 늘려서 자치구로서의 의미는 사실상 찾아보기 힘든 실정이다.

예를 들어 광서장족자치구와 영하회족자치구의 경우 2010년의 총인구 가운데 한인이 각각 62%·65%를 차지하고 있다. 내몽고자치구의 경우 더욱 심하여 2010년 현재 총인구 2,307만 명 가운데 한인이 1,965만 명으로 80%를, 몽골인이 423만 명으로 17%를 차지하고 있어 자치구라는 이름이 무색할 정도다.

　신강위구르자치구와 서장자치구는 민족·역사·문화·언어·종교 등 거의 모든 면에서 한인과의 이질성이 혹격한 곳이어서 중국 정부의 국가통합 노력에도 불구하고 민족 갈등이 심각하고, 분리 독립, 또는 자치권 확보를 추구하는 세력이 적지 않아 분쟁의 화약고라고 할 수 있다. 내몽고 역시 유목민과 농경민 사이에 긴 역사를 통해 상시 지속하였던 갈등의 유산을 갖고 있어 그 골이 매우 깊다.

　중국 정부는 가급적 갈등 요인을 줄이기 위한 정치적 노력과 함께 군사적 압박을 가중하는 한편 지속적인 이민정책을 통해 전체 인구 가운데 한인의 비율을 높이는 것을 근본적인 해결방안으로 삼고 있다. 하지만 한인 자본과 인력의 압도적 우위, 한인이 자신들의 자원을 헐값에 가져간다는 생각, 언어·인종적 차별 등으로 인해 갈등은 여전히 첨예하다.

　신강위구르자치구의 경우 2004년 총인구 1,963만 명 가운데 위구르인은 898만 명으로 전체의 46%, 기타 민족이 14%로 모두 60.5%를 차지하였고, 한인은 780만 명으로 39.5%를 차지하였다. 그런데 총인구가 2012년 2,233만 명, 2017년 2,445만 명으로 증가하였는데, 구성비는 60 : 40, 59.9 : 40.1로 한인 비율이 0.6% 증가하였다.

　한인 인구가 13년 동안 0.6% 증가한 것은 일견 미미해 보이지만 엄격한 산아제한을 하는 한인과 1가구 2자녀를 원칙으로 하는 비한인 간의 출산율 차이를 고려하면 이 지역으로 많은 한인들이 이주하였음을 알 수 있다. 특히 최근 10년의 인구 통계는 의도적으로 공개하지 않고 있어 파악하기 어려운데 분리 독립을 둘러싼 갈등에 비례하여 더욱 적극적으로 이주 정책을 추진하고 있어 그 비율은 더욱 빠르게 증가할 것으로 보인다.

　서장자치구는 중국내 자치구 가운데 유일하게 해당 민족이 90%로 절대다수를 점하는 지역이다. 하지만 2000년 총인구 262만 명 가운데

16만 명으로 6%에 불과했던 한인의 비율이 2013년 총인구 312만 명 가운데 8%로 늘어났다. 또 2020년 현재 총인구가 365만 명으로 늘어난 가운데 한인의 비율에 관해서는 신강위구르자치구와 마찬가지로 공개하지 않고 있다. 티베트고원의 특수한 자연환경이 한인의 대거 이주를 억제하는 요인으로 작용하고 있기는 하지만 2006년 서녕西寧에서 라싸拉薩를 잇는 전장 1,956km의 청장靑藏철로가 개통된 뒤로 한인의 이주와 현지 상권 장악이 두드러지고 있다.

5) 2개 특별행정구

특별행정구는 홍콩·마카오 반환에 따른 과도기적 혼란을 방지하고 나아가 대만과의 통일을 위한 우호적 환경을 조성한다는 목적으로 이들 지역의 자본주의 체제와 생활방식을 50년간 유지하고, 국방과 외교를 제외한 모든 분야에서 현지 주민에 의한 고도의 자치를 인정하며, 독자적 화폐 발행과 조세 징수 처분권을 부여하기 위해 헌법 31조에 특별히 규정한 행정제도다. 특별행정구 주민은 최고 행정책임자인 행정장관 및 입법기관 의원의 선출권을 가지며, 중국 법률 대신 현지 법률에 따르는 등 각종 특권이 부여된다.

중국 정부는 사회주의 국가 체제 내에서 자본주의적 체제를 인정하는 '일국양제一國兩制'의 구체적 실천을 위해 1997년 홍콩 반환과 1999년 마카오 반환 시 홍콩특별행정구와 마카오특별행정구를 각각 설치하였다. 특별행정구의 약칭은 특구特區다.

하지만 선거제도를 둘러싼 2014년의 이른바 '우산혁명'에 이어 범죄 용의자 인도에 관한 법률 개정을 계기로 폭발한 2019년 6월의 대규모 시위에 대한 중국 정부의 강경 진압, 범민주진영의 선거 압승을 우려한 선거 무효화 조치 등으로 중국과 홍콩의 감정의 골은 갈수록 커지고 있고, 홍콩은 특유의 자유로운 공기를 상실하면서 급속도로 도시의 매력과 활기를 상실하고 있다. 또 중국 정부의 강압적 조치는 대만에게 일국양제 자체에 대한 커다란 불신을 넘어선 적대감마저 불러일으켜 양안관계는 급속히 냉각되고 있다. 특히 트럼프 정부에 이어 바이든 정부도 중국에 대한 견제를 미국 대외정책의 제1순위로 추진하면서 중국 견제를 위한 대만의 지정학적 가치에 대해 중시하고 있어 양안관계는 이미 양국관계를 넘어선 국제정치의 핵심사안이 되고 있다.

2. 성 관할 행정단위

1) 독자경제도시

성 관할 행정단위 가운데 가장 상위는 2급인 지급시다. 그런데 지급시는 다시 성급과 지급 사이에 있는 부성급시副省級市와 일반 지급시地級市로 구분된다. 지구地區·자치주自治州·맹盟은 일반 지급시와 동급이다.

1954년, 중국 정부는 전국 행정체계를 조정하면서 북경·상해·천진 3개 직할시만 그대로 유지하고 나머지 11개 직할시는 모두 성정부 직할시로 바뀌었다. 그러나 그 가운데 심양·서안·무한·중경·광주 등 5개 도시는 그 정치·경제적 중요성을 감안하여 기존의 특수한 지위를 인정하는 '독자경제도시計劃單列市'제도를 도입하여 1958년까지 유지하였다. 독자경제도시는 행정적으로는 각 성에 속해있어 성보다 다소 낮은 등급인 부성급副省級이지만 경제 관리권만은 성과 동급이어서 성의 재정 통제를 받지 않고 중앙정부의 통제만 받는 경제적 직할시를 뜻한다.

성회의 전반적인 위상은 독자경제도시보다 우위지만 경제적 측면에서는 둘 다 1급 경제 관리권을 갖고 있어 동급이라고 할 수 있다. 하지만 정치적 고려로 선발된 성회에 비해 경제적 고려로 선발된 독자경제도시의 경제적 위상이 더 높은 것이 현실이다.

독자경제도시제도는 1958년 각 성 중심의 행정체제를 강화하면서 폐지하였고, 천진도 성정부 직할시로 조정되었다. 그러나 대약진운동의 실패와 그로 인한 혼란을 종식하려고 다시 중앙정부의 관리를 강화하기 시작한 중국 정부는 1964년에 하얼삔·심양·서안·무한·중경·광주 등 6개 도시를 대상으로 독자경제도시제도를 다시 도입하였다. 천진시도 1967년에 중앙정부 직할시 지위를 회복하였다. 그러나 문화대혁명의 발발로 독자경제도시제도는 별다른 성과를 거두지 못한 채 1968년에 다시 취소되고 말았다.

1983년, 개혁개방을 추진하던 중국 정부는 중경시를 제3차 독자경제도시로 지정하고 명실상부한 독자적 경제 관리권과 일부 입법권을 부여하였다. 그리고 이듬해에 심양·대련·무한을 추가 독자경제도시로 승인하자, 종전 독자경제도시였던 하얼삔·서안·광주 등도 동일한 권한을 요구하였다. 이에 중국 정부는 이들 7개시에 한하여 독자경제도시 자격을 부여하고 더 이상의 확대를 금하였다.

하지만 1986년에 청도가 독자경제도시에 추가되고, 1988년에 영파寧波·하문廈門·심천深圳이 다시 추가되었으며, 1989년에는 남경·성도·장춘도 더해져 독자경제도시는 총 14개 도시로 확대되어 경제 발전을 주도하였다. 하지만 특권에 따른 부작용도 적지 않아 1993년에 중경·심천·대련·청도·영파·하문 등 6개 도시만 그 자격을 유지하도록 하였다. 1997년 중경이 직할시 승격으로 독자경제도시에서 빠지게 되자 2015년 현재 독자경제도시 자격을 유지하고 있는 도시는 심천·대련·청도·영파·하문 등 연해의 5개 도시뿐이다.

2) 부성급 도시

독자경제도시를 6개 도시로 제한한 이듬해인 1994년, 중국 정부는하얼삔·장춘·심양·대련·청도·서안·남경·무한·성도·영파·하문·광주·심천 등 본래의 14개 도시에 항주杭州·제남濟南을 더한 총 16개 도시를 부성급시로 지정하여 기존 독자경제도시 제도와 성 정부 사이에 발생한 행정 갈등을 조정하였다. 그 주된 내용은 부성급 도시는 행정적으로는 성의 통제를 받아야 하는 지급시지만 중앙 조직부에서 직접 주요 보직 인사권을 행사하는 특수한 성격을 지닌 지급시라는 것이며, 시장은 부성장급으로 하였다.

16개 부성급 도시 가운데 10개는 성회지만 대련·청도·영파·하문·심천은 성회가 아닌 부성급 도시이다. 그 가운데 하문은 복건성 성회인 복주가 일반 지급시여서 도시 자체의 위상만 놓고 보면 복주보다 높아 행정의 일반원칙에서 벗어난 모습이다. 또 2020년 도시 인구도 천주泉州 878만, 복주 829만, 하문 516만 명으로 복주는 복건성 내 2위에 해당한다. 따라서 부성급 도시는 인구보다는 주로 경제적 특성을 우선 고려한 것임을 알 수 있다.

3) 지급시

1932년 국민정부는 전국을 대상으로 성정부 산하에 행정독찰구行政督察區를 설치하고 담당 기관으로 행정독찰전원공서行政督察專員公署를 두었다. 중화인민공화국에서도 이 제도를 유지하되 명칭을 전구專區로 바꿨다가 1970년에 지구地區로 개칭하였다.

중화인민공화국 헌법에는 지방의 행정편제로 성과 현만 인정하고 있고, 본래 그 성격이 행정편제라기보다는 감찰편제이기 때문에 성장·현장 등 행정장관을 임명하지 않았고, 인민대표대회도 두지 않았다는 점에서 매우 특수한 편제이다.

1975년 개정된 헌법에서는 지구를 1급 지방정부로 인정하였는데, 그것은 넓은 면적과 많은 인구 때문에 성정부가 말단 행정조직까지 직접 관리하는 것이 비효율적이라는 점, 도농 간의 현격한 격차를 좁히기 위해서는 주요 거점 도시를 중심으로 농촌경제를 직접 견인하는 것이 효과적이라고 판단했기 때문이다. 지급시·지구·자치주·맹盟이 지급 행정단위에 해당한다.

절강성浙江省의 경우 총면적 105,500㎢, 인구 6,457만 명(2018)으로 우리나라보다 조금 큰데, 부성급 도시인 항주와 영파 관할 지역을 제외한 나머지 79,190㎢ 지역에 9개 지급시를 설치하였다. 각 지급시의 평균 관할 면적은 8,799㎢로서 충청남도의 8,367㎢와 비슷하다. 산동성의 경우도 평균 9,200㎢로 경기도의 10,161㎢와 비슷하다. 따라서 지급 행정단위는 우리의 도에 해당하는 범주라고 할 수 있으며, 정치·행정·경제·교육을 포함한 중국인의 실질적인 일상생활 영역으로 간주해도 무방할 것이다. 2018년 현재 22개 성, 5개 자치구에 설치한 지급 행정단위는 지급시 293개, 자치주 30개, 지구 7개, 맹 3개 등 총 333개로서 각 성당 평균 12개다.

1983년 전면적으로 실시한 지급 행정단위의 확대는 겉으로 내세운 명분과 달리 경제 발전의 현실을 고려하기보다는 단순 구획의 성격이 강하고, 시 위에 시가 있는 명칭 자체가 옥상옥의 성격도 있음을 말해 준다. 그렇지만 도시화의 확대라는 전반적인 발전 추세를 반영하는 측면이 있고, 향후 점차 지급 행정단위 중심으로 발전이 이루어질 것으로 전망된다는 점에서 긍정적인 측면이 분명히 있다.

4) 자치주와 맹

자치주는 소수민족 거주지에 설치한 행정단위로서 지구와 동급이지만 인민대표대회와 인민정부를 독자 설치하는 지방정부라는 점이 다르며, 소속 자치현과 시를 관할한다.

맹은 내몽고에 설치한 행정단위로서 본래 몽골족 기旗의 회맹會盟조직이다. 사실상 자치주와 그 성격을 구분하기 힘들지만, 원주민들에 대한 정치적 고려가 반영된 명칭이라고 해도 과언이 아니다. 독자적인 인민대표대회와 인민정부를 설치하는 지방정부이며 소속 현·기·시를 관할한다.

5) 지구

흑룡강·신강·서장 등 인구가 적고 면적이 넓은 지역에서는 그 특성을 고려하여 성·자치구에서 파견한 기관이라는 성격의 지구체제를 그대로 유지하였다. 지구에는 지구행정공서地區行政公署라는 독자적인 행정부서와 전담 공무원을 두어 운영하지만, 이는 어디까지나 파견 기관일 뿐 독자적인 지방정부가 아니라는 점에서 과도기적 성격을 지니고 있었다. 그래서 1983년부터 지구를 지급시로 개편하는 작업이 적극적으로 추진되어 1982년 당시 지급 행정단위의 53.5%에 달하던 170개를 10개(2015)로 줄였고, 2018년 현재 신강성 5개, 흑룡강성 1개, 서장성 1개 등 모두 7개만 남은 상태이다.

[표 3-4] 성 관할 행정단위 수의 변화(2012/2020년)

지급			현급			향급		
	2012	2020		2012	2020		2012	2020
지급시	288	291	시관할구	860	977	가도	7,194	8,773
지구	12	11	현급시	368	394	구공소	2	2
자치주	30	28	현	1,453	1,301	진	19,683	21,157
			자치현	117	117	향	13,587	8,809
						민족향	1,085	962
맹	3	3	기	49	49	쑤무	106	153
			자치기	3	3	민족쑤무	1	1
			특구	1	1			
			임구	1	1			
총수	333	333	총수	2,852	2,843	총수	41,658	39,857

[표 3-5] 각 성·자치구의 지급시 현황[6]

지역	성	구분	행정지명	인구(만명)/전국순위 2010년	인구(만명)/전국순위 2020년
화북 華北 65	하북 河北	11개 시	석가장石家莊	1016 / 8	1064 / 11
			보정保定	1119 / 3	924 / 23
			한단邯鄲	917 / 11	941 / 18
			당산唐山	758 / 30	772 / 39
			창주滄州	713 / 37	730 / 42
			형태邢台	710 / 39	711 / 43
			랑방廊坊	436 /112	546 / 72
			장가구張家口	435 /113	412 /120
			형수衡水	434 /115	421 /117
			승덕承德	347 /148	335 /154
			진황도秦皇島	299 /176	314 /170
	하남 河南	17개 시	정주鄭州	863 / 17	1260 / 6
			남양南陽	1026 / 7	971 / 15
			주구周口	895 / 14	903 / 26
			상구商邱	736 / 31	782 / 37
			낙양洛陽	655 / 48	706 / 45
			주마점駐馬店	723 / 34	701 / 48
			신향新鄕	571 / 62	625 / 57
			신양信陽	611 / 55	623 / 58
			안양安陽	517 / 82	548 / 70
			평정산平頂山	490 / 86	499 / 89
			개봉開封	468 / 97	482 / 94
			허창許昌	431 /119	438 /112
			복양濮陽	360 /143	377 /136
			초작焦作	354 /144	352 /144
			루하漯河	254 / 08	237 /221
			삼문협三門峽	223 /231	203 /244
			학벽鶴壁	157 /264	157 /260
	산동 山東	16개 시	임기臨沂	1004 / 9	1102 / 9
			청도靑島	872 / 15	1007 / 13
			유방濰坊	909 / 13	939 / 20
			제남濟南	681 / 44	920 / 24
			하택菏澤	829 / 21	880 / 27
			제녕濟寧	808 / 25	836 / 33
			연대煙臺	697 / 43	710 / 44
			요성聊城	579 / 60	595 / 62
			덕주德州	557 / 66	561 / 66
			태안泰安	549 / 68	547 / 71
			치박淄博	453 /104	470 / 97
			빈주濱州	375 /133	393 /130
			조장棗莊	373 /134	386 /133
			위해威海	280 /190	291 /178
			일조日照	280 /191	297 /176
			동영東營	204 /244	219 /233

* 萊蕪市는 2019년 지급시에서 濟南市 萊蕪區로 변경됨

6   2020년 현재 총 333개 지급시는 291개 시, 28개 자치주, 11개 지구, 3개 맹으로 이루어졌다. 하남 제원시濟源市(73만)·섬서 양릉楊凌시범구(21만)는 지급시 구모지만, 행정편제는 현급 단위이다. 만 명 이하는 반올림하였다.

화북 華北 65	산서 山西	11개 시	태원太原	420 /122	530 / 77
			운성運城	513 / 83	477 / 96
			임분臨汾	432 /117	398 /127
			여량呂梁	373 /135	340 /151
			진중晉中	325 /162	338 /152
			장치長治	334 /156	319 /166
			대동大同	332 /157	311 /171
			흔주忻州	307 /174	269 /195
			진성晉城	228 /228	219 /232
			삭주朔州	171 /257	159 /259
			양천陽泉	137 /274	132 /275
	섬서 陝西	10개 시	서안西安	847 / 19	1295 / 4
			위남渭南	529 / 79	468 / 98
			함양咸陽	509 / 87	396 /129
			유림榆林	335 /154	362 /140
			보계寶鷄	372 /136	332 /157
			한중漢中	342 /151	321 /162
			안강安康	263 /201	249 /206
			연안延安	219 /234	228 /226
			상락商洛	234 /223	204 /243
			동천銅川	83 /303	70 /307
화중 華中 78	호북 湖北	12개 시	무한武漢	979 / 10	1121 / 8
			황강黃岡	616 / 53	588 / 63
			양양襄陽	550 / 67	526 / 81
			형주荊州	569 / 64	523 / 82
			효감孝感	481 / 89	427 /115
			의창宜昌	406 /124	402 /125
			십언十堰	334 /155	321 /165
			함녕咸寧	246 /215	266 /198
			형문荊門	287 /184	260 /200
			황석黃石	243 /218	247 /211
			수주隨州	216 /235	205 /242
			악주鄂州	105 /297	108 /292
		1주	은시恩施	329 /153	346 /148
	* 襄樊市는 2010년 襄陽市로 명칭을 바꿈				
	호남 湖南	14개 시	장사長沙	704 / 41	1005 / 14
			형양衡陽	714 / 36	665 / 51
			소양邵陽	707 / 40	656 / 54
			영주永州	518 / 81	529 / 78
			상덕常德	572 / 61	528 / 79
			악양岳陽	548 / 70	526 / 86
			침주郴州	458 /102	466 / 99
			회화懷化	474 / 94	459 /103
			주주株洲	386 /129	390 /131
			익양益陽	431 /118	385 /134
			누저婁底	379 /130	383 /135
			상담湘潭	375 /132	273 /189
			상서湘西	255 /207	249 /208
			장가계張家界	148 /268	152 /263

제3장 행정지리 : 행정편제의 변화와 현황

화중 華中 78	안휘 安徽	16개 시	합비合肥	570 / 63	937 / 21
			부양阜陽	760 / 29	820 / 36
			숙주宿州	535 / 77	532 / 76
			호주亳州	485 / 88	500 / 88
			육안六安	561 / 65	439 /111
			안경安慶	531 / 78	417 /118
			저주滁州	394 /126	399 /126
			무호蕪湖	226 /230	364 /139
			방부蚌埠	316 /166	330 /160
			회남淮南	233 /224	303 /172
			선성宣城	253 /210	250 /205
			마안산馬鞍山	137 /275	216 /236
			회북淮北	211 /240	197 /247
			지주池州	140 /271	134 /272
			황산黃山	136 /276	133 /273
			동릉銅陵	72 /305	131 /278
	강소 江蘇	13개 시	소주蘇州	1047 / 5	1275 / 5
			남경南京	800 / 26	931 / 22
			서주徐州	858 / 18	908 / 25
			남통南通	728 / 32	773 / 38
			무석無錫	637 / 51	746 / 40
			염성鹽城	726 / 33	671 / 50
			상주常州	459 /101	535 / 75
			숙천宿遷	472 / 96	499 / 90
			연운항連雲港	439 /111	460 /101
			양주揚州	446 /108	456 /104
			회안淮安	480 / 92	456 /105
			태주泰州	462 / 98	451 /106
			진강鎭江	311 /170	321 /164
	강서 江西	11개 시	감주贛州	837 / 20	871 / 30
			상요上饒	658 / 47	649 / 55
			남창南昌	504 / 84	626 / 56
			의춘宜春	542 / 72	501 / 87
			구강九江	473 / 95	460 /100
			길안吉安	481 / 90	447 /109
			무주撫州	391 /128	361 /142
			평향萍鄉	185 /254	180 /251
			경덕진景德鎭	159 /263	162 /255
			신여新余	114 /289	120 /284
			응담鷹潭	112 /291	115 /286
	절강 浙江	11개 시	항주杭州	870 / 16	1194 / 7
			온주溫州	912 / 12	957 / 16
			영파寧波	761 / 28	940 / 19
			금화金華	536 / 76	705 / 46
			태주台州	597 / 56	662 / 52
			소흥紹興	491 / 85	527 / 70
			가흥嘉興	450 /105	540 / 73
			호주湖州	289 /181	337 /153
			여수麗水	212 /239	251 /203
			구주衢州	212 /238	228 /227
			주산舟山	112 /292	116 /286

화남華南 48	복건福建	9개시	천주泉州	813/23	878/28
			복주福建	712/38	829/35
			하문廈門	353/145	516/83
			장주漳州	481/91	505/85
			포전浦田	278/193	321/163
			영덕寧德	282/188	315/168
			용암龍岩	256/204	272/190
			남평南平	265/200	268/196
			삼명三明	250/212	249/209
	광동廣東	21개시	광주廣州	1270/2	1868/1
			심천深圳	1036/5	1756/2
			동완東莞	822/22	1047/12
			불산佛山	719/35	950/17
			담강湛江	699/42	703/47
			무명茂名	582/59	617/59
			혜주惠州	460/100	604/60
			게양揭陽	588/57	558/68
			산두汕頭	539/74	550/69
			강문江門	445/109	480/95
			중산中山	312/169	442/110
			조경肇慶	392/127	411/121
			청원清遠	370/138	397/128
			매주梅州	424/120	387/132
			소관韶關	283/187	286/183
			하원河源	295/177	284/185
			산미汕尾	294/179	267/197
			양강陽江	242/220	260/199
			조주潮州	267/198	257/201
			주해珠海	156/265	244/213
			운부雲浮	236/222	238/220
	광서廣西	14개시	남령南寧	666/46	374/29
			옥림玉林	549/69	580/64
			계림桂林	475/93	493/91
			귀항貴港	412/123	432/114
			유주柳州	376/131	416/119
			백색百色	347/149	357/143
			하지河池	337/153	342/150
			흠주欽州	308/173	330/158
			오주梧州	288/182	282/186
			숭좌崇左	199/247	209/240
			내빈來賓	210/241	207/241
			하주賀州	195/249	201/245
			북해北海	154/266	185/248
			방성항防城港	87/302	105/295
	해남海南	4개시	해구海口	205/243	287/179
			삼아三亞	69/308	103/296
			담주儋州	103/299	95/298
			삼사三沙	0.1/334	0.2/333

				1405 / 1	1658 / 3
서남 西南 **58**	사천 四川	18개 시	성도成都	1405 / 1	1658 / 3
			남충南充	628 / 52	561 / 67
			달주達州	547 / 71	539 / 74
			면양綿陽	461 / 99	487 / 92
			의빈宜賓	447 / 107	459 / 102
			노주瀘州	422 / 121	425 / 116
			덕양德陽	362 / 142	346 / 147
			광안廣安	321 / 165	325 / 161
			낙산樂山	324 / 163	316 / 167
			내강內江	370 / 137	314 / 169
			미산眉山	295 / 178	296 / 177
			수녕遂寧	325 / 161	281 / 187
			파중巴中	328 / 159	271 / 192
			자공自貢	268 / 197	249 / 207
			자양資陽	367 / 139	231 / 223
			광원廣元	248 / 213	231 / 224
			아안雅安	151 / 267	143 / 267
			반지화攀枝花	121 / 284	121 / 282
		3개 주	양산涼山	453 / 103	486 / 93
			가제·감자甘孜	109 / 294	111 / 291
			느가와·아패阿壩	90 / 301	82 / 303
	귀주 貴州	6개 시	필절畢節	654 / 49	690 / 49
			준의遵義	613 / 54	661 / 53
			귀양貴陽	432 / 116	599 / 61
			동인銅仁	309 / 172	330 / 159
			육반수六盤水	285 / 186	303 / 173
			안순安順	230 / 227	247 / 210
		3개 주	검동남黔東南	348 / 147	376 / 137
			검남黔南	323 / 164	349 / 146
			검서남黔西南	281 / 189	302 / 174
	운남 雲南	8개 시	곤명昆明	643 / 50	846 / 32
			곡정曲靖	586 / 58	577 / 65
			소통昭通	521 / 80	509 / 84
			보산保山	251 / 211	243 / 215
			보이普洱	254 / 209	241 / 218
			임창臨滄	243 / 217	226 / 228
			옥계玉溪	230 / 226	225 / 230
			여강麗江	125 / 281	125 / 281
		8개 주	홍하紅河	450 / 106	448 / 108
			문산文山	352 / 146	350 / 145
			대리大理	346 / 150	334 / 155
			초웅楚雄	268 / 196	242 / 216
			덕굉德宏	121 / 285	132 / 276
			씨슈앙빤나·서쌍판납西雙版納	113 / 290	130 / 279
			노강怒江	53 / 314	55 / 315
			적경迪慶	40 / 323	39 / 323

동북東北 36	요녕遼寧	14개시	심양瀋陽	810 / 24	832 / 34
			대련大連	669 / 45	745 / 41
			안산鞍山	365 / 140	333 / 156
			조양朝陽	304 / 175	287 / 181
			금주錦州	313 / 168	270 / 194
			호로도葫蘆島	262 / 202	243 / 214
			철령鐵嶺	272 / 194	239 / 219
			영구營口	243 / 219	233 / 222
			단동丹東	244 / 216	219 / 234
			무순撫順	214 / 237	173 / 252
			부신阜新	182 / 255	165 / 254
			요양遼陽	186 / 253	160 / 258
			반금盤錦	139 / 273	139 / 269
			본계本溪	171 / 258	132 / 274
	길림吉林	8개시	장춘長春	768 / 27	907 / 31
			길림吉林	441 / 110	326 / 141
			사평四平	339 / 152	181 / 250
			송원松原	288 / 183	225 / 229
			백성白城	203 / 245	155 / 261
			통화通化	233 / 225	130 / 278
			요원遼源	118 / 287	100 / 297
			백산白山	130 / 278	95 / 299
		1주	연변延邊	227 / 229	194 / 247
	흑룡강黑龍江	12개시	하얼빈哈爾濱	1064 / 4	1076 / 10
			수화綏化	542 / 73	376 / 138
			치치하얼齊齊哈爾	537 / 75	407 / 121
			대경大慶	290 / 180	278 / 188
			목단강牡丹江	280 / 192	229 / 225
			가목사佳木斯	255 / 205	215 / 237
			계서鶏西	186 / 252	150 / 265
			흑하黑河	167 / 260	123 / 280
			쌍압산雙鴨山	146 / 269	121 / 283
			학강鶴崗	106 / 296	89 / 300
			이춘伊春	115 / 288	88 / 301
			칠태하七台河	92 / 300	69 / 310
		지구	대흥안령大興安嶺	51 / 317	33 / 325

西北 서북 33	내몽고 內蒙古	9개 시	적봉赤峰	434 / 114	404 / 124
			호흐호트·호화호특 呼和浩特	287 / 185	345 / 149
			통료通遼	314 / 167	287 / 180
			포두包頭	265 / 199	271 / 193
			후룬부이르·호륜패이呼倫貝爾	255 / 206	224 / 231
			오르도스·악이다사 鄂爾多斯	194 / 251	215 / 238
			우란찹·오란찰포 烏蘭察布	214 / 236	171 / 253
			빠얀누르·파언뇨이 巴彥淖爾	167 / 261	154 / 262
			오해烏海	53 / 315	56 / 314
		3개 맹	흥안興安	161 / 262	141 / 268
			씨링골·석림곽륵 錫林郭勒	103 / 298	111 / 291
			알싸·아랍선阿拉善	23 / 330	26 / 329
	감숙 甘肅	12개 시	난주蘭州	362 / 141	436 / 113
			천수天水	326 / 160	298 / 175
			정서定西	270 / 195	252 / 202
			롱남隴南	257 / 203	241 / 217
			경양慶陽	221 / 232	218 / 235
			평량平涼	207 / 242	185 / 249
			무위武威	181 / 256	147 / 266
			백은白銀	171 / 259	151 / 264
			장액張掖	120 / 286	113 / 289
			주천酒泉	110 / 293	106 / 294
			금창金昌	46 / 319	44 / 321
			가욕관嘉峪關	23 / 329	31 / 326
		2주	임하臨夏	195 / 250	211 / 239
			감남甘南	69 / 307	69 / 309
	영하 寧夏	5개 시 주	은천銀川	199 / 248	286 / 182
			오충吳忠	127 / 280	138 / 270
			고원固原	123 / 282	114 / 287
			중위中衛	108 / 295	107 / 293
			석취산石嘴山	73 / 304	75 / 306
	신강 新疆	4개 시	우룸치·오로목제烏魯木齊	311 / 171	405 / 123
			투루판·토로번吐魯番	62 / 310	69 / 308
			하미·합밀哈密	57 / 312	67 / 311
			케라마이·극랍마의 克拉瑪依	39 / 324	49 / 317
		5개 주	이리카자크·이리伊犁	248 / 214	284 / 184
			바잉골·파음곽릉 巴音郭楞	128 / 279	161 / 256
			창길昌吉	143 / 270	161 / 257
			키질쓰키르키즈·극자륵소가이극자 克孜勒蘇柯爾克孜	53 / 316	62 / 313
			보르타라·박이탑랍 博爾塔拉	44 / 321	49 / 318
		5개 지구	카슈카르·객십객什	398 / 125	450 / 107
			악쑤·아극소阿克蘇	237 / 221	271 / 191
			호탄·화전和田	201 / 246	250 / 204
			타바가타이·탑성塔城	122 / 283	114 / 288
			알타이·아륵태阿勒泰	60 / 311	67 / 312

青藏 청장 15	청하 青海	2시	서령西寧	221 / 233	247 / 212
			해동海東	140 / 272	136 / 271
		6개 주	해서海西	49 / 318	46 / 319
			해남海南	44 / 322	45 / 320
			옥수玉樹	38 / 325	43 / 322
			황남黃南	26 / 328	27 / 327
			해북海北	27 / 327	27 / 328
			골록果洛	18 / 332	22 / 331
	서장 西藏	1시	라싸·랍살拉薩	56 / 313	87 / 302
		6개 지구	시가쯔·일객측日喀則	70 / 306	80 / 304
			칸도·창도昌都	66 / 309	76 / 305
			나그츄·나곡那曲	46 / 320	50 / 316
			로카·산남山南	33 / 326	35 / 324
			닝치·임지林芝	20 / 331	24 / 330
			느가리·아리阿里	10 / 333	12 / 332

▍제3절 ▍ 지급시 행정편제와 관할 단위

1. 지급시 관할 현급 행정단위

1) 지급시 구청

　현급 행정단위로는 지급시 관할 구청, 현급시, 현·자치현, 기旗·자치기自治旗, 특구特區·임구林區 등이 있다. 지급시 관할 구청은 1928년에 처음으로 설치하기 시작하였는데, 그 수는 도시화의 진전에 비례하여 증감을 거듭하였다. 1955년에 전국에 총 15,000여 개의 구청이 있었지만 1957년에 8,000개로 감소하였고, 1958년에는 대약진운동이 본격화되면서 사실상 인민공사로 대치되어 사라졌다.

　1960년 대약진운동이 대실패로 끝나면서 다시 구청이 구와 구공소區公所를 다시 설치하기는 했지만, 정식 행정편제는 아니었고 현 인민정부의 파견기구였다. 이후 도시화가 진행되면서 구 인민대표대회와 인민정부를 설치하는 등 본래의 기능을 회복하였다.

　명칭과 편제가 우리나라의 구청과 유사한 것처럼 보이지만 지급시 면적이 통상 우리나라의 도와 유사한 크기 때문에 전주·청주 등 도청소재지의 시와 유사한 크기로 보는 것이 더 적합하다. 지급시 구청은 중국 정부의 도시화 정책에 따라 2012년 860개에서 2020년 현재 977개로 대폭 증가하였으며 앞으로도 계속 증가할 추세이다.

2) 현급시

현급시縣級市는 모두 394개인데, 성·자치구가 직접 관할하는 현급시는 21개(신강 11, 해남 5, 호북 3, 하남 2), 지급시가 관할하는 현급시는 314개인데, 이를 지할시地轄市라고도 한다. 그리고 자치주·지구·맹이 관할하는 현급시는 69개이다.

1980년대 이래 공업화에 따른 도시화가 빠르게 진행되고 있지만 지급시와 상당히 떨어져 있어 직접 연결되기 불편한 현을 현급시로 전환해주고 있다. 단 그 조건은 첫째, 현 총인구 가운데 비농업 종사자가 15만 명 이상이고 비율이 30% 이상일 경우, 현 인민정부 소재지의 비농업 종사자가 12만 명 이상일 경우에 한한다. 둘째, 현내 공업생산액이 전체 생산량의 80% 이상이며 1990년도 불변가격으로 15억원元 이상이어야 하며, 인구밀도는 100~400/㎢이고, 수도 보급률 65%, 도로 포장률 60% 이상이어야 한다.

그 밖에도 연해 주요 항구에 있는 국가 중점 사업 소재지나 정치·군사·외교적 요충지일 경우 특별히 고려하여 승인한다. 그리고 경제성장을 촉진하기 위해 성에서 직접 관리·지원하는 성 직할 현급시가 21개로 늘어나고 있는데, 그 구체적 내용은 각 성과 시의 상황에 따라 다양하다.

3) 현과 자치현

현은 농촌인구 비중이 큰 지역의 행정단위이며, 자치현은 소수민족의 비중이 큰 농촌지역의 행정단위로서 양자는 대동소이하지만 자치현은 이름과 달리 상급 기관의 통제를 더욱 엄격히 받는다. 현縣은 춘추전국시대에 새로 차지한 변방에 중앙에서 직접 관리를 파견하고 통제하면서 점차 지방 행정단위로 활용되었고, 진秦이 중국을 통일하면서 전국을 36개 군郡으로 나누고 군 아래 현을 설치하는 군현제를 전면적으로 시행하면서 행정단위로 정착되었다. 수 문제는 군현제를 주현제州縣制로 바꾸었고, 당·송 등 후대 왕조 모두 이를 계승하였다.

현재 도시화 정책으로 현을 구로 변경시키는 일이 꾸준히 진행되고 있어 현의 수는 계속 축소 추세에 있다. 현을 구로 변경시키는 절차는 성과 시정부의 동의를 얻은 뒤 민정부民政部와 국무원의 동의를 거쳐야 한다.

4) 기와 자치기

청조는 건국 초부터 귀순한 몽골족을 자신들의 8기제도에 흡수시켜 재편함으로써 몽골족에 대한 통제를 강화하였다. 1757년 준가르부准噶爾部 평정을 끝으로 몽골초원 일대를 완전히 장악한 청조는 1771년 모든 몽골족을 맹기盟旗체제에 포함시켜 140여 년에 걸친 몽골족 통제에 마침표를 찍었다. 맹기제도는 각 기로 구성된 일종의 느슨한 회맹會盟 조직으로서 강력한 군사 지도자의 출현을 방지할 수 있도록 지역을 분할한 것이다.

현재 기는 내몽고 유목지대에 설치한 행정단위지만 자치기는 내몽고 동쪽의 후룬부이르呼倫貝爾 일대에 사는 다우르족達斡爾族·오로첸족鄂倫春族·어원커족鄂溫克族의 거주지에 한해 설치하였다. 자치기는 전국에 이 3개밖에 없고 그 실질적인 성격은 일반 기와 같다.

5) 구

구는 경제특구特區·광업특구礦區·산림특구林區 등으로 나눌 수 있는데, 광업특구는 귀주성 육지특구六枝特區와 하북성 적봉특구赤峰特區, 산림특구로는 호북성 신농가神農架林區 등이 있다. 원래 석탄 등 광물 자원의 원활한 개발을 위해 지정된 광업특구가 다수 있었지만, 지금은 대부분 일반 행정편제로 바뀌었다. 신농가임구는 전체 면적의 85%가 울창한 숲으로 둘러싸여 있어 1970년에 야생동물과 산림자원, 습지 등의 보호를 위해 총 3,253㎢에 달하는 지역을 전국 유일의 임업특구로 지정하였다.

2. 지급시 관할 향급 행정단위

1) 가도

현급 행정단위 아래의 기층조직으로는 가도街道와 향·진이 있다. 그 가운데 가도는 지급시 구청의 인구가 과밀할 경우, 혹은 산하에 별도의 구청이 없는 현급시 산하에 설치하는 기층 행정조직이다. 가도에는 우리나라의 동 주민센터에 해당하는 가도판사처街道辦事處라는 파견 기관을 설치하는데, 설치 기준은 5만 이상이며, 인구가 5~10만인 경우에는 상황에 따라 설치를 결정한다.

2) 현 직할구

현급 행정단위 아래의 기층조직으로[7] 1980년대 이전에는 현 직할구縣轄區라는 제도가 있었다. 통상 '구'라고 약칭하는데, 1928·1930년

---

7 청말의 '지방자치장정地方自治章程'에서는 현 이하의 기층조직을 부府·청廳·주州·현縣의 관아가 있는 성곽도시인 '성城', 인구 5만 이상의 촌장村莊·둔집屯集인 진鎭, 인구 5만 이하의 촌장·둔집인 향鄕으로 구분하고 현縣지사의 행정 지시를 받도록 하였다. '지방자치장정'의 규정은 1914년 원세개袁世凱에 의해 중단되었지만, 산서성의 경우 구區와 촌村으로 구분하여 구공소區公所를 두는 등 현 이하의 기층조직에 관한 규정을 계속 유지하였다.

반포된 「현조직법」과 「시조직법」에 의해 자치조직으로 공인되었고, 중국 정부에 의해 본격 설치되어서 1950~1960년대에는 현과 향 사이의 행정조직으로 자리 잡았다. 1개 현에 5~10개 정도의 구를 설치하였고, 큰 현의 경우 10개 이상을 설치하기도 하였다. 구에는 현의 파견기관인 구공소區公所가 있고 구장區長이 통상 4~5개의 향·진을 관리하였다. 그러나 점차 현-향 이원화 체제로 대체되어 1953년 18,900개에 달하던 구는 1983년에는 8,100개로 줄었으며, 1994년 1,068개로 줄어든 뒤 2020년 현재 2개만 남아 사실상 소멸되었다.

3) 진·향 및 민족향

진鎭과 향鄕은 농촌의 기층 행정조직으로서 1955년 제정한 규정에 따르면 진은 상주인구 2,000명 이상, 비농업 종사자가 50% 이상을 기준으로 하였으나 향촌의 발전을 유도하기 위해 1984년의 설치 기준을 완화하여 상공업이 발달한 지역에 진의 설치를 가급적 허용하였다.

향은 농촌의 기층조직으로 향 인민정부를 설치하는 공식적인 행정단위였다. 그러나 1958년 대약진운동으로 인민공사人民公社가 확대되면서 행정단위로서의 향은 소멸되었다. 그 후 1982년 전국인민대표대회에서 향에서도 인민대표대회와 인민정부를 설치할 수 있도록 개정하였다. 향의 하부 조직으로는 주민들의 자치조직인 촌민위원회가 있다.

민족향은 비한인 거주지에 설치된 향으로 비한인 인구가 전체 주민의 30% 이상일 경우를 원칙으로 하고 있다. 2007년 1,093개였던 민족향은 2020년 현재 962개로 줄어들었다. 민족향이 가장 많은 귀주성은 252→193개로, 운남성은 150→140개로, 사천성은 98→83개로, 호남성은 97→83개로 줄어들었다. 그리고 일반의 예상과 달리 북경시에도 5개, 강소성과 천진시에도 1개의 민족향이 있다.

4) 쑤무와 민족쑤무

쑤무蘇木는 '화살'을 뜻하는 몽골어로서 몽골의 군사제도에서 유래한 것이며 촌보다 약간 상위 조직에 해당한다. 몽골공화국에 347개를 비롯해 러시아의 브랴아트공화국과 투바공화국에도 쑤무 조직이 있다.[8] 내몽고자치구의 유목지대에 고르게 설치되어 있었으나 최근에는 점차 농업이나 상공업 종사자가 늘어나면서 그 수가 크게 줄어들고 있다. 2000년 385개였으나 2020년 현재 153개로 감소하였다. 민족쑤무는 몽골족 이외의 민족을 구성원으로 한 쑤무의 하나로서 내몽고자치구 후룬부이르시呼倫貝爾市 천파얼호기陳巴爾虎旗 관할 에벤키鄂溫克Evenk민족쑤무가 유일하다.

---

8 몽골공화국의 경우 1가 쑤무는 대략 3,000명으로 구성되었다.

제4장 구역지리
중국의 지역구분

제1절 지역구분의 개념과 구분법

　중국이란 거대한 공간은 다양한 지리적·지역적 특성을 지니고 있어 편의상 몇 개의 공간으로 나누어 이해하는 것은 당연한 접근이다. 공간을 바라보는 가장 전통적인 개념이자 지금까지도 중국을 지배하는 세계관은 중국이 세계의 중심이란 천하관天下觀을 들 수 있다. 그리고 공간 개념에 가장 큰 기준으로 작용한 것 가운데 하나가 만리장성인 점도 다른 나라에서 찾아보기 힘든 특이한 요소이다. 만리장성은 유목지역과 농경지역을 가르는 기준이자, 문화와 야만의 기준이었다. 농경지역은 다시 북쪽의 밭농사 지역과 남쪽의 논농사 지역으로 구분하는 것은 가장 오래되고 일반화된 구분 방식이다. 또 북방(북중국)은 비교적 단일한 자연환경이므로 화북이라고 통칭할 수 있지만, 남방(남중국)은 다시 화중華中과 화남華南으로 나누었고, 최근에는 화동華東·화중·화남으로 세분하기도 한다.

　20세기 이후 과학기술의 발전과 새로운 지식, 경제적 수요 등에 따라 중국을 공간적으로 나누는 방법은 갈수록 다양해졌다. 우선 가장 기본적인 것은 3개의 계단식 지형에 주목해 구분하는 자연지리적 관점인데, 이는 기후와 강수량에 따라 구분하는 동부 몬순지대·북서부 건조지대·티베트 한랭지대와도 일치한다. 또 기후·강수량·경제력을 종합적으로 반영하는 인구 분포가 중요한 구분의 기준이 될 수도 있고, 과거급제자·문인·예술가의 배출에 따른 지역구분도 가능하며, 강과 운하의 물동량을 기준으로 경제권역을 나눌 수도 있다. 이처럼 공간 구분은 시대와 관점에 따라 매우 다양하며 최근에는 경제발전계획에 따른 구분을 대단히 중시하는데, 동서의 경제적 차이를 고려한 동부·중부·서부의 구분법도 두드러진다.

1. 천하와 만리장성

1) 천하 개념과 '우공9주'

중국의 공간 개념은 국가나 제국보다 '천하'라는 개념이 우선시 되었다. 천하는 '모든 하늘 아래普天之下'란 뜻으로서 정교분리가 이루어지지 않은 중국 특유의 정치 환경에서 나온 것이다. 처음에는 신권적 요소가 강했지만, 춘추전국시대의 치열한 경쟁과 이합집산이 계속되면서 공간 개념으로 점차 정착되었고, 특히 회맹會盟을 통해 공식화된 것으로 보인다.

천하 개념은 통치자의 권력이 '신성한 하늘의 뜻天命'에 따른 것이라는 정권 합법화 이론에 근거하였기에, 천명을 구현하는 자신을 하늘의 아들天子이라고 칭하고, 자신이 있는 곳이 세상의 중심, 즉 중국中國이라고 주장한다. 이렇게 천하 개념은 '모든 하늘 아래'를 강조하기 때문에 지리적·공간적 제한이 없는 것처럼 보이지만 현실에서는 지리적 개념일 수밖에 없다. 또 중원왕조를 중심으로 통치권의 신성성을 강조하는 세계관이므로 세상을 천조天朝와 천조 이외의 지역으로 차등하는 논리이기도 하다. 그래서 중국과 그 밖의 나라와의 관계는 북극성을 중심으로 펼쳐진 우주의 질서처럼 화和를 최고의 가치로 내세우지만,[1] 실제로는 중국의 절대적 우위를 인정하는 것을 전제로 한 조공체제였다.

이런 시각에서 고대 중국인들은 세상을 중원을 중심으로 한 9개 지역으로 이루어졌다고 주장했다. 『상서尚書』의 「우공禹貢」편에는 중국이 연주兗州·예주豫州·청주青州·기주冀州·옹주雍州·서주徐州·양주梁州·양주揚州·형주荊州 등 9개 주로 이루어졌다고 하였다(지도 4-1 참조).

---

[1] 자금성 외조外朝의 3대 전각이 태화전太和殿·중화전中和殿·보화전保和殿이며, 태화전의 영어 명칭이 Hall of Supreme Harmony인 것도 여기에서 기인한다.

당시 황하의 물줄기는 현재와 큰 차이가 없었으니 연주는 하북성, 예주는 하남성, 청주는 산동성, 기주는 산서성, 옹주는 섬서 중북부·감숙 동부, 서주는 강소·안휘성 중북부, 양주는 섬서 남부·사천 북부, 양주는 회하 이남·강서·절강 북부, 형주는 호북·호남 중북부에 해당한다.

[지도 4-1] 『상서』의 '우공9주'

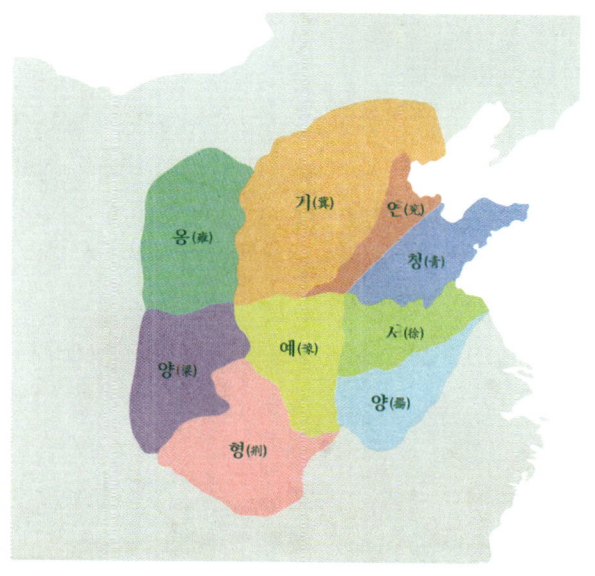

'우공'의 9주는 대략 춘추전국시대의 강대국을 중심으로 구분한 것이다. 연주는 위衛·연燕, 예주는 주周, 청주는 제齊, 기주는 진晉, 옹주는 진秦, 서주는 노魯, 양주는 월越, 형주는 초楚에 해당한다. 당시 양주에는 강력한 국가가 없었고, 양주와 형주 이남은 만월蠻越인의 영역이어서 9주에 속하지 않는다.

우공 9주는 지리적 정확성과 상관없이 『상서』의 권위에 힘입어 이후 중국인들의 지리적 사고에 지대한 영향을 주었다. 따라서 우공 9주는 고대 중국인의 지리적 세계관과 구획 구분의 전형이 되기도 하였지만, 그 영향은 지금까지도 여전하다. 우공 9주의 지명은 이후 중국 지명에서 빠진 적이 없으며, 지금도 기冀는 하북성을, 예豫는 하남성을 뜻하는 공식 약칭으로 사용되고 있다.

2) 중원과 사이

　천하관과 우공9주에 대한 개념은 춘추전국시대의 세계관으로서 주周와 주의 영향력에 있는 문화권, 그리고 그에 대응하는 문화권과의 이원화된 세계를 상정한 것이지만 외부의 압력이 미약한 상태였기 때문에 사실상 주의 정치적·문화적 영역에 대한 내부적 구획일 뿐 자신을 객관화한 진정한 의미에서의 세계관이라고 하기는 힘들다.
　고대 중국인들에게 자신들을 하나의 객관화된 실체로 인식하게 한 계기는 북방에 나타난 흉노의 군사적 압력이었다. 그때부터 세상이 농경민의 세계와 유목민의 세계로 이루어졌다는 인식을 하기 시작했으며, 진秦의 중국 통일이 가능하게 한 외부 요소이기도 했다. 흉노를 막기 위해 각국이 장성을 축조하고, 진이 그것을 하나로 연결하면서 장성 이남의 농경지역과 장성 이북의 유목민지역을 구분하는 대비 개념이 본격적으로 형성되기 시작하였다.
　만리장성과 티베트고원을 경계로 내지와 변지를 나누는 방식은 농경 위주의 중원왕조와 유목 위주의 북방왕조, 한인과 비한인의 역사적 활동무대, 한·송·명 등 한인왕조의 활동무대와 청대에 비로소 획득한 새로운 영토를 양분하는 중요한 개념이다.

[지도 4-2] 내지와 변지의 구분

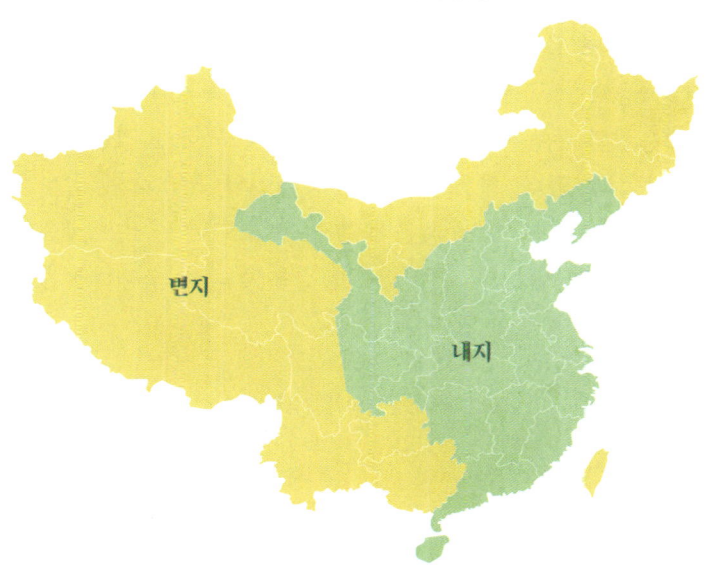

내지와 변지는 현격한 자연조건의 차이로 인해 식생과 경관을 비롯해 삶의 방식 자체가 확연히 달라서 쉽게 구분이 된다. 내지는 한인의 거주지로 인구밀도가 높고 집약적 농업을 하는 지역이다. 반대로 변지는 비한인의 거주지로 인구밀도가 낮고 목축과 건조농업 내지는 유목경제 지역이다. 또 내지는 오랫동안 인간에 의해 자연환경이 개조되어 천연식생을 찾아보기 힘들다는 점이 두드러진다.

내지는 현 중국 영토의 1/3에 불과하지만, 중원왕조 역사의 중심 무대라는 점에서 중원문화의 영향권과도 일치하여 일종의 본토 개념이기도 하다. 내지는 다시 중원문화 확산을 기준으로 화북·화중·화남 등 핵심지역과 광서·운남 귀주·감숙 등 주변 지역으로 나눌 수 있다. 주변지역은 후대로 내려올수록 핵심지역과 차이가 줄어들지만, 그 차이의 변화를 찾아보는 것 자체가 주변 지역 역사 연구의 중점 과제가 되기도 한다.

3) 남방과 북방

중국을 남북으로 구분하는 것은 가장 일반적인 방식이며, 현 중국인도 즐겨 사용하는 구분 방식인데, 중국은 크게 유목과 농경의 경계선인 장성, 밭농사와 논농사의 경계선인 진령산맥~회하를 기준으로 3개 지역으로 나눌 수 있다. 하지만 대다수 중국인의 관념 속에 장성 이북은 중국사의 무대가 아니었기 때문에 통상 장성 이남 지역에 국한하여 남북을 구분하는 개념을 갖고 있다. 이 경우 남북을 구분하는 경계선은 진령산맥과 회하를 잇는 선이다.

[지도 4-3] 남중국과 북중국의 구분

진령산맥과 회하는 강수량 700㎜를 잇는 선으로서 북쪽의 밭농사 지역과 남쪽의 논농사 지역을 가르는 선이다. 매년 평균 강수량은 남방과 북방 모두 편차가 크지만, 북방은 30%나 될 정도로 편차가 크다. 한발과 홍수 같은 기상재해도 남방보다 북방에서 더 자주 일어난다.

이 경계선을 기준으로 농작물의 종류, 농업 생산력의 차이, 가뭄과 홍수 등 재해 형태, 건축양식 등은 물론이고 유가와 도가, 시경詩經과 초사楚辭 등 선호하는 종교와 문학이 구분되며, 음주와 음식, 처형과 성격까지도 구분되기에 예로부터 남북을 구분하는 기준으로 중시되었다. 통일제국의 재상 가운데 남방 출신은 북송에 들어와서 처음 임용되었고, 12세기 이후 비로소 남방 출신이라는 점이 재상 임용의 부적격 사유로 더는 거론되지 않을 정도로 남북의 차이와 이질감은 매우 뿌리가 깊었다.

행정구역상 남방에는 화중지역(상해·호북·호남·안휘·강소·강서·절강), 동남지역(복건·광동·광서·하남), 서남지역(중경·사천·귀주·운남)이 포함된다. 남방은 중국 영토의 25%를 차지하지만, 인구는 55%를 차지한다.

2. 청조의 변지 통치

1) 청조의 영역 확대와 제국적 성격

변지는 정복왕조가 출현하여 확장할 때에는 중국사의 활동 영역이 되었지만 그렇지 않을 경우는 분명 타국이었다. 그것도 매우 적대적인 타국이었다. 따라서 변지가 당대와 원대에 중원왕조의 역사에 편입되었더라도 그 일체감과 시기는 매우 제한적이었다. 적대적 타국에 불과했던 장성 이북과 만주·서장·신강지역이 중국의 영토로 편입되고, 내지의 상대적 개념으로 자리 잡은 것은 청조가 이 지역을 처음 장악한 18세기 이후이다.

따라서 오늘날과 같은 내지와 변지의 정치적 통합은 전적으로 청조에 의해 이루어졌으며, 그런 점에서 현 중국의 영토와 행정구역은 전적으로 청조가 남겨준 유산이라고 해도 과언이 아니다. 또 변지를 구성하는 만주·내몽고·신강·서장의 현 상황도 청조가 채택했던 정책에 따라 각기 다른 성격을 지니게 되었다.

만주는 청조의 발상지였고, 금이 퇴로를 확보하지 못한 채 멸망하여 소멸하고 말았던 역사적 교훈을 반면교사로 삼아 중원경영에 실패할 경우, 자신들이 되돌아갈 수 있도록 한인의 이주를 엄격하게 금하면서 일종의 무인지대로 남겨두었다. 하지만 이런 조치는 오히려 청말 러시아의 남하를 촉진하는 결과를 낳았다. 그래서 청조는 뒤늦게 러시아의 남하를 막기 위해 한인의 이주를 허용하였고, 그때 하북·하남·산동 한인이 대거 이주하기 시작하였다. 이들은 주로 과밀한 인구와 부족한 농경지 문제로 이주하였기 때문에 만주를 새로운 개간지로 삼아 정착하였다. 그래서 만주는 내지와 차별성을 찾아보기 힘들다. 그렇지만 현재 중국에서 '만주'라는 본래의 지명 대신 '동북삼성'이라는 근대의 행정지명을 의도적으로 선호하는 까닭은 상대적으로 짧은 역사적 연고 때문이다.

기마전술이 보급된 이래 몽골초원은 늘 북중국을 제압했던 정치적·군사적 힘의 원천이었다. 이를 십분 고려한 청조는 철저한 분할정책을 통해 몽골을 통제하는 한편 결혼을 통한 연대를 동시에 추진함으로써 최대의 군사적 위협을 사전에 제거하였다. 또 티베트는 청조와 직접적인 연계성을 찾아보긴 힘들었지만, 몽골과 티베트 모두 라마불교를 통한 문화적 동질감을 가지고 있었던 점에 주목하여 청조는 이를 이용한 일체감 조성에 주력하였고 이것이 상당한 성과를 거두었다. 이렇게 만주-몽골-티베트를 잇는 거대한 유목 벨트를 효율적으로 구성하여 중원왕조를 삼면에서 압박하는 구조를 만드는데 성공하였다. 따라서 청조는 기존의 중원왕조는 물론 정복왕조와 다른 또 하나의 진정한 제국이었다.

신강의 위구르족은 중앙아시아 각국과 인종적·종교적·문화적으로 구분하기 힘든 동질성을 지니고 있고, 중국에 편입된 역사도 가장 짧다. 위구르족은 청조의 통치에 가장 거세게 저항하였고, 19세기 후반, 청조가 쇠약해졌을 때 거듭하여 분리 독립을 추구하였기에 변지로서의 성격이 그 어느 지역보다 강하다.

광서자치구와 운남성의 남서부 변경지대에는 18세기 후반부터 이 일대를 뒤덮고 있던 밀림이 농경지로 개간되면서 인접 국가들과의 국경선이 명확하게 그어지게 되었다. 하지만 동남아시아 각국과의 언어적·문화적 연대가 상당히 강한 편이다.

2) 청조 이래의 변지정책

청조는 중원왕조가 그러했던 것처럼 변지에 대해 어느 정도 자치권을 인정하였으며, 자신들의 문화적 정체성을 상징하는 것으로 간주해 한족에게는 일말의 선택권도 주지 않고 강요했던 변발을 변지 주민에게 강요하지 않았다. 이런 이중적 통치 형태의 특성이 현 중국 행정구역의 이중성에 그대로 반영되어 변지의 대부분은 자치구 형태로 이루어졌다. 내몽고·서장·신강·영하자치구·광서자치구가 그것이다.

변지에 대한 정책은 국민당 정부와 현 중국 정부 모두 본질적으로 큰 차이를 찾아보기 힘들다. 민국 정부는 중앙정부에 도전하거나 분리 독립할 수 없도록 변지를 최대한 분산시켰다. 우선 동북 3성을 모두 9개로 분리하였다. 흑룡강성을 흑룡강성·합강성合江省으로, 길림성을 길림성·눈강성嫩江省·송강성松江省으로, 요녕성을 요녕성·북요성北遼省·안동성安東省·열하성熱河省 등 9개 성으로 분리시켰다. 또 내몽고도 흥안성興安省·차하얼성察哈爾省·수원성綏遠省·영하성寧夏省 등 4개 성으로 분리하였다.

[지도 4-4] 동북 9성

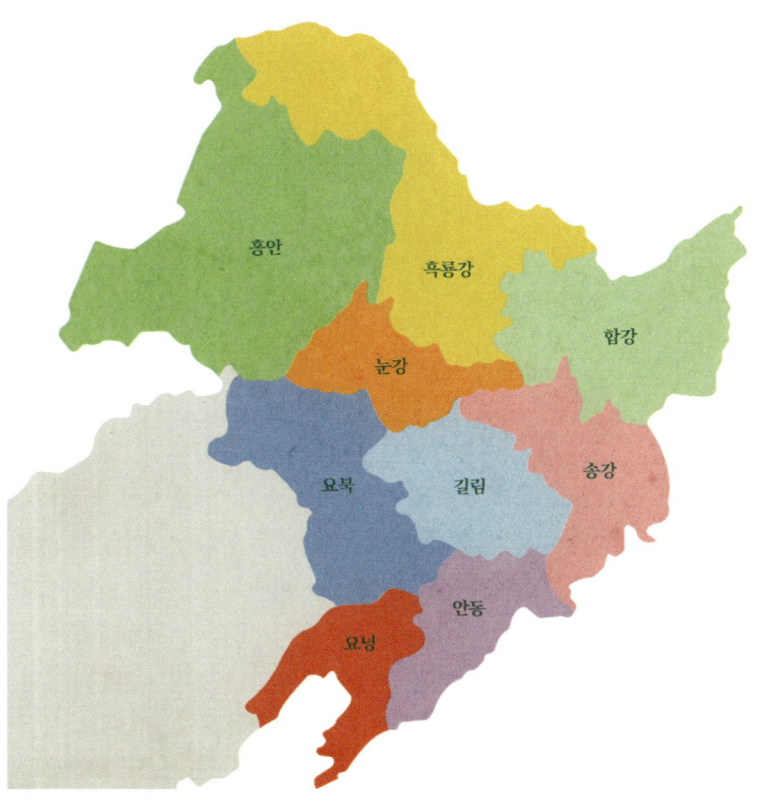

특히 서장자치구를 서장성·서강성西康省·청해성으로 3분하면서 일부 지역을 사천성·운남성·감숙성으로 떼어주었다. 청해성은 성 중앙을 곤륜산맥이 동서로 지나가고 있어 지리적으로도 분리의 부자연스러움이 두드러진다. 또 현재 청해성은 2개 시, 6개 장족자치주로 이루어져 1개 시 6개 지구로 이루어진 서장자치구와 차이가 없다. 이는 티베트족의 거주지를 최대한 분리시키려는 정치적 의도에서 이루어진 조치임이 분명하다.

[지도 4-5] 내몽고 4성

[지도 4-6] 티베트 문화 구역도

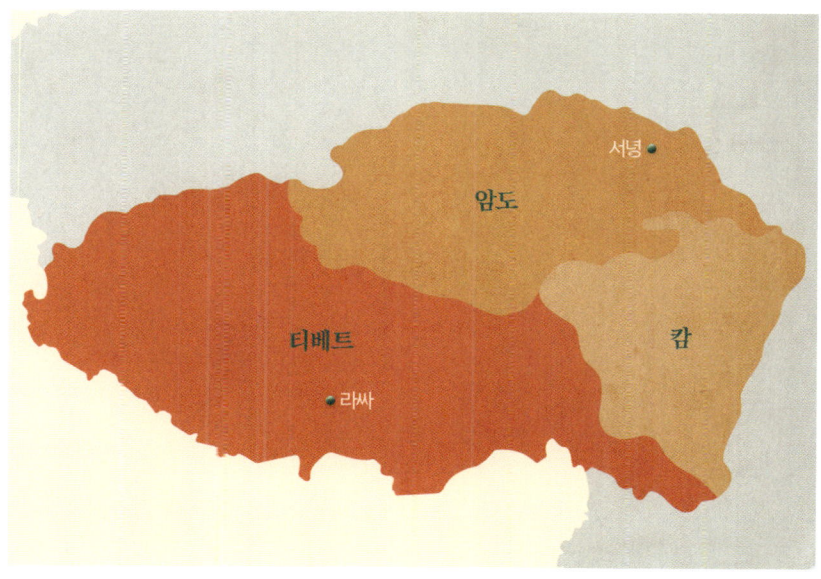

현 행정구역과 비교해보면 청조의 정치적 자산은 민국 정부보다 오히려 중국 정부가 더 잘 계승한 것처럼 보인다. 하지만 여기에도 미세한 차이가 보인다. 영하·광서·신강에는 회족·장족·위구르라는 민족명이 붙어있고, 내몽고·서장에는 족명이 없다.

이처럼 변지가 중국 영토로 편입된 것은 청대 이후의 일로서 300년에 불과하며, 18세기 말부터 진행된 급속한 인구 증가로 중국의 공간 범위와 한인의 거주 분포는 19세기에 크게 변하였다. 하지만 한인과의 밀접한 교류는 20세기 이후의 일이고, 그것은 지금도 계속 강화되고 있다. 따라서 이민사 연구는 변지에 대한 이해에 있어서 매우 중요한 의미를 지닌다.

제2절 | 8대 지역구분과 기타 구분

1. 3대 지역구분과 화북·화중·화남

1) 8대 지역구분

성급 행정단위를 지역별로 묶는 방식은 정형화된 기준은 없고 관점에 따라 매우 다양하다. 현재 중국에서 가장 널리 통용되고 있는 것은 8개 지역으로 구분하는 방식인데, 마치 국가의 공식 지역구분으로 간주할 정도로 폭넓게 쓰이고 있다.

[지도 4-7] 8대 지역구분도[2]

---

2 ❶동북, ❷화북, ❸서북, ❹화동, ❺화중, ❻서남, ❼화남, ❽홍마

2) 정치경제적 구분의 특성

하지만 이 분류 방식은 최근의 경제적 상황에 따른 구분처럼 보이지만 정치적 의도가 다분하여 역사지리적 관점과는 상당한 거리가 있다. 일반적으로 화북지역은 통상 만리장성 이남부터 진령秦嶺·회하淮河 이북의 밭농사 지역을 가리키며 하남을 중심으로 확대된 중원 개념과 크게 다르지 않다. 현 북경·천진을 포함한 하북·하남·산동·산서를 포함한다.

하지만 8대 지역에서는 하남·산동을 빼고 내몽고를 포함했는데, 내몽고는 동서 직선거리가 2,400km로 매우 길어서 동북·화북·서북 어디에 포함해도 논란이 될 수 있다. 하지만 내몽고는 한랭 건조한 기후대, 유목 위주의 경제 활동, 라마불교 지역, 오랜 역사를 통해 중원왕조와 적대적 관계를 유지해왔다는 점에서 신강·영하와 많은 공통점을 지닌다. 그래서 내몽고는 화북보다는 동북에, 동북보다는 서북지역에 포함하는 것은 좀 더 적절하다.

이렇게 내몽고를 화북에 포함시킨 것은 북경·천진·하북·산서의 경제와 긴밀하게 연계시켜 경제적 발전을 가속화 하려는 의도와 함께 분리 경향이 강한 서북지역과 격리하기 위한 정치적 의도도 반영된 결과로 보인다.

화중지역의 범주 또한 그러하다. 화중지역은 황하를 중심으로 한 화북, 장강 이남의 화남과 대비되는 상대적인 개념으로서 호북·호남·안휘·강소·강서·절강 등 장강 유역을 포함한다. 하지만 8대 지역에서는 화중의 '중中'을 '남북의 중간'으로 보지 않고 '동서의 중간'으로 간주하여 하남·호북·호남 3개 성만 화중으로 간주하고 있다.

호북·호남을 하나로 묶은 것이야 당연하지만 거기에 하남을 포함시키는 것은 전통적인 구분과는 상당히 거리가 있다. 안휘·강서 역시 지리적 환경과 역사적 맥락 상황 등으로 볼 때 화중에 포함하는 것이 더 자연스럽다. 그럼에도 안휘·강서를 화동지역에 포함시킨 것은 노동력 공급 등 화동지역의 경제 개발계획과 연계시키려는 의도가 반영된 것으로 보인다.

화남지역은 막연히 아열대성 해양기후지대라는 인식이 적용되는 지역일뿐 황하나 장강처럼 명확한 자연 경계선이 없어서 구분이 다소 애매하다. 통상 무이武夷산맥과 남령南嶺산맥을 그 경계선으로 삼지만, 자연적 경계선이라기보다 문화적 경계선으로서의 성격이 더 강하다. 아무튼 1949년 이전에는 복건·대만·귀주·운남·광동·광서성을 가리켜서 '화남6성'이라고 칭하였다. 물론 해남성과 홍콩·마카오도 이에 포함된다.

하지만 8대 지역에서는 광동성·광서성·해남성과 홍콩·마카오만 화남으로 분류하고 있다. 복건·대만은 기후나 문화적으로 화남어 가깝기도 하지만 교차지로서의 성격이 강하다. 또 사천 및 귀주·운남을 서장과 함께 서남지역으로 묶은 것도 자연스럽지 못하다. 사천과 그 밖의 3개 지역은 역사적·문화적으로 동질성을 찾기 힘들며, 3개 지역도 고원지대와 비한인 집단 거주지라는 공통점이 있긴 하지만, 그 구성요소와 문화로 인해 역시 하나로 묶기 어렵기 때문이다.

2. 화동·중남·동남

1) 화동·서북·서남

화동華東지역은 산동에서 복건에 이르는 동부 연안지역을 뜻하는 용어로서 전통적인 지역구분에 없던 것인데, 근대에 들어와 연해지역의 중요성이 강조되면서 출현한 개념이다. 1949년에 설치한 6개 대행정구 가운데 화동에는 상해·산동·강소·안휘·절강·복건·대만이 포함되어 있었다.

6개 대행정구는 1954년 없어졌으나 1961년에 전국에 6개 경제협력지구를 구성하면서 '화동경제협력지구華東經濟協作區'가 성립되었는데, 이때 정치적 의미에서 포함시켰던 대만이 빠지고 원래 중남지역에 속하였던 강서성이 포함되었다. 화동경제협력지구의 운영은 1978년에 중단되었지만, 그때 형성된 화동의 지리적 범주는 지금까지 변함이 없을 뿐 아니라, 동부 연안의 경제적 선진지역을 포괄하는 개념이어서 현지에서 즐겨 사용하고 있다.

화동지역은 일종의 정치·경제적 구획일 뿐 자연·인문·역사지리적 구분은 아니다. 산동과 복건을 하나의 지역으로 묶은 요인은 연해경제지역이라는 점 외에는 찾아보기 힘들다. 강서도 화동보다는 호남·호북과의 관계가 더 밀접하다. 그럼에도 중국 경제의 중심지이며, 특히 개혁개방 이후 중국 경제를 선도하는 지역으로서의 개념이라는 인식이 점차 확고하게 자리 잡아가고 있다. 화동지역의 면적은 798,300㎢, 인구는 2010년 현재 3억 9천만 명으로서 중국 총인구의 29.2%지만 GDP는 39.7%나 된다.

그 밖에도 8대 지역에서는 섬서를 서북지역에 포함시킨 것은 일부 타당한 점도 있지만, 티벳 고원의 일부인 청해까지 서북지역에 포함시킨 것은 서장과의 의도적 분리 혐의가 크다. 서장을 서남지역에 포함시킨 것 또한 마찬가지다.

2) 중남·동남과 5대 지역

중남지역은 하남·호북·호남·광동·광서·해남 등 중국의 내륙지방을 남북으로 잇는 지역을 뜻하는 용어다. 화동이 황해 연안을 따라 남북으로 이어진 지역인 것처럼 중남 역시 내륙에서 남북으로 길게 늘어져 있어 역사적 연고성은 찾아보기 힘들다.

중남지역은 화동과 마찬가지로 1949년 강서를 포함한 6대 행정구의 출현이 그 효시였고, 1961년 전국에 6개 경제협력지구를 구성하면서 중남경제협력지구中南經濟協作區를 성립하면서 다시 등장하였다. 하지만 아무래도 부자연스러워 후에 중부의 하남·호북·호남은 화중지역으로, 남부의 광동·광서·해남은 화남지역으로 나뉘었다.

  동남지역은 화동지역에서 북쪽의 산동, 내륙의 안휘를 제의하고 대신 광동 및 홍콩·마카오를 포함한 지역, 즉 상해·강소·강서·절강·복건·대만·광동·홍콩·마카오를 포함한 지역이다. 근대에 들어와 형성된 연해지역의 역사적·문화적·경제적 특성을 반영한 지역구분이다. 또 동남지역은 통상 '동남구릉'이라고 칭할 정도로 구릉이 많아서 지형적 특징을 강조하는 지리적 개념으로 사용하고 있다.

[지도 4-8] 동남·중남지역 구분도[3]

---

3 ❶동남, ❷중남

[지도 4-9] 4대 지역구분도[4]

[지도 4-10] 5대 지역구분도[5]

---

4 ❶북방, ❷남방, ❸서북, ❹서남
5 ❶북부, ❷중부, ❸남부, ❹서북, ❺서남

그밖에도 [지도 4-9]처럼 중국 전체를 크게 북방·남방·서북·서남 4개 지역으로 구분하는 방식은 남방이 너무 크다는 문제가 있긴 하지만, 자연·인문·경제 등 많은 요소를 종합적으로 고려한 비교적 단순하면서도 상당히 합리적 분류 방식이라고 생각한다. 이를 일부 변형한 [지도 4-10]의 5개 지역으로 구분하는 방식[지도 4-10]이 좀 더 합리적이긴 하지만 사천·운남·귀주를 별개로 구분하는 6개 지역의 구분이 가장 합리적일 것으로 생각한다.

3. 기타 지역 구분

1) 자연지리적 구분법

   자연지리적 개념에서의 지역구분은 주로 지형, 지질, 기후 등 다양한 기준이 있지만 가장 일반적인 것은 농업생산성 향상을 위한 자료의 성향을 지니고 있어 온도·수분·토양·식생의 지역 차이를 주요 기준으로 삼는다. 이 각 요소에 따라 각기 다른 구분이 가능하므로 자연지리적 구분은 다른 구분 방식에 비해 비교적 상세하고 복잡한 편이다.

   그 가운데 가장 대표적이고 간략한 3분 방식은 지형적 특성을 중심으로 3개의 계단식 지형으로 구분하는 방식[지도 4-10]과 계절풍의 영향에 따라 동부계절풍·몽신(몽골·신강)고원·티베트고원지역으로 구분하는 방식이 있는데, 사실상 같은 결과이다. 따라서 이 분류 방식은 지형과 기후가 일치한다는 점에서도 큰 의미를 지닌다. 한편 계절풍의 영향을 좀 더 구분하여 모두 7개 지역으로 구분[지도 4-12]하기도 한다.

[지도 4-11] 3대 계단식 지형 구분도

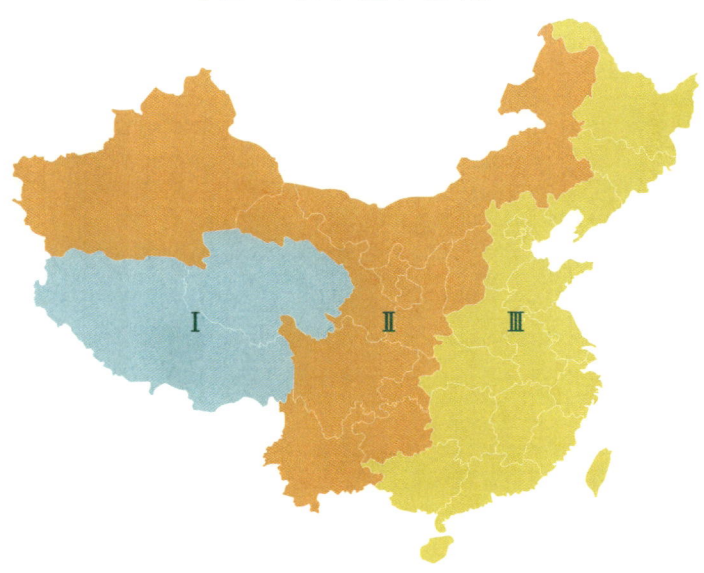

[지도 4-12] 계절풍 영향력에 따른 7개 지역구분도

(1) 중화지리지 편집부 구분

　1954년 중화지리지 편집부에서는 계절풍의 영향에 따라 동반부와 서반부로 나누고, 동반부는 동북·화북·화중·화남 4개 기본구, 서반부는 몽신과 청장 2개 기본구, 운남고원 등 총 7개 기본구로 나누었다. 이는 중국 자연환경에 대한 계절풍의 절대적 영향력을 고려한 구분인데, 중국·인도 등 계절풍 지역에서는 계절풍이 가장 중요한 기후 결정 요인일 뿐 아니라 농업과 생활양식 전반에 걸쳐 큰 영향을 행사하기 때문이다.

(2) 중국과학원 자연구획사업위원회 구분

　1956년 중국과학원 자연구획사업위원회에서는 3대 자연구로 나누고, 다시 적도·열대·아열대·난온대·온대·한온대 등 6대 열량대로 나눈 뒤 28개 지대地帶, 90개 자연성自然省으로 구분하였다.

(3) 중국종합자연지역 구분

　1958년 제정된 중국종합자연지역 구분을 기준으로 한 구분법은 동북·화북·화중·화남·서남·내몽고·서북·청장 등 8개로 나누는 것이다.

(4) 임미악任美鍔·양인장揚紉章의 구분

　1962년 임미악·양인장 교수는 자연환경의 차이와 이용 방식에 따라서 전국을 동북·화북·화중·화남·서남·내몽고·서북·청장 등 8개 자연구로 나누고, 다시 23개 자연지구와 65개 자연성으로 나누었다.

2) 경제지리적 구분법

　경제지리적 관점에서는 경제 발전 수준과 계획에 따라 다양한 구분법이 출현하였다. 경제지리적 구분은 정부의 정책 방향과 상황 변화에 따라 변하기 때문에 매우 한시적이라는 특징을 지니며, 견인효과와 지원 효과를 극대화하기 위해 선진지역과 낙후된 지역을 함께 묶는 경향을 보인다.

(1) 3대 경제구역

1980년대 개혁개방을 시작한 뒤 중국 경제가 연해를 중심으로 발전하면서 동서 간의 경제적 격차가 심각하게 벌어지기 시작하였다. 연해지역으로 유능한 인재가 속속 모여들면서 동서의 격차가 더욱 벌어졌고, 이것이 다시 교육·취업·결혼·재산 형성 등 다양한 사회적 형태로 확산되었다. 이 문제가 서구 언론에서 끊임없이 제기하고 있는 '중국의 한계' 또는 '중국분열론'의 근거이기도 하다.

본래 중국은 송대 이래 정부의 엄격한 정치적 통제와 경제적 방임이란 정책 방향을 지속하여 왔기에 빈부격차의 오랜 역사를 지니고 있어 빈부격차에 대한 거부감이 일반의 예상보다 훨씬 적다. 또 정치와 경제를 이원화해서 생각하는 경향도 두드러진다. 따라서 빈부격차에 따른 사회적 위기의 가능성이 서구의 부정적 시각에 비해 훨씬 낮은 것이 사실이다. 그렇지만 상식을 뛰어넘는 지역·개인 간의 격차 발생은 중국의 미래를 위협하는 가장 심각한 요소이며, 가장 낙후한 ③번 지역은 비한인이 많은 지역이어서 곧장 정치적 문제로 확산할 가능성이 늘 잠복해 있다. [지도 4-13]은 이 같은 동서 간의 격차를 간명하게 보여준다.

2019년 기준 개략적인 1인당 GDP는 경제가 가장 발달한 상해가 157,300원(22,797$), 강소성이 123,607원(17,914$), 절강성이 106,624원(15,452$)인데 비해 인접한 안휘성은 58,496원(8,480$), 강서성은 53,164원(7,707$)로 절반 수준이고, 서북부의 감숙성은 32,995원(4,782$)로 1/3 이하로 떨어진다. 강소성 내에서도 1인당 소비액은 도시가 31,329원(4,540$), 농촌이 17,716원(2,568$)으로 2배 가까운 차이를 보인다.

이런 동서간 경제 격차가 다시 [지도 4-14]에서 드러난 인구의 유출입 현상을 초래한다. 호적에 등재된 인구와 실제 거주하는 인구의 차이가 바로 그것인데, 경제 격차와 달리 중앙의 초록색 지대를 중심으로 인구의 외부 유출이 전방위적으로 진행되고 있음을 확인할 수 있다. 이는 변방지역의 경제가 낙후되었지만, 서부대개발의 호재를 활용하려는 욕구와 비한인의 분리 독립 경향을 제압하기 위한 정책적 요인이 결합해 이 지역을 향한 한인의 이주가 지속적으로 진행되고 있음을 말해준다.

[지도 4-13] 중국 경제의 동서 격차[6]

---

6 ❶동부, ❷중부, ❸서부

[지도 4-14] 호적인구와 상주인구 유출입

완만증가지역
인구감소지역
인구급증지역

(2) 7대 경제구역

1995~2000년을 실행 기간으로 하는 중국 정부의 제9차 5개년계획(95계획)에서는 전국을 새롭게 모두 7개 경제구역으로 나누었다. 환발해·장강삼각주 등 주변 지역의 경제를 이끌 수 있는 선진지역을 중심으로 낙후된 지역을 포함한 것이 다른 지역구분과 구분되는 점이다. 특히 내몽고를 3등분하고, 삼협을 기준으로 장강 유역을 구분한 것도 처음 출현한 분류 방식이다. 이는 순수하게 경제적 상황에 근거해 분류한 것이다.

(3) 8대 사회경제구역

2003년, 국무원 발전연구센터에서는 중국의 지역별 사회경제 발전의 특징을 고려할 때 동부·중부·서부의 단순한 구분 방식은 이미 적절치 않다고 지적하고 제11차 5개년 계획(2006~2010)에서는 전국을 동북·

동부·중부·서부로 크게 4분하고 다시 그 아래에 다음과 같은 8개 종합적 경제구역으로 나누었다. 현 중국의 경제 상황을 가장 잘 반영한 합리적 구분이라고 평가할 수 있다.

[지도 4-15] 8대 경제구역 구분도[7]

(4) 6대 경제구역

2008~2009년에 계획된 6대 경제구역 구분은 전국의 주요 경제 중심 구역을 장강델타경제구長三角經濟區, 주강珠江델타경제구珠三角經濟區, 황하델타경제구黃三角經濟區, 복건성경제구海西經濟區, 성도·중경경제구成渝經濟區, 광서북부만경제구北部灣經濟區로 나누고 경제를 선도적으로 주도하게 하였다. 실행 기간은 15년이다.

---

7 ❶동북, ❷북부연해, ❸황하중류, ❹서북, ❺동부연해, ❻장강중류, ❼서남, ❽남부연해

3) 군 관할지역 구분법

(1) 6대 행정구

1949년 중국 정부가 수립된 뒤에도 국내에는 국민당 잔여 세력을 비롯해 많은 저항 세력이 있었다. 또 내부가 전혀 안정되지 않은 상태에서 한국전에 개입하여 막대한 인적·물적 자원을 투입한데다 대만해협의 군사적 위기까지 고조되었다. 이렇게 군사적 과제가 중첩된 상태에서 중국 정부는 1954년까지 전국을 중앙 직속과 5개의 대행정구 등 모두 6개로 나누어 대행정구군정軍政위원회를 설치하여 관리하였다. 1949년 당시의 성급 행정편제는 6개 대행정구, 30개 성, 1개 자치구, 12개 직할시, 5개 행서구行署區, 1개 지방, 1개 지구로 이루어졌다.

이렇게 복잡한 행정편제를 유지한 것은 통일이 형식적으로만 이루어졌고, 각지 상황이 달랐기 때문이다. 하지만 대행정구는 군정체제여서 각 행정구를 장악한 서기의 권한이 막강해서 중앙 통제가 어려웠고, 총리 주은래周恩來 등도 당정분리를 주장하여 공산당의 권위가 흔들렸다. 이에 모택동은 각 행정구 서기를 소환하여 중앙정부 요직에 임명하여 세력을 약화시키는 한편 동북구 서기 고강高崗과 화동구 서기 요수석饒漱石을 제거한 뒤 1954년에 대행정구를 해체하였다.

(2) 모택동의 3선 구획

모택동은 계급투쟁이 역사발전의 원동력이라고 강조하며 '계급투쟁 만능론'을 공산당 이론의 핵심으로 강조하였다. 그리고 그에 근거하여 미국 등 제국주의와의 제3차 세계대전이 불가피하다고 보고 건국 직후의 취약한 여건에도 불구하고 한국전쟁에 참전하는 한편 중화학공업 위주의 경제정책을 추진하였다.

그리고 1960년대 초, 중소분쟁이 발생하자 미국은 물론 소련과의 전면전이 불가피하다고 판단하고, 1964년 이후 모든 정책 결정에 군사적 기준을 적용하는 것을 최우선시하여 전국을 방어 역량을 기준으로 나누어 방어이 취약한 지역, 저항이 가능한 지역, 저항 거점 지역으로 3분하고 모든 정책의 우선 순위를 이에 근거하여 집행하였다.

[지도 4-16] 모택동의 3선 구분도

모택동은 소련과 국경을 마주한 북서부와 동부, 그리고 미국의 공격에 취약한 해안 지역을 제1선이라고 정하였다. 제1선 지역에는 흑룡강·길림·요녕 등 동부지역, 내몽고·신강·서장 등 북서부지역, 북경·천진·상해를 비롯해 산동·강소·절강·복건·광동 등 동부 연해지역을 비롯해 안휘·강서도 포함되었다.

제2선은 제1선 지역과 북경~무한~광주를 남북으로 잇는 경광선京廣線 사이 지역으로서 여기에는 산서·하북·하남·호북·호남·광동·광서가 포함되었다.

제3선 지역은 장성 이남, 감숙 이동, 경광선 이서의 산악지대로서 섬서·감숙·영하·청해·사천·귀주·운남 등 7개 성으로 이루어졌다. 그리고 이들 제3선 지역을 '대3선', 제2선 지역을 '소3선'이라 칭하기도 하였다.

모택동은 연해 지역의 생산 시설과 연구 시설을 최대한 내륙으로 이전하게 하고, 폭격의 피해 등을 고려하여 최대한 분산 배치하도록 하였다. 또 전쟁으로 운송이 중단되더라도 자체 생산을 통해 저항 역량을 유지할 수 있도록 지역마다 고루 산업을 유치하도록 하였고, 성회와 별도로 군수산업이 발달한 지역을 저항 거점으로 집중적으로 육성하였다. 또 석탄 등 에너지 자원의 지역적 자립을 목표로 부존자원이 없는 남부지역에 개발비를 집중하는 등 예산 낭비가 심하였다.

이처럼 경제의 일반원칙에 전면 역행한 모택동의 삼선정책으로 말미암아 제철·자동차 등 연관사업을 전국 각처로 분산 배치하여 규모의 경제를 달성할 수 없게 한 결과 중국 경제는 경쟁력을 상실하고 구조적 적자가 불가피하게 되었다. 이 삼선정책은 문화대혁명과 함께 개혁개방이 시작된 1980년까지 16년 동안 유지되어 중국 경제를 파탄으로 몰고 갔다.

(3) 7대 군관구 관할 구역

중국의 인민해방군은 육·해·공군과 미사일 부대를 통합한 단일 조직체로 운영하고 있으며, 전국을 군구軍區 단위로 나누어 운영하고 있다. 군구제도는 국공내전 때의 혁명근거지 개념에서 출발하여 국민당의 군관구軍管區 개념과 소련군의 군구제도를 참고하여 확립된 것이다.

군구는 1949년, 중국 정부 수립 직후 인민혁명군사위원회人民革命軍事委員會가 동북·서북·화북·화동·화중군구 등 모두 5개의 1급 군구인 대군구大軍區를 설치하면서 시작되었다. 1950년에 화중군구를 중남군구로 개칭하였고, 이어서 서남군구를 신설하여 모두 6개의 1급 군구를 운영하였다. 1급 군구 아래에는 19개의 2급 군구와 25개의 3급 군구를 두었다.

　1955년, 중국 정부는 6개 대군구를 12개도 확대하기로 하고 각 대군구 사령부 소재지 명칭을 따서 심양·내몽고·신강·난주·북경·제남·남경·무한·성도·서장·곤명·광주대군구를 설치하였고, 1956년에는 남경대군구가 관할하던 복건·강서를 분리하여 복주대군구를 증설함으로써 모두 13개가 되었다. 이후 1967년에 내몽고를 북경대군구에, 서장을 성도대군구에 병합하여 12개로 조정하였고, 신강을 우루무치군구로 개칭하였다.

[지도 4-17] 7대 대군구 구역도[8]

8　❶심양, ❷북경, ❸제남, ❹남경, ❺광주, ❻난주, ❼성도

1985년, 중앙군사위원회는 100만 병력을 감축하는 동시에 11개 대군구를 심양·북경·난주·제남·남경·성도·광주 등 7개 대군구로 조정하여 30년 동안 유지하였다. 통상 1개 대군구가 4개 성을 관할하기 때문에 대군구는 성군구로 세분된다. 군구는 전시상황에 돌입하면 전구戰區(전시구역)로 전환된다. 7개 대군구 가운데 북경대군구의 병력과 전투력이 가장 강하였다.

⑷ 5대 군관구 관할 구역

중국 정부는 통신과 교통의 발달, 전략자산의 효율적 운영 등을 고려하여 기존의 7개 대군구를 다시 동·서·남·북·중부의 5개 대군구로 통합하여 2016년부터 운영하고 있다.

중부대군구는 기존의 북경대군구(북경·천진·하북·산서)에 하남(전 제남대군구)·섬서(전 난주대군구)·호북(전 광주대군구)을 추가하는 대신 내몽고 중서부를 북부대군구 소속으로 바뀌었다. 동부대군구는 기존의 남경대군구(상해·강소·안휘·절강·강서·복건)를 그대로 유지하면서 명칭만 변경하였다.

남부대군구는 기존의 광주대군구(호남·광동·광서·해남)에 운남과 귀주(전 성도대군구)를 추가하는 대신 호북은 북경대군구 소속으로 바뀌었다. 서부대군구는 기존의 성도대군구(중경·사천·서장)에 감숙·청해·신강(전 난주대군구)를 더하여 만들어졌다. 북부대군구는 기존의 심양대군구(흑룡·길림·요녕)에 산동(전 제남대군구)이 추가되었고, 내몽고도 동부에서 전체로 확대되었다.

[지도 4-18] 5대 대군구 구역도

제5장 자연지리 I
지형과 기후, 수자원

제1절 지형의 형성과 기본 구조

1. 위도와 경도, 기온

1) 중국의 위치와 기온

중국은 영토가 매우 넓어서 자연환경 역시 다양한 지역적 특성을 품고 있다. 중국 영토는 최동단인 흑룡강黑龍江과 우수리강烏蘇里江의 합류 지점에서 최서단인 파미르고원 기슭까지 동서 거리가 5,200km를 넘는다. 거리에 비례하여 시차도 매우 커서 최동단은 정오 가까이 되더라도 파미르고원 기슭은 여전히 아침이다.[1]

남북으로도 최북단인 흑룡강성 막하漠河가 53°31′ N이고, 최남단인 해남성의 삼아三亞가 대략 18°90′ N이므로 그 차이는 35°가 넘는다. 이처럼 위도 차가 크기 때문에 막하는 10월부터 이듬해 5월까지 8개월 동안 겨울이고 평균기온도 0.3℃~-28.7℃로 매우 춥다.[2] 반면 삼아는 1월 평균기온이 21.4℃로서 서울의 5월 평균기온 21.5℃와 같으 사실상 겨울이 없다고 할 수 있다.[3]

중국은 유라시아대륙의 동쪽에 있고 서쪽에는 세계의 지붕이라고 칭하는 티베트고원이 있어 더운 여름과 추운 겨울이 분명하게 나뉘는

---

1 중국은 북경을 기준으로 한 단일시간제를 유지하고 있어 출퇴근 시간은 동서에 따라 각기 다르다.
2 서울의 1월 평균기온은 -2.5℃다.
3 아열대는 여름 기후는 열대와 다를 바 없지만, 겨울은 열대보다 훨씬 추운 기후적 특징을 지닌다. 그렇지만 해남성은 사실상 겨울이 없으니 아열대라기보다는 열대에 가깝다. 중국의 아열대 지역 연평균 강수량은 800~1,600mm이다.

대륙성 기후의 특징이 두드러진다.[4] 여기에는 난류의 영향이 크지 않은 점도 어느 정도 작용한다.[5] 이런 점은 비슷한 위도의 유럽과 비교할 때 더욱 두드러지게 나타난다. 예를 들어 흑룡강성의 호마呼瑪는 런던과 같은 위도(51.5°N)에 있으나 런던의 1월 평균기온이 3.7℃인데 비해, 호마는 -27.8℃로 그 차이가 30℃를 넘는다. 런던의 겨울 기온이 훨씬 남쪽에 있는 상해(31°N)와 유사한 것은 전적으로 멕시코 난류의 영향이다. 천진과 리스본은 똑같은 39°N에 있지만, 1월 평균기온은 천진이 -4.1℃(최저 기온 -22.9℃)인데 비해 리스본은 9.2℃(최저 기온 -1.7℃)로 차이가 현격하다.[6]

그래도 중국은 영토의 98%가 20~50°N의 중위도에 위치하여 온대(따뜻한 온온대溫溫帶와 추운 냉온대)가 45,6%, 아열대가 26.1%여서 기후적으로 비교적 양호한 편이다. 통상 위도 20~35°N의 아열대지대는 강우량이 매우 적고 바람이 불규칙하며 건조한 기후적 특징을 지니고 있다. 하지만 중국은 세계에서 가장 큰 유라시아대륙과 태평양 사이에 놓여 있어 계절풍(몬순)[7]의 영향을 강하게 받기 때문에 지구상의 다른 아열대지대와 달리 여름에 강우량이 풍부하고 온도가 높아 농업 생산에 매우 유리한 장점을 갖고 있다.[8]

---

4 대륙성 기후는 해양성 기후의 상대적 기후형으로 해양의 영향이 적어서 기온의 일교차와 연교차가 현저하다. 육지표면의 열용량, 즉 온도 상승에 필요한 열량이 해양에 비해 절반에 불과하므로 온도 상승이 2배나 되어야 하지만 실제 기온 연교차는 6~10배까지 이른다. 그것은 대기 대순환, 고·저기압의 발달, 탁월풍 등의 영향 등이 더해지기 때문이다.
5 동아시아 연안의 가장 큰 난류인 쿠로시오해류가 일본 쪽으로 흐르면서 그 지류인 황해난류가 서해로 유입되나 영향은 그다지 크지 않다.
6 북반구에서 겨울에 가장 추운 지역은 북극이 아니라 시베리아의 북동부이다. 이는 해양과 멀리 떨어진 대륙의 내부라는 점, 그리고 주변 지형 때문이다.
7 몬순monsoon은 계절을 의미하는 아라비아어 머심mausim에서 유래한 용어로서 '계절풍'을 뜻한다. 여름과 겨울에 정반대 방향으로 광범위한 지역에 걸쳐 부는 바람을 가리킨다. 6개월 주기로 부는 남서풍과 북동풍을 이용해 항해한 아라비아 선원들에 의해 널리 알려졌다.
8 계절풍은 대륙과 해양의 온도 차에서 발생한다. 여름에는 대륙 온도가 더 상승하여 저기압이 생기므로 해양에서 이 저기압 중심을 향해 다습한 바람이 불어온다. 반대로 겨울에는

2) 티베트고원과 계절풍기후

기후는 지표의 가열·냉각, 대기 및 해양의 순환으로 발생하게 되는데,[9] 기후의 장기 변화에는 해류의 영향이 대기보다 크지만[10] 열을 지구상에, 특히 고위도로 재분배하는 것은 주로 대기 대순환이며, 나머지 열의 운반은 느린 해양 순환, 특히 표면 해류가 담당한다. 따라서 바람의 순환 패턴에 대한 이해는 기후 변화를 이해하는 데 필수적인 요소이다.

그런데 중국의 자연지리적 환경, 특히 기후에 지대한 영향을 준 것은 제3기 중신세[11]이래 히말라야 조산운동에 의하여 지속 융기하고 있는 티베트고원이다. 히말라야산맥의 북측, 곤륜산맥의 남측 사이에 있는 동서로 뻗은 산악고원지대를 가리켜 티베트Tibet라고 한다. 고대 돌궐어와 소그드어 문헌에서는 티베트 북부 지역을 tu phod 또는 stod pod라고 하였는데, 이 말이 아랍을 거쳐 유럽에 전해진 뒤 영어권에서 Thibet라고 불리다가, 후에 Tibet으로 정착되었다. 따라서 티베트는 외부에서 부르는 명칭이고 현지에서는 뵈Bcd라고 칭한다. 티베트고원은 서장자치구를 중심으로 동쪽은 대설산맥으로 중국 본토와 구분되고, 서쪽은 카라코람산맥과 접하고 있다.

대륙 온도가 더 한랭해져 시베리아고기압처럼 큰 고기압이 형성되어 해양을 향해 바람이 불게 된다. 세계에서 가장 몬순이 발달한 지역은 인도를 중심으로 남아시아, 동남아시아, 한·중·일을 포함한 동아시아이므로 이들 지역을 몬순 아시아라고 칭하기도 한다.

9 적도는 극지방보다 연중 약 2.4배의 태양에너지를 받는다. 극지방에서는 눈·얼음·구름에 의해서 반사되는 비율이 높아서 여름에도 태양에너지 양이 적도보다 적다. 이렇게 공기는 지구의 각기 다른 지대에서 차별적으로 가열된다. 공기가 가열되면 팽창하므로 온난한 지역의 하층 대기가 팽창하면 상층 대기는 상승하게 되고 추운 지역은 그 반대가 된다. 이것이 지표면 부근 대기의 모든 고도에 기압경도가 존재하는 이유이며, 공기를 운동하게 하는 힘이다.

10 기후의 장기 변화에는 대기보다 해류의 영향이 더 크다. 그 이유는 해양이 저장되는 열량이 대기보다 많고, 지표면의 열 저장량 역시 바다보다 훨씬 적기 때문이다.

11 흔히 빙하시대라고 하는 신생대는 제3기와 제4기로 구분하며, 제3기는 다시 전기와 후기로 나누는데, 이 전기를 중신세, 후기를 플라이오세라 한다. 전기는 2,400~500만 년 전까지이다.

중국의 기후적 특징을 대표하는 계절풍기후 현상과 북서부 지방의 건조화가 가속화되고 있는 것 모두 티베트고원의 융기와 밀접하게 관련되어 있다. 홍적세 후기에 티베트고원의 해발고도는 1,000m였던 것으로 추정되며, 제3기 말에는 3,000m까지 높아졌을 것으로 추정하고 있다. 중국이 계절풍기후지대로서의 특성이 분명해지고 그에 수반해 북서부의 건조지대가 본격적으로 형성된 시기는 제4기의 현세現世 초기다.[12] 이 시기에 티베트고원이 다시 대규모 융기 작용을 거쳐 4,000m 이상 높아졌다. 그 결과 시베리아-몽골 고기압대가 현재의 위치(대략 55°N)로 북상하여 자리 잡았고, 여름에는 거대한 유라시아대륙이 가열되고, 히말라야산맥과 티베트고원이 북쪽에서 부는 바람을 차단하므로 인도에서는 적도 강우계가 30°N까지 이동한다.[13]

계절풍은 제4기 후기부터 발달하였는데, 겨울에는 한랭 건조한 북서 대륙 계절풍이 불고, 여름에 온난 습윤한 동남 해양 계절풍이 부는 특징을 지닌다. 중국 대기의 수분은 주로 고온 다습한 해양 계절풍에서 오기 때문에 강우량은 해양으로부터 떨어진 거리와 밀접한 관계를 지닌다. 해양으로부터 멀리 떨어질수록 강우량이 감소하고 기후는 더욱 건조하다. 그 결과 중국의 기후는 계절풍의 영향 정도에 따라 ①습윤한 중국 동부 몬순지역, ②건조한 북서부지역, ③한랭한 티베트고원지역으로 나뉘게 되었다.

---

12 신생대 제4기를 우리나라에서는 홍적세洪績世, 중국에서는 갱신세更新世라고도 칭한다. 현재는 홍적세의 마지막 빙하기에 이어지는 간빙기라고 할 수 있는데, 그 시작은 대략 1만 년 전부터이다.

13 매년 계절풍의 발달 여부는 양 반구 저위도 상의 기압분포와 바람 순환의 변동과 관련된다. 지구의 열대수렴대, 기상적도의 평균 위치는 현재 북위 6°에 위치한다. 이것은 빙하로 덮인 남극대륙 위의 대기가 북극 위의 대기보다 평균 11~12℃ 차갑고(이 차이는 지표에서 심지어 20~30℃에 달한다), 남반구 상에서 더 강한 기온 경도로 인하여 훨씬 더 강력한 상층 편서풍대가 발생한다는 사실에 기인한다. 그래서 남반구 대부분의 위도에서의 기온은 북반구보다 다소 낮고, 모든 기후대는 다소 북쪽으로 이동하게 된다. 빙기 동안 기상적도는 현재보다 남쪽에 위치하여 지리적 적도에 가까웠고, 그 결과 계절풍의 영향을 받는 지역도 좁았다.

2. 계단식 대지형 복합체

1) 3개의 대지형 복합체

중국은 산지가 많아 산지·구릉·고원 등이 전체 면적의 65%를 차지하며, 고도 500m 이하가 전 국토 면적의 25.2%에 불과한 데 비해 3,000m 이상은 25.9%나 된다. 지구상에 있는 해발 8,000m 이상의 12개 산 가운데 7개가 중국과 네팔 국경에 위치할 정도로 중국은 대표적인 고산 국가 가운데 하나다.[14]

중국의 지형은 절대 고도차가 현격할 뿐 아니라 상대 고도의 기복도 현저한 차이를 보여 때로는 수직적 지대 차이가 수평적 지대 차이를 무의미하게 할 정도이다. 티베트고원 남부의 묵탈墨脫 일대는 수평 거리 40km 이내에서 고도 차이가 7,000m 이상 나타나기도 하는데, 이곳에 세계에서 가장 깊은 5,000m 낙차를 자랑하는 야루짱뿌雅魯藏布대협곡이 있다.[15]

중국의 산맥은 크게 동-서 주향, 남-북 주향, 동북-남서 주향, 북서-남동 주향, 기타 주향으로 나누어진다. 동-서 주향의 산맥은 북쪽에서 남쪽으로 내려오면서 크게 세 줄기가 있다. 각각 천산天山-음산陰山-연산燕山산맥, 곤륜崑崙-진령秦嶺-대별大別산맥, 남령南嶺산맥이 그것이다. 남북주향의 산맥으로는 하란賀蘭-횡단橫斷산맥이 있다. 동북-남서 주향의 산맥은 대흥안령大興安嶺, 태항太行, 무산巫山산맥이 있다. 북서-남동 주향의 산맥은 알타이阿爾泰, 기련祁連산맥이다. 기타 주향의 산맥

---

14 세계에서 가장 높은 에베레스트산(8,848m)도 중국과 네팔의 국경에 있다.
15 일반적으로 고도 100m 차이는 약 100km의 수평적 거리와 맞먹는 정도의 지리적 환경 차이를 보여준다.

으로는 유라시아판의 남단에 위치해 활 모양으로 휜 히말라야산맥과 대만의 중앙산맥이 있다.

이 주요 산맥은 주변의 고원·분지·평야·구릉 등과 서로 연결되고 결합하여 거대한 지형 복합체를 형성하였다. 중국은 대체로 서쪽에서 동쪽으로 가면서 다음과 같은 세 개의 대지형 복합체로 이루어졌다. ①판의 충돌로 융기한 대략 250만㎢의 면적을 가진 티베트고원을 중심으로 한 서남부 대지형, ②산지·고원·사막 등 광활한 지역이 전개된 서북부 대지형, ③구릉·평야·해안 등이 복잡하게 얽힌 평탄한 동부 대지형이다.

2) 1급 대지형의 특성

이러한 대지형의 구성과 고도차를 중심으로 보면 중국의 지세는 크게 세 단계로 구분할 수 있다. ①1급지 : 평균 고도 4,000m 이상의 티베트고원 지역, ②2급지 : 고도 2,000~1,000m의 고원과 분지로 구성된 대흥안령산맥·태항산맥·무산산맥 이서 지역, ③3급지 : 고도 500m 미만의 구릉지로 이루어진 동북평야·화북평야·장강 중하류 평야 지역이다.[16]

1급지인 티베트고원은 세계에서 가장 높은 고원이지만 형성된 지 1,000만 년이 되지 않는 신생 지형 가운데 하나다.[17] 열대 저지대에 속하였던 티베트고원이 융기하게 된 것은 남쪽의 인도판과 북쪽의 타림판이 계속해서 티베트고원 아래로 파고들어 두 개의 판이 중첩되었기 때문이다. 이는 지진 측량자료를 통해서도 확인할 수 있다. 지각의 두께는

---

16 수심 200m 미만인 대륙붕 지역까지 포함하여 4단계로 구분할 수도 있다.
17 티베트고원 표층 토양 가운데 열대의 저지 구릉지에 형성되는 홍토층이 있고, 저지대에서 살던 말의 화석도 발견되었다.

통상 35km인데 비해 티베트고원은 그 두 배인 70km이며, 곤륜산맥도 67km에 달한다.

티베트고원과 잇닿은 북쪽 타림분지와 동쪽 사천분지는 지각 두께와 해발고도 모두 급작스러운 변화를 보인다. 두 분지의 지각 두께는 각각 42·40km로 얇아지고 고도도 3,000~4,000m나 급강하한다. 그것은 판끼리 충돌하면 파도처럼 습곡 지형이 생기기도 하지만 너무 단단한 지층은 부러져서 단층이 생기기 때문이다. 대규모 침강은 주변 산지의 융기로 인한 불균형을 완화해주며, 판을 연결하는 일종의 쐐기 역할을 해준다. 바로 이 단열대에서 7도 이상의 강진이 자주 발생하는 것은 단열 활동이 지속하고 있음을 말해준다. 타림·사천분지와 함께 중국 4대 분지에 속하는 준가르·차이담분지 모두 이렇게 형성되었다.

[지도 5-1] 중국의 계단식 지형

3) 2급 대지형의 특성

2급지인 내몽고·황토·운귀고원의 지각 두께는 35~40km다. 판의 충돌로 형성된 이들 고원 모두 ㄱ형으로 이루어져 하천의 흐름과 계절풍의 이동을 좌우하는 급경사면과 완경사면을 갖고 있다. 내몽고고원은 백악기에 이미 형성되어 그 시기가 1억 년이나 되기 때문에 아주 오랜 침식작용으로 준평원이 만들어졌다가 다시 지각운동의 영향으로 융기와 단열 활동이 발생하여 지금의 복잡한 지형을 이루었다. 내몽고고원 서남쪽의 천산산맥과 그 양쪽의 준가르·타림분지는 이러한 지각운동의 모습을 가장 잘 보여주는 곳이다.[18]

이렇게 산지가 많은 지세는 또한 기후를 비롯한 자연환경의 형성과 변화에 커다란 영향을 준다. 무엇보다도 기복은 기온과 수분 조건의 재분포에 영향을 주고, 다시 기후·토양·식생의 수직적 지대 분화를 초래한다. 게다가 산지는 바람·강수 등 에너지의 흐름에 대하여 장벽과 억류 작용을 한다. 그 대표적인 것이 진령秦嶺산맥으로 계절풍의 남북 이동을 차단하는 장벽으로 작용하여 중국의 남방과 북방을 구분하는 분명한 경계가 된다.[19]

4) 3급 대지형의 특성

3급지인 동부 구릉지와 평야의 지각은 35km이며, 침식작용으로 형성된 침식 잔구가 많다. 동악東嶽으로 알려진 태산泰山을 비롯해 화산華山·

---

18 내몽고고원에서 형성되었던 준평원은 지금 천산산맥의 산지목장으로 활용되고 있다. 그리고 곤륜산맥과 타림·사천분지 사이의 단열대처럼 천산산맥과 준가르·타림분지 사이의 단열대에서도 7도 이상의 강진이 자주 발생한다.

19 1월 기온을 기준으로 비교하면 진령산맥 북쪽의 서안西安(34° N 부근)과 남쪽의 안강安康(33° N 부근)은 평균기온 4.2℃, 최저 기온 11℃ 차이를 보인다. 반면 진령산맥의 차단 효과가 없는 동부평야지대에서는 위도에 상응하는 기온 차가 없어서 안휘 방부蚌埠는 한참 북쪽에 있는 만주보다 평균기온과 최저 기온 차가 각각 1.6℃와 3℃에 불과하다.

황산黃山 등은 대표적인 침식 잔구이다. 그리고 충적작용으로 계속 확대 중인 하구 평야가 상당한 규모에 달한다.

중국의 대표적인 평야로는 우선 동북 3성에 걸친 동북평야가 있다. 북서부의 대흥안령산맥과 북동부의 소흥안령산맥이 ∧형으로 감싸고 동남부는 장백산맥이 감싼 그 사이에 있는 35만㎢에 달하는 중국 최대의 평야이며 송요松遼평야라고도 한다. 요하·송화강·눈강嫩江의 충적작용으로 이루어진 비옥한 흑토지대인 동북평야는 다소 지대가 높은 장춘을 기준으로 북쪽의 송눈松嫩평야(눈강 유역), 남쪽의 요하遼河평야(요하 유역), 동쪽의 삼강三江평야(송화강 유역)로 나눌 수 있다.

둘째는 하북·산동·하남·안휘·강소에 걸친 30만㎢에 달하는 화북평야인데, 황하·회하·해하의 충적작용으로 이루어져서 황회해黃淮海평야라고도 한다. 대부분 해발고도 50m 이하의 저지대평야이며 그 중간을 동서로 흐르는 황하는 오랜 퇴적작용으로 화북평야를 남북으로 가르는 분수령이기도 하다. 북부는 해하평야, 남부는 황회평야라고 한다.

셋째는 15만㎢에 달하는 장강중하류평야로서 호북·호남·안휘·강서·강소·절강에 걸쳐 있으며 풍부한 호소와 수자원을 가진 평야이다. 장강 중하류 평야는 독립적인 평야인 동북·화북평야와 달리 주변 지형에 의해 형성되는 종속형 평야여서 장강 연안에 형성되었을 뿐 단일 평야는 아니다. 그래서 동정호洞庭湖를 중심으로 형성된 양호兩湖평야, 파양호 주위에 형성된 파양호鄱陽湖평야(예장豫章평야라고도 함), 안휘성 중남부 저지대의 환중皖中평야, 태호를 중심으로 펼쳐진 비옥한 장강삼각주 등 네 곳으로 구분할 수 있다.

그 밖에도 섬서의 관중분지에 형성된 4만㎢에 달하는 관중평야가 있는데, 중국에서 가장 일찍 수리 관개시설을 통해 높은 생산성을 이룩한 곳이며, 진한과 수당을 비롯한 여러 왕조의 천년 도읍지였다. 관중평야는 사천분지 내에 형성된 1.9만㎢의 성도成都평야와 함께 대표적인 분지평야이다.

제2절 기후의 변천사

1. 제1차 온난기와 한랭기

지난 5천 년 동안 중국 기후는 한랭한 기후와 온난한 기후가 교대로 출현하였다. 이러한 기후 변화의 원인은 정확하게 파악할 수 없으나 후기로 갈수록 온난기가 점점 짧아지고 온난 습윤한 정도도 더 약해지는 한편 한랭기는 점차 길어지고 한랭 건조한 정도도 더 커지는 특징을 보였다. 지난 3,000여 년 동안 연평균 기온의 상승과 하강의 폭은 대략 1~2°C였고, 주기는 약 400~800년이었으며, 소주기는 30~100년이다. 온도 변화는 전 지역에 걸쳐 고르게 이루어지지 않고 저위도·서부지역보다 고위도·동부지역에서 더 크게 나타났다. 그 가운데 가장 한랭하였던 시기는 서주 말(기원전 870~770), 삼국~서진(100~400), 남송(1100~1200), 청초(1700) 무렵이다.

기후학자 축가정竺可楨은 지난 5,000여 년 중국의 기후를 다음과 같은 5개의 온난기와 4개의 한랭기로 나누었다. 제1차 온난기(기원전 3000~기원전 1000), 제2차 온난기(기원전 770~기원전 30), 제3차 온난기(600~985), 제4차 온난기(1192~1277), 제5차 온난기(1880~현재), 제1차 한랭기(기원전 1000년~기원전 770), 제2차 한랭기(기원전 29~600), 제3차 한랭기(985~1192), 제4차 한랭기(1368~1880)가 그것이다([표 5-1] 참조).

1) 제1차 온난기(기원전 3000~기원전 1000)

B.P.8000년부터 전 세계는 한랭기를 벗어나 온난기로 접어들었으며, B.P.5000년에 정점에 달하였다. 중국에서는 이 시기가 황하 문명의

초창기인 앙소문화기仰韶文化期와 대체로 일치하므로 통상 '앙소온난기'라고 칭한다. 제1차 온난기는 2,000여 년이나 유지되었기 때문에 전체적으로 더단히 온난한 가운데 중간에 잠깐씩 짧은 한랭기가 있었다.

중국 문명의 요람 가운데 하나인 황하 유역의 연평균 기온은 지금보다 2℃가량 높았고 특히 겨울철 온도가 현재보다 3~5℃나 높아서 초원기후에서 삼림소택기후로 진입하였다. 섬서 서안시 반과半坡유적지에서 5,000년 전의 대나무 쥐竹鼠 유해가 다량 발견되었는데, 지금 죽서는 온난 습윤하고 소택지가 많은 장강 이남에만 서식한다.

북경과 천진 일대에서도 현재 아열대지대에 사는 동물 유해들이 발견되었고, 하북 랑방시廊坊市 삼하시三河市에서 활엽수종의 화분花粉지대가 발견되었다. 이는 당시 북경 일대의 기후가 온난하고 습윤하였다는 점을 증명한다. 학자들은 B.P.5000~3000년 황하 유역의 평균 온도가 지금보다 2~3℃ 정도 높았을 것으로 추측하고 있다.

산서 운성시運城市 하현夏縣 서음촌西陰村에서 발견된 양잠 유적과 마포麻布는 이 지역 기후가 지금보다 훨씬 따뜻했음을 말해주며, 하남 안양시安陽市에서 출토된 물소·코끼리 등 동물의 유해, 갑골문에 기록된 기후[20] 및 사냥 기록[21] 등을 통해 추정해보면 이렇게 온난 습윤한 기후는 대체로 서주 초까지 계속되었을 것으로 보인다.[22]

---

20 위트 포겔(1896~1988)은 14,500편의 갑골복사甲骨卜辭 가운데 317편에서 기후와 관련된 자료를 찾아 통계를 내본 결과 당시 기후가 상당히 온화하였으며, 함께 발굴된 동물 뼈를 통해서도 그 같은 사실을 확인할 수 있었다. 胡厚宜은 『殷墟發掘』에서 갑골문 가운데 강수량이 많은 비에 대한 어휘가 足雨·大雨·及雨·多雨·征雨·霖雨·尾羽 등 상당하다는 것을 밝혔다.

21 갑골문에 기록된 사냥 기록을 보면 동물의 종류와 숫자가 상당하여 총 6,431마리나 된다. 또 숲林을 지명으로 한 기록도 상당하여 당시 황하 유역에 광대한 삼림과 초원이 있었음을 알 수 있다.

22 『죽서기년竹書紀年』 상권에는 기원전 1047년 12월, 현 서안 일대에 복숭아와 배꽃이 피었다는 기록이 있다. 현 개화 시기인 2월 중순~하순보다 2개월 정도 빠른 것이다.

[도 5-1] 중국 역대 평균기온 변화 및 온난기·한랭기 분포 상황[23]

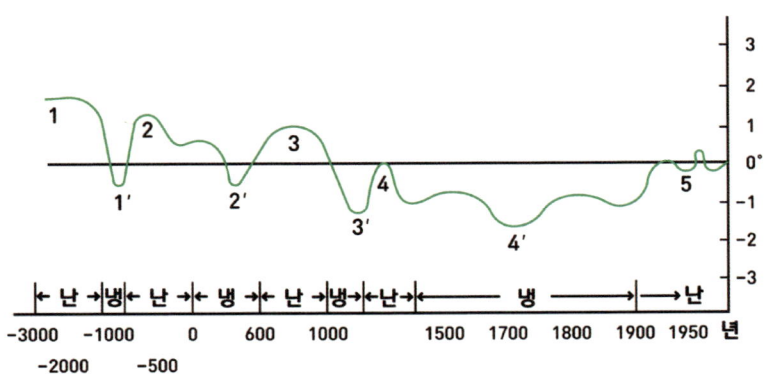

[도 5-2] 중국 평균기온의 변화와 노르웨이 설선의 비교[24]

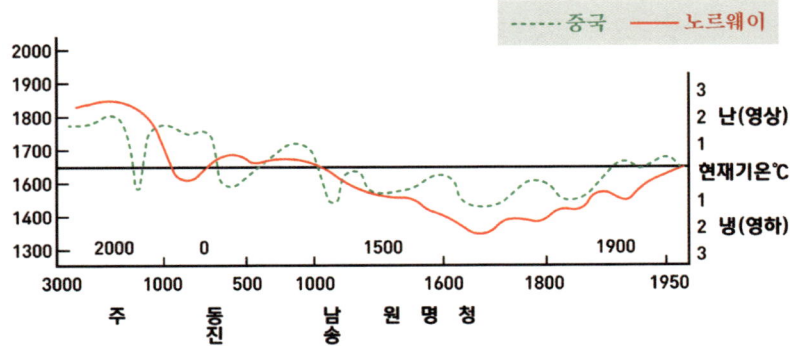

---

23 유소민, 『중국 역사상 기후의 변천』, 대만상무인서관, 1980, p. 21.
24 유소민, 『중국 역사상 기후의 변천』, 대만상무인서관, 1980, p. 19.

이는 만주도 마찬가지여서 대략 B.P.8000~6000년 만주지역은 상수리나무를 위주로 한 활엽수 군락이 우점종이었다. 요녕 남부는 3,000년 전까지도 상수리나무 등 활엽수림이 우점종이었던 것으로 봐서 연평균 기온이 지금보다 3~5℃ 높아 현 산동반도와 비슷하였을 것으로 추정하고 있다.

상해 부근의 화분 분석에 의하면 이 일대는 B.P.5000년에 상록 활엽수와 활엽 낙엽수림이 교차하였으며 연평균 기온은 지금보다 2~3℃ 높아 절강성 중남부의 현 기온과 유사하였다. 절강 영파시寧波市 여요시餘姚市 하도도河姆渡 유적지에서 발견된 코끼리·코뿔소 등은 당시 항주만杭州灣 일대의 기후가 아열대 또는 열대 기후에 속하였으며 연평균 기온이 현재보다 4℃ 이상 높아 현 광동, 광서 남부, 운남과 유사하였음을 말해 준다.

중국의 서부 내륙지방도 기후가 온난하여 B.P.5000년 천산天山 북록의 운삼雲杉 성장 한계선이 지금보다 높았고, 운남 초웅楚雄자치주의 원모元謨원인 유적에서도 지금보다 온난한 기후를 좋아하는 동물의 유해가 발견되었다. 심지어는 B.P.7000~3500년 전, 티베트고원에 호수가 널리 분포되었고 북부의 무인구에서도 세석기細石器가 다량으로 발견되고 있는 것으로 볼 때 더욱 넓은 지역에 사람들이 거주하였던 것으로 보인다. 그 밖에도 식물 화분과 동물 유해는 당시 티베트고원의 기후가 지금토다 온난하였음을 말해준다. 이처럼 온난한 기후는 서주까지 이어져 황하 유역에 다량의 코끼리와 코뿔소가 서식하였음을 말해주는 기록과 유물이 다량 존재한다.

2) 제1차 한랭기(기원전 1000~기원전 770)

제1차 한랭기는 대략 서주西周 중기부터 춘추시대까지 약 200여 년간 기온이 하강한 시기이다. 『죽서기년竹書紀年』에는 기원전 903년과 기원전 897년에 장강과 한강이 결빙하였고, 기원전 858년부터 6년 동안 계속 가뭄이 들어 왕이 거처를 옮길 정도였다 기록이 실려 있다. 지금 장강과 한강이 결빙하는 일이 없으므로 당시 기후가 매우 한랭하였음을 알 수 있다. 서주 말기 100년 동안 가뭄과 추위에 대한 기록이 매년 대거 등장하고, 특히 여름에 익어야 할 복숭아와 살구가 10월이 되서야 익었다는 기원전 773년의 기록으로 미루어볼 때 서주 마지막 왕인 유왕幽王 때 가장 한랭하였던 것으로 보인다. 이것이 주변 유목민의 지속적인 침입을 초래하는 등 서주가 갑작스럽게 멸망하게 된 주요 요인 가운데 하나였다.

요녕성 남부도 3,000년 전부터 활엽수가 점차 줄어들고 소나무가 늘어났으며, 내몽고자치구 차얼여우察兒右 중기中旗의 화분 분석 결과, 이 일대도 3,000년 전부터 마황麻黃과 소나무가 증가하기 시작하였음이 밝혀졌다. 북경 일대도 기후가 한랭 건조해지면서 늪지와 늪지 식물이 점차 소멸되고 늪지의 이탄泥炭[25] 형성이 중단되었다. 이때부터 진흙층이 형성되고 그 위에 건조한 환경에서 발달하는 회황색 점토가 쌓이기 시작하였다.

이러한 변화는 인간의 간섭이 가장 적은 티베트고원에서도 그 흔적을 찾아볼 수 있다. 3,000년 전, 빙하가 축소와 확대를 반복할 때 티베트고원의 식생은 삼림으로 덮인 초원으로부터 관목·풀·모래로 덮인 초원으로 바뀌기 시작하였다. 이와 동시에 이탄이 쌓인 소택이 위축되고 호수의 면적이 급격히 축소되기 시작하였다. 이러한 기후의 한랭 건조화로 티베트고원의 주민들은 점차 저지대로 이동하였으며, 티베트고원 북부에 광대한 무인구가 형성되기 시작하였다.

---

25 토탄土炭이라고도 한다. 지하에 매몰된 수목질이 오랜 세월 동안에 지압과 지열작용을 받아 생성된 석탄과 달리 식물질의 주성분인 리그닌·셀룰로스 등이 주로 지표에서 분해작용을 받아 만들어졌다. 이탄은 원 식물질의 종류, 분해 정도 등의 차이에 따라, 툰드라 이탄·초탄草炭·목질 이탄·니질泥質 이탄泥炭 등으로 나뉜다. 이 가운데 이용 가치가 가장 높은 것은 초탄이다. 초탄은 갈대·사초 등의 화본과 식물이 주가 되며, 한랭지·고소한 냉습지대에서 산출된다.

2. 제2차 온난기와 한랭기

1) 제2차 온난기(기원전 770~기원전 30)

제2차 온난기는 대략 춘추시대부터 시작하여 서한 말기까지 대략 740여 년간 계속되었다. 이 시기 황하 유역에 많은 호수와 늪지가 있었으며, 겨울 결빙기가 짧았다. 『춘추좌전春秋左傳』에는 노국魯國에서 8년 동안 겨울에 결빙이 없었다고 기록하고 있고, 『순자荀子』·『맹자』 등에도 이 일대는 일 년에 두 번 농작물이 재배할 수 있다고 하였다. 황하 유역에 대규모의 대나무 숲이 존재하고 매화가 자랐으며, 『여씨춘추』에는 겨울에도 산서에 복사꽃과 오얏 꽃이 피었다고 하였다. 양잠과 모시풀苧麻 재배에 종사하는 인구가 많았으며 벼농사도 지었다. 코끼리와 코뿔소가 다량 분포하여 이들을 이용한 기명器皿을 많이 만들어 사용하였다. 하남성의 원명이 예주豫州인 것은 하남이 코끼리의 주된 서식지임을 말해준다.[26] 이러한 상황으로 볼 때 춘추시대의 평균기온은 지금보다 약 2℃ 정도 높았을 것으로 추측하고 있다.

전국시대 말기에 들어서면서 기온이 다소 내려간 듯 보이지만 꽃이 피는 시기, 제비가 으고 매미가 우는 시기 등이 지금보다 1개월 정도 빠른 것을 통해서 볼 때 기온은 지금보다 약 1.5℃ 정도 높았을 것으로 추정할 수 있다.

진이 중국을 통일할 무렵 기온은 전국시대보다 더 내려갔지만 그래도 지금보다 1℃ 정드 높은 온난다습한 기후였다. 진승陳勝의 봉기를 초래한 계기도 안휘에 내린 폭우 때문이었다. 서한 시대에 황하 유역에는 여전히 코끼리와 코뿔소가 많아서 코끼리가 끄는 수레에 대한 기록이

---

26 豫는 邑+象으로서 코끼리를 많이 부르는 읍성이란 뜻이니 당시 하남성 일대에 서식하던 코끼리의 규모가 상당했음을 알 수 있다.

다수 있다. 산동과 산서에서는 뽕나무와 삼 재배가 활발하였고, 사천과 호북에서는 귤나무를, 섬서에서는 대나무를 다량 재배하였다.

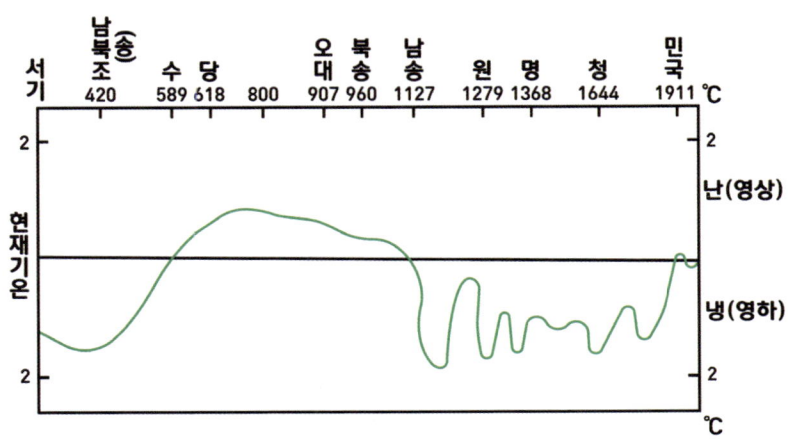

[도 5-3] 위진남북조 이래 중국 기온변화도[27]

2) 제2차 한랭기(기원전 30~600)

서한 말기인 기원 전후부터 수隋까지 약 600년의 비교적 오랜 기간 다시 한랭한 기후가 중국 전역을 지배하였다. 이 시기는 동한의 멸망, 삼국시대와 오호16국 시대, 남북조의 대립 등 중국 역사상 분열과 대립의 혼란이 가장 두드러진 시기였다. 제2차 한랭기는 다시 4단계로 나눌 수 있는데, 서한 말부터 동한 말까지 대략 150년 동안 기후가 한랭 건조해져서 겨울이 유난히 추운 것은 물론이고 한여름에도 서늘하였으며,

---

27 유소민, 『중국 역사상 기후의 변천』, 대만상무인서관, 1980, p.18.

심지어 눈이 내렸다는 기록까지 연이었다.[28] 왕망王莽이 신新을 건국할 무렵 오랜 가뭄으로 곡식이 여물지 않아 아사자가 다수 발생하였으며 수십만 유민이 관중關中으로 유입하는 등 사회적 혼란이 극심하였다. 이런 기후 요란기에 유가적 원리주의에 입각한 개혁을 추진한 결과 제도적 불안정과 부적응만 두드러졌다. 문제文帝 때 1석당 10전이었던 곡식 가격이 2천 전이 될 정도로 곡물 생산량이 격감하자 각처에서 생존을 위한 투쟁이 일어나 신왕조는 결국 15년 만에 멸망하고 말았다. 이런 악천후는 동한 때에도 크게 나아지지 않아『후한서』에는 가뭄과 기근에 대한 기록이 끊이지 않는다.

  이어진 삼국시대에도 한랭 건조한 기후가 계속되었고 가뭄 피해가 특히 심하여 40년 가운데 30년이나 가뭄에 시달릴 정도였다. 옥새를 차지하고 한때 황제를 자칭하였던 원술袁術이 군량을 마련하지 못해 군사들이 다 흩어졌고, 최후에는 가진 것이라곤 보릿가루 30곡斛(=15석) 밖에 없을 정도로 기근이 극심하였다. 또 225년, 위문제魏文帝가 10여만 대군을 이끌고 오吳를 정벌하려 했으나 지금의 양주시揚州市 부근 강물이 도두 얼어붙어서 배로 도강할 수 없어 귀환할 정도로 날씨가 추웠다. 241년 호북 양양襄陽에 큰 눈이 내려 평지에도 눈이 3척尺이나 쌓였으며, 333~336년에는 요동만 서북안과 동남안의 소택지가 3년간 연속해서 얼어붙어 군마와 군수품이 통과할 수 없었다. 이러한 사실에 근거할 때, 제2차 한랭기에는 연평균 기온이 지금보다 1℃ 이상 낮았을 것으로 추정할 수 있다.

---

28 ①서한 成帝 建使 4년(기원전 29) : 음력 4월에 雨雪이 내렸고, 가을에 복숭아와 자두 열매가 익었다. ②서한 成帝 陽朔 4년(기원전 21) : 음력 4월에 눈이 너려 제비와 참새가 얼어 죽었다. ③동한 章帝 建初연간(76~83) : 여름에도 추웠다. ④동한 順帝 陽熙 2년(133) : 봄에도 추웠다. ⑤동한 獻帝 初平 4년(193) : 음력 6월에 찬바람이 겨울처럼 불었다.

진대晉代(256~420)에도 기후는 여전히 한랭 건조하여 한여름에 서리나 눈이 내린 기록이 6차례, 봄·가을에 서리가 내린 기록이 19여 차례이며, 겨울의 이상 한파 기록도 26차례나 찾아볼 수 있다. 반면 무더운 여름이나 따뜻한 겨울에 대한 기록은 없다. 336~420년의 80년 동안 홍수에 대한 기록이 없는 반면 가뭄에 대한 기록은 30여 차례나 되어 중국 역사상 가뭄으로 인한 기근이 연이은 가장 대표적인 시기라고 할 수 있다.

남북조에서 수 건국기(420~600)까지 180년간의 기후도 크게 다르지는 않았다. 여름에 서리나 눈이 내린 기록이 15차례, 봄·가을에 서리가 내린 기록이 20여 차례, 큰 가뭄이 75차례나 기록되고 있다. 하지만 겨울에 대설과 결빙이 없었다는 기록도 2차례 눈에 띤다. 가사협賈思勰이 533~544년에 쓴 『제민요술齊民要術』은 황하 중하류지역의 상황을 반영한 것인데, 「종곡種穀」에 적힌 봄철 작물 기록을 보면 지금보다 10~15일 정도 성장이 늦은 것을 확인할 수 있다. 또 지금과 달리 겨울에 석류나무를 밀짚으로 감싸서 동사를 막아야 한다고 하여 겨울 기후가 지금보다 추웠음을 말해준다. 황하유역에서 코끼리가 사라진 것도 바로 이 시기다.

3. 제3차 온난기와 한랭기

1) 제3차 온난기(600~985)

제3차 온난기는 수·당대부터 북송 초까지 대략 400여 년간 계속되었다. 수·당의 수도인 장안(현 서안)은 7세기 중엽까지 겨울에 눈도 오지 않고 얼음도 얼지 않은 해가 19차례나 된다. 특히 당 중기 112년(710~822)

이 가장 온난하여 적설과 결빙이 없던 해가 12년이나 되었다. 이때 장안은 매화나무와 감귤나무를 심고 수확할 수 있을 정도로 날씨가 따뜻하였다. 당시 황하 유역의 겨울 최고 기온은 현재보다 2℃ 정도 높았을 것으로 추정한다. 그뿐 아니라 장강 중·하류 유역의 감귤 재배지는 겨울에 기후가 온난하여 전혀 동해凍害를 입지 않았다. 코끼리가 장강과 한강 유역에 서식하였으며 광동에는 악어가 서식하였다.

또 강수량이 가장 많아 당 중기(811)부터 북송 초(1050)까지 240년은 중국 역사상 가장 긴 습윤한 시기였다. 당시 돈황敦煌 천불동千佛洞에는 풍부한 수량을 자랑하는 하천이 흐르고 있었고, 타림분지의 하천 역시 수자원이 풍부하였다. 오대는 물론 북송 건국기 역시 온난다습한 기후가 지속되었다. 964년 하남성 남양南陽에서 코끼리를 사냥하였다는 기록이 있는 것으로 볼 때 동식물의 분포 역시 큰 차이가 없었던 것으로 보이나 제3차 온난기의 연평균 기온은 지금보다 1℃ 이상 높았을 것으로 추정된다.

2) 제3차 한냉기(985~1192)

제3차 한랭기는 북송 초부터 남송 중기까지 대략 250여 년간 지속되었다. 옹희雍熙 2년(985)부터 기후가 갑작스럽게 추워져서 장안과 낙양의 감귤 등은 모두 동해를 입고 죽었다. 기후 변화에서 기온의 변화 못지않게 중요한 것은 변화 속도인데, 당시 기후 변화는 매우 급속한 것으로 보인다. 갑자기 회하와 장강 일대는 물론 태호太湖 유역까지 큰 눈이 내리고 결빙하는 이상 기후가 출현하여 남송 중기까지 지속되었다. 하남 초작시焦作市 박애현博愛縣은 대나무가 대량 생산되는 곳이어서 당조가 사죽감司竹監을 설치하였는데, 북송 초에 이르러 철폐한 것도 기온 하강에 따른 대나무 숲 축소와 관계있었던 것으로 본다.

정화政和 1년(1111)에는 태호 동정산洞庭山 일대 귤나무가 혹한으로 모두 동사하였음은 물론 강소성 태호까지 완전히 결빙하는 희귀한 현상이 일어났고, 그 후 1세기 동안 겨울이면 소주蘇州 운하가 얼어붙어 뱃길이 막혔다. 심지어 복건성 복주福州의 여지荔枝까지 얼어 죽는 상황도 발생하였다. 1131~1264년까지 133년 동안 항주杭州는 봄에 눈이 내린 기록이 45차례나 되며, 결빙 시기는 지금보다 2주나 빨랐다.

북송이 멸망하던 정강靖康 연간(1126~1127)도 유난히 추운 해여서 당시 강과 호수가 결빙되었음을 기록한 문헌만 600종에 달한다. 음력 4월에도 북풍이 몰아쳐 개봉을 방어하는 송군宋軍에게 많은 어려움을 주었고, 전란의 와중에 동사한 피난민도 대단히 많았다. 당시 기온은 평균기온보다 대략 1~1.5℃ 낮았던 것으로 보인다. 코끼리가 황하 및 장강 유역에서 완전히 사라진 것도 이 시기다. 그러나 제3차 한랭기는 다른 한랭기와 달리 강수량은 많은 시기였다.[29]

거란, 금, 서하 등 북방 유목민들이 대거 남하하여 송조를 공격하는 이른바 '정복왕조'의 시대가 개막된 것도 이런 기후 변화와 무관하지 않다.

4. 제4차 온난기와 한랭기

1) 제4차 온난기(1192~1277)

제4차 온난기는 매우 짧아서 남송 중기부터 원대 초기까지 대략 85년간

29　류제헌의 『중국역사지리』에는 북송 전기(1051)부터 건조한 기후가 출현하여 220여 년간 지속되었으며, 이 시기가 중국 역사상 한발旱魃의 기간과 정도가 가장 길고 심하였다고 상반되게 주장하고 있다.

지속되었을 뿐이다. 또 여름은 평년보다 낮고, 겨울은 평년보다 따뜻해서 연평균 기온은 다른 온난기와 달리 낮아서 오늘날과 크게 차이가 나지 않을 정도였다. 반면 대단히 건조하여 13세기에 가뭄으로 시달린 햇수가 77차례로서 16세기의 84차례 다음을 빈도가 높게 나타난다. 따라서 이 시기는 전반적으로 현재의 기후와 유사하다고 할 수 있다.

1224년 그처기丘處機가 한식날 북경에서 지은 '춘유시春遊詩'를 보면 당시 북경의 기후는 지금과 거의 같다는 것을 확인할 수 있다. 13세기 초, 항주는 역사상 최초로 몇 년 동안 겨울에 걸음이 얼지 않고 눈도 오지 않았으며, 원대 초기 북송 초에 철폐되었던 사죽감이 하남성에 다시 설치되었다.

2) 제4차 한랭기(1325~1880)

제4차 한랭기는 원(1271~1368) 말부터 광서光緒 6년(1880)까지의 대략 550년이다. 기후는 점차 한랭 건조해지기 시작했지만, 수해도 상당하여 원 중기까지는 그런대로 평형이 유지되었다. 하지만 원말에 이르면 가뭄 피해만 현저해질 것이 아니라, 혹독한 추위가 계속되었다. 여름에 서리와 눈이 내릴 정도로 심각한 추위가 총 15년, 봄·가을에 서리가 내린 해가 총 25년이나 되어 일정 기간 당 혹한의 비율은 중국 역사상 가장 높은 편에 해당하였다.

1329년에는 태호가 완전히 결빙하였는데, 그 두께가 몇 척이나 되었으며, 동정산의 감귤이 거의 다 동사하였다. 1350년, 하남 안양安陽은 청명절에도 눈이 3척이나 쌓일 정도로 추웠고, 1363년에 운남 곤명昆明에 눈이 7척이나 쌓여 많은 사람과 가축이 죽었다. 이렇게 가뭄과 추위가 결합한 기후 재해는 '사람이 사람을 잡아먹을' 정도의 극심한 기근을 초래할 정도였고, 결국 각처에서 군웅이 할거하여 원을 멸망시키는 결과를 초래하였다.

원 세조 때 김이상金履祥은 경칩驚蟄에 관한 『예기禮記』의 기록과 당시의 상황이 한 달이나 차이가 난다는 것을 발견하고 서한 때 양기가 유난히 강하였던 것으로 추정하였다. 이는 원대 기온이 현 평균기온에 비해 대략 1℃ 가량 낮았기 때문으로 보인다.

명대의 기후도 원대와 마찬가지로 한랭 건조하여 1384년, 광서 오주梧州에 북방처럼 많은 눈이 내렸고, 1454년에는 장강 하구 바다가 얼었으며, 절강의 항주·가흥 등에 눈이 6~7척이나 쌓이는 전례 없는 한파가 몰아쳤다. 심지어 1506년에는 해남도에도 눈이 내렸고, 1509년에는 광동 조주潮州에 눈이 1척이나 쌓일 정도로 추위가 심각하였다.

가뭄의 정도는 더욱 심하였다. 본래 지표면 온도가 3℃ 낮아지면 대기 중의 수분이 20%나 감소하여 심한 가뭄이 발생하기 마련인데, 명 초기에는 1℃, 중기에는 1.5℃, 말기에는 2℃나 낮아 가뭄 피해 또한 심각하였다. 가뭄의 정도는 위진남북조와 수의 뒤를 잇는 수준이었는데, 중기 이후에는 더욱 심해져 16세기에만 가뭄 횟수가 무려 84회에 달하였다. 『호광통지湖廣通志』에는 성화成化 연간(1465~1487) 23년 가운데 첫 10년 동안 연속 가뭄이 드는 등 총 18년 동안 가뭄이 들어 수많은 사람이 아사하였다고 기록하고 있다. 홍치弘治 연간(1488~1505) 18년 가운데 14년간 크게 가물었고, 이어진 정덕 연간(1405~1521)에도 단 1년을 제외하고는 매년 가뭄의 피해에 시달렸다.

명 말에는 여름에 춥고 겨울이 따뜻한 기간이 20년(1557~1599) 정도 지속되면서 상황이 다소 나아지기는 했지만[30] 1600년부터 다시 한랭해졌는데, 바로 이 시기가 역사상 가장 유명한 소빙기로서 서구와 북미와 함께 극심한 한파에 시달렸다.[31] 1618년 겨울, 광동에 6~8일 동안 한낮에도

---

30 명대 온난한 기간은 총 7년인데, 그 가운데 5년은 1557~1585년 사이에 집중되었다.
31 당시 유럽 각국 역시 혹한과 기근에 시달렸다. 해외 식민지 개척과 남·북아메리카로의 대량 이주도 기후 재난을 극복하려고 한 노력의 일환이기도 했다. 1492년, 그린란드 주변 바다가 광범위하게 얼자 유럽과 단절된 그린란드의 바이킹Viking은 사멸하고 말았다.

눈이 계속 내렸고, 1623년에는 여름인데도 사천에 1척 가까이 눈이 쌓이는 기상 이변이 발생하였다. 당시 일기에 기록된 복숭아·매화 등의 개화기를 통해 추산해보면 지금보다 1.5~2℃도나 낮았을 것으로 보인다.

 가뭄 피해 또한 극심하여 『섬서통지陝西通志』에는 8년(1622~1629) 동안 비가 오지 않았다는 기록이 있고, 16년(1633~1643) 가운데 8년 동안 크게 가물어 '사람이 사람을 먹는人相食'의 참상과 도적 떼가 횡행하였다는 기록이 있다. 북경에서 대나무가 자취를 감추어 대나무가 진귀한 관상수로 변하였다.[32] 극심한 기후재해는 결국 명말 백련교白蓮敎의 난, 장헌충張獻忠과 이자성李自成의 난이 발생하는 요인이 되어 극심한 인명의 피해와 함께 결국 명조의 멸망으로 이어졌다.[33]

 청대의 기후는 1880년 이전까지 원·명대와 마찬가지로 한랭기에 속하였다. 하지만 상세히 구분하면 다음과 같은 네 시기로 나눌 수 있다. 우선 건국 후 80년(1636~1720)간은 명대와 마찬가지의 한랭한 기후가 지속되었지만 그 후 100년(1721~1820)은 비교적 온난한 겨울과 온난다습한 기후가 나타났다. 그러다가 40년간(1840~1880)의 마지막 한랭기를 거쳐 1880년 이후 제5차 온난기에 진입하여 현재에 이르고 있다.[34]

 청초(1650~1700)의 기후는 가장 한랭한 편이어서 50년 동안 한강 5회, 회하 4회, 동정호 3회, 파양호 1회, 태호 4회의 결빙 기록이 있다. 1690년,

---

32 당순지唐順之는 당시 북경의 정원에는 대나무가 없고, 어쩌다 대나무를 보면 수천 전을 들여서라도 구매하지만, 겨울을 넘기지 못하고 죽는다고 하였다.(『荊州集』, 권12, 「任光祿竹溪記」)

33 『명사』, 「오행지」의 기록을 분석한 결과 명대의 수재·한해 주기는 황하 유역이 7년, 장강 유역이 10.5년, 장강 유역 수계가 18년이었다.

34 1597년, 갈릴레오가 온도계를 발명하였고, 이것이 1670년 선교사 페르비스트에 의해 청조에 소개되었다. 그리고 1677년 북경 등지에서 날씨를 관측하기 시작하였으나 지속적이지 못하였고 기록도 온전하지 않아 1841년 이전의 기후는 여러 자료를 종합하여 파악할 수밖에 없다.

회하가 결빙한 기간이 무려 4개월이나 된다. 아열대 기후인 광동·광서에도 눈과 서리가 내린 기록이 8회나 된다.

청대 중기에 조금씩 따뜻해져 100년 동안 비교적 온난한 겨울이 계속되었고, 특히 1770~1830년의 60년이 그러하였다. 태호와 동정호가 1회 결빙한 일이 있으나 한강·회하·파양호는 결빙 기록이 없다. 북경 천단天壇과 지단地壇에 있는 수령 350년 이상의 나무를 대상으로 기후를 분석해본 결과 청대 중기의 기후는 지금과 비교해 0.5℃ 정도 낮았던 것으로 보인다.

그런데 1840년부터 다시 이상 한랭현상이 발생하여 북경의 겨울 평균기온은 40년 동안 -6℃ 이하, 최저 기온은 -15~20℃였으며, 상해의 평균기온도 늘 0℃ 이하로 지금과 비교해 2~3℃나 낮았다. 심지어 5월에 이상 한파가 몰아쳐 솜옷을 껴입는 일도 있었다. 이 마지막 한랭기는 과학적 기상관측의 결과이기 때문에 신뢰성이 높은데, 도광道光 26~30년(1846~1850)에 발생한 큰 가뭄이 태평천국의 난과 염비捻匪의 난을 발생시킨 요인 가운데 하나일 것으로 추정된다. 1880년대 이후 다시 온난해진 기후에 대해서 일부 학자들은 제5차 온난기에 접어들었다고 보지만 또 다른 학자들은 소빙기 중 일시적으로 나타난 시기라고 주장하기도 한다.

한편 지난 500년 동안 중국은 한재旱災가 수재보다 더 많았으며, 특히 북방에서 현저하였고, 시기적으로는 16~17세기에 극심하였다. 1644~1690년에 지금의 하남성 초작시 박애현은 7년 연속 한발 피해가 있었고, 명 말에 황하 유역을 강타한 한재는 역사적으로도 유명하다. 그러나 19세기부터는 홍수해가 한재보다 더 많이 발생하였다. 이와 같은 사실은 중국이 15세기 후반부터 17세기 말까지는 건조 기간이었던 반면 18세기부터 19세기 말까지는 습윤 기간이었음을 알려준다. 그리고 20세기에는 다시 건조 기간이었으며, 남방보다 북방이 한재를 더 빈번하게 겪어왔다.

제3절 식생과 생태환경의 변화

1. 인간의 오랜 간섭과 환경의 변화

1) 중국의 토지 이용과 문제점

중국인들은 토지를 비롯한 천연자원을 과도하게 이용함으로써 자연환경을 악화시키거나 자연 생태계를 파괴한 일이 상당하였다. 특히 지난 100년 동안의 지나친 개발로 인하여 농경지·초지·삼림 자원이 많이 상실되고 토양 침식이 한층 심해진 곳이 적지 않다.[35] 그 가운데 가장 대표적인 예가 중국 문명의 요람이라고 불리는 황토고원이다. 황토고원은 지난 수천 년 동안 자연 식생이 파괴되고 토지가 지나치게 개발된 결과 심각한 토양 침식과 낮은 농업 생산성에 시달리고 있다. 그리고 이러한 토양 침식에 따른 또 다른 여파는 황토고원 일대를 흐르는 황하가 매년 16억 톤의 황토를 하류 쪽으로 운반하여 하천 유역에 각종 재해를 일으키는 것이다.

현재 중국 국토 총면적 가운데 초지草地는 29.9%, 경작지는 13.9%, 임지林地는 13%, 도시 및 도로는 8.3%, 강과 호수는 2.9%, 경지·임지로 개발 가능한 황무지는 13.4%를 차지한다. 그 밖에도 사막沙漠 7.4%, 자갈사막戈壁 5.9%, 암석지역 4.8%, 빙하와 영구적설지역 0.5%로서 농업 및 임업용지로 이용할 수 없는 토지가 26.9%를 차지한다.

---

35 고대 문명의 유적지는 역사의 진행 과정이 반드시 끊임없는 진보와 승리의 길만이 아님을 보여주는 좋은 예이기도 하다. 문명의 흥기는 인간이 주위의 자연환경을 이용하고 통제할 수 있는 능력의 증대에 발맞춰 진행되었다. 또한 문명의 몰락도 주위 자연환경과의 조화와 균형 상태를 유지하는 데 실패함에 따라서 진행되었다.

현 중국 경지 가운데 1급지는 41.6%, 관리와 제한이 필요한 2급지는 34.5%, 3급지는 20.3%, 경지로 이용 가치를 상실한 것이 3.3%다. 파종면적으로 환산하면 1묘畝(667㎡)당 300kg 이상의 높은 생산력을 지닌 경지가 22.5%, 150kg 이하의 낮은 생산력을 지닌 경지가 21.0%, 그 중간이 56.5%를 차지한다.

농경지 가운데 수몰지가 4.0%, 저습지가 6.7%, 염해 피해지가 6.7%, 토양 유실지가 6.7%, 토양土壤 부족지가 12%로 모두 36.1%에 달한다. 또 농경지 가운데 인위적인 물 공급이 필요한 관개면적은 1949년 1,600만ha로서 전체 경지의 16.3%였으나, 2003년에는 5,580만ha로서 전체 경지의 40%로 늘어났고 관개 용수량도 1,000억㎥에서 3,300억㎥로 늘어났다. 이는 농업 생산 기반이 대단히 취약하다는 점을 말해준다.

그 결과 농업용 관개용수가 매년 300억㎥ 이상 부족하지만, 관개용수 이용률이 40%에 불과해 수자원 낭비가 매우 심하다.[36] 그 결과 가뭄 피해 경지가 1970년대 평균 1,100만ha에서 1980년대에는 2,000만ha, 1990년대에는 2,700만ha로 늘어났으며, 최근에는 3,300만ha로 계속 늘어나고 있다.[37] 또 수질 오염도 심각하여 2002년에는 4급수가 12.2%, 5급수가 23.1%에 달하였다.

임업용지는 247만㎢이며, 그 가운데 삼림 면적은 125만㎢인데, 묘목~중간 단계의 수목 비중이 67만㎢를 차지한다. 삼림의 임목 축적량은 1ha당 79㎥로서 세계평균 110㎥의 71.8%에 불과하다. 중국의 이용 가능한 목재는 매우 빠른 속도로 줄어들고 있어 조속한 대책이 필요한 실정이다.

---

36 2002년 중국의 총 용수량은 5,497억㎥로서 총 수자원의 19.5%에 해당한다. 그 가운데 농업관개용수가 61.4%, 공업용수가 20.8%, 임업·목축·어업용수가 6.7%, 도시 생활용수가 5.8%, 농촌 생활용수가 5.4%를 차지하였다. 이를 위해 설치한 저수지는 총 84,905개소이며 총 저수량은 4,571억㎥이다.

37 수몰·염해·침수의 피해가 있는 경지도 3300만ha에 달한다. 지난 40년 동안 많은 개선이 있었지만, 여전히 많은 한계를 안고 있다.

관리가 필요한 토양 침식지역은 356만㎢로서 수력 침식지역은 165만㎢, 풍력 침식지역은 191만㎢다. 매년 표토 유실량은 50억 톤이 넘어 세계 1위에 해당한다. 흑룡강성은 세계 3대 흑토지대의 하나로서 유기질 함량이 일반적으로 5~10%에 달하는 비옥한 지역이다. 원래 울창한 삼림으로 덮여 인적이 드물었던 이곳은 불과 1세기 만에 콩·옥수수의 단일 경작 지대로 탈바꿈하였는데, 경작 기간이 비교적 오래된 곳은 놀랍게도 태반이 토양 침식에 시달리고 있다. 이 일대 경작지의 1/4 정도는 경작한지 100년이 채 안 되었으면서도 기름진 흑토 표층의 절반을 이미 상실하였다. 그 중 심한 곳은 흑토 표층이 전부 제거되어 황토 모재母材가 완전히 노출되어 있기도 하다.

그 밖에도 염해鹽害가 해안 지방뿐만 아니라 중국 북서부 지방에도 발생하여 커다란 피해를 주고 있다. 지금까지 중국 농경지의 1/5 정도 크고 작은 염해를 겪어왔다. 일반적으로 염해의 주요 원인은 건조지역에서 관개수를 과도하게 이용한 데 있다. 건조지대의 중·하류 오아시스에서 많은 양의 물을 그냥 흘려보내지 않고 중간에 농업용수로 저장하여 증발시킨 결과 하류 지역에서는 염분이 올라와 축적된다. 토양에 염분이 축적되면 농경지는 못 쓰게 되고 결국 이러한 땅은 불모의 황무지로 버려지게 되는 것이다.[38]

현재 개간이 가능한 황무지는 약 33만㎢인데, 35°N 이북에 위치한 삼강三江평야·송눈松嫩평야·동북구릉지·내몽고 동부·하서주랑河西走廊·

---

[38] 메소포타미아 문명이 몰락한 원인은 관개수로 시설을 유지 관리하는 데 실패한 것, 비옥한 충적토 유실과 함께 토양에 염분이 증대한 것을 들 수 있다. 그 가운데서 염해가 가장 심각하였는데, 본래 사막이었던 곳을 관개수로를 이용하여 경작지로 바꾼 곳은 어디서나 염해가 진행된다. 건조하고 강수량이 적은 사막기후에서는 증발을 막기 힘들다. 수분이 증발하면 모세관 현상으로 지하의 염분이 상승하게 된다. 또 강물에 실려 온 소금 성분도 땅에 침전되었다. 일단 염해를 입게 되면 경작을 포기할 수밖에 없게 된다. 염해를 막기 위해서는 물을 충분히 공급하여 염도를 낮춰야 하고 벼농사처럼 토양에 수분을 공급해 줄 수 있어야 하며 유기질 공급이 필요하다.

준가르準噶爾분지, 타림塔里木분지, 이리하伊犁河유역에 80% 이상 집중되었다.[39] 그 가운데 1급지는 3.1%, 2급지는 49%, 3급지는 47.9%인데, 교통·자본 등을 고려해 볼 때 경제성은 비교적 낮고 장기적으로는 개간의 부작용이 더 클 것으로 보인다. 농지로 개발 가능한 황무지 가운데 약 40% 천연 초지이므로 사료작물 재배가 적합하며, 16~20%는 남부 구릉지에 위치하여 유채·차·귤 등의 재배에 적합하다.

2) 천연식생이 사라진 대륙

우리는 생명 유지를 위해서 필요한 모든 것들을 자신이 속한 생태계에서 취한다. 문명은 이런 취득 시스템을 고도화한 것이어서 자연환경 변화에 지대한 영향을 끼치기 마련이다. 중국은 긴 역사와 많은 인구를 가지고 있어 자연환경 변화에 끼친 인간의 영향력은 그 어느 곳보다 컸다고 할 수 있다.

고대의 종교는 기본적으로 자연 숭배에 가까웠고, 자연에 대한 감수성과 상상력이 풍부하여 자연의 균형과 조화, 질서를 중시하였지만, 현실적으로는 생태계와의 균형에 대한 이해가 부족할 수밖에 없었다.[40] 자연환경에 대한 인간의 간섭과 파괴, 생태계에 대한 균형의 상실은 한마디로 말해 숲에 대한 파괴의 정도와 정비례한다고 해도 과언이 아니다.

---

39 이러한 가경지는 주로 동북지방과 서북지방에 있으며, 그 중에서도 동북지방의 삼강三江평야는 개간 가능성이 가장 높은 곳으로 평가되고 있다. 하지만 삼강평야는 중국 최대의 소택지로서 생태환경의 보고이다. 따라서 삼강평야에 대한 개간은 신중해야 한다.

40 신석기시대 농경인의 자연환경에 대한 태도는 다분히 주술적이며 종교적이었다. 아나톨리아의 사탈 휘위크Catal Hüyük 마을의 경우 주거 공간의 1/3을 종교적 의례를 위한 장소로 사용하였다. 최근까지 신석기 농경문화를 고수해 온 Hopi족 인디언도 일하는 시간의 1/3을 춤을 추는 등 종교적 의례에 할애하였다. 그럼에도 불구하고 일부 학자들은 인간이 불을 이용해 짐승을 사냥하면서 방화한 것이 결국 초원을 형성시킨 주된 요인이라고 주장하기도 한다. 또 홍적세 동물의 멸종과 생존에도 영향을 미쳤다고도 한다. 동굴 곰이나 동굴 하이에나의 멸종 개와 순록의 가축화 등은 인간의 간섭 결과라는 것이다.

메소포타미아·인더스·그리스·로마 문명의 몰락은 숲을 남벌한 결과와 무관하지 않으며,[41] 오늘날 중국이 직면하고 있는 거의 모든 환경 문제도 그 근원은 숲의 상실에 있다.[42] 숲의 상실은 토양의 상실과 물의 상실로 이어져 생명의 존재 자체를 불가능하게 만들기 때문이다.[43] 현재 중국에는 어디를 가나 농경지가 있고 사람이 있으며, 천연지와 천연 식생이라는 것이 더 이상 남아 있지 않으며, 인간의 손길이 닿지 않은 순수한 의미의 자연환경은 거의 찾아볼 수 없다. 그러면 중국에서 천연 식생을 사라지게 한 원인은 무엇이고 현 상황은 어떠한지 살펴보자.

첫째 요인은 농경지 확대를 위한 개간이다. 인간과 자연의 오랜 조화를 일거에 무너트린 것은 바로 농업과 목축의 시작이라는 신석기혁명이었다. 정착농업은 안정적이고 풍족한 식량 조달을 가능하게 해주었고, 많은 사람의 집단 거주도 가능하게 해주었다. 목축은 지속적인 이동의 부담을 주기는 했지만 불안정한 수렵과 달리 가축을 통해 생활에 필요한 것을 안정적으로 공급받을 수 있게 하였다. 중국문명의 출발지인 황하유역은 매우 조숙한 농경문화를 창출하였으며,[44] 그보다 천년 앞선

---

41 그리스의 자연환경에 가장 큰 영향을 준 것은 삼림의 황폐화로서 기원전 600~200년 사이에 집중적으로 이루어졌다. 당시 목재 수요는 매우 광범위해서 건축·연료·생활용구·조선 등의 수요가 폭증하였다. 또 방목으로 인한 숲 훼손이 막심하였다. 포도주는 송진을 첨가하여 맛과 향을 내고 보존하였으므로 살아있는 나무에 상처를 내서 송진을 구하였다. 선박 방수 처리를 위한 송진과 수지 수요도 대단하였다. 기원전 2C가 되자 숲은 특이한 경관으로 간주될 정도로 문제가 심각해졌다. 각 도시국가마다 선박 제작을 위한 삼림자원 보존에 주력했고, 목재 확보가 식민지 개척의 주된 목적이 될 정도였다. 그리스의 삼림지대는 원래 국토의 반에 해당했지만, 지금은 1/10도 안 된다.

42 '가장 중요한 변화는 벽돌·돌·콘크리트의 보급과 도시 확장이 아니라 전 세계적인 삼림 파괴와 토양 비옥도의 저하이다.'라는 환경론자들의 일반적인 지적이 가장 잘 적용되는 곳은 바로 중국이다.

43 메소포타미아문명과 인더스문명은 몰락 요인은 매우 유사하다. 반사막지대라는 취약한 자연환경에 제대로 대응하지 못한 것이 두 문명이 몰락하게 된 공통요인이었다. 메소포타미아문명이 햇볕에 말린 진흙 벽돌로 건설된 데 비해 인더스문명은 불에 구운 벽돌로 건설된 문명이었다. 그 결과 연료를 구하기 위한 남벌, 삼림 황폐화와 초지의 감소, 수자원 고갈과 건조화, 홍수와 토양의 침식이라는 일련의 악순환 구조가 고착되면서 소멸되고 말았다.

하모도河姆渡문화도 절강에서 발견되었다. 농경이 본격화된 뒤 중국은 전형적인 농경문명의 성격을 유지하여 개간을 위한 노력을 부단히 진행하였다.

둘째, 인구 증가에 따른 순환적 수요도 개간을 촉진한 또 하나의 요인이었다. 중국의 가장 기본적인 종교적 성향은 조상 숭배였기에 자손의 번식에 대한 각별한 관심이 인구 증가의 주된 동기로 작용하였고, 개간에 용이한 황토고원의 지리적 환경이 이러한 인구 증가를 뒷받침해 주었다. 전근대에는 말할 것도 없이 농민이 절대다수를 차지했고, 모택동 집권기[45]는 물론 오늘날에도 14억 인구 가운데 9억 명이 농민이기 때문에 이런 특성은 여전하다.[46]

셋째, 개간에 대한 금기가 없었다. 농경문화에서 가장 중시한 가치관은 근면함이었으며, 개간은 근면함의 지표로 간주되었다. 모든 왕조마다 개간을 적극적으로 권장하였고, 개간 실적은 지방관의 가장 중요한 근무 고과 기준이었다. 그래서 숲을 농경지로 개간하고 이용하는 것에 대한 어떠한 금기도 자리 잡기 힘들었다.[47]

---

44 섬서성 서안시 반파촌半坡村에서 발견된 6,000년 전의 문화는 도구·도기·장신구 등 모든 분야에서 상당히 정교한 수준을 자랑한다. 따라서 반파유적을 단순한 농경의 발상지로 간주하는 것은 적합하지 않다.

45 모택동의 가장 핵심적인 사상 가운데 하나가 농민유토피아주의다.

46 중국의 농민에 대한 통계는 8~10억까지 다양한데, 각종 언론기관에서 사용하는 가장 일반적인 용어는 '9억 농민'이다. 농민 수에 대한 통계 차이는 우선 농민과 농촌인구의 개념 차이에서 발생한다. 농민은 직업에 대한 개념이고 농촌인구는 성진城鎭인구에 대응하는 호적관리 상의 개념이다. 농촌의 경제 상황이 계속 바뀌고 있어 농촌인구가 곧 농민인 시대는 이미 지났다. 따라서 현재 중국 통계국에서는 농업인구와 향촌鄕村인구를 구분하고 있다. 국가통계국에서 발행한 『중구통계적요中國統計摘要』(2003)에 수록된 '인구기본정황人口基本情況'에 따르면 1990년 농업인구가 9억을 돌파하여 2002년 말 9.3억이 되었으며, 2002년 향촌인구는 7.8억이다. 2003년 3월 온가보溫家寶 총리는 '13억 인구 가운데 농민이 9억이며, 절대 빈곤층이 3천만 명'이라고 밝혔다. 농업인구는 농업 수입이 총수입의 50% 이상인 경우로서 1978년의 경우, 9억 3383만 명이었다.

중국이 자랑하고 있는 관개농업 실적도 생태학적 측면에서 보면 자연에 대한 과부하라고 볼 수도 있다. 일찍이 『시경詩經』(기원전 781~771)에도 묘사된 관개는 중국 농업의 오랜 전통이 되어왔다. 기원전 563년 이전에 정국鄭國은 태항산맥 동쪽 기슭의 하천 유로를 이용하여 효율적인 관개수로를 건설하였고, 전 4세기경 장강 삼각주, 사천분지와 회하 유역에도 많은 관개수로가 건설되었다. 당시 사천분지 서부에 건설된 도강언都江堰은 아마 당시 세계에서 가장 규모가 큰 종합적인 관개시설이었을 것이다. 오늘날 중국 농경지의 45%가 관개를 이용하여 경작되고 있다.

넷째, 목재와 흙을 위주로 한 건축 양식을 유지하고 연료로 목재를 사용한 것도 숲의 파괴를 초래한 중요한 요인이다.[48] 서안과 낙양, 개봉과 북경 등 수도가 건설될 때마다 화북지역의 숲이 대규모로 파괴되었고, 연료 공급을 위한 지속적인 파괴가 뒤따랐다. 서안과 낙양에 목재를 공급하던 곳은 섬서 서북부지역이었고, 황하를 이용한 뗏목을 통해 운반하였다. 개봉과 북경이 수도로 선정되면서 태항산맥 일대의 숲이 목재의 주된 공급원이 되었다.

다섯째, 과도한 가축 사육이다. 중국인들은 일찍부터 많은 동물을 가축으로 길들이고 가축을 여러 용도로 이용하였다. 일찍이 구석기 시대부터 개를 가축화하였으며,[49] 신석기시대 이후에는 돼지·양·염소·소·

---

47 유태인은 초월적 존재인 유일신 개념을 받아들였기 때문에 자연 자체의 아름다움보다는 거기에 드러난 신의 위대함에 주목하였고, 인간은 신의 위임을 받아 자연을 지배하는 존재로 간주하였다. 하지만 아벨의 제물인 양은 기꺼이 용납하면서 카인의 제물인 농작물은 거부하는 등 목축을 정상적인 것으로 간주하였고 안식년을 통한 땅의 정화 등 나름대로 생태학적 사유를 지니고 있었다. 후대의 서구사상은 이런 점을 상당히 왜곡하여 계승하였다.

48 로마인의 기술 수준과 제도는 이전의 모든 지중해 문명을 능가하였기 때문에 지중해 세계 전체를 크게 변화시켰다. 우선 연료·건축·조선용 수요를 위한 삼림의 훼손이 매우 광범위하게 이루어져 석재 위주의 건축이 불가피할 정도가 되었다.

말·당나귀·닭·오리·야크·낙타 등을 사육하기 시작하였다. 1982년 당시 사육 가축 수는 돼지 4억 6,601만두, 양 3억 4,053만두, 소 1억 3,467만두, 말 790만, 당나귀 820만, 노새 396만두, 닭 등 가금류 50억 5,812만 마리였다. 2011년 현재 사육 가축 수는 돼지 4억 6,767만두, 양 2억 8,236만두, 소 1억 3,605만두, 말 671만, 당나귀 647만, 노새 260만 두로 약간 줄어들었지만, 여전히 세계적인 수준을 유지하고 있다. 이 가축을 사육하기 위한 사료용 곡물을 재배하기 위한 농경지와 초지의 수요 역시 숲의 파괴를 촉진하는 요소 가운데 하나다.

여섯째, 모택동의 잘못된 정책이다. 모택동은 생산력 증대를 절대시하는 잘못된 사고방식을 맹신하여 개간을 무모할 정도로 장려하였다. 이미 과도하게 개간된 중국의 자연을 상대로 '황산의 꼭대기에 모를 심고, 동정호 가운데 모를 심는다'는 무리한 정책을 강력하게 추진한 결과, 보여주기식 개간이 많아서 단기적 생산 증대가 없진 않았지만, 장기적으로는 농산물 생산 증대를 거두지 못한 채 숲만 파괴한 사례가 상당하였다.

---

49 지금까지 발굴된 가장 오래된 개의 유골은 14,000년 전의 것이지만 개·늑대·코요테의 미토콘드리아 유전자 정보를 분석해보면 개의 가축화는 135,000년 전부터 시작된 것으로 추정된다.

2. 사막과 황사

1) 중국의 사막

라틴어로 '버려진 땅'을 뜻하는 dēsertum인 사막은 강수량이 적어서 동식물이 살아가기에 부적합한 곳이라고 알려졌지만, 기후학적으로는 '증발량이 강수량보다 많은 건조지역'을 뜻한다. 사막은 위치에 따라 ①중위도 그기압 지대 사막,[50] ②비그늘 지대 사막, ③대륙 내부 사막으로 나눌 수 있는데, 중국은 계절풍기후의 영향으로 중위도 고기압 지대 사막은 없다.

비그늘 지대 사막은 푄Foehn Wind현상으로 건조해진 지역에 형성되는 사막으로서 파미르고원 사면의 타클라마칸사막이 대표적이며, 대륙 내부 사막은 바다에서 멀리 떨어진 대륙 내부에 형성되는 사막으로서 중앙아시아 지역의 사막이 대표적이다.

중국에서는 사막을 황막荒漠이라고 칭하고 지표면 상태에 따라 ①모래로 덮인 사막沙漠·사지沙地, ②자갈로 덮인 고비戈壁·역막礫漠, ③암석으로 덮인 암막岩漠, ④진흙으로 덮인 니막泥漠으로 구분한다. 사막沙漠과 사지沙地 모두 모래사막sandy desert지만, 강수량과 사구의 이동 및 파괴 정도에 따라 강수량이 적고 바람이 강해 이동사구가 많은 곳을 사막, 강수량이 상대적으로 많아 식물이 사구를 덮을 정도가 되어 고정사구를 형성한 곳이지만 환경파괴로 사막화되고 있는 지역을 말한다.

고비戈壁는 '자갈이 많은 평야'라는 몽골어와 만주어를 한자로 표기한 것이다. 자갈과 토사로 이루어진 선상지가 풍식의 영향으로 토사가 날아가고 자갈만 지표에 남아 형성된 사막이다. 면적은 50여만㎢이다.

---

50 중위도 고기압 지대사막은 적도 부근에서 상승한 기류가 하강하는 남·북위 30° 일대의 고온 건조한 지역으르서 사하라사막이 대표적이다.

암막岩漠은 지표에 기반암이 노출된 바위투성이 사막을 말하며, 니막泥漠은 비가 올 때 일시적으로 흙탕물이 몰려드는 저지대 호수playa에 형성되는 진흙 사막이다.

중국의 사막은 서북의 신강위구르자치구와 감숙성, 북동부의 내몽고자치구에 넓게 분포하며, 넓이는 128만㎢로 중국 총면적의 13%에 해당한다. 사막 대부분은 만리장성 이북에 위치하였으며 만리장성은 연평균 강수량 380㎜ 등강우선과 대략 일치하며 농목업의 교계지이기도 하다.

[지도 5-2] 중국의 황막화 지역도

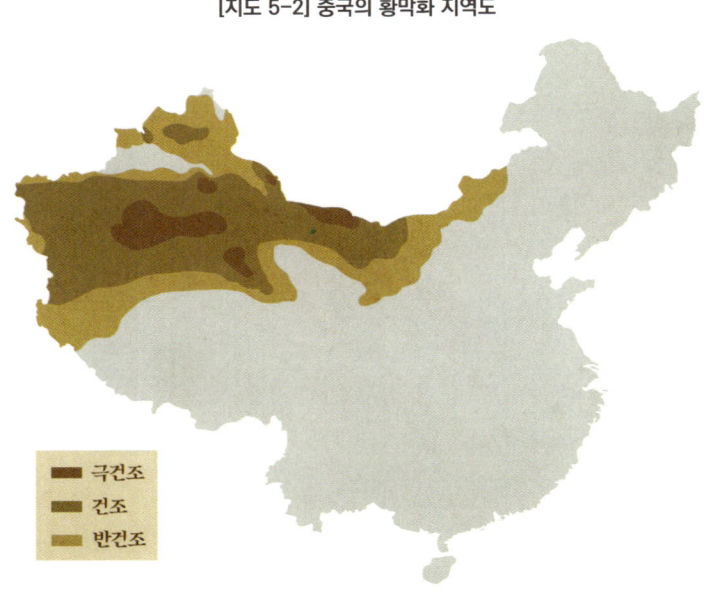

[지도 5-3] 중국의 주요 사막 및 사지 분포도

중국의 8대 사막은 그 면적 순으로 타클라마칸塔克拉瑪幹·구얼빤통꾸터古爾班通古特·빠딴지린巴丹吉林·텅거리騰格里·차이담柴達木·쿠무타꺼庫姆塔格·쿠부치庫布齊사막·우란부허烏蘭布和순이다.[51]

타클라마칸사막의 '타클라마칸'은 위그르어로 '산 아래의 큰 사막'이란 뜻이다. 신강의 타림분지에 위치한 33~37만㎢에 달하는 중국 최대 사막이며, 주르 100~2㎝m 높이의 이동성 사구로 이루어졌으며 연 강수량은 30㎜ 이하이기 때문에 통상 '한 번 들어가면 살아서 나오지 못하는 곳' 혹은 '죽음의 바다'르 널리 알려져 있다.[52] 타림분지는 고도가 서쪽이 1200~150㎝m, 동·북쪽이 800~1000m로 완만하게 기울어져 있다.

---

51 서쪽부터 동쪽으로는 ❶타클라마칸, ❷구얼빤통꾸터, ❸쿠무타꺼, ❹차이담, ❺빠딴지린, ❻텅거리, ❼울란부허, ❽쿠부치 사막이다. 다음으로는 ❾무어스, ❿훈산닥, ⓫커얼친(또는 호르친), ⓬후룬부이르, ⓭송눈 사지이다.

52 '타클라마칸'의 뜻에 대해서는 여러 가지 이론이 있다. 위구르어로 '들어가면 나오지 못하는 곳'이란 뜻으로서 중국에서는 흔히 '죽음의 바다'라고 칭하지만, '잎이 없는 작은 나무도 살 수 없다'는 뜻의 페르시아어에서 유래한 것이라는 견해도 있다. 하지만 '塔克·塔格'의 塔나 '博格達'의 達 모두 '산'이란 뜻이다. '拉瑪幹'의 정확한 뜻은 '대황막大荒漠'이며

제5장 자연지리 I : 지형과 기후, 수자원   203

구얼빤통꾸터사막의 '구얼빤'은 몽골어로 '3개', 통꾸터는 무슨 뜻인지 불명확하다. 신강 서북부 중가리아분지에 위치한 48,000㎢의 사막으로 북동쪽의 알타이산맥, 남쪽의 천산산맥에 둘러싸인 자갈사막이다. 4개의 작은 사막이 모여서 이루어진 사막으로서 연 강수량은 70~150㎜다. 북서풍과 서풍이 탁월풍卓越風이어서 북서~남동방향으로 종렬縱列사구沙壟가 만들어지고 있고 길이는 수백m에서 10여km로 다양하며 높이는 10~50m. 1958년부터 유동성 사구가 출현하기 시작하였다. 고정 사구의 피복률은 40~50%, 반고정 사구의 피복률은 15~20%다.

빠딴지린사막은 몽골어로서 무슨 뜻인지 불명확하다. 내몽고자치구 서쪽 아라산阿拉善에 위치한 44,300㎢의 사막으로 이동성 사구流動沙됴가 83%를 차지하는 중국 최대의 이동성 사구 사막이다. 사구는 대략 200~300m지만 가장 높은 곳은 500m에 달한다. 연 강수량은 50~100㎜이며, 1950년대 빠딴지린사막으로 유입되는 강에 댐을 건설하여 오아시스가 급속하게 쇠퇴하였다.

텅거리사막은 몽골어로서 '하늘처럼 끝없이 넓다'라는 뜻이다. 내몽고자치구의 서부 아라산 지역에서 감숙성과 영하회족자치구에 걸친 42,700㎢의 사막이다. 연 강수량은 100~250㎜이며 이동성 사구가 66%를 차지한다. 이 지역 역시 댐 건설로 민근民勤오아시스 지역이 급속히 사막화되고 있다.

차이담사막은 몽골어로 '소금호수'라는 뜻이다. 해발고도 2500~3000m에 달하는 청해의 차이담분지에 위치한 34,900㎢의 사막이다. 연

파생하여 광활하다는 뜻으로도 사용한다. 따라서 타클라마칸은 '산 아래 있는 대사막'이라고 번역하는 것이 타당하다. 여기서 말하는 산은 북쪽의 천산산맥과 남쪽의 곤륜산맥을 말한다. 그밖에도 타클라마칸사막이 시작하는 카슈카르 동쪽 메르케트麥蓋提 지역 주민은 타클라마칸사막을 야만쿰Yaman-kum이라고 하는데 이는 '죽음의 모래'라는 뜻이다. 그리고 타클라마칸사막의 거대한 모래 언덕을 가리켜 총쿰Tschong-kum이라고도 불렀다.

강수량은 서부지역이 10~25㎜, 동부지역이 50~170㎜다. 야르당이라고 부르는 풍식 잔구 지형이 전체 면적의 67%를 차지하고 있어 독특한 경관을 자랑한다. 이곳 역시 관개농업의 확대로 인해 사막화와 토양 염류화가 심각하게 확대되고 있다.

쿠무타꺼사막은 위구르어로 '모래산'이란 뜻이며 같은 이름의 사막이 2곳 있다. 하나는 신강성 투르판분지 동쪽의 선선현鄯善縣에 있는 1,880㎢의 선선쿠무타꺼사막이고, 하나는 신강성과 감숙성 교계지에 있는 22,000㎢의 감신甘新쿠무타꺼사막이다. 매우 다양한 이동성 사구로 이루어졌다.

쿠부치사막은 몽골어로 '활시위'란 뜻이다. 내몽고자치구 준서부의 오르도스고원에 자리한 16,100㎢의 사막이다. 남쪽을 제외한 삼면이 황하에 둘러싸여 있으며, 연 강수량은 서부가 150~200㎜, 동부가 300㎜ 정도다. 흉노를 견제하기 위한 전진기지로 한대에 개발되어 당대까지 10여 개 군현이 설치되었으나 지금은 모두 사막에 매몰되었다. 현재 사막이 계속 확대되어 남쪽의 무어스사지沙地와 합쳐지려고 하고 있다.

울란부허사막은 몽골어로 '붉은 황소'란 뜻이다. 사막의 기세가 매우 웅위함을 표현한 것이다. 내몽고자치구 아라산 지역을 흐르는 황하 서안에 있는 9,900㎢의 사막이다. 연 강수량은 100~200㎜이며, 이동성 사구가 39%, 반고정사구가 31%, 고정사구가 30%를 차지한다.

2) 중국의 사지沙地

사지는 사막화되고 있는 곳이라는 점에서 사막과 구분되지만, 지표에 모래가 덮여 있고 피복식물이 없다는 점에서는 사막과 구분되지 않는다. 단 강수량은 사막보다 많다.[53] 현재 중국의 사막화 면적은 1950~1970년대에는 매년 1,560㎢씩 확대되었고, 1980년대에는 매년 2,100㎢씩 확대되고 있다. 그리고 2000년대 들어와서는 매년 서울시 면적의 5배인 3,000㎢의 땅이 사막으로 변하고 있는데, 이는 1990년대에 비해서도 20%나 늘어난 수치다.

사막화의 원인은 기후가 건조하고 바람이 거세지는 것 못지않게 인위적 요소가 크게 작용하고 있다. 그 원인을 분석해보면 과도한 개간이 45%, 과도한 방목이 29%, 과도한 벌목이 20%를 차지하고 있어 과도한 방목이 주된 요인일 것이라는 일반의 인식과 달리 과도한 개간이 가장 주된 요인이다.

중국의 주요 사지로는 훈산닥渾善達克사지, 커얼친科爾沁(또는 호르친)사지, 무어스毛烏素사지, 후룬뻬얼呼倫貝爾사지, 송눈松嫩사지가 있다. 훈산닥사지는 몽골어로 '고독한 말'이란 뜻이다. 징기스칸이 서정西征을 할 때 애마를 타고 이곳을 지난 데서 유래하였다. 내몽고자치구 동부 씨링골맹錫林郭勒盟 남부에 위치하였으며 면적은 52,000㎢, 평균 해발고도 1,100m의 고지대에 있다. 북경에서 180km 떨어진 가장 가까운 사막으로 연 강수량은 210~320㎜이며, 사지 내에 호수와 오아시스가 다량 분포되어 있고, 고정 및 반고정사구가 전체의 98%를 차지한다. 훈산닥사지 동남부에 원 세조 쿠빌라이가 건설한 상도上都 유적이 있다. 1950년대 이래 과도한 방목으로 고정사구가 반고정사구로 변하는 등 사막화가 진행되고 있다.

---

53 8대 사막에 차이담사막 대신 커얼친사지를 들기도 하고, 8대 사막 대신 10대 사막을 거론할 정도로 사실상 사막과 사지의 구분은 애매하다. 외양보다는 수원水源의 유무가 더욱 중요한 기준이 된다.

커얼친는 몽골어로 '활과 화살을 만든 자'라는 뜻이며 몽골 부족 명칭에서 유래하였다. 내몽고자치구 동부의 통료通遼와 적봉赤峰 일대에 있고 면적은 42,300㎢다. 연 강수량은 300~450㎜이며, 고정 및 반고정 사구가 90%를 차지한다. 1990년대부터 사막화 방지사업이 진행되면서 사막화 속도가 다소 감소하고 있다.

무어스사지는 몽골어로 '좋지 않은 물'이란 뜻이다. 내몽고자치구 오르도스고원 남부에 위치하여 오르도스사막이라고도 칭하며 북쪽으로 쿠부치사막과 접하고 있다. 면적은 최근 42,200㎢로 넓어졌으며 대부분 고정사구다. 연 강수량은 동부가 400~440㎜, 서부가 250~320㎜다. 강수량이 비교적 많고 황하에 둘러싸여 있어 선진과 진·한대에는 농업지대였고, 그 뒤로는 초지가 발달한 유목의 중심지였다. 그러나 당대 초기부터 삼림초원이 파괴되기 시작해 송대에는 동남쪽에 사막이 형성·확대되었다. 명대에는 만리장성이 무우스 사지를 관통했는데, 모래가 쌓여 장성을 무용하게 만들었기 때문에 모래를 파내는 비용이 고민될 정도였다.

후룬부이르사지는 후룬과 부이르 두 호수의 이름을 합한 것이다. 몽골어로 후룬은 '스달', 부이르는 '수컷 수달'이란 뜻이다. 면적은 10,000㎢이며 연 강수량은 230~320㎜다. 자연적으로 형성된 사지라기보다는 무분별한 개간과 개발의 후유증으로 형성되었으며, 관리 부실로 계속 확대되고 있다.

송눈사지는 길림성의 송화강과 흑룡강성의 눈강嫩江이 합류하는 지점에 형성된 2,600㎢ 크기의 사지다. 연 강수량은 400㎜다. 본래 삼림과 초원, 저습지로 이루진 지역이었는데, 20세기 초 무분별한 개간으로 급속히 사막화가 진행되고 있다.

3) 사막화 현상과 그 원인

중국은 국토 총면적 가운데 습윤濕潤지역이 32.2%, 반습윤半濕潤지역이 17.8%, 반¥건조지역이 19.2%, 건조지역이 30.8%를 차지한다. 중국 전 국토의 절반에 가까운 건조 또는 반건조한 지역에서 개간 등 토지를 잘못 이용한 결과가 바로 사막화를 초래한 주된 원인이다. 내몽고자치구와 이어진 몽골공화국의 경우 이미 국토의 42.5%가 사막화되었다. 내몽고 고비 목장 역시 그 70%가 이미 회복이 불가능할 정도이다.

당대부터 지금까지 1,000년이 넘는 세월 동안 중국 북쪽의 사막은 남쪽으로 100km 이상 성장하였다. 특히 지난 300년 동안 자연 식생의 제거가 가속화됨에 따라 약 60km 두께의 이동성 사막 지대가 만리장성을 따라 형성되었다. 이런 현상을 입증하는 대표적인 것이 최근 갈수록 심각해지고 있는 황사현상이다. 2002년 중국 황사의 절반 이상이 몽골에서 시작하여 남하하는 도중 중국 북서부와 내몽고에서 더욱 강화되는 특징을 보였다.

중국의 초지는 연 강수량 250mm 이하의 반사막형 초지가 대부분이어서 생산력은 매우 빈약하다. 흑룡강성의 흑토지대는 1ha에서 3,000~4,500kg의 목초를 생산할 수 있지만 대부분 지역은 1/5에도 미치지 못한다. 티베트고원의 경우 양 1마리를 키우는데 4~5ha, 심지어 7ha의 초지가 필요할 정도로 생산력이 떨어진다. 서부 유목지역은 전국 유목지역의 약 50%를 차지하지만 1묘畝(667㎡)의 초지에서 150g의 고기만 생산할 수 있다. 그럼에도 과도한 방목으로 인한 사막화가 진행되기 때문에 사육량을 대폭 감축해야만 하는 실정이다.

원래 초지였지만 지금은 목초지로 사용할 수 없게 된 27만㎢을 회복시킨다면 1ha에서 450kg의 목초를 생산할 수 있을 것이다. 전국 초지 가운데 20~30만㎢는 물이 부족해 평균 이용률이 30~40%에 불과하다. 남방 산지의 초지는 생산량이 우수하나 이용률이 20%에 불과해 개발

잠재력이 높다.

　이렇게 사막화가 진행된 원인 가운데 하나가 과도한 방목이다. 염소는 키 작은 잡목 잎사귀를 뜯어 먹는데 그치지 않고 나무 위까지 올라가 잎을 뜯어 먹었고, 특히 어린 나뭇잎을 가장 좋아한다. 그래서 염소를 방목한 지역에서 숲이 사라지는 일이 빈번해졌다. 땅을 파헤치는 돼지의 습성 또한 삼림과 잡목지대에 치명적인 결과를 초래할 수 있었다. 소는 덜 파괴적이긴 하지만 먹성이 좋아 초원을 황폐하게 할 수도 있다. 하지만 초원에 가장 위협적인 가축은 바로 양이다. 양은 초원에 남아 있는 풀을 남김없이 뜯어 먹고, 풀이 없으면 날카롭고 단단한 발굽으로 흙을 파내 풀뿌리를 먹기 때문에 양 떼가 한 번 지나가면 남는 것이 없을 정도가 된다.

　물론 목축으로 인한 자연환경의 파괴는 이런 짐승들의 습성이 가장 중요한 요인은 아니다. 그것은 어디까지나 이들을 대량으로 사육하는 인간의 문제다. 인간이 목축에 나서면서 자연의 먹이사슬 균형이 더 이상 유지될 수 없게 된 것이다. 또 오아시스 농업이 수자원을 과도하게 낭비하여 주변지역과 하류지역을 사막화하고 있고, 값싼 농산물을 수입하는 일본과 한국도 수자원을 과도하게 낭비하게 한 원인 제공자 가운데 하나다.

　이에 1998년부터 중국 정부는 퇴경환림退耕還林·퇴경환초退耕還草 정책을 내몽고 등 4개 성에서 실시하기 시작했고, 2002년부터 전국으로 확대하여 2004년 현재 198,000㎢에서 실시하고 있다. 그 주된 내용은 밭으로 개간한 땅에 나무를 심으면 200평 토지에 200kg의 양식과 20원元의 보조금, 50원의 땔감을 8년간 보조해주는 것이다. 하지만 퇴경환림정책을 성공하기 위해서는 농업과 목축업에 의존하지 않고도 살아갈 수 있도록 공업화를 이룩해야 한다.

　단 사막화를 방지하기 위한 나무 심기에는 매우 치밀한 분석과 접근이 필요하다. 우선 사막화가 진행되는 지역은 나무는커녕 풀도 자라기 힘든 곳인데, 무리하게 나무를 심을 경우, 수자원만 낭비할 뿐 생태계의 안정적 변화를 기대하기 힘들게 된다. 또 일반의 상식과 달리 침엽수는 잎의 숫자가 많아서 활엽수보다 전체 엽면적이 넓어 증발량이 더 많아진다.

4) 황사의 종류와 발생의 증가

황사를 조선시대에는 우토雨土·토우土雨(흙비)라고 하였고, 일제 강점기부터 황사黃沙·黃砂라고 하였다. 중국에서는 사진폭沙塵暴이라고 한다. 서양에서는 'Asian dust, Aeolian dust'라고 한다. 일본에서는 'yellow sand'라고 한다.

중국의 황사는 그 정도에 따라 부진浮塵·양사揚沙·사진폭沙塵暴·강사진폭强沙塵暴 네 등급으로 나눈다. 부진浮塵은 우리가 보통 말하는 황사로서 '미세먼지가 공중에 떠있는 상태'로 시정 10km 이내의 상황을 뜻한다. 양사揚沙는 강한 바람과 함께 모래가 공중으로 말려 올라가 혼탁한 상태로 시정 1~10km 이내의 상황을 뜻한다. 사진폭沙塵暴은 강한 바람과 함께 모래가 공중으로 말려 올라가 혼탁한 상태로 시정 1km 이내의 상황을 뜻한다. 강사진폭强沙塵暴은 강한 바람과 함께 모래가 공중으로 말려 올라가 혼탁한 상태로 시정 50m 이내의 상황을 뜻한다.

시정 50m 이내의 강사진폭을 가리켜 '흑풍黑風'이라고도 하는데, '검은 모래폭풍'이라는 뜻의 카라 부란kara buran에서 유래한 것으로서 앞을 전혀 볼 수 없을 정도로 강하게 불어오는 모래폭풍을 뜻한다.[54]

---

54 1993년 5월 5일 감숙성甘肅省 중부 금창시金昌市에서 발생한 모래폭풍은 시정 0m, 분진粉塵농도 1016mg/cm³로서 우리나라에 나타난 황사의 1,000~3,000배에 해당하는 것이었다.

황사의 주요 발원지는 중국 서북지방으로서 그 가운데서도 ①타림분지의 타클르-마칸사막, ②투르판吐魯番~하미哈密분지~하서주랑~영하寧夏평야~섬서 북부~내몽고 아라산阿拉善고원, ③오르도스河套평야와 고원이다. 그 밖의 발생지역은 적봉赤峰·장가구張家口로 비롯한 화북 일대로서 북경에 직접적인 영향을 끼치고 있다.

300년 이후 황사 빈발기는 총5회로서 1060~1090, 1160~1270, 1470~1560, 1610~1700, 1820~1890년이다. 황사 발생 빈도는 1950년대 5회, 1960년대 8회, 1970년대 13회, 1980년대 14회, 1990년대 23회였으나 2001년만 18회로 점차 늘어나는 추세다.

3. 수자원과 남수북조 공정

1) 강과 문명의 탄생

문명은 비교적 건조한 기후 조건에 있는, 강수량이 그다지 많지 않은 지역에서 일어났다. 즉 다소 건조한 지역에서 물의 공급 시스템이 갖추어진 곳이 문명 발생의 최적지였다.[55]

메소포타미아문명이 만들어 낸 인류 최초의 도시는 인간과 자연환경 사이의 새로운 관계 맺는 방식, 즉 체계적인 쟁기 사용과 계획적인

---

55 지중해 연안의 동쪽 경계인 메소포타미아는 연 강수량이 15~20cm에 불과하고, 한여름에는 그늘 온도가 50℃가 넘는 지역이다. 따라서 이 지역의 모든 생명체는 티그리스와 유프라테스강이 운반해 온 아르메니아 지방의 만년설 녹은 물에 의존해 살아간다. 카이로의 연평균 강수량은 2.5cm에 불과하다. 일교차는 계곡 지역에서는 10~45℃, 사막 인접 지역에서는 50℃에 이른다. 따라서 5,600km에 달하는 나일강이 없었다면 이집트는 사하라사막의 일부가 되고 말았을 것이다.

관개시설이란 두 가지 발명품에 기초하고 있다.[56] 메소포타미아 삼각주의 토양은 비옥한 데다가 모래 성분이 섞여 있어 갈아엎기가 쉬워 쟁기질하기에 좋았다. 또 강의 흐름이 불규칙적이고 홍수와 가뭄이 심하여서 물을 통제할 필요가 있어 대규모 관개시설을 갖추었다.[57] 그러자 농업생산량이 대폭 늘어났고, 인구도 늘어나면서 모두가 농업에 매달릴 필요가 없어졌다. 이에 농업 이외의 다양한 업종이 생겨났다.

나일강 상류인 청나일강 일대에는 봄과 여름에 정기적으로 비가 내리고, 그로 인해 9월이면 최저수위의 50배나 되는 큰 홍수가 주기적으로 발생한다. 이 정기적이고 예측 가능한 나일강의 범람이야말로 이집트 생태계에 가장 큰 영향을 끼치는 요인이다. 메소포타미아지역의 고민과 달리 나일강은 정기적이고 적절한 규모의 범람을 통해 배수 문제를 해결해 주었고, 염분에 의한 피해도 방지해주었다. 이집트인들은 이런 천혜의 조건 속에서 잉여 농산물을 그리스와 로마에 계속 수출할 수 있었다.

이는 페르시아문명 역시 마찬가지였다. 페르시아인들은 건조한 산악지대의 한계를 극복하기 위해 카나트qanats라고 불리는 지하수로를 건설하여 대수층帶水層에서 직접 물을 취수하여 증발을 막고 경작지에 공급하는 방식을 만들어냈다.

---

56 메소포타미아인들은 자연을 미지의 혼돈으로 보았다. 이들은 오직 인간의 노동과 수호신의 가호 속에서 혼돈을 극복하고 질서를 찾을 수 있다고 생각하였다. 이는 가뭄과 더위, 홍수가 끊이지 않는 늪지대를 개발해 도시를 만들고 농경지를 만든 자신들의 노동에 대한 긍정일 수도 있다. 아무튼 이 지역의 왕들은 새로운 수로의 건설은 전쟁에서의 승리와 동격으로 인정하고 강조하였다.

57 인류 최초의 도시문명이 자연과의 종교적 일체감을 버리고 분리와 대결의 태도를 취하였다는 점은 매우 의미심장한 일이다. 메소포타미아인들은 사회적 질서를 오히려 신성시하고, 혼란하고 무질서해 보이는 자연을 정복해야 한다고 확신하였다. 인간이 신의 자리에 나아갈 수 있다는 '인간주의적 신화'를 만든 것이다. 이런 태도로 인해 최초의 도시문명은 자연환경과의 균형과 조화를 유지하는 데 실패하였고, 그 실패는 바로 문명 자체의 몰락을 뜻하는 것이기도 했다. 잘 정비된 관개수로망이 최초의 문명사회를 가능하게 하였지만 결국 그것이 몰락을 재촉하는 중요한 요인의 하나가 된 것이다.

메소포타미아 삼각주 토양의 성격과 쟁기 사용, 관개시설 구축 필요성과 그 효용, 충적토 지대 광물자원의 부족 등은 기본적으로 황하유역과 크게 다르지 않다.[58] 도시의 형성과 성격 역시 마찬가지다. 그럼에도 불구하고 두 문명의 차이가 현저하였던 원인, 특히 상업문명의 발달 정도, 도시와 농촌의 기능 분화 등에서 차이를 보인 원인은 무엇일까? 메소포타미아지역에서는 관개수로의 건설이 더 중시되고 중국에서는 황하의 치수가 더욱 중시된 것이 그 원인일 수 있다.

2) 남수북조 공정

중국 정부는 갈수록 심각해지는 북부와 서북지역의 수자원 부족을 해결하기 위한 근본적인 대책으로 남쪽의 풍부한 수자원을 북쪽으로 공급하여 물 문제를 해결한다는 이른바 '남수북조프로젝트南水北調工程' 구상은 일찍이 1952년 모택동이 황하를 시찰하면서 처음 제기되었다. 남수북조 문제에 대한 기본 방향은 1959년 중국과학원과 수리전력부가 개최한 '서부지구남수북조고찰연구공작회의西部地區南水北調考察研究工作會議'에서 이 처음 확정되었지만, 실행에 옮기지 못하였다.

그런데 1972년에 화북에 대가뭄이 들면서 남수북조 문제가 절실하다는 공감대가 형성되면서 수리부水利部 내에 연구 부서가 만들어졌고, 1978년에 전국인민대표자회의에서 장강의 수자원을 황하 이북으로 연결하는 남수북조프로젝트를 정식 통과하고, 1979년에 수리부水利部에 전담 부서를 설치하였다. 하지만 재정 등 여러 요인으로 인해 다시 중단되었다.

---

58 이는 이집트 역시 마찬가지다. 나일강의 혜택을 받는 지역과 그렇지 못한 지역 간의 극명한 차이 때문에 이집트인들은 비옥한 검은 땅과 붉고 메마른 사막으로 이 세상을 양분하였다. 비옥한 검은 땅은 상류지역의 폭 1~25km에 이르는 계곡 지역과 하류지역의 광대한 삼각주로 다시 나눌 수 있는데, 하류 삼각주가 이집트 경작지의 2/3를 차지한다.

하지만 현재 황하와 해하海河 유역 등에 물 부족 사태에 직면하고 있는 인구는 무려 4억 3,800만 명에 달하며, 별다른 해결 방안이 없자 1990년에 관련 계획을 보고한 뒤 각종 기초 연구가 시작되었다. 2003년 국무원國務院 내에 남수북조프로젝트건설위원회南水北調工程建設委員會를 정식 출범시키면서 본격적으로 추진하기 시작하였다.

남수북조공정은 모두 동선東線·중선中線·서선西線 3개 수로를 통해 북으로 물을 공급하는 방안으로서 총 448억㎥의 수자원을 동선을 통해 148억㎥, 중선을 통해 130억㎥, 서선을 통해 170억㎥씩 공급하는 것을 최종 목표로 하고 있다. 공정 달성에 필요한 수로의 총길이는 4,350km이며 동선은 2013년에, 중선은 2014년부터 물을 공급하기 시작하였다.

[지도 5-4] 남수북조공정 노선도-1

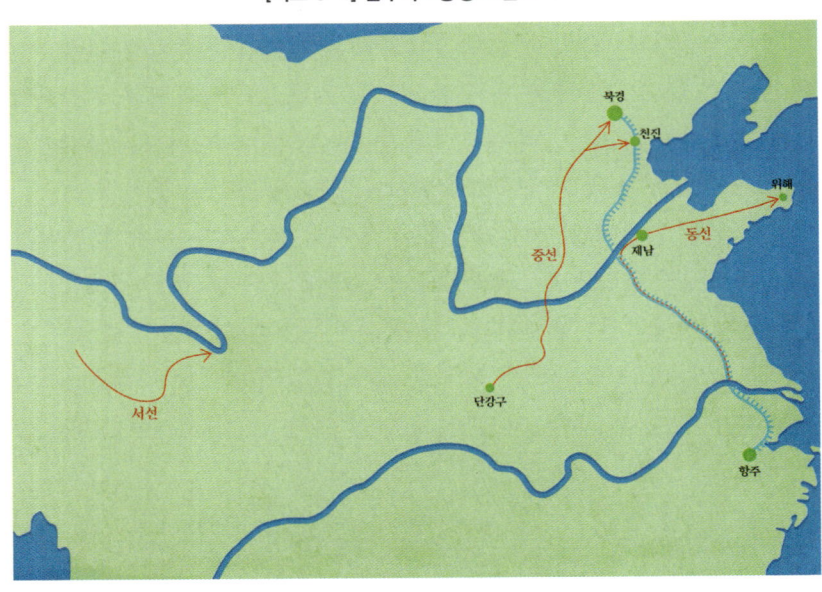

[지도 5-5] 남수북조공정 노선도-2

 동선의 수자원 공급처인 장강 하류는 유수량이 9천억㎥로 풍부하여 연간 148억㎥를 취수하더라도 별다른 영향이 없으나, 중선의 수자원 공급처인 한강漢江은 유수량이 550억㎥, 단강구댐은 371억㎥ (2003~2010)인데다 연간 변화가 매우 크기 때문에 130억㎥의 물을 내보내면 하류지역에 전가되는 환경부담은 심각할 수밖에 없다.

[지도 5-6] 남수북조공정 동선 노선도

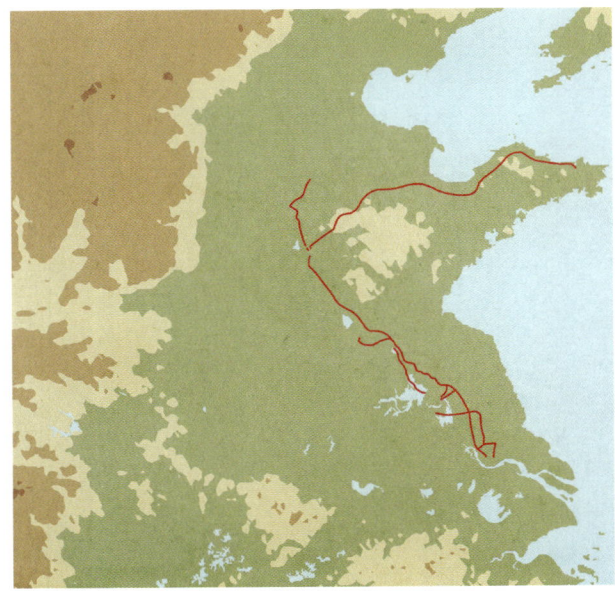

[지도 5-7] 남수북조공정 중선 노선도

동선은 강소 양주揚州에서 장강의 물을 취수하여 경항京杭대운하와 강소성의 홍택호洪澤湖·낙마호駱馬湖·동사호東四湖·동평호東平湖로 보낸 뒤 동평호에서 둘로 나누어 하나는 황하를 관통하여 북쪽으로 보내고, 하나는 제남濟南·연태烟臺·위해威海 등 동쪽으로 보낸다. 동선의 총 길이는 1,467km인데, 장강 하류여서 수질이 좋지 못하고, 대운하와 강소성의 호수를 이용하여 공급하기 때문에 외부 요인에 의한 오염 가능성도 크다.

중선은 한강漢江과 한강의 최대 지류인 단강丹江의 합류 지점에 있는 단강구丹江口댐을 높게 증설하고 수압을 이용하여 중력의 힘으로 물을 공급하여 북경까지 15일이 소요된다. 수로는 태항산맥 동쪽 기슭을 연하여 북상해서 북경과 천진 등 20여 개 대도시와 연결되며, 총길이는 1,432km이다. 매년 15억㎥의 물 부족에 시달리는 북경에 매년 10.5억 ㎥의 물을 공급한다.

서선은 티베트고원에서 장강의 지류인 통천하通天河·아롱강雅礱江·대도하大渡河에 댐을 건설한 뒤 장강과 황하의 사이에 있는 빠이엔커라巴顏喀拉산맥을 관통하는 터널을 뚫어 황하 상류로 매년 170억㎥의 물을 직접 공급, 황하의 수량 자체를 증가시키려는 것인데, 아직 계획 단계에 있다.

남수북조공정으로 다량의 물을 인위적으로 북으로 공급하는 데 따른 환경파괴의 우려가 매우 큰 것이 사실이며, 동선보다는 중선이, 중선보다는 서선이 환경에 대한 영향력이 더 클 것으로 보인다. 통상 전체 유수량의 5% 이내라면 기존의 생태계에 큰 부담을 주지 않겠지만, 20%가 되면 환경재앙이 발생할 수밖에 없다. 중국 정부도 이런 사실을 시인하면서도 북중국의 심각한 수자원 부족을 해결할 별도의 방안이 없는 상황에서 남수북조공정은 불가피한 선택으로 받아들여지고 있다. 다만 물 공급으로 지하수 이용이 줄어들면서 지하수 수위가 다시 상승하고, 지표수가 정상으로 흐르는 등 긍정적 효과도 점차 드러나고 있다. 남수북조공정은 지금 막 시작한 단계이기 때문에 그 효과 및 환경에 미치는 영향은 지속적인 관찰이 필요한 실정이다.

남수북조공정과 관련해 관심을 가지고 봐야 할 또 다른 문제는 티베트 수자원 개발과 관련된 국제 분쟁의 가능성이다. 티베트에서 발원하여 주변 국가로 흘러가는 큰 강은 베트남의 송코이강(중국 구간은 원강元江)·송다강(중국 구간은 타강沱江), 라오스·캄보디아·베트남의 메콩강(중국 구간은 란창강瀾滄江), 미얀마의 살윈강(중국 구간은 노강怒江), 인도의 브라마푸트라강(중국 구간은 야루장뿌강雅魯藏布江)·인더스강 등 6개가 있다. 이들 티베트 수계의 수자원을 이용한 수자원 공급과 전력 생산은 극심한 수자원 불균형과 청정에너지 자급에 시달리는 중국 정부로서는 매우 매력적인 선택이지만, 이들 국제하천의 개발은 동남아시아 각국의 안보와 생태환경 등에 매우 큰 영향을 끼치는 사안이어서 귀추가 주목된다.

제6장 자연지리 Ⅱ
황토와 황하, 그 도전과 응전

제1절 | 황토와 황토고원의 특성

1. 황토와 황토고원

1) 황토의 조성 물질과 특성

(1) 황토의 조성 물질

황토는 부드러운 황색 내지는 종황색棕黃色(갈색을 띤 황색)을 띠고 있는 퇴적토에 대한 관용적 용어인데, 주로 바람에 의해 이동되었기 때문에 세립풍성퇴적물細粒風成堆積物(loess)이라고도 한다.[1]

황토는 주로 직경 0.002~0.05mm에 달하는 고운 가루가 과립粉砂顆粒 형태로 이루어졌다.[2] 황토를 구성하는 광물은 60여 종에 달할 정도로 다양한데, 광물 조성비는 지역에 상관없이 매우 균질한 편이며, 구조가 단단하지 못하고 공극孔隙이 커서[3] 침투가 잘되며 쉽게 침식되는 특성이 있다.

광물은 크게 쇄설碎屑광물·점토粘土광물·자생自生광물로 나누는데, 쇄설광물이 70% 이상을 차지하며, 쇄설광물은 비중 2.9 이하의 경輕광물이

---

1 황토를 가리켜 red clay, ocher soil, yellow soil 등으로 칭하지만 중국의 황토는 그와 달리 loess라고 한다. loess는 화산재가 퇴적되어 생긴 황갈색 토양인 loam의 일종이다.
2 황토에는 0.25mm 이상 되는 입자를 거의 찾아보기 힘들다.
3 황토의 공극율孔隙率은 통상 40~50%이며, 깊이 약 10m까지 미세하게 감소한다. 10m 이하에서는 공극률이 입자에 따라 다양하게 변하는데, 점토가 많으면 34~45%로 감소하고, 적으면 60%까지 증가한다. 물에 젖으면 입자의 응집력이 2/3로 감소하며 내부 마찰각 역시 32°에서 20°로 감소한다.

90% 이상을 차지한다. 경광물은 석영石英 50%, 장석長石 20%, 운모雲母 10%, 탄산염류炭酸鹽類와 탄산炭酸칼슘 10%로 이루어졌고, 10% 미만인 중광물은 자철광磁鐵鑛·갈철광褐鐵鑛·각섬석角閃石·휘석輝石 등 매우 다양한 물질이 주로 0.01~0.05㎜의 입자 속에 포함되어 있다.

0.004㎜ 이하의 미세한 점토 광물은[4] 대략 10~25% 정도를 차지하며, 황토를 교직交織시키면서 독특한 구조를 형성하는 역할을 한다. 각 지역의 조건과 형성 시기에 따라 점토 입자 성분이 각기 다르지만, 공급지에서 멀리 떨어질수록, 즉 서북에서 동남으로 갈수록 입자가 작아지고, 초기 황토의 점토 함량이 후기 황토에 비해 높으며, 세사細砂가 줄어드는 특징을 보인다.[5] 자생광물은 침적沈積과정 또는 침적 이후에 현지에서 형성되는 미량의 광물을 뜻한다.

(2) 황토의 특성과 형성

황토는 여러 층의 종홍색棕紅色을 띠고 있는 오래된 토양과 그 아래에 칼슘질이 집적된 구조층을 지니고 있다. 오래된 토양에는 부식질층腐殖質層이 현저하지 않은 경우가 왕왕 있으나 임용층淋溶層과 정적층淀積層은 아주 분명하게 나타난다.[6]

---

4 일반적으로 황토는 0.005㎜ 이하인 점토가 5~10%를 차지하지만, 황토고원의 황토는 점토의 비율이 상대적으로 많은 편이다. 그리고 무게를 기준으로 조립질粗粒質과 중립질中粒質의 분량이 각각 반씩 차지한다. 먼지·점토·모래의 함량은 황토층의 수평·수직 양방향에서 모두 다르게 나타난다. 수분 함량은 1~15%로 낮은 편이며, 공극율이 감소함에 따라 증가한다.

5 점토광물은 이리석伊利石illite을 중심으로 몽탈석蒙脫石montmorillonite·고령석高嶺石Kaolinite이 있으며, 애락석埃洛石·배래석拜來石·침철광針鐵礦 등도 발견된다. 그 가운데 세립질 운모 또는 운모점토광물이라고 하는 이리석이 대부분을 차지하며 몽탈석과 고령석 함량은 많지 않은 편이다.

6 임용층은 종홍색을 띠고 있고, 점성이 강하며, 탄산칼슘 성분은 거의 지니고 있지 않다. 정적층은 회황색灰黃色을 띠고 있으며, 다량의 탄산칼슘을 함유하고 있고, 통상 칼슘질 구조를 지니고 있다.

황토는 퇴적층 등을 근거로 최신황토(1만년 전)·신황토(1~10만 년)·노老황토(10~115만년)·고古황토(115~240만년) 등으로 나눈다. 또 색에 따라 붉은색에 가까운 오성午城황토, 종황색의 이석離石황토, 옅은 황색과 회황색의 마란馬蘭황토, 그리고 차생次生황토로 구분하기도 한다. 황토는 공극이 많아 수분 침투가 쉽게 이루어지고 물에 잘 녹는 칼슘 성분이 많아서 주상절리柱狀節理·수직절리垂直節理가 발달하여 침식곡이 잘 만들어지고, 수직 붕괴도 쉽게 일어난다.

황토는 주로 바람에 의해 형성되었으며, 오성황토와 이석황토 모두 그 아래에서 모래와 자갈 등 거친 입자의 물질과 소량의 무거운 광물질이 자주 발견되고, 위로 갈수록 입자가 가늘어진다.[7] 한편 동물화석이나 유기질 물질은 거의 발견되지 않기 때문에 반건조한 초원이나 스텝지대에서 형성된 황토가 상당히 빠른 속도로 옮겨 왔음을 말해준다.[8] 반면 황토의 토양화는 황토가 퇴적된 뒤 습열한 기후 조건에서 오랜 시간에 걸쳐 서서히 진행된 것으로 보인다.[9]

---

[7] 황토의 형성 원인에 대하여 논란이 있는 까닭은 침니沈泥 크기의 입자들이 쉽게 이동 또는 재이동 될 수 있으며, 주된 이동 요인도 환경이나 시간에 따라 변할 수 있기 때문이다. 이에 황토고원 일대가 열대·아열대기후였고, 황토고원의 북한계선 아래가 바로 범람지역이라는 점 등을 근거로 '황토수성설水成說'을 주장하는 견해도 일부 제기되었다.

[8] 소수지만 일부 발견되는 동물화석은 당시 하곡지河谷地에 서식하던 동물의 것으로 여겨진다. 그리고 낙천洛川 절거지에서 발견된 달팽이 화석도 원래의 서식지에서 황토의 퇴적으로 화석이 된 것이지 다른 지역에서 떠내려 온 것이 아니라고 여겨지는데, 이는 모래폭풍으로 인한 황토의 퇴적이 대단히 빠른 속도로 진행되었음을 말해 준다.

[9] 퇴적된 먼지 입자들이 황토로 변하기 위해서는 반듯이 속성續成작용, 즉 퇴적 후에 일어나는 물리적·화학적 변화를 거쳐야 한다. 황하는 신생대 제4기 Pleistocene기 초부터 형성되기 시작해서 지금까지 약 150만 년의 역사를 지녔으며, 황하가 형성되기 이전에 현 황토고원 지대에는 이미 두꺼운 고古황토로 덮여 있었다.

2) 황토고원의 형성과 특성

(1) 황토고원의 형성

황토는 중앙아시아와 중국의 서북·화북·동북 일대에 집중되어 있는데, 그 가운데서도 황하 중·상류 고원은 세계에서 가장 대표적인 황토지대다.[10] 황토고원의 가장 현저한 자연경관은 주변의 고산 일부를 제외한 모든 지역에 고르게 황토가 분포되어 있다는 점이다. 황토층의 두께는 대체적으로 100m 이하이나 롱동隴東·섬북陝北·진서晉西의 황토층이 가장 두꺼워 육반六盤산맥 이동~여량呂梁산맥 이서는 100~200m나 되며, 특히 난주蘭州는 300m 이상에 달한다.[11]

황토고원의 환경요인 가운데 가장 중요한 것의 하나는 계절풍의 강한 영향인데, 계절풍은 티베트고원의 융기에 직접적인 영향을 받고 있다. 티베트고원의 고도가 1,000m 내외였을 때만 해도 화북지방은 아열대기후였으나 약 80~140만 년 전, 티베트고원과 진령秦嶺산맥이 2,000m까지 융기하여 인도양의 고온다습한 공기와 시베리아의 한랭한 공기가 결합하는 것을 막는 한편, 계절풍의 형성과 발전에 영향을 주어 중국 대륙을 포함한 전 동아시아의 기후 변화에 막대한 영향을 끼치기 시작하였다. 이때부터 중국 대륙 내지가 건조해졌고, 같은 위도에 비해 한랭하고 혹서酷暑 다우多雨의 기후가 형성되었다.

그 뒤로도 티베트고원은 간헐적이지만 계속 융기하여 4,500m 내외가 되었고, 진령산맥 역시 3,000m 내외가 되어 서북지방의 기후는 더욱

---

10 황하 유역의 황트고원은 지층의 교란이 전혀 없이 광범위한 면적과 100m 내외의 두께인 세계 최대의 황토지대다. 황토고원의 크기는 통계에 따라 38~41만㎢로 약간의 편차를 보인다. 행정 구역상으로는 청해·영하·감숙·섬서·산서·하남 6개 성에 걸쳐 있다.
11 청해성 동부의 황토 조성 성분은 감숙성·섬서성·산서성 황토의 조성 성분과 기본적으로 거의 차이가 없다. 다만 황토 입자가 다소 굵고, 중重광물 성분이 각 지역의 모암母巖 성분에 따라 약간 다를 뿐이다.

건조해졌다. 황토고원이 티베트고원과 진령산맥의 이북에 위치하였음은 황토고원의 형성 기전에 진령산맥이 이미 현재의 고도까지 융기하였음을 말해준다.

이렇게 이루어진 황토고원의 황토층은 본래의 지층과 무관하게 후에 퇴적된 것이어서 기저基底 지형과 직접적인 관련은 없다. 황토지대의 독특한 지형은 크게 셋으로 나눌 수 있는데, 서북부의 황토고원, 동남부의 황토분지, 동부의 황토평야가 바로 그것이다.

(2) 황토고원의 지형적 특성

서북부의 황토고원은 다시 북부의 황토구릉과 중부의 황토원塬으로 나눌 수 있다. 황토구릉은 기저基底 지형에 따라 고저가 각기 다르고, 지형의 기복이 매우 커서 다양한 형태를 지니고 있다. 주로 롱서隴西남부·롱동북隴東北·영하寧夏·섬북陝北·진서晉西에 위치하였으며, 기저 구조가 대부분 융기된 상태에서 습곡褶曲을 이루고 침식을 받아 파도처럼 된 구릉지를 이루고 있다.[12]

강한 침식으로 이루어진 북부의 긴 황토 구릉을 가리켜 통상 대들보처럼 생겼다고 하여 '량梁'이라고 부르는데, 정상 부분의 면적은 크지 않고 경사는 3~5°가 일반적이지만 8~10°에 이르는 곳도 있다. 량梁 가운데 심한 침식으로 지형이 파쇄되어 평탄지가 거의 없이 복잡한 침식사면이 있는 원형이나 타원형으로 된 작은 구릉을 가리켜 '량묘梁峁'라고 한다.

중부의 황토원塬은 원래 기저의 단절함몰斷陷이나 습곡함몰拗陷으로 인하여 일찍이 제3기에 이미 많은 내륙 호소湖沼를 형성하였다가 후에

---

12 제4기 이래 비록 황토가 덮였지만, 그 기간에 지각 상승이 이루어졌고, 대규모의 지역적 침식도 이루어졌기 때문에 넓은 면적이 파도처럼 기복이 이어진 특수한 지형을 형성하였다. 이곳의 황토층 두께는 통상 수십m로서 다른 지역에 비해 상대적으로 두껍지 않은 편이다.

퇴화하면서 분지 평탄면에 저습지가 만들어졌다. 그 뒤 황토의 퇴적으로 테이블 형터臺狀의 평탄한 지형이 형성되었는데, 원塬의 중심 부분은 통상 경사도가 1~3°이하지만, 원塬의 가장자리는 5°가량이며, 절개지에서는 여러 면에서 침식이 진행 중이다. 지세가 평탄하고 넓어서 농경지로 활용하고 있다.[13]

동남부는 황토분지로서 두 가지 각기 다른 모습의 지형이 있는데, 하나는 계단식 황토 지형으로 이루어진 분지로서 '황토대원분지臺塬盆地'라고 칭해지며, 또 다른 하나는 황토구릉으로 이루어진 분지로서 황토원塬이라고 한다. 황토대원臺塬은 주로 분하汾河·위하渭河·낙양洛陽·심양沁陽 등의 열곡裂谷분지의 양측에 위치하였고, 태항太行산맥 동쪽 기슭·태산泰山 등에도 있다. 주로 열곡분지의 단열로 인해 드러난 대원하단臺塬底座의 계단식 절단함락斷落에 황토가 덮여서 형성된 것이다. 물론 기저基底 고유의 본래 대계臺階 지형이 그대로 있을 뿐 아니라 계단식 지형에 따라 기복이 있다. 분하汾河·위하渭河분지는 황토臺塬의 기본 특징을 구비한 대표적인 경우다.[14]

황토고원은 침식으로 인해 침식곡侵蝕谷이 신속하게 커지는데, 지표면에 일단 물길이 생기기만 하면 즉시 깊이와 폭이 커지면서 침식곡이 계속 커져 간다. 황토고원에서 1km 이상의 침식곡은 약 80여만 곳에 달하며 1km 이하의 작은 것은 수를 세기도 힘들 정도로 많다. 황토고원의 침식곡 밀도密度는 대체적으로 2~3km/km²이며 상당수 지역에서는 4~8 km/km²에 달하기도 한다. 침식곡의 총면적은 황토고원 총면적의 25%를 넘으며, 심각한 곳은 50% 이상인 곳도 있다.

---

13 황토塬은 汾渭분지 이북에 위치하여 保山 서쪽의 황토고원과 연결되어 있는데, 신생대 이래 각 지역의 지각이 불균하게 승강하였고, 이는 하류와 풍력 등에 의한 강력한 침식·절개 작용을 촉진하여 一望無際한 황토고원을 잘라 놓았다.

14 계단식 黃土臺塬은 汾河와 淸河 河谷 양측에 있는데, 2~3층의 넓고 평탄한 계단식 지형으로서 河谷 방향으로 약간 경사져 있다. 높은 塬과 낮은 塬의 높낮이는 대략 10여m에서 수십m다.

[사진 6-1] 황토지역의 지형-1

[사진 6-2] 황토지역의 지형-2

3) 황토고원의 지리적 구분

[지도 6-1] 황토고원 분포도

(1) 산서고원

황토고원은 산서고원·섬북롱동陝北隴東고원·롱서隴西분지·예서豫西산지로 크게 나누어진다. 산서고원은 동서로는 태항산맥과 여량呂梁산맥, 북으로는 장성, 남으로는 황하와 예서豫西산지를 경계로 한다. 산서고원의 일부 산지를 제외하고 거의 대다수 지역에 황토가 덮여 있는데, 인구가 밀집되고, 상공업이 발달한 태원太原분지·임분臨汾분지는 가장 중요한 황토 퇴적층이기도 하다.

산서고원의 기후는 남북의 차이가 큰 편이며, 연평균기온은 7~15.7℃, 평균 강수량은 330~540㎜이다. 북부에서는 연맥·감자·콩을 주로 재배하며, 남부에서는 소맥·옥수수·면화·담배를 주로 재배한다.

황토의 토양은 비교적 가늘고 점토 성분이 많아 결합력이 강한 편이며, 대부분 지역에서 토양 침식이 비교적 적게 진행된 편이다. 식피植被는 몽골초원과 온대낙엽림 사이의 점이적 특성을 가지고 있으며 화본과禾本科와 가시관목灌木이 주를 이루고 있다.

(2) 섬북陝北·농동隴東고원고원

섬북·농등고원은 동서로는 여량呂梁산맥과 육반六盤산맥, 북으로는 장성, 남으로는 진령산맥을 경계로 하는 분지형 고원으로서 진서晉西·섬북陝北·관중關中·농동隴東지역을 포함한다. 섬북陝北·농동隴東고원에는 오성五城·이석離石·마란馬蘭황토가 덮여 있는데, 그 가운데서도 이석황토가 가장 두껍고, 마란황토는 두껍지는 않으나 광범위하게 분포되어 있다.

대부분 지역의 해발고도는 1,000m 내외이며, 위하渭河평야가 370~700m로 가장 낮다. 북부의 황토는 입자가 비교적 거칠고 결합력이 약해서 가장 침식에 취약하다. 특히 섬서 유림시榆林市의 수덕현綏德縣·미지현米脂縣 등 대는 평탄면을 찾기가 힘들 정도로 파쇄가 심하게 이루어졌다. 감숙 경양시慶陽市, 섬서陝西 연안시延安市 산서 여량시呂梁市 석루현石樓縣 이남에서 위하 이북까지는 하곡지河谷地 등에 주로 형성된 농경지는 입자가 고운 점토가 많아 토질이 비옥하다. 고원의 남부, 진령산맥 이북에 자리 잡은 위하평야(=관중關中평야)는 동서 360km, 남북 30~100km의 총 3만km²에 달하는 비옥한 농경지로서 '800리진천리泰川'이라고 불려왔다.

섬북陝北·농동隴東고원은 연평균 기온이 9~15℃, 연평균 강수량은 400~600mm인데, 강수량은 적고, 증발량은 많아 같은 지역에서도 수분에 따라 식피植被 상태가 매우 다르다. 돌이 많은 구릉지대는 토층이 깊지 않지만, 그로 인해 인위적 파괴가 적어서 도리어 식피가 가장 양호한 상태다.

(3) 농서隴西분지

농서분지는 동서로는 기련祁連산맥과 육반六盤산맥, 북으로는 장성, 남으로는 진령秦嶺산맥 사이에 위치한 해발 2,000m 내외의 함락陷落분지로서 분지를 둘러싼 주변 산지 대부분이 해발 3,000m 이상의 고산준령이다. 황토층이 가장 두꺼운 곳은 감숙 천수시天水市~정서시定西市~난주시蘭州市 사이고, 분지 가장자리의 산지로 갈수록 얇아져서 청해 서령시西寧市 일대는 5~10m에 불과하다.

황토의 성질은 난주시蘭州市에서 서북으로 갈수록 입자가 거칠고 점토 성분이 적어 침식에 약하며, 회백색灰白色과 옅은 회색淺灰色을 띤 황색이다. 난주시에서 동남의 천수시 사이는 옅은 회색을 띤 황토이며 점토 성분이 약간 늘어난다. 육반산맥 이남의 황토는 점토 함량이 많아 종황색棕黃色을 띠고 있다.

황하와 황하의 각 지류는 넓은 범람평야와 강굽이河曲帶를 갖고 있는데, 평시에는 유수량流水量이 아주 적어 건천乾川에 가깝지만 일단 폭우가 내리면 곧 홍수로 변한다. 황하가 지나는 황토 구릉지대에는 침식곡侵蝕谷이 발달하여 강바닥河床과 양옆의 언덕과는 대략 200m의 높이를 유지하고 있다.

농서隴西분지는 연평균 온도는 6.5~16°C이며, 바람이 많고 연평균 강수량은 320~560㎜로 건조한데, 가을비의 비중이 다른 지역에 비해 많은 편이다. 식피 상태는 섬북陝北·농동隴東고원보다 양호한 편으로서 비교적 높은 산악지대에는 아직도 천연삼림이 일부나마 잔존해 있다.

(4) 예서산지

하남성 서쪽을 뜻하는 예서豫西산지는 북으로는 황하, 동으로는 정주시鄭州市 형양현滎陽縣, 남으로는 복우伏牛산맥, 서로는 삼문협시三門峽市의 영보현靈寶縣·노씨현盧氏縣 사이에 있는 구릉성 산지로 이루어졌다. 이하伊河·낙하洛河가 분지를 가로질러 북쪽으로 흐르며, 양안의 충적평원은 두 단계의 계단식으로 이루어졌다. 높은 곳은 강바닥에서 30~50m, 낮은 곳은 10m 정도다.

기후는 다른 황토고원 지역보다 온난하며, 연평균 강수량도 서북쪽만 500여㎜이고, 그 외에는 대략 600㎜ 이상이며, 낙양시洛陽市 난천현樂川縣은 899mm로 가장 많다. 서리가 내리지 않는 기간은 노씨현이 200일 미만이고 그 밖의 모든 지역이 200~245일로서 농작물의 생장기가 비교적 길다.

예서 산지의 서부와 남부는 비도 많고 식피도 양호한 편이다. 그 가운데 복우伏牛산맥에 연한 삼문협시의 영보현·노씨현, 낙양시난천현·숭현嵩縣·낙녕현洛寧縣 등은 삼림 피복률이 매우 높지만, 북부와 동부는 10% 이하로 매우 낮다.

2. 황하의 형성과 발전

1) 황하 개관과 하단河段 구분

(1) 황하 개관

황하는 중국에서 두 번째 큰 강으로서 청해성 빠이엔커라巴顏喀拉山 북쪽 기슭의 유에꾸종리에約古宗列분지에서 발원하여 청해·사천·감숙·영하·내몽고·섬서·산서·하남·산동 등 9개 성을 지나 산동 동영시東營市에서 발해로 흘러 들어간다. 황하의 총길이는 5,464km이며, 유역 면적은 752,443㎢로서 중국 국토 면적의 7.8%를 차지하며, 경지 면적은

1.9억a로서 총 경지 면적의 13%에 달한다.[15]

[지도 6-2] 황하 유역도

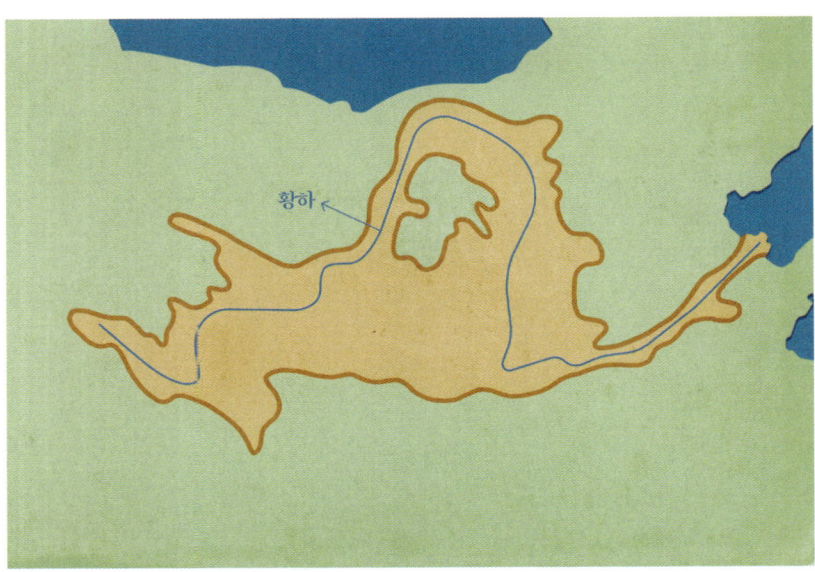

 이처럼 황하는 길이와 유역 면적에 있어서 장강에 버금가는 규모이지만 유수량은 560억㎥로서 장강의 6%에 불과하다. 하지만 황토고원을 지나기 때문에 수사량輸沙量은 매년 평균 16억t에 달하고, 평균 함사량含沙量도 35kg/㎥나 되어[16] 세계에서 수사량과 함사량이 가장 많은

---

15 유역 내 총인구는 8,959만 명으로 1인당 평균 경지 면적은 2.3a인데, 이는 전국 평균 경지 면적의 1.5배 규모다. 관개면적은 5천만a이며, 관개용수 공급량은 90억㎥이다. 단 이상의 통계는 자료에 따라 약간의 편차가 있다.

16 하천의 운반작용은 크게 부유하중浮游荷重·하상하중河床荷重·용해하중溶解荷重의 세 가지 형식으르 나눌 수 있다. 강물에 떠서 운반되는 부유하중 물질은 통상 점토粘土(1/256㎜ 이하)와 침니沈泥(1/16~1/256㎜)로 나누어지는데, 점토는 입자가 아주 작아서

하천에 속한다.[17]

황하 유역, 즉 황하의 집수集水 면적은 북위 32~42°, 동경 96~119°로서 서쪽은 티베트고원, 동쪽은 발해, 남쪽은 진령산맥, 북쪽은 음산陰山산맥 이내의 지역에 해당한다. 지역 내에 평원·구릉·산맥·고원·사막·소택지 등 다양한 지형이 포함되어 있고, 반습윤半濕潤·반건조半乾燥·건조乾燥지대가 포함되며 지역 간 기후의 차이가 비교적 큰 편이다.

(2) 황하의 하단河段 구분

지세地勢는 대체적으로 서고동저西高東低이며 크게 3개의 대형臺形으로 이루어져 있다. 서쪽의 티베트고원은 해발 4,000m 이상이며, 중부의 황토고원은 1,000~2,000m, 동부의 화북평야는 100m 이하가 대부분이다. 이 구분은 대체로 황하의 상류·중류·하류를 가르는 기준과도 일치하는데, 황하는 통상 발원지에서 내몽고 하구진河口鎭까지의 3,472km를 상류, 하구진에서 하남 도화욕桃花峪까지의 1,206km를 중류, 도화욕에서 하구河口까지의 786km를 하류로 구분한다.[18]

완전히 고여 있는 물에서만 가라앉는 것이고, 침니沈泥는 미사微砂와 동의어로서 점토보다는 작고 모래(sand, 1/16~2/16)보다는 큰 것을 뜻한다. 모래처럼 비교적 큰 물질은 강바닥河床을 따라 구르거나 미끄러지면서 운반되므로 하상하중 물질에 속한다. 본문에는 '하중' 대신 '수사량輸沙量·함사량含沙量'이란 중국 측 용어를 사용하였다.

17 세계에서 매년 1억t 이상의 수사량輸沙量을 기록하고 있는 강은 황하·갠지스·아마존·미시시피 등 13개인데, 그 가운데 황하가 수사량과 함사량 모두 으뜸이다. 갠지스강의 수사량은 14.5억t으로서 황하와 유사하지만 함사량은 3.9kg/㎥여서 차이가 크다. 콜로라도강의 함사량은 27.5kg/㎥여서 황하와 유사하지만 연간 수사량이 1.35억t이라서 절대량에 있어서 커다란 차이가 있다.

18 하구진이란 지명이 중국 도처에 있는데, 본문의 하구진은 내몽고 호호호트시呼和浩特市 투어커투어현托克托縣 하구진을 뜻한다. 도화욕은 하남성 정주鄭州 형양시滎陽市 광무진廣武鎭에 있다.

2) 황하 형성에 대한 지질학적 검토

(1) 신생대 이전 화북의 지질 구조

중국대륙은 크게 화북華北~타림塔里木·서역西域·북역北域·화남華南 등 4개의 대륙괴大陸塊로 이루어졌다. 그 가운데 화북~타림육괴(약칭 화북육괴)는 가장 이른 시생대(38억~25억년)에 형성되어 지질구조가 매우 복잡하고,[19] 많은 침식을 받아 서부에 비해 노년기 지형의 특색을 보인다. 또 표면을 덮고 있는 지각地殼의 두께, 지형적 특성 등 여러 가지로 서부와 상당히 대조적인 모습을 지니고 있다.[20]

화북육괴는 산지·얕은 바다淺海·평야·분지 등 다양한 모습으로 변화하였는데, 신생대 제3기에 화북지역은 열대·아열대에 속하였고, 낮은 준準평원으로서 호소湖沼와 분지가 비교적 많아서 후에 석탄과 석유가 매장될 수 있었다.[21] 신생대 제4기부터 티베트고원을 비롯한 광활한 서북

---

[19] 황하 유역은 청동협青銅峽 부근의 깊은 단층을 경계로 북쪽은 북역육괴北域陸塊에, 남쪽은 화남華南육괴에, 동쪽은 화북華北육괴에, 서쪽은 서역西域육괴에 속하는데, 늦게 형성된 육괴陸塊가 경계선을 따라 일찍 형성된 육괴를 누르고 있어 습곡대褶曲帶가 발달하였고, 이곳 대부분이 지진대地震帶이기도 하다. 화북육괴 동부는 후에 단열단괴운동으로 몇 개의 단괴斷塊로 나뉘어져 각각 상승과 하강운동을 거듭하였다. 상승한 단괴는 음산陰山·여량呂梁·태항大行·연산燕山산맥 등이 되었고, 하강한 단괴는 오르도스鄂爾多斯·화북華北분지가 되었다. 또 6,000만 년 동안 일부 장력張力이 집중된 지대에서 지각地殼 함락陷落이 발생하여 많은 구유형槽形 단합단함斷陷분지가 형성되었다. 사선으로 열을 지어 날아가는 기러기雁行斜列式처럼 배열되어 띠처럼 생긴 분지의 양측 깊은 단열을 경계로 한 이 지형을 열곡裂谷이라고 칭한다. 화북육괴의 서부에 위치한 은천銀川·호흐호트呼和浩特 열곡부터 동쪽으로 분하汾河·위하渭河·랑방廊坊·제원濟源·황역黃驛·원양原陽·발동渤東 등의 열곡이 있다. 황하 중하류의 열곡은 유역 내의 지형과 수계망水系網 변화에 중요한 작용을 하였으며, 한편 1975년의 해성海城 지진(7.3)과 1976년의 당산唐山 지진(7.8) 등 지진이 가장 빈번하게 발생한 곳이기도 하다.

[20] 티베트고원은 일부 저와低窪 분지에 황토와 하호河湖 침적물이 퇴적된 것을 제외하면, 거의 대다수 지역에서 기암基岩이 노출되었고, 습곡褶曲이 심하며 주요 구조선構造線 방향은 북서 또는 북서서이다. 지각地殼 가운데 비교적 두꺼운 곳은 50~60km에 달한다. 반면 동부의 고육괴古陸塊는 여러 차례의 커다란 구조운동을 거치면서 기저基底는 고강도의 강체剛體가 되었고, 지각의 두께는 대략 30~45km이다.

[21] 중생대 초기의 지각운동으로 중국 본토가 광활한 육지로 바뀌었으며, 중생대 후기의 계속된 지반地盤운동으로 지질구조와 지형의 기본 골격이 형성되었다. 그리고 그 뒤로는 대규모 지각운동이 별로 없는 상태에서 침식작용이 진행되었다.

지역이 융기하기 시작하여 대륙 전체의 동서 지세地勢 차이가 계속 벌어지면서 고高·중中·저低의 3단계 계단식 지형이 형성되었다. 낙차가 커짐에 따라 독립적인 호소湖沼를 중심으로 각처에 수계망水系網이 형성되기 시작하였다. 또 서부지역은 점차 건조·한랭해졌고, 호소는 축소되기 시작하였으나 동부지역에서는 그와 대조적인 면모를 보이기 시작하였다.[22] 하지만 150~115만 년 전까지도 황하는 하나로 이어지지 못하였고, 발해渤海 역시 호수 형태를 유지하고 있었다.

115만~50만 년 전에 서부의 쟈링扎陵·어링鄂陵·루얼까이若爾蓋 호분湖盆의 침강이 현저히져 호수 면적이 신속히 확대되었고, 아니마칭阿尼瑪卿산맥 이동의 지각이 융기하면서 하류의 침식이 강해져 호수 분지가 서로 연결되기 시작하였다. 이에 고립되었던 공화호共和湖와 분청호汾淸湖 등 내륙 호수 분지가 물길을 만들면서 흘러나가서 수역 면적은 점차 축소·소멸되면서 쟈링·어링·루얼까이若爾蓋·임하臨河·기중冀中·천진天津湖 등의 호수만 남게 되었다. 이때 황토 협곡이 생기기 시작하였고 황토의 토양 특성상 계곡이 급속하게 커져 갔다.

(2) 신생대 4기 이후 황하 하도의 상황

10,000년 전인 신생대 4기 Holocene기에 황토고원 침식이 신속하게 진행되어 황토고원 특유의 지형이 형성되었으며, 공화共和분지 이서 등 일부 지역을 제외한 거의 모든 지역에서 황하의 현 물길이 기본적으로 형성되었다.[23] 당시 황하는 동남쪽으로 흘러서 대체적으로 서주

---

[22] 서부 육괴는 두 판괴板塊의 미는 힘을 받아 융기하여 흐분湖盆이 축소되고, 저수량도 줄어들었으나, 동부의 호분은 긴 열곡裂谷의 형성과 활발한 운동으로 인하여 갈수록 커졌다. 동서역 고저와 배수량의 현저한 차이는 물의 흐름을 가속화 해서 침식작용이 더욱 활발해졌다.

[23] 황하 중·상류는 주류와 지류 모두 두 단계의 계단식 지형이 발달하였는데, 은천銀川·임하臨河 두 곳이 호수로 이루어진 것을 제외하곤 나머지 모두 하류河流로 형성된 것이어서 당시 하류의 침식이 강력하였음을 알 수 있다. 당시 황토 구릉의 깊이는 보통 80m 이상이었고, 깊은 경우는 70Cm에 달하였으며, 경사도는 15° 이상이었을 것으로 추정된다.

徐州 잔구殘됴를 거쳐 동으로 황해로 유입되었으나 후에는 태항太行산맥 동록東麓을 따라 북류北流하여 천진호天津湖를 거쳐서 발해로 흘러들어갔다. 황하가 바다로 유입되면서부터 강 바닥河床이 하나로 조정되었고 하류에 의한 침식이 많이 이루어져 '천구만학千溝萬壑'이라 일컬어지는 황토고원의 모습이 더욱 두드러졌고, 하류가 급강하는 열곡裂谷지대에서 다량의 니사泥沙가 침적되는 물길이 만들어지면서 비옥한 충적평야가 형성되었다.

동시에 황해가 서쪽으로 확장하면서 오늘날의 천진天津이동 수역이 해수에 의해 침수되어 고진해古鎭海가 되었고, 3,000~10,000년 전에 고발해가 다시 대거 서침西侵함으로써 한 때는 현재의 경항京杭대운하 부근까지 침수될 정도였다. 해수면 상승으로 고황하의 배수가 이루어지지 않아 우禹의 치수와 관련된 전설이 생길 정도로 대홍수가 빈번하게 발생하였다.[24]

---

24 황해 남서부 해저의 고금지형은 주로 호소湖沼 와지窪地였으나, 황해 북부와 발해 해저의 고금지형은 고금물길과 고금퇴적평야로 이루어졌다. 그리고 묘조군도廟島群島 등 도서의 정상부에 신생대의 노老황토가 덮여 있는 것이 발견되는 것으로 미루어 볼 때 아마도 신생대 제4기 이전의 지형인 것으로 추정된다.

제2절 ❙ 황하의 물길과 유수량流水量·수사량輸沙量

1. 물길과 지류의 특성

1) 황하의 물길

(1) 구곡九曲황하

　황하는 물길의 굴곡이 매우 심해서 오래전부터 '구곡九曲황하'라고 불려 왔다. '구九'는 매우 많다는 것을 의미하는 것으로서 황하의 만곡彎曲이 대단히 많음을 뜻한다. 황하는 전체적으로 '几'자형을 이루고 있고, 발원지에서 하구河口까지 많은 만곡을 지니고 있어 직선거리는 2,068km지만 총길이는 5,464km로서 2.64배나 된다.

　황하에 물굽이가 유난히 많은 것은 황하가 10여 개의 내륙 흐수분지가 강줄기로 연결되어 이루어졌기 때문이다. 하류 발육發育의 중추였던 곳들이 모두 하류에 편입되면서 만곡부를 이룬 것이다. 또 한편으로는 황하 유역의 단열斷裂구조가 주단열主斷裂 외에도 여러 개의 파생단열派生斷裂로 이루어져서 원래의 하도 자체가 '지之'자형 내지는 사형蛇形 구조를 이루고 있기 때문이다.

　황하의 물길에는 탕커만唐克彎·탕나이허만唐乃亥彎, 난주만蘭州彎, 법문만法關彎, 난고만蘭考彎 등 크게 6개의 대만곡大彎曲이 있다. 그 가운데 가장 주목할 것은 법문만이다.

　오르도스河套를 지난 황하는 남쪽으로 곧장 흐르다가 섬서성의 화산華山과 부딪친 뒤 90° 꺾여서 동쪽으로 흘러 하남성 삼문협시三門峽市로 들어간다. 곡류 지점에 옛 법관현法關縣이 있었기 때문에 법관만法

關灣이라고 칭한다. 우문구禹門口에서 삼문협시까지 238km는 그 중간 지대를 중심으로 상류 쪽은 하곡지가 수km~10여km나 되고 물길이 약 4.1%라는 가파른 경사도를 유지하고 있어서 황하 주류主流가 크게 이동하여 이른바 '30년하동, 40년하서三十年河東, 四十年河西'란 말이 나올 정도였다.

반면 아래쪽은 남쪽의 진령秦嶺산맥과 북쪽의 중조中條산맥 사이에 놓인 이른바 '진예협곡晉豫峽谷'을 지나므로 하곡이 상대적으로 좁고 강바닥도 안정되어 있으며 경사도 역시 2.2%로 완만한 편이다. 이 지역은 황하와 진령秦嶺산맥의 험한 지형으로 인해 관중關中과 중원中原을 연결하는 인후를 이루고 있어 역대 최고의 전략적 요충지로 손꼽힌다.

(2) 협곡과 관곡

황하는 모두 30여 개의 협곡을 지나 바다로 흘러 들어가는데, 협곡의 길이는 총 1,707km로서 전체 길이의 31.2%에 달한다. 협곡은 영하자치구에 위치한 청동협青銅峽[25]을 중심으로 동서의 비중이 각기 다르게 나타난다. 그것은 청동협이 두 개의 육괴陸塊를 잇는 곳이기 때문이다. 청동협 이서는 장년기 지형인 서역육괴西域陸塊에 속하여 있어 분지도 있지만, 협곡이 전체 길이의 70%나 된다. 반면 청동협 이동은 노년기 지형인 화북육괴華北陸塊에 속해 있는데, 부분적인 지각地殼 함락陷落으로 형성된 일련의 열곡과 그 열곡 안에 상대적으로 융기한 띠 모양의 이른바 '단륭斷隆'이 있다. 이렇게 단열육괴斷裂塊體의 승강 작용으로 황하 동부 하곡지는 협곡이 40%, 평야형 관곡寬谷이 60%를 차지한다.

---

25 영하 오충시吳忠市 청동협시青銅峽市에 있다. 석회암과 사암으로 이루어진 협곡으로 길이는 10km다.

(3) 하단별 경사도

그밖에도 황하 하드가 다른 강에 비해서 상대적으로 두드러진 특징 가운데 하나는 3개의 계단식 지형臺形을 지닌다는 점이다. 이 3개의 지형은 경사도 차이에 따라 흐름의 완급, 충적과 침식의 차이가 매우 두드러지게 나타난다. 우선 발원지부터 영하 하하연下河沿[26]까지의 2,481km는 청해·감숙·영하의 산지 협곡을 지나면서 낙차가 843m, 평균 경사도가 13.8%나 되어 급류를 이루고 있다.

이 구간에서 발원지 부근의 쟈링호扎陵湖·어링호鄂陵湖와 고탕커호古唐克湖 일대만 유일하게 평탄할 뿐 이곳을 제외하면 하곡이 갑자기 넓어졌다가 좁아지기를 반복하고, 협곡은 7·8km에서 수십km, 심지어는 200여km에 달하는 협곡이 있다.[27] 협곡의 총길이는 926km로서 상류 하단의 40%를 차지하는데, 높이는 100m~6·700m로 각기 다양하며, 강수면의 폭은 30~50m에 불과하나 하단下段은 조금 넓어 200~300m 정도이다.[28]

가장 급경사를 보이는 협곡은 청해 해남海南자치주 공화현共和縣에 있는 용양협龍羊峽이다. 길이 38km에 낙차 235m, 경사도 6.1%이며 강폭이 좁다 발전소가 건설되었다.[29] 용양협龍羊峽에서 청동협青銅峽까지의 918km도 양안의 산세가 매우 험하고 하곡이 좁으며 총 낙차가 1,324m에 달해 물살이 거세다. 이 구간에 모두 14개의 협곡이 있는데, 암석 지질이 발달하였고, 강바닥 복개층覆蓋層이 두껍지 않아 댐 건설의

---

26 하하연 수문hydrological station은 영하 중위시中衛市 연수진迎水鎭에 있다.
27 가장 긴 협곡은 청해은·감숙의 교계지에 있는 라지아협拉加峽이다. 청해성 해남海南자치주 동덕현同德縣과 쿨록果洛자치주의 마심현瑪沁縣, 감숙성 감남甘南자치주 마곡현瑪曲縣 사이에 있다. 총길이는 216km이며, 협곡 상·하의 낙차는 588m나 된다.
28 가장 좁은 협곡은 청래 동덕同德·귀남현貴南縣 경내에 있는 야호협野狐峽으로 길이는 33km인데, 좌안에는 40~50m의 석량石梁이, 우안에는 100m 가까운 절벽이 있고, 강폭은 10여m에 불과하다.
29 화강암으로 이루어진 150m 높이의 절벽 사이로 30m의 좁은 강폭이 형성되어 있다.

최적지로 꼽힌다. 하하연下河沿에서 하구진河口鎭에 이르는 991km는 영하·내몽고 오르도스寧蒙河套평야를 지나는 곳이며 낙차가 246m, 경사도 2.5%로 완만하여 약간의 퇴적이 이루어지고 있다.

황하는 하구진河口鎭에서 물길을 남쪽으로 90°꺾어 남쪽의 우문구禹門口까지 직선으로 725km를 흐르다가 다시 동쪽으로 90°꺾어 하남성 도화욕桃花峪까지 482km를 흐르는데, 이 1,207km의 낙차가 888m, 경사도는 7.4%로서 급류를 이루고 있다. 이 중류 하단은 황토고원을 둘로 나누며 협곡형 물길을 형성하여 산서와 섬서의 경계가 되므로 진섬晉陝협곡이라고 칭하며, 다시 우문구를 중심으로 둘로 나누기도 한다. 하구진에서 우문구까지의 수면 낙차는 607m이다. 우문구에서 삼문협三門峽에 이르는 하단은 경사도가 3.2%로서 비교적 평탄한 지역에 속하며 퇴적작용이 계속 이루어지고 있다. 진섬협곡은 하곡河谷 바닥이 400~600m로 넓지만, 넓은 하천부지敷地는 없다.

진섬협곡의 아래쪽에 황하 유일의 폭포인 호구壺口폭포가 있다.[30] 폭 250~300m, 낙차 17m로 중국 제2의 폭포인 호구폭포는 거대한 주전자와 같다고 하여 취해진 이름이다. 사암砂巖과 역암礫巖이 다량 포함된 사질이암砂質泥巖으로 이루어져 침식이 빠르게 진행되고 있다.[31] 진섬협곡의 끝은 용문龍門인데, 이곳은 지세가 험하고 좌안의 용문산龍門山과 우안의 양산梁山이 단애斷崖를 이루고 있으며, 강폭도 40m 내외로 좁아져서 격류의 장관을 이루고 있다. 또 용문은 산서와 섬서를 잇는 교통의 요지로서도 매우 중요한 곳이다. 황하는 하남 낙양시 맹진현孟津縣부터

---

30 호구폭포는 산서성 臨汾市 吉縣 壺口鎭과 섬서성 延安市 宜川縣 壺口鄕 사이에 있다.
31 壺口瀑布는 100~200만 년 전, 龍門 일대에서 지각운동의 영향으로 단열이 발생하여 단층이 형성되면서 폭포가 만들어진 것으로 보인다. 그 뒤 계속된 침식으로 호구폭포는 현재 용문에서 65km 상류 지점까지 올라갔다. 기원전 770년에는 현 산서성 呂梁市 柳林縣 孟門鎭과 붙어있었으나 713년에는 맹문진에서 1,660m 북쪽으로 이동하였다고 하니 침식은 매년 1m 정도 진행된 것으로 보인다. 이는 나이아가라폭포의 5배에 해당한다.

협곡을 벗어나 동쪽으로 흐르기 때문에 내몽고 하구진에서 맹진까지로 중류로 구분하기도 한다.

도화욕桃花峪에서 하구까지의 하류 하단은 화북평야를 지나고 있어 길이가 785km인데 비해 낙차가 96m, 경사도 1.2%여서 경사가 중·상류 하단에 비해 매우 완만한 편이다. 하지만 중국 다른 큰 강의 하류에 비해 여전히 경사가 급하고 유속도 빠른 편에 속하며, 특히 강바닥의 유동성이 크다는 점이 다르다.

2) 황하의 지류

황하 유역 면적의 평균 증가율은 138km²/km인데, 상류·중류·하류를 비교해보면 상류 3,472km는 111km²/km이고, 중류 1,206km는 285km²/km인데 비해 하류 786km는 29km²/km로서 증가율이 현저하게 낮아진다. 하단河段 가운데 유역 면적 증가율이 가장 높은 곳은 상류 용양협龍羊峽~난주蘭州의 432km 구간으로서 39개의 지류가 더해져 평균치의 1.5배이며, 또 하나는 중류 용문龍門~악관擢關의 126km로서 지류는 7개에 불과하지만, 면적 증가율은 1,465km²/km이다. 이는 평균치의 10.6배로서 최고치에 해당한다. 게다가 이 하단의 지류는 모두 황토고원에서 흘러 들어오는 것이어서 황토 유입과 가장 밀접한 관련을 맺고 있는 곳이다.

황하의 많은 지류 가운데, 유역 면적이 100km² 이상인 지류는 모두 219개이며, 1,000km² 이상은 76개, 10,000km² 이상은 11개다. 이 지류의 유역 면적은 총 58만km²로서 황하 전체 유역 면적의 77%이고, 11개 주 지류의 유역 면적은 50%인 37만km²이다.

황하 지류는 수와 밀도에 있어서 양안이 불균형한 분포를 보이고 있고, 전체 우역 면적의 증장율增長率에 있어서도 차이가 있다. 황하 좌안의 유역 면적은 29.3만km², 우안은 45.9만km²로서 각각 39 : 61의 비율을 보인다. 유역 면적 100km² 이상의 지류는 좌단이 95개이며 유역 면적은

23만㎢이나 우안은 124개, 39.7만㎢이다. 좌우안의 차가 가장 큰 두 곳은 난주蘭州~하하연下河沿과 용문龍門~법관法關으로서 우안이 좌안의 2배나 된다.[32]

조사의 3/4은 하구진河口鎭~법관法關의 10~11만㎢ 유역에서 유입된 것이고, 다시 그 가운데도 황보천~독미하禿尾河(10,000t/1㎢), 무정하 중하류(6000~8000t/1㎢) 등이 주된 유입처다.[33] 그리고 황하 하류 물길에 퇴적된 니사는 0.05㎜ 이상의 조사가 69%, 0.025㎜ 이하의 세사細沙가 16%로서 조사가 하도 퇴적의 주성분임을 알 수 있다. 따라서 조사의 주 유입처가 황하 치수의 중점이어야 한다.

2. 니사와 수사량

1) 니사泥沙의 크기

"황하의 물 1석에 니사가 6말이나 된다黃水一石, 含泥六斗", "황하의 물 1말에 니사가 7할을 차지한다黃河斗水, 泥沙其七"는 사서史書에 빈번하게 나오는 표현처럼 상상을 초월하는 수사량輸沙量과 함사율含沙率은

---

32 ㎢당 하천 길이를 나타내는 '하계밀도河系密度'는 통상 수계水系 발육의 특징을 나타내는 중요한 지표 가운데 하나이다. 대체적으로 강수량과 유수의 침식이 큰 지역에서는 수계의 발육이 활약하게 이루어지며, 기후가 건조하며, 지형이 평탄한 곳에서는 하계밀도가 작게 나타난다. 그러나 사람의 활동 영향이 비교적 큰 평원지역에서는 인공 관개 등으로 인하여 하계밀도가 대폭 증가한다. 황하수계의 밀도를 500m 이상의 하계망河系網을 가지고 통계를 내보면 건조한 사막지역에서는 0.1km 이하로 최소치가 나오고, 최대치는 수토유실이 가장 심각한 섬북陝北·진서晋西 일대의 황토고원에서 2.0~2.4km가 나온다.

33 하구진 이상에서 매년 평균 0.393억t(5.4%), 하구진 이하의 내몽고 경내에서 0.906억t(12.4%), 산서에서 1.23억t(16.8%), 섬서에서 3.77억t(51.5%), 감숙에서 1.02억t(13.9%)이 유입되는데, 각 지역 가운데 섬서 유림楡林에서 유입된 조사粗沙가 가장 많아 매년 평균 2.52억t(34.5%)에 달한다.

황하의 가장 큰 특색이라고 할 수 있다. 따라서 황하를 이해하기 위해서는 니사에 대한 분석이 선결과제인데, 니사는 다시 그 생성지에 따라 경사면과 침식곡에서 생긴 '유역생성니사流域産沙'와 하류에 유입된 '하류니사河流輸沙'로 크게 나눌 수 있다.

황토고원의 황토 입자는 서북에서 동남으로 가면서 0.045mm에서 0.015mm로 점차 줄어드는 것이 일반적이지만 황하에 유입된 황토 입자의 크기는 유역의 상황에 따라 약간의 편차를 보이기도 한다. 주류主流의 경우, 난주蘭州~하구진河口鎭 구간은 0.033~0.034mm로 큰 차이가 없으나, 오보吳堡~용문龍門 구간에서는 0.044~0.055mm로 커지고, 하남 화원구花園口에서는 다시 0.034mm로 줄어든다. 지류는 황보천黃甫川에서 가장 커서 0.099mm, 무정하無定河는 0.078mm, 굴야하窟野河는 0.077mm로 나타난다.

1965~1974년 사이에 각 수문에서 측정한 결과를 보면 16억t에 달하는 황하의 니사 가운데 입자가 0.05mm 이상인 조사粗沙가 7.3억t으로서 약 45%를 차지한다. 이 조사의 3/4은 하구진~법관法關 구간의 10~11만km² 유역에서 유입된 것이고, 다시 그 가운데도 황보천~독미하禿尾河(10,000t/1km²), 무정하 중하류(6000~8000t/1km²) 등이 주된 유입처다. 그리고 황하 하류 물길에 퇴적된 니사는 0.05mm 이상의 조사가 69%, 0.025mm 이하의 세사細沙가 16%로서 조사가 하도 퇴적의 주성분임을 알 수 있다. 따라서 조사의 주 유입처가 황하 치수의 중점이어야 한다.

2) 하단河段별 함사량含沙量과 수사량輸沙量

각 하단의 함사량을 살펴보면 청해 용양협龍羊峽 이서의 상류지역은 1.1kg/m³로서 비교적 맑으며, 연평균 수사량도 2,320만t에 불과하다. 감숙 난주시蘭州市부터는 함사량이 3kg/m³, 연평균 수사량도 1억t으로 늘어나고, 내몽고 하구진河口鎭까지는 함사량이 6kg/m³, 연평균 수사량

1.42억t으로 조금 더 늘어나지만 유역 면적이 전체 유역 면적의 49%인 36만㎢이고, 수량이 53%인 점을 고려해 볼 때 오히려 상대적으로 줄어든다고 할 수 있다. 그러나 하구진~용문 구간은 유역 면적이 13만㎢로서 전체 유역 면적의 17.5%, 유수량은 15%에 불과하나 연평균 수사량은 9.14억t으로서 전체 수사량의 55.7%에 달한다. 또 용문~법관 구간은 유역 면적 18만㎢, 연평균 수사량 5.71억t으로서 전체 수사량의 35%, 유수량의 22%를 차지한다. 삼문협 이하의 이하伊河·낙하洛河·심하沁河의 수사량은 전체 수사량의 2%, 유수량의 10.7%를 차지한다. 연평균 수사량이 1억t 이상인 지류는 4개로, 경하涇河가 2.62억t, 무정하無定河가 2.12억t, 위하渭河가 1.86억t, 굴야하窟野河가 1.36억t 등이며, 섬서의 수사량이 전체의 41.7%로 수위를 차지한다.[34]

3) 수사량의 변화

황하의 니사는 지역적·연별·월별 편차 및 변화가 아주 커서 1933년은 수사량이 39.1억t으로 평년의 2.4배에 달했지만, 1928년에는 4.88억t으로서 겨우 17%에 그치는 등 몇 년 사이에도 최대치와 최저치가 8배나 차이가 났다. 모든 변화 지표가 그러하듯 본류本流보다 지류의 연별 수사량 변화가 훨씬 크게 나타난다. 또 니사는 홍수기에 80% 이상이 집중되며, 특히 7~8월분이 70%를 차지한다. 홍수기 역시 몇 번의 집중 폭우에 크게 좌우되며,[35] 홍수기의 함사량은 대체로 갈수기의 3~4배 이상이 된다.

---

34 이상 손승은孫承恩, 『황하』, pp. 205~209.
35 삼문협참三門峽站의 홍수기에는 최대 5일의 수사량輸沙量이 연 총량의 19%에 달한다. 황하 중류의 일부 지류 가운데 무정하無定河 천구참川口站의 5일간 수사량輸沙量이 연 총량의 42.2%, 굴야하窟野河 온가참溫家站에서는 72.2%에 달하기도 하였다.

황하 중류에서 수사량이 가장 많은 하구진~용문 구간의 일곱 지류의 하도 경사는 대부분 5% 이상이며, 2·3급 지류의 물길은 더욱 가파르다. 또 동일한 침식 유형의 지역을 살펴보면 주류의 다년평균 수사량과 해당 지류의 수사량이 거의 일치함을 알 수 있는데, 이는 각급 지류에서 발생한 니사의 대부분이 황하 주류에 유입됨을 의미한다. 이는 거의 모든 일반 하천의 경우, 지류의 니사 발생량이 주류 수사량의 2~3배에 달한다는 것과 확연히 대조되는 것으로서 하도의 경사와 수사량의 상관관계가 매우 높음을 입증해 주는 것이다.

황하 주류의 각 하단은 물길의 특성에 따라 퇴적과 침식이 다양하게 일어난다. 하구진~용문, 법관~소랑저小浪底의 협곡 하단에서는 다년평균 수사량, 퇴적 및 침식의 변화가 크지 않으나 용문~법관 하단은 북락하北洛河·위하渭河·분하汾河가 합쳐지는 곳이고, 하도의 크기가 불규칙하여 홍수기에는 퇴적이, 갈수기에는 침식이 이루어지나 퇴적이 약간 우세한 편이다. 용양협~하구진의 황하 하류 하단은 강바닥의 폭과 깊이가 일정하고 수사력輸沙力이 약하여 계속 퇴적이 이루어지고 있다. 하류 하도에 유입된 16억t의 니사 가운데 1/4은 이진利津 이상의 하도에, 1/2는 이진 이하의 하구 삼각주에 쌓이고, 1/4은 황해로 흘러 들어간다.[36]

---

36 홍수기에는 오히려 퇴적이 이루어지고, 그 양도 3/4이나 되는 것이 바로 황하다.

3. 유수량과 수자원

1) 유수량 개관

황하 유역의 연평균 강수량은 476㎜이며, 강수총량은 3,581억㎥인데, 그 가운데 80% 정도는 증발하고, 실제 이용 가능한 것은 20%인 735억㎥에 불과하다. 이는 유수량 지수로 환산할 경우, 8.76만㎥/㎢로서 전국 평균치의 약 30%에 불과하다. 만약 지하수까지 합산한다면 전국 주요 하천 가운데 최저치에 해당한다.[37]

난주蘭州 이서의 상류 유역은 유역 면적의 29.6%이나, 유수량은 348억㎥로서 총량의 52.8%나 된다. 반면 난주~하구진 구간은 유역 면적의 19.3%이나 건조지역이고, 관개로 인한 소비량이 매우 많아서 유수량이 2.3%로 대폭 줄어드는 곳이다. 하구진~삼문협 구간은 유역 면적의 42.7%, 유수량은 30.5%인데, 주로 황토고원에서 유입된 것이며, 삼문협~화원구花園口 구간은 유역 면적의 5.5%, 유수량은 9.8%로서 주로 산악지역에서 유입된 것이다. 화원구 이하의 하류 유역은 천정천天井川을 이루고 있기 때문에 유입되는 것이 거의 없다.

유수량의 남북 차이를 보면 분하汾河~심하沁河 이남은 연평균 강수량이 600㎜ 이상이고 연평균 유수량도 100~200㎜ 이상이지만, 해원海原~동심同心~정변定邊~포두包頭 이북 지역은 연평균 강수량이 300㎜ 이하이며, 연평균 유수량도 10㎜ 이하로서 상당히 큰 편이다. 이 두 지역의 가운데에 있는 황토고원의 연 강수량은 대체로 400~500㎜이나 연평균 유수량은 25㎜에 불과하다.

---

37 유역 내 공급 가능한 수량은 1인당 812㎥, 경지 1a당 42㎥로서 각각 전국 평균치의 30%와 19%에 해당한다. 이는 1인당 수량의 경우 장강 유역의 29.6%, 주강珠江 유역의 17.2%이며, 1a당 수량도 장강 유역의 13.2%, 주강 유역의 7.4%여서 수자원 부족이 심각함을 알 수 있다.

유수량의 동서 분포 역시 차이가 커서 난주 이서 하단은 인구가 적고 유수량이 충분해서 1a당 평균 수량이 2,246㎥이고, 난주~하구진 구간은 전체 유역 면적의 21.7%로 급증하지만 지표수는 오히려 감소한다. 하구진~삼문협 구간도 전체 유역 면적의 41%, 지표수는 186억㎥로서 총량의 31.3%를 차지하지만 1㎢당 수량은 6.2만㎥, 1a당 수량은 167㎥로서 유역 평균치의 1/2에 그치고 있다.

특히 용문~삼문협 구간의 물 부족이 심각하다. 이곳에는 산서의 중심인 태원太原분지·임분臨汾분지가 있고, 섬서의 중심지인 관중평야가 있어 인구와 경지가 집중되어 있으나 공급 가능한 수량은 1a당 133㎥, 1인당 312㎥로서 전국 평균치는 물론이고 유역 평균치의 40%도 되지 않는다. 반면 삼문협~화원구 구간은 전체 유역 면적의 4.2%에 59.6억㎥의 물이 유입되어 총량의 10.2%, 1㎢당 14.2만㎥로서 수자원이 상대적으로 풍부한 지역에 속한다. 그러나 화원구~하구까지는 다시 유역 면적이 얼마 되지 않고 유수량도 전체 유수량의 3.6%에 불과한데 인구·경지가 집중되어 관성적인 물 부족에 시달리고 있다.

황하 유역의 지하수는 총399.3억㎥로서 모두 천층淺層 지하수에 속해 거의 대부분 하천의 유수량과 겹치는 편이며 가용량은 76억㎥로서 유역 수자원 총량의 10% 정도 된다. 지하수 분포는 대체적으로 유역 내 강수 분포와 일치하며, 오르도스평야·분위汾渭분지·화북평야에 총 가채량可採量의 70%가 집중되어 있다.[38]

---

38 연평균 지하수자원은 영하의 위녕衛寧평원이 55.7만㎥/㎢로서 가장 많고, 섬서 관중평야의 서안西安 일대가 43.3만㎥/㎢, 산서 태원太原·임분臨汾분지, 하남의 낙하洛河 하곡河谷이 10~20만㎥/㎢이며, 황토 구릉 침식곡 지역은 1~5만㎥/㎢, 서북부의 건조한 오르도스대지臺地·영남구원寧南臺塬 지역은 0.55만㎥/㎢ 이하로 가장 낮다.

2) 유수량의 변화

황하 유역의 평균 유수량은 7.7만㎥/㎢인데, 연별·월별 변화가 아주 클 뿐만 아니라 각 하단 간의 차이도 크다. 당연한 이야기지만 유수량은 강수량에 의해 결정되는데, 서부지역은 티베트고원과 여러 산맥에서 유입되는 물이 있어 갈수기에도 수량이 풍부한 편이나 영하 남부寧南·섬서 북부陝北·산서 서북부 등 건조한 황토 구릉지역의 지류는 집중호우 때 연간 유수량의 80~90%를 배출하고, 매년 3~6월에는 거의 건천이 되고 만다.

1970년대부터 황하의 주류·지류 모두 유수량의 감소가 현저해졌고, 심지어 강물이 완전히 마르는 단류斷流현상이 거듭 발생하여 일상생활과 생태환경에 치명적인 손실을 주었을 뿐 아니라 황하의 상징성이 주는 사회적·심리적 충격 또한 대단하였다. 단류는 약 30년간 계속되었을 뿐 아니라, 갈수록 지역적으로 시간적으로 확대되었다. 단류 현상은 2001년 들어 정부의 적극적인 통제로 비록 수량이 줄어들기는 했지만 단류를 겨우 막을 수 있었다.[39]

황하 유수량의 연별 변화도 대단히 커서 화원구 수문의 경우 최대 유수량은 1964년의 1,004억㎥이었고, 1928년에는 284억㎥로 3.5배나 차이가 났다. 황하 지류의 경우 그 폭이 더욱 커서 5~12배나 되며 건조지역에서는 20배 이상의 차이를 보이는 곳도 있다.

유수량 변화의 또 다른 특색은 주기적인 갈수기의 발생인데, 20세기에는 1922~1932년과 1969~1974년 두 차례의 장기적인 갈수기가 있었다. 전자의 유수량은 평년의 70%, 후자는 87%에 그쳤고, 특히 1928년

---

39 1992년 83일이었던 단류斷流는 1995년에는 4번에 걸쳐 122일이나 지속되었고, 단류 범위도 하남 개봉開封 부근의 협하탄夾河灘까지 올라와 총 622km로 전체 하류 지역의 79%에 달하였다. 그리고 1996년에는 다시 136일로 늘어났다. 또한 1980년 이전에는 주로 5·6월에 집중되었던 단류 현상이 1990년대부터는 자꾸 앞으로 당겨져서 1996년에는 2월에도 단류 현상이 발생하였다.

섬현陝縣수문에서는 240억㎥로서 연평균치의 48%에 불과한 일도 있었다. 이 기간 황하 전 유역에서 강수 부족으로 인한 한해가 극심하였음은 부언할 필요가 없었다. 이처럼 전 유역에 걸친 5년 이상의 장기적인 한해가 1736년부터 1980년까지 240년 동안 모두 8회 발생하여 평균 30년 1회의 주기를 보였다. 그러나 근래에 들어오면서 한해의 발생 간격은 점차 더 좁아지고 있다.

3) 수자원 개발과 이용

관개를 이용한 영농은 중국 농업의 오랜 전통으로서 정국거鄭國渠·도강언都江堰은 춘추전국시대부터 이루어진 대표적 관개 사업이며, 현재 중국 농경지의 45%가 관개 시설을 이용하여 경작되고 있다. 황하 유역 내 관개 면적은 6,000만a로서 1949년의 1,200a에 비해 5배나 늘었고, 1인당 관개 면적도 0.3a에서 1ha로 늘었으며, 관개 면적은 유역 총 경지 면적의 40%이지만 생산량은 50%를 넘는다.

각 하단별 수자원 이용을 살펴보면 발원지~용양협 구간의 유수량은 15.5만㎥/㎢로서 황하 전 구간에서 가장 높으나, 수자원 이용률은 1% 미만이다. 용양협~난주 구간의 유수량은 13.3만㎥/㎢이며, 이용률은 18.3%이다. 하구진~용문 구간은 유수량 6.4만㎥/㎢이며, 이용률은 6.9%에 불과한데, 그것은 유수량의 월별 편차가 크고 함사량이 너무 높아 이용에 불편하며, 공급 설비가 부족하기 때문이다. 삼문협~화원구 구간의 용수량은 14만㎥/㎢, 이용률은 36.2%로 가장 높은 편이다. 그러나 공급과 수요의 지역적·계절별 불균형이 크기 때문에 통계에 비해서 수자원의 부족이 전 지역에서 공통으로 겪고 있는 심각한 문제이며, 근본적인 해결책이 무망한 현실이다.

제3절 | 황하의 홍수와 생태환경의 변화

1. 토양 유실과 홍수

1) 황하 유역의 토양 유실과 문제점

(1) 토양 유실 상황

중국은 토양 유실이 상당히 심각한 국가의 하나로서 전국에서 수력에 의한 침식 면적이 150만㎢, 풍식 사막과 사지 면적이 130만㎢로서 전 국토 면적의 30% 가까이나 된다.[40] 수력에 의한 토양 침식만도 매년 유실 토양이 50억t을 상회한다. 황하는 하류를 제외한 중·상류 유역에서 토양 유실이 진행 중인데, 청해 용양협에서 하남 도화욕까지 3,278km 구간의 유역 면적 60여만㎢ 가운데 70%를 넘는 43만㎢에서 토양 유실이 진행되고 있다.[41]

이는 앞에서도 일부 언급하였듯이 황토는 원래 유기질 함량이 적고 단립團粒구조가 일반 농전 토양 단립 구조의 5~10% 이하로 불량하며,

---

40 중국은 인도·구소련·미국과 함께 토양 유실이 가장 심각한 국가의 하나로서 연평균 유실량은 ha당 40t이며, 토양 유실이 진행되고 있는 면적은 최소한 국토의 34%를 넘는다. 그러나 이심순李心純은 38% 이상이라고 밝히고 있는데, 최근의 자료일수록 유실 범위를 크게 보고 있다.

41 토양 유실은 지표면의 조성 물질이 침식과 운반, 그리고 새로운 퇴적이라는 일련의 과정을 지칭하는 것으로서 외부적인 힘과 토양의 저항력 간의 균형이 깨짐으로써 발생하는 것이다. 토양은 재생 가능한 것이기는 하지만 열대나 온대지방에서 2.5cm의 토양이 형성되는데 평균 500년(200~1,000년)이 걸린다. 따라서 일단 유실되면 사실상 그 회복을 기대하기가 힘들다.

단립이 주로 탄산염碳酸鹽 교결膠結에 의존하고 있어서 물에 잘 녹기 때문이다. 이처럼 황토는 본래부터 항식력抗蝕力이 적어 수직절리垂直節理가 명확하고, 조립성直立性이 강하지만 일단 지면에 물이 고이면 절리를 타고 침투하므로 잘 무너진다. 황토의 공극율空隙率도 일반적으로 40~50%로 높아 삼투滲透속도가 분당 0.3~1.1mm로 빠르기 때문에 강우 강도가 세지 않아도 전부 침투할 수 있다.

(2) 강우·풍식風蝕과 토양 유실

황하유역 토양 유실의 양대 요인은 강우와 풍력이지만, 최대 요인은 역시 강우로서,[42] 연강우량·계절별 분배·비의 형태·강우 강도에 따라 차이가 있기 마련이다. 황하수리위원회水利委員會 수덕수토보호과학실험실綏德水土保持科學試驗站에서 1956년 관측 자료를 기초로 실험을 한 결과, 평균 강우 강도가 각각 1 : 2.5 : 6일 경우, 유수량은 1 : 15.5 : 44.2의 비율로 커지고, 충쇄량沖刷量은 다시 그 배의 비율로 커졌음을 알 수 있었다. 강우의 계절별 집중도 수력 침식의 영향을 확대하는데, 우기의 토양 유실량이 연평균의 2/3 이상을 차지한다. 천수天水수토보호과학실험실의 1945~1953년의 관측 자료에 따르면 천수지역 5~8월 강우량이 전년 강우량의 59.1%, 유수량의 96.8%, 토양 침식량의 94.4%를 차지하였다.

풍식과 풍사유동風沙流動은 풍속에 의해 좌우되는데, 황하 상·중류에는 바람이 없는 달이 거의 없으며, 직접적인 영향을 줄 수 있는 강풍 회수만도 연중 20~28일 정도 된다. 특히 겨울과 봄의 건조기에 부는 바람의

---

42 토양 유실의 원인과 방식은 지역마다 많은 차이가 있지만 수력침식·동력침식·중력침식 가운데 수력 침식이 가장 보편적으로 진행되고 있다. 토양 유실 요인 가운데 강우·토양·지질·지형·식피 등의 자연 요인이 그 잠재조건이라고 한다면 사람들의 불합리한 개발이 더욱 직접적인 요인이라고 할 수 있다.

영향이 가장 크다. 온도의 격렬한 변화, 특히 동결과 해동, 강우와 융설 融雪의 영향도 다방면으로 토양 유실에 영향을 끼친다.

⑶ 지형과 토양 유실

지형 가운데 토양 유실과 직접 관련이 되는 요인은 경사도·경사지 길이·경사지 형태·침식곡侵蝕谷 밀도 등인데, 1㎢당 침식곡의 길이를 나타내는 '침식곡 밀도密度'와 유실 면적을 나타내는 '지면地面 할열도割裂度'가 클수록 지면이 잘게 나누어져서 토양 유실이 심함을 나타낸다. 지형의 여러 가지 요인 가운데 토양 유실과 가장 밀접한 관계가 있는 것은 경사도이며, 경사도가 같으면 그 길이가 토양 침식의 강도를 결정한다.

황토고원의 침식곡 밀도는 1㎢당 3~7㎞이고, 지면 할열도는 총 토지 면적의 30~50%에 달하며, 침식곡의 깊이는 통상 100~300m, 경사도는 10~35°이다. 점질토粘質土는 경사도가 0.5~1°, 사성토砂性土는 1~2°가 되면 경제적으로 타격을 줄 정도의 토양 유실이 일어나게 마련인데, 10~35°의 경사도라면 유수의 집중과 유속 증가의 조건을 충분히 갖춘 셈이라고 할 수 있다.

⑷ 식피와 토양 유실

식피 또한 중요한 요소의 하나인데, 황토고원의 천연 식피는 일찍이 파괴되어 잔존하는 천연림 면적은 1800만a로서 총 면적의 3%에 불과하며 그것도 갈수록 좁아지고 있다. 서봉西峰수토보호과학실험실의 자료에 따르면, 숲이 파괴된 뒤, 1㎢당 1,900t의 토양 유실이 일어난다고 한다. 천연 초지의 식피 상태도 좋지 않아 가파른 침식곡은 풀 한 포기 없는 것이 보통이며, 회복 속도도 아주 느려서 토양 보호 기능을 거의 상실하였다. 그 결과 가뭄·풍사風沙·우박·서리 등 자연재해의 빈번한 발생은 초지의 자생력 상실과 맞물려 심각한 악순환 관계에 놓여 있다.

⑸ 침식곡 밀도

황토고원의 침식곡浸蝕谷 밀도는 대략 2~7km/km²로서 1km²당 지침식곡支侵蝕谷이 20~30개 이상 있으며, 지면 할열도가 30~50%에 달할 정도로 침식이 조밀하므로 토지가 잘게 쪼개져 있어, 건물을 짓거나 도로를 낼 때는 많은 침식곡을 메워야 한다. 관측 자료에 따르면 이러한 곳에 폭우의 60~70%에 해당하는 비가 내리던 표토층 0.2~1mm, 심지어는 2~3mm 이상이 유실된다고 한다. 이처럼 유실이 심하므로 경사지에 있는 경작지는 통상 a당 양식을 40~50kg밖에 생산하지 못하며, 나무는 15~30년의 성장기가 필요하다.

또 다량의 토양 유실은 저수와 수력발전에도 커다란 장애 도인이 되는데, 1979년의 통계에 의하면 황하 유역의 11개 댐의 총저수량 190억m³ 가운데 퇴적 니사량이 60억m³로서 30%나 된다. 통상 1a당 400m³의 관개용수가 필요하므로 1억m³의 저수량 감소는 250,000a의 관개용수가 감소함을 의미한다.

2) 고함사高含沙 홍수

⑴ 고함사 홍수의 특성

토양 유실과 관련된 황하의 홍수 가운데는 다소 예외적이기는 하지만 죽과 같이 많은 니사를 함유한 하류에 의해서 일어나는 독특한 형태의 홍수가 있다. 1966년 7월 18일, 황하의 용문에서는 함사량 933kg/m³(1일 통과량)의 고함사 하류가 흘렀고, 1977년 8월 6·7일에는 삼문협 양저浪底수문에서도 920kg/m³의 고함사 하류가 흘렀다. 심지어 황보천黃甫川·무즈하無定河·굴야하窟野河 등의 지류에서 1,000~1,500kg/m³의 기록도 찾아볼 수 있는데, 이 같은 고함사 하류는 부력이 아주 크고 유동 때 거품이 없어 마치 죽과 같은 모습을 띤다.

(2) 고함사 홍수와 게하저揭河底 현상

이러한 고함사 홍수는 황하 하류에서도 수위의 급락과 급등이란 독특한 상황을 초래한다. 1977년 8월, 황하 소량저小浪底 수문에서 함사량 914kg/㎥의 홍수가 발생하자, 화원구花園口 부근 하단에서는 6시간 만에 수위가 0.95m나 뚝 떨어졌다가 다시 90분 만에 2.84m나 올라감으로써 홍수 방지에 일대 혼란을 일으킨 일이 있다. 그것은 강바닥에 퇴적된 니사가 커다란 덩어리 채 위로 솟아올라서 담처럼 수면 위까지 올라왔다가 금방 다시 물속으로 무너져 내리기를 반복하기 때문인데, 이를 가리켜 '강바닥河底를 들어 올리는 현상揭河底現象'이라고 한다.

이때 강바닥은 몇 시간 만에 1~9m 정도까지 심하게 패이기도 하지만 솟구쳐 오를 때는 물의 흐름을 저해하기도 한다. 1933년 8월의 홍수는 1958년 7월의 홍수에 비해 규모가 작았고, 25년 동안 하상에서 퇴적이 계속된 것을 고려하면, 당연히 1958년의 홍수가 더 위험해야 했지만, 그럼에도 1933년의 홍수 수위가 1958년의 수위보다 높았으며, 때로는 2~3m나 높기도 했다. 이는 고함사 홍수가 지닌 위험성이 얼마나 심각한 것인지를 반영해 준다.

3) 하상 침식과 하천부지

(1) 하상 침식과 하천부지의 확대

황하 하류는 강바닥과 하천부지로 이루어졌고, 하천부지 면적이 물길 총면적의 80%가량을 차지한다. 하천부지 대부분이 경작지로 이용되고 농작물 보호를 위해 이른바 '생산제生産堤'를 쌓아 올렸기 때문에 배수력을 저하시키는 것이 상례이지만 때로는 배수를 촉진하는 긍정적인 작용을 하기도 한다.

홍수는 하천부지의 저항으로 유속이 감소하게 마련이지만, 강바닥에서는 저항이 없어서 유속이 빠르다. 그래서 유수량 가운데 80% 이상이 강바닥을 통과한다. 그 결과 강물의 중심河心에서 제방 쪽으로 환류還流가 발생함과 동시에 니사의 횡향교환橫向交換이 이루어진다. 황하 하류의 물길은 일반적으로 상류에 비해 좁지만 넓은 하단일지라도 중간중간에 상대적으로 좁은 곳이 있어서 마치 '∞'형태로 되어있다.

그래서 홍수가 좁은 하단에서 넓은 하단으로 진입할 때 하류의 일부는 하천부지로 가면서 수심이 얕아지고 유속이 떨어져서 대량의 니사가 하천부지에 쌓이게 된다. 그러다가 다시 넓은 하단에서 좁은 하단으로 진입하면 하천부지를 지나면서 함사량이 줄어든 맑은 물이 하상에 들어오게 되어 하상을 깎아내리게 된다. 대홍수 때마다 이러한 과정이 상류에서 하류에 이르기까지 부단히 진행되면서 하천부지의 확대와 하상 침식이 수백km의 긴 구간에서 발생한다.

(2) 하천부지와 홍수와의 관계

1958년 7월의 대홍수 때에는 하천부지에 10.7억t의 니사가 퇴적되었지만 반대로 하상河床에서는 8억t의 니사가 씻겨 내려갔다. 화원구花園口의 하상은 평균 2m 이상 깎였으나 하천부지는 평소보다 더욱 높아져서 차이가 더 벌어졌다. 애산艾山에서 이진利津에 이르는 하단에서도 1.5억t이 깎여나가 강바닥이 더욱 좁고 깊어졌다. 이처럼 홍수에 함유된 다량의 니사가 도성부陶城埠 이상의 넓은 하단의 하천부지에 퇴적되어, 좁은 하단에 진입할 때는 함사량이 줄어드는 동시에 하상을 깊게 패이게함으로써 홍수 방지에 도움을 준다.

2. 홍수와 물길의 변천

1) 역대 홍수 기록과 그 원인

(1) 황하의 홍수 기록

황하 하류의 화북평야는 황하·회하·해하海河의 충적작용으로 형성되어 일명 '황회해黃淮海평야'라고도 불린다. 화북평야의 면적은 30만㎢이며, 경지는 3억여 a인 중국 제2의 대평야다. 대략 2억여 명이 거주하는 화북평야의 곡물 생산량은 전국 총생산량의 20%이며, 면화는 50%를 상회한다. 화북평야는 지난 수천 년 동안 줄곧 황하의 범람지대였는데, 기원전 602~1938년의 2,540년 동안 문헌에 기재된 하류의 범람만도 1,500여 차례나 되며, 하도가 크게 바뀐 것만도 26차례로서 평균 3년에 2회 범람하였고, 100년에 1회 물길 자체가 바뀌었다. 하류 물길은 북으로는 해하에서 남으로는 강회江淮까지 직선거리로 700㎞ 이상이나 유동하였다.[43]

(2) 왕조 말기와 홍수의 상관관계

황하 유역은 정치·경제·문화의 중심이므로 황하의 치란은 역대 정권의 안정과 직접적인 관계가 있기 때문에 역대 통치자마다 황하의 치수에 각별한 관심을 보여 왔다. 새로운 왕조가 수립될 때마다 전란으로

---

43 역사시기 황하는 상류의 은천銀川평야과 오르도스평야, 중류의 우문구禹門口에서 분위汾渭평야까지의 하단에서도 적지 않은 변화가 있었다. 내몽고 오르도스의 황하는 청대 이전까지 음산陰山산맥 아래의 북하北河, 즉 오늘날의 우랄하烏拉河가 주류였다. 하지만 중·상류에서의 이러한 변화는 황하 하류의 변화와는 비할 바가 아니다.

인한 경제적 어려움에도 불구하고 많은 재원과 인력을 투입하곤 하였다.[44] 황하의 치수 능력과 정권의 유지 능력과의 밀접한 상관관계는 왕조 말에 범람 회수가 급증하고 있다는 점에서도 확인할 수 있다.

예를 들어서 명조의 276년 가운데 황하의 범람이 있었던 해는 모두 143년인데, 그 가운데 숭정崇禎 연간 초기의 14년 가운데 11년이나 황하가 범람하여 "평지는 호수가 되고, 그 끝이 보이지 않을 정도가平地成湖, 一望彌漫", "수많은 촌락이 물에 잠겨 어떤 것도 남은 것이 없다千村萬落, 漂沒一空"의 비참한 상황이 이어졌다.

청조의 267년 가운데 범람이 있었던 해는 모두 161년으로서 전체 통치 기간의 61%였는데, 마지막인 동치同治 1년~선통宣統 3년까지의 49년 중 황하는 모두 43년 동안 범람하여 무려 88%의 범람률을 보였다.

그리고 지금도 만약 제남濟南 위쪽에서 범람할 경우, 재해지역은 1.5~3.3만㎢에 달하고, 이재민은 700~1,800만 명이 발생할 것으로 추정되며, 개봉開封·신향新鄉·하택菏澤·제령濟寧·서주徐州 등 주요 도시에 대한 직접적인 피해는 물론 모든 교통수단이 마비되고, 경작지가 니사로 뒤덮이는 등 그 피해는 이루 말로 할 수 없을 정도가 될 것이다.

---

44 황하 유역의 치수는 왕조 초기의 양성순환과 왕조 말기의 악성순환이 극명하게 대비되는 대표적인 사례가 되곤 하였다. 진한秦漢이 관중關中의 안정된 치수와 생산력을 바탕으로 통일제국을 건설하였고, 당唐 개원開元~천보天寶 연간의 136년 동안 동서로는 룽산동록隴山東麓~분분汾沁~이이伊伊·낙수洛水까지, 남북으로는 진령秦嶺~하투河套까지, 황하 중·상류 전역에 걸쳐 관개 시설이 완비되어 있었다. 반면 안사安史의 난 이후 수리 사업의 쇠퇴는 왕조의 멸망을 가속화시키는 중요한 요인으로 작용하였다.

2) 물길 변천 요인과 특성

(1) 하상의 폭과 천정천天井川 구조

황하가 이렇게 된 가장 큰 원인은 하상의 폭과 천정천으로서의 특성을 꼽을 수 있다. 황하는 하남 도화욕桃花峪을 지나면서 화북평야로 진입하는데, 하류 하도가 상류보다 좁고 폭도 일정하지 않아서 황하대교가 지나가는 하택시 일대[45] 위쪽 하단은 양안 제방 사이가 5~10㎞를 유지하고는 있지만, 최대 20㎞부터 최소 1~3.5㎞까지 차이가 아주 크다. 맹진현 도성부陶城埠까지의 아래쪽 하단 165㎞는 제방 사이가 1.5~8.0㎞, 하상은 0.5~1.6㎞에 불과하다.

도성부에서 이진利津까지의 310㎞는 더더욱 좁아져서 제방 사이가 0.4~5㎞, 하상은 0.4~1.2㎞인데다가 만곡부이기도 하다. 또 경사가 완만하고 유속이 느려 하류 속에 함유된 다량의 니사가 하상에 그대로 퇴적되었다. 그 결과 도화욕 아래의 하도는 주변 지역에 비해서 대략 3~5m나 높고, 하남성 봉구현封丘縣 노강魯崗 부근의 하상은 평지보다 10m나 높은 대표적인 천정천을 이루고 있다.[46]

(2) 천정천 형성 요인과 특성

황하가 천정천이 된 것은 한편으로는 자연스러운 결과이기도 하지만, 생산력의 발전과 인구 증가에 따라 춘추전국시기부터 황하 하류 평야의

---

45 산동 하택시菏澤市 동명현東明縣 고촌高村의 북쪽에는 황하대교가, 남쪽에는 황하철도대교가 지나간다.

46 고대에는 황하의 중류 지역이 먼저 개발되었고, 하류 지역에는 인구가 많지 않아 크게 문제가 되지 않았으나, 제방 축조 이전에 이미 강바닥이 상당 정도 높아진 것으로 추정된다. 현재 개봉시開封市 유원구柳園口 황하는 시내에 비해 7~13m 이상 높고, 홍수기에는 더욱 높아진다. 제남濟南 낙구洛口의 수위 역시 시가지보다 6m나 높으며, 신향시新鄕市와 황하철교의 높이는 20m나 차이가 난다.

제후국들이 제방 축조에 나서기 시작하면서 더욱 심해진 결과이기도 하다. 또 황하 하류의 제방 사이에 형성된 하천부지만도 2,800여㎢인데, 거기에 만들어진 경지 200여만a에 100만여 명의 주민이 살고 있고, 경지를 보호하기 위해 다시 제방 내에 쌓은 '생산제生產堤'가 물길을 더욱 좁히고 있다. 물론 그에 따라 홍수의 가능성과 피해 규모는 대폭 증대되기 마련인데, 하천부지에서의 경작은 한대 이래 지속된 것으로서 역대 많은 홍수의 주된 원인이기도 하다.

그리고 천정천 구조로 말미암은 또 하나의 특색은 다른 하천과 달리 황하의 하류 하단에는 문암거文岩渠·금제하金堤河·대강하大江河 등 극히 일부의 지류가 흘입되는 것을 제외하고는 지류가 없으며, 오히려 주류가 지류로 유출되는 독특한 모습을 지니고 있다. 또 하도가 화북평야의 척추와 같은 모습을 지니게 되어 황하 북안의 지표수는 모두 해하수계海河水系로, 남안의 지표수는 모두 회하수계淮河水系로 유입되게 함으로써 황하 하류 물길은 사실상 회하수계·해하수계의 분수령 역할을 하고 있다. 그래서 화원구 이하의 하류 유역 면적이 유역 총면적의 3%인 2.24만㎢에 불과한 것이다.

천정천의 홍수 위협을 막기 위하여 현 물길 대신 북안이나 남안의 저지대에 새르운 물길을 개착하자는 주장도 제기되었지만, 황하 하류를 일반 하천처럼 만든다는 것은 일시적인 완화책은 될 수 있을지 몰라도 근본적인 대책은 될 수 없으며, 그에 따른 경비 부담 또한 감당하기 힘들 만큼 크다. 이에 전문가들은 황하 하류의 현 물길이 나름대로 강한 생명력을 지니고 있고, 주류와 지류에 댐을 건설하여 토양 보존과 홍수·니사 방지책을 적절히 운용한다면 적어도 100년 정도의 장기 안정이 가능할 것이라고 예측하고 있다.[47]

---

47 하류 지역으로 유입되는 물이 없기 때문에 삼문협三門峽~화원구花園口 사이에 댐을 집중적으로 건설하고 잘 관리한다면 홍수를 효과적으로 통제할 수 있을 뿐만 아니라 주변의 오폐수가 유입되지 못하고 용수 공급이 용이하며, 토질 개선에 도움을 줄 수 있다는 점 등은 천정천이 지닌 장점이라고 할 수 있다.

(3) 황하 주류의 유동성

　황하 하류는 천정천으로 유명할 뿐만 아니라 물길의 이동이 빈번하며, 이동 거리가 상상을 초월할 만큼 먼 것으로도 유명하다. 그 가운데서도 도화욕에서 고촌高村까지의 넓은 하단은 강바닥에 사주沙洲가 밀집되고 물 흐름이 복잡하며 급변하는 등 가변성이 매우 큰데, 주류의 흐름을 한 지도에 그리면 마치 실타래가 엉킨 것 같은 모습을 보이기도 한다.[48] 또 홍수가 절정에 달하였을 때 그 이동 속도가 가장 빠른데, 개봉開封 이서 하단에서는 하루 평균 100m 이상 이동하였으며, 심지어는 457m나 이동한 사례도 있다. 산동성 낙구洛口에서도 매일 평균 20~30m 정도 이동하였다. 그리고 주류선主流線의 이동폭은 통상 5~6km정도이다.[49] 주류의 격렬한 이동은 하천부지를 무너트려 그곳에 있는 많은 가옥을 유실시키곤 하였다.[50]

(4) '횡하橫河'와 '사하斜河'현상

　황하 하류가 이처럼 심한 유동성을 지니게 된 원인은 물론 황하의 자연적 특성과 밀접한 관계를 가지고 있다. 황하는 황토고원에서 내려온 대량의 니사가 하류에 흘러들어와 강바닥을 계속 상승시키는데,

---

48　강바닥에 사주沙洲가 수없이 많으므로 물흐름이 산란散亂되어 많은 물길이 형성된다. 그 가운데 비교적 주류라고 할 수 있는 곳일수록 일정한 시간을 지나면 퇴적물이 많아져서 수위가 높아져 결국 다른 지류로 물줄기가 바뀌게 된다. 그러나 그 곳 역시 일정 시간이 지나면 똑같은 이유로 물줄기가 변하게 된다. 이것이 같은 물길 안에서도 물줄기가 이동하는 주된 요인이다.

49　1954년 8월 말의 홍수에 개봉시開封市 유원구柳園口 부근의 주류는 원래 북안北岸 쪽이었으나 홍봉洪峰이 지나간 뒤에는 주류가 남안南岸 쪽으로 이동하기 시작해서 북안에 커다란 하천부지가 형성되었다. 그러나 곧 주류선主流線이 다시 북안 쪽의 원위치로 옮겨갔다. 불과 하루 사이에 주류主流가 6km나 이동하였다.

50　삼문협 댐이 완공된 뒤로 니사의 유입이 줄어들기 시작했지만 그래도 1960년대 초부터 1970년대 초까지 10년간 화원구花園口에서 도성부陶城埠까지 300여km의 넓은 하단 내에서 유실된 하천부지는 모두 40여a였고, 촌락은 250여 개나 되었다.

고촌高村 이서의 하단 강바닥에는 주로 세사細砂나 분세사粉細砂가 쌓이기 때문에 물에 잘 씻겨 내려가고,[51] 물길도 넓어서 주류의 이동이 자유롭게 이루어진다. 반면 고촌 이동, 특히 산동의 좁은 하단은 강바닥의 표층表層이 비록 사토沙土로 이루어졌다고 해도 대량의 점토粘土가 섞여 있어 잘 씻겨 내려가지 않아서 이동의 폭이 비교적 적다. 홍수 때의 수량이 갑자기 늘어났다가 줄어드는 것도 이러한 요인 가운데 하나로 작용한다.

주류의 급격한 이동은 왕왕 제방의 붕괴를 초래하기도 하고, 홍수 방제 작업을 곤란하게 하였다. 그 가운데 가장 심각한 것은 하세河勢의 돌연한 변화로서 이른바 '횡하橫河'와 '사하斜河'가 나타나는 것이다. 이는 주로 홍수가 줄어들기 시작할 때 발생하는 현상으로서 하류가 갑자기 사주를 만나 흐름이 순조롭지 못하게 되면 흐르기 쉬운 곳으로 돌연 방향을 바꾸곤 하는데, 심할 경우 옆으로 흘러 90도 가까운 예각銳角으로 제방을 치는 수가 있다. 이를 가리켜 통상 '횡하·사하'라고 하는데, 그 위험성은 실로 대단히 크다.

3) 역대 물길의 변천 상황

(1) 선진先秦시대의 하도 변천

하夏·상商·주周 때의 황하 하류 하도는 자연 상태로서 저습지에 많은 호소湖沼가 있었고, 하도는 호소를 통과한 뒤 태항太行산맥 동쪽 기슭을 따라 북쪽으로 흘러 고호소古湖沼를 지나 여러 갈래로 나뉘어 발해로

---

[51] 정주鄭州 경광京廣철교 교각橋址 강바닥 아래 30m 범위 안에는 거의 사토沙土로 이루어졌으나, 화원구花園口 일대의 강바닥은 직경 0.09㎜의 모래로 되어있다. 그리고 경사 지여서 물살도 빨라 사주와 하천부지의 이동이 빈번하며 속도도 매우 빠르다.

흘러 들어갔다. 이를 통상 '우하禹河'라 칭하였다.[52] 우하는 태항산맥의 지류를 받아들여 수세가 비교적 컸고, 물길도 비교적 안정되었다. 당시 황하는 현 맹진현孟津縣까지 와서 맹현孟縣과 온현溫縣 사이에서 북으로 방향을 바꾸어 안양安陽·한단邯鄲의 동쪽을 지나 대륙택大陸澤을 거쳐서 발해로 흘러 들어갔다.

기원전 770년, 동주 때부터 하류 평야 개발이 본격화되었다. 황하 하류에 위치한 제齊는 기원전 685년부터 저습지에 제방을 쌓아 많은 침수지를 농경지로 바꿈으로써 국력을 키울 수 있었다. 당시 각국의 제후 역시 제방을 축조하여 하도의 직선화가 이루어졌으나, 제방으로 하도를 통제하면서 하상이 높아지기 시작하여 마침내 기원전 602년, 여양黎陽에서 제방이 붕괴하였다. 북쪽으로 흘러가던 황하의 주류는 동북으로 방향을 바꾸어 대명大名·임청臨淸·창주滄州 등지를 지나 바다로 들어가는 첫 번째 하도 변화가 이루어졌다. 전국시기의 칠웅 가운데, 한韓·조趙·위魏·제齊·연燕이 황하 유역에 위치하였고, 제齊·조趙·위魏는 황하를 경계로 하였다. 제는 하류 평지에 위치해서 동류東流를 막는 데 주력하였고, 조와 위는 서쪽에 있어서 서류西流를 막는 데 주력하였다. 그 결과 제방의 수축은 각국의 이해관계에 따라 인위적인 왜곡이 가해져 적지 않은 만곡부가 생겼다.

(2) 한대의 하도 변천

전한 때 제방 내에 많은 촌락이 생겨나 이곳 주민은 자신의 경작지를 보호하기 위하여 제방 내에 다시 제방을 쌓았다. 또 제방의 폭이 수십 리에서

---

52 고고학의 연구 결과에 따르면 하북河北평야(하남 북부·하북 남부와 중부·산동 서북) 중부에 커다란 신석기 문화의 공백지가 있다고 한다. 어떠한 문화 유적도 발견되지 않는 이 공백지대는 당시의 호소湖沼와 관련된 것으로 보인다. 상주商周시대부터 신석기시대의 공백지가 축소되고 인류의 활동이 충적평야 선상지扇狀地에서 하류 지역으로 확대되기 시작한다. 춘추시대에는 한단邯鄲 이남에서 태산泰山 이서의 평야까지 공백지는 동서 70~80km로 축소된다.

수백 보로 일정하지 못하였으며, 만곡부가 더욱 많아졌다. 또 황하가 확연한 천정천이 되어서 일부 하단의 제방, 예를 들어 여양黎陽 남쪽 70리에서는 통상 1장丈으로 축조하였으나 북쪽으로는 4~5장 높이로 축조하였다.

그 결과 범람이 빈번해졌는데. 기원전 32년에는 현 원양原陽 서남에서 범람하여 홍수가 동남의 거야택巨野澤을 지나 회하·사수泗水로 들어가 16개 군郡을 침수시키고 23년 동안 횡류橫流하였다. 또 11년에는 위군魏郡 원성元城에서 범람하여 기冀·로魯·예豫·환皖·소蘇 등지를 60년 동안 횡류하면서 제2차 하도의 변화가 있었다.

[지도 6-3] 황하의 하도 변천도

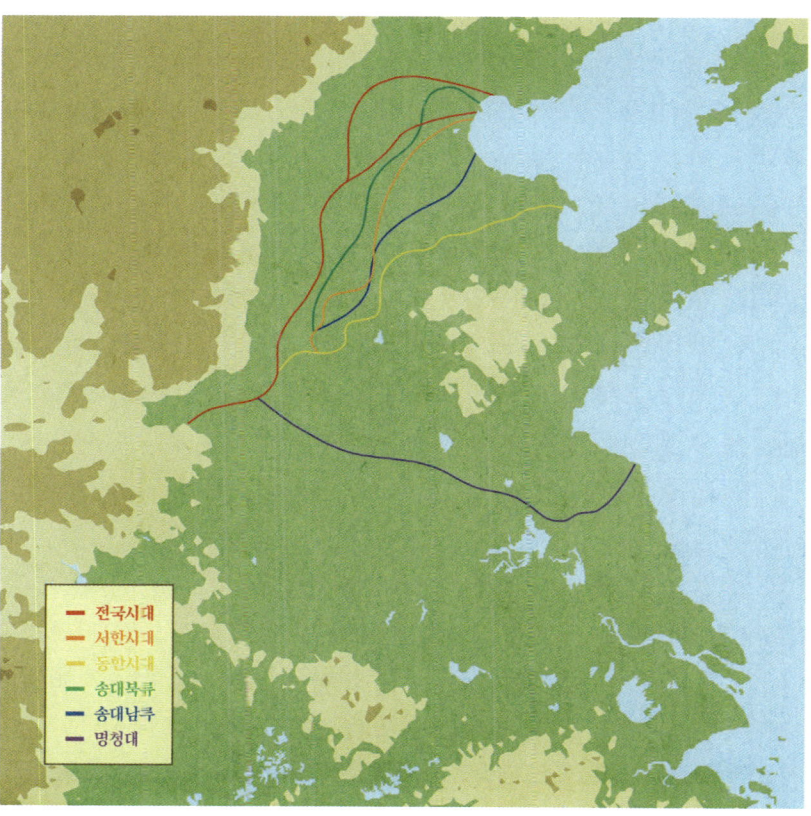

69년, 동한 명제明帝가 왕경王景을 파견하여 황하의 치수를 맡겼는데, 주로 영양滎陽 동북에서 산동 고청현高靑縣 동북으로 흐르게 하였다. 왕경은 수십 년 동안 홍수가 흘러간 물길에 제방을 쌓고, 다시 준설하여 물길을 다스려서 그 뒤로 700~800년 동안 범람이 거의 없었다. 이 하도를 가리켜 '동한고도東漢故道'라고 하는데, 영양 서남서 한고도漢故道의 장수진長壽津에서 길을 바꿔 동류한 뒤 화현花縣 남쪽, 양곡현陽谷縣의 서쪽에서 고원수古滾水와 분류分流한 뒤 황하와 마협하馬頰河 사이를 지나 천진天津에서 황해로 들어갔다.

(3) 송대의 물길 변천

송대에도 동한 황하의 물길이 그대로 유지되었기 때문에 경동고도京東故道라고 하였으나 퇴적량이 너무 많아져서 1048년에 상호商胡에서 범람하여 북으로 영제거永濟渠를 지나 현 천진 동쪽을 지나 황해로 들어갔다. 이것이 황하의 3번째 물길 변화이다. 이때 제수濟水는 이미 단류斷流되었고, 호소湖沼도 대부분 소멸되어 남쪽에 거야택巨野澤만 남아 황하의 홍수를 받아 다시 회하와 사수泗水로 배출하였다.

당시 북안北岸, 즉 현 천진 동쪽~보정保定 서쪽 일대에는 많은 호소湖沼가 있어 역수易水(현 해하海河)의 9개 지류를 수용하였는데, 이를 이용하여 거란의 남하를 막으려 하였다. 1060년, 황하가 대명大名에서 나뉘어 동쪽으로는 위주魏州·덕주德州·창주滄州를 거쳐 황해로 흘러가기 시작했고, 황하는 그 뒤로 북류北流와 동류東流 사이에서 수시로 이동하였다.

1128년 겨울, 금의 남침을 막기 위해 남송의 동경유수東京留守 두충杜充이 1월에 황하 남쪽 제방을 무너트린 뒤로 황하는 남쪽으로 흘러 회하로 흘러갔다. 범람한 곳은 위주衛州(현 급현汲縣)와 활주滑州(현 활현滑縣 동쪽)의 아래쪽으로서 물은 동류東流하여 양산박梁山泊의 남쪽에 이르러 남·북 두 줄기로 나뉘었으나 남쪽이 주류였다. 금말~원초의 근

100년(1209~1296) 동안 황하는 기본적으로 자연 방임 상태로서 고정된 물길이 없었다.

(4) 원명대의 물길 변천

1234년에 화현花縣에서 셋으로 갈라진 뒤 60년 동안 유지되었다가, 원말에 주류가 북으로 옮기면서 서주徐州를 돌아 회하·사수泗水로 들어갔고, 제령濟寧·어대魚台를 지나 대운하에 유입되었다. 1343~1349년에 황하는 연속해서 자모제自茅堤에서 범람하여 하남 동부·산동 서남·강소 북부에 수해가 발생하였고, 홍수는 북으로 회통하會通河를 지나 대청하大淸河를 거쳐 바다로 들어갔다.

1391년, 황하가 다시 범람하여 회하로 흘러가면서 그 뒤 100여 년 동안 주로 개봉開封 윗부분에서 범람하여 어떤 때는 분류하여 바다로 흘러갔고, 어떤 때는 가로고도賈魯故道로 가는 등 불안정하였다. 명 성조成祖가 북경으로 천도한 뒤부터 1855년 하남 난고현蘭考縣 동와상銅瓦廂에서 범람하여 길을 바꿀 때까지, 치수의 최대 주안점은 대운하의 창통이었다.

이를 위하여 '황하 북단에 제방을 축조하고 남단으로 물길을 분사해 흐르게 하는北岸築堤, 南岸分流' 정책을 채택하여 1496~1566년, 북안에 태항제太行堤를 측조하면서 개봉 부근에서 더는 범람하지 않았지만 난양蘭陽·고성考城·즈현曹縣 등 남안 쪽에서의 범람은 그치지 않았다. 1558년에 조현에서 크게 터진 황하는 10여 갈래로 나뉘어 서주를 지나 산동 남쪽의 운하와 여러 호수로 유입되었는데 황하 합류 하단의 퇴적이 갈수록 심해지고, 하류 물길이 계속 높아져 피해가 막심해졌다.

이에 '제방을 축조하여 유속을 증대시키고, 급류로 니사 침적을 막는 以堤束水, 以水攻沙' 방침을 제안한 반계순潘季馴이 1578년에 서즈~회하 사이에 600리에 달하는 남북대제南北大堤를 그축하여 1855년까지 물길을 안정시켰는데 이것이 바로 '명청고도明淸故道'다.

(5) 청대의 하도 변천

건륭乾隆 26년(1761), 삼문협~화원구 사이에서 대홍수가 발생하여 낙양·공현성箪縣城이 모두 침수하였으며, 심양沁陽·박애博愛 등 북안 일대도 5·6척尺 이상 침수되었다. 이 홍수는 중모中牟를 거쳐 가로하賈魯河·혜제하惠濟河로 나뉘어 회하로 들어갔다. 그 결과 하남 12개 주현, 산동 12개 주현, 안휘 4개 주가 전부 수해를 입었다. 도광道光 23년(1843), 삼문협 위에서 대홍수가 발생하여 섬현陝縣 일대는 물론이고 하남·안휘 일대가 모두 재해 지역이 되었다.

1855년 동와상銅瓦廂에서 제방이 무너진決口 뒤 여러 물줄기 가운데 하나가 동명현東明縣 북쪽에서 저주滁州·범현范縣을 지나 대청하大淸河로 들어가 현 황하 물길을 이루었다. 초기에 약 20년 동안 물길이 안정되지 못했지만 청조가 각 주현에서 경비를 마련하여 신하新河의 양안에 제방을 구축하도록 하여 광서光緒 1년(1875)에 관제官堤의 수축이 시작되어, 10년 만에 신하 제방이 완성되었다.

(6) 민국 시기의 하도 변천

그 뒤부터 동와상 이상의 물길은 강바닥이 내려가서 하남의 수재는 감소하였으나 대신 산동에서 범람이 있었고, 민국 연간부터는 하남에서 다시 범람이 증가하기 시작하였다. 1933년에는 남북 양안의 50여 개 소에서 동시에 범람하여 하북·산동·하남 3성 67개 현의 1.1만㎢가 재해를 입어 이재민 364만명, 사망자 18,000명이라는 큰 손실을 입었다.

또 1938년 6월에는 국민당 정부가 일본군의 서진을 막기 위해 화원구 남쪽 제방을 파괴하여 홍수가 하남 위씨尉氏~부구扶溝~상수商水~항성項城~심구沈丘를 거쳐 회하로 흘러갔다. 갑자기 밀어닥친 홍수로 말미암아 하남 동부·안휘 북부·강소 북부의 44개 현과 시, 5.4만㎢ 지역에서 이재민 1,250만, 유민 300여만, 사망자 89만 명이 발생하는 참담한 피해가 발생하였다. 이때 파괴된 제방은 1947년 3월에 비로소 복구되어 현 물길로 흘러가게 하였다.

(7) 신중국 이후의 하도 변천

　중화인민공화국 성립된 뒤로 3차에 걸쳐 제방을 보완하였고, 황하 이북의 해하海河평야에서도 주요 하천 50여 곳을 준설하여 배수 능력을 5~6배 늘렸으며, 5,800만a에 달하는 상습 침수지 방지, 관개지 50,000a 증가, 관정鑿井 74만 개 증가 등을 통해 유효 관개 면적을 1억a로 건국 초에 비해서 5배나 늘렸고, 곡물 생산량도 2배 이상 증가하였다.

　또 황하 이남의 회하유역에서도 중·하류 지역의 10여 개 상습 저습지 홍수 방지를 위해서 소북총간거蘇北總干渠와 신기하新沂河를 개착하여 7,000여만a의 침수를 예방하였다. 그리고 역내 유효 관개 면적을 건국 초기의 1,200만a에서 1.3억a로 대폭 늘렸고, 곡물 생산량도 2배 가까이 증가하였다.

　이런 노력의 결과 황하의 범람은 더는 없었지만 1986~1994년 동안 하남의 강바닥은 연평균 8cm씩, 산동의 강바닥은 16cm씩 상승하고 있다. 이로 말미암아 정주시鄭州市 화원구花園口는 1950년대에는 22,000㎥/sec의 홍수에도 문제가 없었으나, 1980년대에는 15,000㎥/sec로 유수량이 감소하였고, 1996년에는 7,600㎥/sec의 홍수에도 견디지 못하고 수해가 발생하였다. 또 홍수 때에는 중·상류의 댐을 최대한 활용한다고 해도 화원구의 유수량이 46,000㎥/sec에 달하여 정상적인 홍수 방제 능력을 초과하고 있어 앞으로도 지속적인 노력이 요구된다.

3. 황하 유역 생태환경의 변화

1) 황하 유역 원생태계 논란

(1) 논의의 초점

지난 수천 년 동안 황하 유역에서 진행된 생태환경 악화는 티베트고원 융기로 인한 건조화라는 자연적 요인보다는 경작지를 넓히기 위한 농민들의 개간, 군량 공급을 위한 둔전屯田의 확대, 도시와 장성 건설을 위한 벌목, 땔감 마련을 위한 벌목, 장성 방어를 위한 방화 등 인위적인 요인이 더 결정적인 비중을 차지하였다.

단 황토고원 생태계의 본래 모습이 어떠하였으며, 본격적인 파괴가 시작된 것이 과연 언제부터인가에 대하여는 여전히 이론이 분분하다. 그것은 각 시대의 생태환경을 정확하게 파악하기 힘들기 때문이며, 또 한편으로는 어느 정도를 심각한 수준으로 간주하여야 하는지에 대해도 각기 기준이 다르기 때문이다.

(2) 기후와의 관계

삼림의 존재 문제와 관련하여 반드시 고려해야 할 것은 기온의 변화이다. 황하 유역은 3,000~8,000년 전에 계속해서 고온다습한 기후가 지속되어 이른바 '앙소온난기仰韶溫暖期'라는 5,000년에 걸친 장기적인 온난기가 있었다. 이때 황토고원을 비롯한 중국 전역의 연평균 기온이 현재보다 2℃ 정도 높았고, 가장 추운 1월에는 3℃~5℃나 높았으며, 강수량도 대단히 많았다. 따라서 울창한 삼림이 있을 수 있는 조건을 기후적으로 모두 갖추고 있었다. 그 뒤로 황하 유역의 기온이 서서히 내려가기 시작하여 서주 초기와 명청시대에 가장 낮았는데, 이러한 변화 속에서 아열대삼림·온대삼림·온대삼림초원은 현재와 같은 온대삼

림·온대삼림 초원·사막초원 등으로 변하였을 것으로 본다.[53]

(3) 천연식생 논란

황토고원의 생태환경 파괴와 관련하여 관심의 초점은 이 지역의 천연식생天然植生이 어떠하였는가에 집중되어 있다. 왜냐하면 토양 유실을 억제하고 수자원을 보존하는 관건이 초목의 뿌리이므로 식피植被 상태가 생태환경을 가늠하는 기준이라고 해도 과언이 아니기 때문이다.[54]

황토고원의 천연식생이 삼림인가 아닌가에 대해서는 오랫동안 적지 않은 논쟁이 있었으며, 여러 가지 연구 방법이 활용되었다. 삼림이 없었다는 주장 가운데 가장 대표적인 학자는 19세기 중엽 독일의 지질학자 리히트호펜Ferdinand von Richthofen이다. 그는 고대 위하渭河 유역의 지리적 환경은 지금과 비교가 안 될 정도로 양호하였지만 두꺼운 황토층에는 삼림이 있을 수 없다고 보고 삼림은 황토층이 비교적 얇은 산서, 하남에만 있었을 것이라고 보았다. 리히트호펜의 견해는 황토고원에 삼림이 없었을 것이라는 주장의 유력한 근거로 오랫동안 지속되어 왔다.

그와 반대로 1955년 중국과학원에서 각 분야의 전문가 100여 명으로 학술조사단을 구성하여 황토고원 일대를 조사하게 하였는데, 이들은 조사 결과를 바탕으로 황토고원의 천연식생이 삼림과 삼림초원이라며 리히트호펜의 견해를 부정하였다.

---

53 황토가 한랭건조한 기후 조건에서 생성되었다는 것이 정설이지만 신생대 제4기의 기온은 전반적으로 높은 편이었다는 것 또한 폭넓게 인정되고 있다. 서로 모순되는 이 두 가지 견해에 대한 결론은 아직 명확하지 않고, 일부 학자들은 황토가 한랭한 기후가 온난한 기후로 변화하던 과도기에 생성된 것이라고 주장하기도 한다.

54 나지裸地의 경우 강수량의 55%는 그대로 흘러가고, 40%는 잠시 머물거나 증발하며, 5%만 토양에 흡수되는데, 이에 반해 숲에서는 65%가 머물거나 증발되고, 35%는 토양에 흡수된다. 이렇게 토양의 흡수율이 7배나 차이가 나기 때문에 10만a의 숲은 200만m³의 저수지 기능을 대신하는 것으로 간주된다.

2) 주요 학자들의 견해

(1) 사념해의 견해

이처럼 확연한 견해차를 보이는 여러 가지 주장 가운데서 가장 주목받고 있는 것은 사념해史念海의 견해로서 그는 고대 문헌과 고고학 자료, 현지답사 등을 종합하여 지역·시기·지형에 따른 상세한 연구 성과를 내놓았다. 사념해는 황토고원의 동남·서북부·내몽고 서부 및 영하성은 각각 삼림·초원·사막으로 이루어졌으나 삼림지역에도 일부 초원이 산재했으며, 초원 지역 역시 일부 삼림이 포함되었다고 보았다. 그리고 세 지역은 평원·구릉·산지 등 지형에 따라, 그리고 신석기~전국시대, 진한~위진남북조, 당송, 명청 등 시대에 따라 각기 차이를 두고 변모하였다고 주장하였다. 사념해는 평원부터 개간이 시작되어 점차 구릉과 산지로 확대되는 것이 일반적인 추세임은 분명하지만, 그 상세한 사정은 이처럼 3개 지역, 3개 지형, 4개 시대를 종횡으로 연결하여 종합적으로 분석해야만 한다고 주장하였다.

(2) 대영생의 견해

물론 사념해의 견해에 대한 이견도 있는데, 그 가운데 가장 대표적인 것이 지질학자 대영생戴英生의 견해다. 대영생은 기후, 황토의 특성, 표층 황토에 포함된 꽃가루 등을 분석하여 고대에 대규모 삼림이 존재했다는 주장을 부인하였다. 대영생은 먼저 황토의 유기질 함량이 낙천洛川 일대에서는 0.25%에 불과하고 통상 1%를 넘지 못하므로 삼림의 부식물이 있었다고 하기에는 너무 미약하고, 토양이 ph7.5~7.8의 약알카리성을 띠고 있으며, 침식에 취약하고, 나무에 충분한 수분을 공급해주기에는 토양의 수분 함량이 너무 부족하다는 점을 근거로 제시하였다. 또 표층 황토에 포함된 꽃가루 포자를 분석해 본 결과 포자 자체가 대단히 적고 발견된 것의 대부분이 초본草本식물이며 목본木本식물이 거

의 없었다는 점도 다울러 지적하였다.[55]

대영생의 주장은 나름대로 설득력을 갖고 있는데, 위와 같은 근거 외에도 롱중隴中의 비고적 높은 지대에 폭넓게 덮인 마란馬蘭황토에는 다량의 탄산염炭酸鹽이 포함되어 있는데, 탄산염은 물에 잘 용해되므로 황토 속에서 결정체 상태로 있다가 비가 오면 수분을 흡수해서 팽창하므로 빗물이 흙 속으로 삼투하는 것을 저해하여 토양의 수분 함유량을 떨어트려 나무가 자라는데, 방해를 주는 것이 사실이다.

하지만 더영생이 표본 조사한 토양이 고대의 토양과 달리 오랜 세월을 거쳐 풍화와 침식을 거쳤기 때문에 그가 제시한 유기질 함량과 수소이온농도ph 통계치를 그대로 인정하는 것은 구리가 따른다. 또 최근에는 꽃가루 포자의 채집 방법을 개선하여 많은 포자를 발견하였으며, 현 황토에 알카리성과 염기가 있어서 포자가 남아있기 힘들다는 점도 아울러 고려해야만 한다. 특히 대영생이 황토고원 삼림 분포의 북한계선이라고 설정한 35°40′N 이북에 위치한 천연 차생림次生林에서도 부식질이 풍부하고 중성인 삼림 환경의 토양을 얼마든지 발견할 수 있다는 점 등을 종합적으로 고려해 볼 때 그의 주장을 그대로 수용하기는 힘들다고 하겠다.

(3) 꽃가루 포자 분포도 연구 결과

최근의 꽃가루 포자胞子 분포도를 이용한 연구 결과에 따르면[56] 황토고원의 동·남쪽은 기본적으로 삼림·삼림초원에 속하나 서·북쪽은 기본적으로 초원에 속하는 것으로 알려졌다. 즉 진령산맥 북단의 보계시寶鷄市~

---

55 장림원張林原도 육반六盤산맥 이서의 감숙 황토고원의 산지에 삼림이 없었다고 주장하였다.
56 꽃가루 포자胞子의 분석을 통한 황토지역 연구는 1959년부터 시작하였으며, 1985년부터는 암석지층학巖石地層學의 연구 방법과 결합하여 장기간에 걸친 환경 변화에 관한 연구

연안시延安市을 잇는 선까지는 온대활엽수림, 롱서隴西~환현環縣~유림시楡林市~대동시大同市를 잇는 선까지는 온대삼림초원지대, 난주시蘭州市~고원시固原市~포두시包頭市 이서는 온대초원지대로 나눌 수 있다. 또 황토고원의 식피에서 일부 아열대식물이 발견되기도 하지만 전반적으로는 건조한 경향을 지니고 있었으며, 그것이 서쪽으로 확산되는 추세를 보였다고 하였는데, 이는 사념해의 견해와 대체로 일치하는 것이다.[57]

또 식물학 방면에서도 현재 일부 남아 있는 천연식생 등을 종합적으로 분석해 볼 때, 비록 현재의 각 지역 식피 상태가 고대와 다르기는 하지만 5,000~7,000년 전에 황토고원의 중부와 북부에도 삼림이 있었을 것이라는 점을 인정하고 있다.

(4) 생태환경 파괴 시기

그러면 이 같은 황토고원의 생태환경이 본격적으로 파괴된 시기는 과연 언제부터인가. 우선 대다수 연구자는 생태환경의 파괴 원인 가운데 가장 중요한 것으로 사람들에 의한 인위적 파괴를 지적하고 있다.[58] 심지어 지리학자 장림원張林源은 삼림이 존재하였음은 물론이고 삼림이 파괴된 요인은 전적으로 인위적인 것일 뿐 자연적 요인은 찾아볼 수 없다는 극단적인 견해를 주장하기도 하였다.

에 적지 않은 성과를 이룩하였다. 특히 1985년부터는 지구 환경의 변화에 관한 폭넓은 시각과 연구 성과에 힘입어 다양한 측면에서의 연구가 진행되기 시작하였다. 물론 황토고원의 꽃가루 포자는 보존량이 매우 적고 일부 공백도 있어 체계적인 해석에는 한계를 안고 있으나 전반적인 경향성을 찾고, 식피·환경·기후의 변화 등을 이해하는데 유용한 자료를 제공하여 준다.

57 황토와 꽃가루 도자胞子의 대응관계를 통해서 분명하게 확인할 수 있는 또 하나의 상황은 황토고원이 계절풍의 영향을 강하게 받는다는 점이다.

58 사념해史念海 역시 황토고원의 지리적 환경 변화는 인위적 개간과 밀접하게 관계가 있다고 보았고, 경사지에 있는 임야와 경작지의 토양 유실을 비교해 본 결과, 경작지가 3~36배나 많은 토양을 유실시키며, 목초지에 비해서도 최고 3배나 많은 토양유실이 이루어지고 있음이 밝혀졌다.

따라서 생태환경 변화의 관건은 각 지역에 대한 인구 유입의 정도와 비례한다고 할 수 있는데,[59] 오르도스지역의 경우 2,000년 전 만해도 인간이 거주하기 쾌적한 환경이었으나 2,000년 전부터 갑자기 기후가 급변하고 모래바람으로 인한 사막화가 급속히 진행되기 시작한 것으로 보인다.

또 황토그원의 파괴는 장기적으로 서서히 진행된 것이어서 당조 중기에 이미 관중지방의 상황이 상당히 악화되긴 했지만, 현재와 같은 생태환경의 악화를 초래한 결정적인 시기로 사념해와 이심순李心純은 15세기를 주도하였다. 즉 명 초부터 장성을 수축하기 위하여 대구모로 벌채한 데다가 많은 군대를 주둔시키기 위하여 둔전을 개간하였고, 북경 등지의 목재 수요를 공급하기 위한 남벌이 황하 유역 생태환경을 되돌리기 힘들 정도로 파괴하였다는 것이다.

3) 황하 유역 생태환경의 문제점

(1) 토양 유실과 수자원 부족

농업의 시작과 발전은 중국문명의 전개·발전과 표리관계를 이루고 있다고 해도 과언이 아니다. 하지만 농업을 위한 개간은 자연에 대한 인류 간섭의 시작이며, 개간의 확대는 생태환경 파괴와 맥을 같이 하는 것이기도 하다. 현재 중국이 직면하고 있는 심각한 생태환경 문제, 즉 수자원 부족과 수질 오염, 토양 유실과 농업 생산성 저하, 삼림의 감소와

---

59 황하 유역의 생태환경이 파괴된 가장 결정적 요인이 사람들에 의한 무분별한 개간과 남벌이라는 사실은 황하의 범람으로 형성된 소택지 침전 황토에 포함된 자철磁鐵·갈철褐鐵·적철赤鐵·티철鈦鐵 등 중금속 광물의 비중이 21~31%를 차지하고 있고, 자화율磁化率이 시대에 따라 부단히 상승하고 있다는 점에서도 확인할 수 있다.

사막화, 특정 자원의 멸종 등은 거의 모두 개간과 직·간접적으로 관련되어 있다.

많은 인구를 부양해온 중국에서는 경지 확보를 가장 중요한 과제로 여겨 평야는 물론 구릉·산지·소택지 등 개간이 가능한 거의 모든 지역을 최대한 경작지로 만들었다. 그 결과 토양 생성과 보존을 위한 여유 공간이 거의 남지 않게 되어 현재와 같은 생태환경의 악화가 가속화되었다. 토양 유실이 국가나 농민으로부터 관심을 끌지 못하는 가장 큰 이유는 그것이 매우 서서히 진행되기 때문이다. 1ha의 땅에서 1t의 토양이 유실된다는 것은 2mm의 표토가 유실되는 것이어서 1년에 2mm 정도는 거의 눈에 띄지 않는 수치다. 하지만 이 같은 유실이 15년 동안 계속될 경우, 보통 곡물 경작에 필요한 표토층 30cm의 1/10 가량이 없어지는 셈이다. 통상 토양이 형성되는 데는 백년 이상의 시간이 소요되므로 그대로 방치해 둘 경우 결국은 불모지가 되고 만다.

또 오르도스평야와 영하평야 등 관개가 가능한 지역에서는 단위 생산량을 늘리기 위해 벼 등을 재배함으로써 수자원의 낭비가 매우 심하고, 황하의 단류를 초래하는 요인의 하나로 작용하기도 하였다.[60] 하지만 황하 유역은 경제 발전에 따라서 용수량이 급증하고 있어 장강수계의 물을 끌어 오는 등의 대책이 실현되더라도 상황이 개선되기는 힘들 것으로 보인다.[61]

---

60 황하의 용수량 가운데 농업용수가 90% 이상을 차지하고 있는데, 현재 황하의 용수량을 보면 영하·내몽고 지역에서 사용하는 것이 중류지역의 3.5배, 하류지역의 1.5배나 되어 이곳의 관개농업에서 수자원 낭비가 두드러진다.

61 1950년대와 1990년대의 각 지역 용수량을 비교해 보면 영하·내몽고지역 50억㎥에서 150억㎥로, 중류지역은 15억㎥에서 40억㎥로, 하류지역은 30억㎥ 미만에서 100억㎥로 3배가량 늘어났다. 지금의 용수 추세를 근거로 볼 때 2010년에는 황하 유역의 총수요량이 730억㎥에 달할 것으로 추정된다.

이처럼 토양 유실과 염화, 수자원 부족은 황하의 거의 전 유역에 공통적으로 주어진 난제이며, 관개농업의 과감한 감축이 필수적이다.[62]

(2) 빈곤과 사막화의 악순환

사막화가 이루어지고 있는 지역 대부분은 빈곤층이 많은 지역이어서 토지 개간과 방목은 이들의 생존과 직접 관련되어 있어 강력한 보호책을 실행하기도 힘들다. 이들은 증가하는 식구를 부양하기 위하여 가능하면 더 많은 산림이나 초지를 개간하여 경작하고자 하며, 생산성이 낮아지면 다시 새로운 개간지로 이동함으로써 문제를 계속 확대시킨다.

이미 명말청초明末淸初부터 거듭된 '개간하면 할수록 가난해지고, 가난해지면 더더욱 개간에 나설 수밖에 없는' 악순환이 최근까지도 계속된 결과,[63] 현재 황하 유역 전역에 걸쳐 심각한 생태환경의 파괴가 진행 중이며, 여러 가지 방지책이 속속 강구되고는 있지만, 그 결과를 낙관하기 힘든 실정이다.[64]

이 지역의 생태환경 변화는 물론 앞에서도 언급한 것처럼 티베트고원의 융기에 따른 기후 건조화가 결정적 요인이기는 하지만 현재 황하 유역 부근 사막의 상당 부분이 2,000년 전에 비로소 형성된 것이며

---

62 건조한 지역에서는 관개 시설을 이용하여 물을 공급하는데, 공급된 물의 대부분이 증발하고 만다. 만약 공급되는 물이 충분하지 못하면 토양에 염분이 남게 되어 결국은 더는 농사를 지을 수 없게 된다. 따라서 황하의 단류斷流를 막고 생태환경을 보존하기 위해서는 무엇보다도 물을 적게 쓰는 영농 방식을 채택하여야만 한다.

63 중화인민공화국 성립 후에도 황하 유역에 대한 무절제한 훼손이 계속되어서 1960년대 초, 섬서·감숙·섬서 3성의 황하 유역 내 개간 면적은 1,000만a에 달했으며, 그것도 대부분 20°C 이상의 경사지여서 1a당 토양 유실량이 20t이나 되었다. 그 밖에도 도로 건설, 광산 개발, 수리 사업 등으로 인한 파괴가 계속되었다.

64 쿠부치庫布齊사막은 최근 20년 동안 남쪽으로 14km나 확대되었고, 구어스毛烏素沙地 역시 매년 평균 7.43km²씩 확대되고 있다. 현재 중국에서는 3개의 녹색장성綠色長城을 구축하고, 수르를 개착하여 사막화를 방지하는 데 주력하고 있으며, 특히 오르도스지역에 대규모의 수리사업을 집중하여 황하의 수자원을 이용한 사막 개량사업에 힘쓰고 있다.

지금도 섬서·산서·하북 북부 등지로 계속 확대되고 있다는 사실에서 지리적 환경은 끊임없이 살아 숨 쉬고 변화하면서 인류의 환경파괴에 대응하고 있음을 알 수 있다.

제7장 자연지리 Ⅲ
장강 만리의 물결과 숨결

제1절 장강 수계의 특성과 변천

1. 장강의 형성과 발전

장강은 전장 6,397km로서 중국에서 가장 길뿐 아니라[1] 나일강·아마존강에 이어 세계 3위의 길이를 자랑한다. 장강은 청해 탕구라唐古拉산맥 꺼라딴동산各拉丹冬峰[2] 서남 측에서 발원하여[3] 서장·사천·운남·중경·호북·호남·강서·안휘·강소·상해 등 11개 성급 행정구를 지나 동중국해[4]로 흘러 들어간다. 지류도 감숙·섬서·하남·절강·복건·귀주·광동·광서 등 8개 성급 행정구에 뻗어 있어 유역 면적이 180만km²나 된다. 주류의 유역 면적은 752,443km²로서 전 국토 면적의 7.8%에 달하며, 경지 면적은 2,460만ha로서 총 경지 면적의 25%에 해당한다. 하지간 식량 생산량은 전국 총량의 40%, 쌀의 70%로 더 높은 비중을 차지한다.

장강의 본래 명칭은 강江·강강水였고, 남북조南北朝~오대五代에는 장강長江이었는데, 송대 소식蘇軾의 사詞인 『염노교念奴嬌·적벽투고赤壁懷古』가 대유행하면서 그 첫 구절인 '대강동거랑도진大江東去浪淘盡'에서 유래한 대강大江으로 바뀌어 청말까지 이어졌다. 1911년 남경 임시정부가 대강을 장강으로 개칭한다고 결정하면서 현 지명으로 자리잡았다.

---

1 중국에서는 장강長江·황하黃河·회하淮河·해하海河·주강珠江·송화강松花江·요하遼河를 가리켜 통상 7대하大河라고 칭한다.
2 해발고도 6,621m의 꺼라딴동各拉丹冬은 티베트어로 '높고 날카로운 산'이란 뜻이다.
3 장강의 발원지에 대한 논란은 1978년에야 비로소 종식되었다.
4 중국에서는 동해東海라고 칭한다.

장강은 지역에 따라 많은 별칭이 있어 모두 30개가 넘는다. 발원지에서는 타타하沱沱河라고 부르지만, 곧 남동쪽의 당곡當曲[5]과 합류한 뒤 통천하通天河로 이름을 바꾼다. 그리고 청해·서장·사천의 교계지인 옥수현玉樹縣에서부터 금사강金沙江이란 이름으로 사천과 서장, 사천과 운남의 경계를 나누며 사천으로 흘러간다. 사천 남쪽 의빈宜賓 부근에서 민강岷江과 합류한 뒤부터 비로소 장강이라고 부르기 시작하지만 의빈~호북 의창宜昌 구간을 가리켜 천강川江, 호북 지성枝城~호남 악양岳陽 구간을 형강荊江이라고도 칭한다. 그리고 강서 구강九江에서는 심양강尋陽江, 강소 진강鎭江에서는 고대의 양자진揚子津과 양자현揚子縣에서 유래한 양자강揚子江이라 칭한다.[6]

[지도 7-1] 장강의 본류와 지류 지도

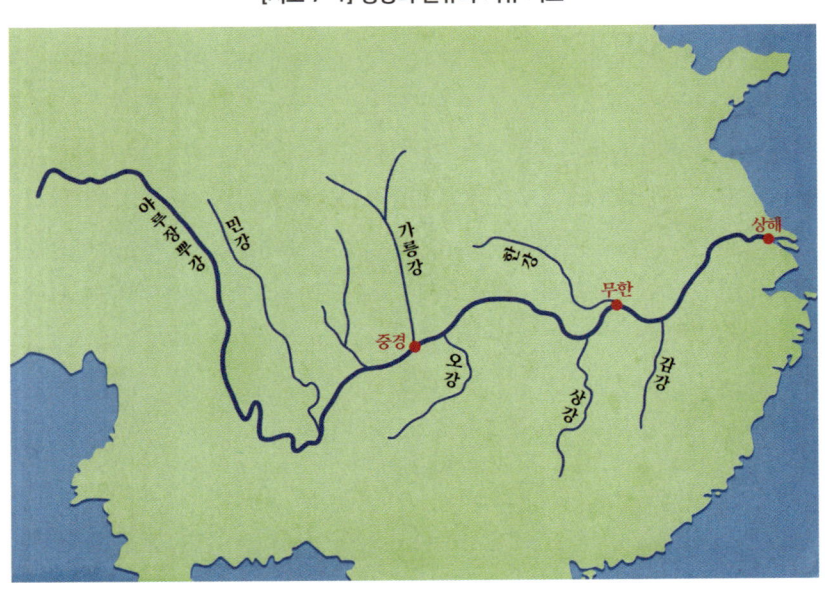

5 티베트 고원에는 단곡旦曲·천곡天曲 등 강을 나타내는 지명에 곡曲을 사용하기도 한다.
6 이백李白과 맹호연孟浩然의 시에도 등장하는 장강의 유명한 나루터인 양자진에서 유래한 양자강이란 명칭은 본래 장강~하구 하단을 가리키는 말이었으나 서양의 전교사에 의해 한때

통상 장강은 호북 의창宜昌을 기준으로 그 위 4,504㎞를 상류, 의창~강서 호구湖口의 955㎞를 중류, 그 이하 938㎞를 하류로 나눈다. 상류가 전체 길이의 70%를, 중류와 하류가 각각 15%를 차지하는 셈이다. 상류는 깊은 계곡과 심한 낙차로 급류를 이루며, 주요 지류로는 아롱강雅礱江·민강岷江·가릉강嘉陵江·오강烏江 등이 있고, 유역 면적은 100만㎢이다. 중류는 넓은 평야지대로 호소가 많고 경사가 완만하며 범람과 퇴적작용이 활발하고 주요 지류로는 청강淸江·한강漢江와 동정호洞庭湖 수계의 상강湘江·원강沅江·자수資水·풍수澧水, 파양호鄱陽湖 수계의 공강贛江·신강信江·무하撫河·수수修水 등이 있고, 유역 면적은 68만㎢이다. 하류는 강폭이 넓고 수심이 깊으며 경사가 완만하다. 주요 지류로는 청의강靑衣江과 수양강水陽江, 태호太湖 수계와 소호巢湖 수계 등이 있으며, 유역 면적은 12만㎢이다.

장강은 중국에서 가장 길뿐 아니라 유수량이 가장 풍부하다. 수자원 총량은 9,616억㎥로서 황하(560억㎥)의 17배에 달하며, 전국 하천 유수량의 36%를 차지한다. 하지만 총 유수량의 70~75%가 여름에 집중될 뿐 아니라 유역 거주 인구가 지나치게 많아서 1인당 사용 가능한 평균 용수량은 세계평균의 1/4에 불과하다.

'바다의 아들(大洋之子)'인 'Son of the Ocean'으로 알려지기도 하였다. 양자강이 서양에 널리 알려진 본격적인 계기는 아편전쟁이어서 중국에서는 패전의 굴욕과 연관된 지명이라서 그다지 선호하지 않지만, 서양 문헌과 지도에서는 여전히 the Yangtze River로 표기하는 경우가 많다.

2. 운몽택雲夢澤의 소멸과 홍호洪湖의 성장

장강 상류는 산악지대 골짜기를 흐르므로 중국의 역사를 통틀어 하도河道의 변동이 매우 적었다. 이에 반해 의창 이하의 중·하류는 지세가 평탄한 평원지대에 진입하므로 하천과 호소의 수계가 비교적 많이 변화하였다. 그 가운데 강한江漢평야[7]의 형강荊江·운몽택雲夢澤·동정호洞庭湖·파양호鄱陽湖·태호太湖 등은 예나 지금이나 수계의 변천이 격심하였다.

강한평야의 평탄면 중에는 제4기에 강렬하게 침강된 요지凹地가 있다. 현재 이 평야는 하도가 종횡으로 교차하고 호소가 마치 하늘의 별이나 바둑판의 바둑알처럼 배열되어 있다. 예로부터 '구절회장九曲回腸'이라고 불리는 하형강下荊江 유역에는 오늘날 전형적인 육상 上 삼각주가 형성되어 있다. 선진先秦시대에는 강한평야에 '운몽雲夢'이라고 부르던 저지대가 넓게 자리 잡고 있었다. 이곳은 산림·하천·소택·구릉 등이 어우러진 지형인데 그중에서 주위가 수백 리인 '운몽택雲夢澤'이라는 호수가 그 중심을 차지하고 있었다. 춘추전국시대에는 운몽택의 핵심부가 현 강릉江陵 이남, 즉 장강과 한강漢江 사이에 있었는데, 그 북쪽은 한강 북안의 천문天門과 응성應城 일대, 남쪽은 하형강 부근까지 뻗쳐 있었다.

운몽택은 선진시대부터 장강과 한강이 운반하는 퇴적물로 평원과 호소가 결합된 지형으로 변하기 시작하였다. 진·한대에는 한강 북안이 이미 평탄한 육지로 메워졌고, 서쪽에 있던 '형강 삼각주'는 장강의 지류인 하수夏水와 용수涌水의 퇴적작용으로 계속 동쪽으로 성장하여 마침내

---

7 장강과 한강의 합류 지역 평야의 약칭이다.

한강 삼각주와 연결된 '강한江漢 육상 삼각주'를 형성하였다. 이렇게 새롭게 생긴 육지는 다시 경지로 개간되어 새로운 현縣이 설치되기에 이르렀다.

운몽택은 6세기에 들어와 크고 작은 사주沙洲에 의하여 수많은 작은 호소로 분할되었다. 남조南朝시대가 되자 '강한 육상 삼각주'는 동쪽으로 더욱 성장했고, 운몽택의 본체도 계속해서 동쪽으로 이동하였다. 이때 형강 삼각주 북측의 운몽택 부분이 적호赤湖·이호離湖·선관호船官湖·여관호女觀湖 등으로 작게 쪼개졌다. 이렇게 큰 면적의 호수 본체가 작은 호수로 분할되면서 운몽택이라는 본래의 명칭도 자연스럽게 소멸되었다. 운몽택 본체는 남조 이후 수심이 더욱 얕아지고 호수 바닥도 평탄해졌고, 당·송대어는 완전히 메워져서 평탄한 육지가 되어버렸다.

송대의 기록에 강한평야의 대표적인 호수로 운몽택 대신 '태백호太白湖'가 등장한다. 원·명대 이후에도 퇴적량이 적지 않았지만, 태백호의 침강 속도가 퇴적 속도를 초과하였으므로 이때부터 지표에 흐르는 물 대부분이 태백호에 모여 장강으로 흘러 들어갔다. 태백호는 명말·청초에 이미 그 둘레가 백여㎞를 넘었기 때문에 강한평야에서 가장 큰 호수로 언급되었다. 하지만 청대 중기부터 퇴적작용으로 호수 면적이 점차 위축되는 반면, 홍호가 계속 성장하여 강한평야의 물을 받아들이고 내보내는 중심 역할을 담게 되었다. 19세기 중엽 이후 더욱 커진 홍호는 마침내 태백호를 제치고 강한평야의 최대 호수가 되어 오늘에 이르고 있다.

3. 형강 수계의 역사적 변천

'형강'은 장강 중류 유역의 충적평야를 흐르는 장강 지류의 일정한 범위의 구간, 즉 지강枝江부터 성릉기城陵磯까지의 구간을 일컫는 이름이다. 이 하단의 전체 길이는 약 420km인데, 우지구藕池口를 경계로 그 위를 '상형강', 그 아래를 '하형강'이라 칭한다. 이 상·하형강은 지형 조건뿐만 아니라 역사적 변천 또한 서로 다른 점이 많다.

1) 상형강 하상河床의 변천

『우공禹貢』·『한서漢書』·「지리지地理志」·『수경주水經注』 등에는 장강이 지강현枝江縣에 이르러 크게 두 갈래로 나누어져 흐르는 이른바 '분차하도分叉河道'가 된다고 기재하였다. 이렇게 분차하도가 형성된 원인은 하도 한 가운데 백리주百里洲를 비롯한 크고 작은 사주가 많이 발달했기 때문이었다. 백리주를 중심으로 두 갈래로 나뉘어 흐르는 형강 가운데 남쪽 물길을 주류主流로 보아 강이라 부르고, 북쪽 물길을 지류로 여겨 '타沱'라고 칭하여 구분하였다.

그러나 위~진대에는 이 본류와 지류가 점점 평형을 이루자 동진~남조시대에는 강을 '외강外江', 타를 '내강內江'이라고 칭하게 되었다. 명 가정嘉靖 연간(1522~1566)에 지류인 내강의 유량이 본류인 외강을 초과하면서 백리주가 상하의 2개로 쪼개졌고 하도 안에 사주가 더 늘어나자 물줄기가 점점 좁아져서 외강이 지류로, 내강이 본류로 바뀌었다. 이렇게 명대에 형성된 강릉江陵 이서의 형강 하도와 그 주변의 지형은 대체로 오늘날까지 이어져 내려오고 있다.

지금의 형강은 강릉 이남부터 옛날의 운몽택 일대를 지나가는데, 장강의 퇴적작용으로 강릉을 정점으로 하는 형강 삼각주가 운몽택 서부에 형성되기 시작하였다. 형강은 이 육상 삼각주 위에서 부채꼴 모양의 분류分流 수계를 형성한 다음 더욱 동쪽으로 흘러가 성릉기 부근에서 동정호의 상수湘水·자수資水·원수沅水·풍수澧水와 합류하였다.

[지도 7-2] 형강의 홍수 체류구와 제방 지도[8]

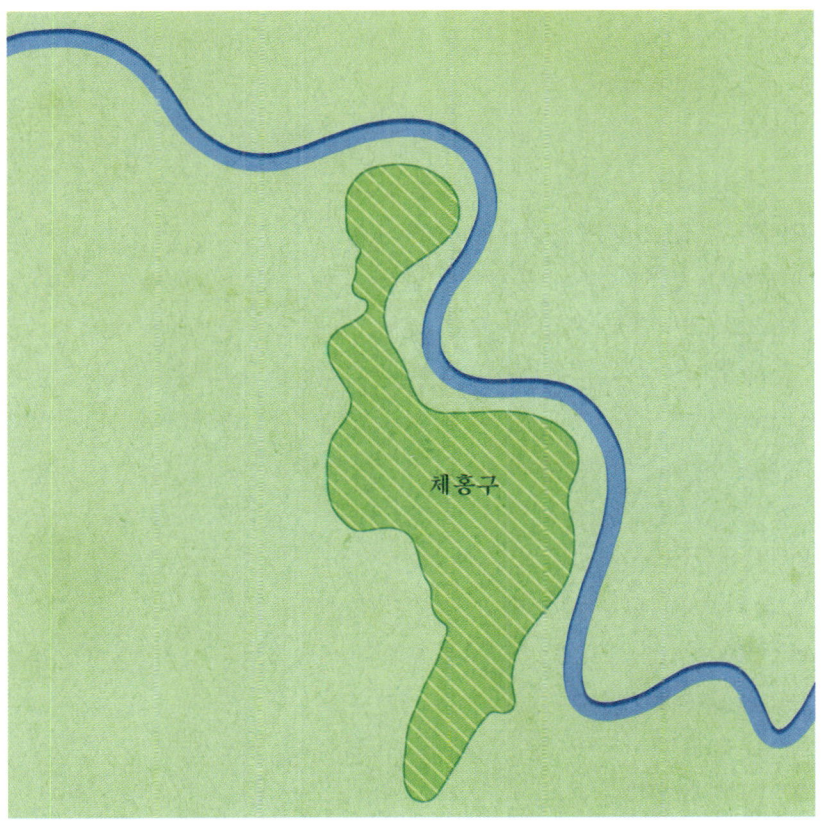

위~진대에 형강 삼각주가 동쪽과 남쪽으로 확대되기 시작함에 따라 운몽택은 더욱 동쪽으로 밀려났다. 이때까지 강릉 이남의 석수石首 일대는

---

8 중국자연지리도집, 유명규, 중국지도출판사, 2010, p.147.

형강이 호수를 벗어나 자기 고유의 하상河床을 만들기 시작하였지만, 감리監利 일대는 하상이 아직도 호수 속에 있었다. 당~송대 이후에 강한평야에서 운몽택의 본체 부분이 수많은 작은 호수로 쪼개지면서 감리 일대에 단일하고도 고유한 하상이 비로소 형성되었다.

2) 하형강 하상의 변천

위~진대에 형강 삼각주는 동쪽으로 성장을 계속하는 동시에 남쪽으로도 신속하게 성장하였다. 북위北魏(386~534) 때 이미 하형강 양안에 '혈구穴口'[9]와 '차류叉流'가 형성되어 있었으며, 이들은 형강의 물을 밖으로 배수하였다. 하상 중에는 사주가 많이 발달하였으며, 특히 분차 혈구에는 사주가 현재의 몇 배를 초과하는 규모로 형성되어 있었다. 당~송대에 단일한 하상이 완성된 후에도 하형강은 끊임없이 퇴적이 진행되었고, 송~원대 이후 하형강 일대는 경지의 개간이 크게 확대되고 제방 또는 '위완圍垸'[10]의 수축이 크게 성행하였다.

단일한 하상이 형성된 후에 하형강은 물이 잘 빠지지 못하고 동정호의 '정탁頂托작용'[11]까지 겹쳐서 하곡이 더욱 넓어졌다. 명대 중기에는 감리 동남쪽에서 전형적인 곡류 하도가 발달하면서 하곡이 더욱 확장되었다. 이러한 하곡의 발달은 처음에는 하류에서 시작되었지만, 점차 상류로 확대되었다.

---

9 혈구穴口 : 형강의 홍수를 방지하기 위해 장강으로 물을 배출할 수 있는 시설을 가리켜 혈穴 또는 구口라고 한다.

10 위완圍垸 : 강이나 호수 가의 비옥한 저습지를 제방으로 감싼 뒤 갑문을 통해 물의 유입을 통제하면 생산성이 높은 농경지로 활용할 수 있다. 이런 방식으로 만든 경작지를 가리켜 통상 위전圍田·우전圩田이라고 하는데, 호남성과 호북성에서는 제방을 위완圍垸, 경작지를 완전垸田, 갑문시설을 완자垸子라고 칭한다.

11 정탁頂托작용 : 강물과 바닷물이 만나는 지역에서는 물의 밀도 차이 때문에 바닷물은 아래로 들어가 강물을 위로 밀어 올린다. 이를 가리켜 정탁頂托작용이라고 한다. 같은 담수끼리도 밀도 차로 인해 정탁작용이 발생한다.

청대에는 하형강 유역에서 하천의 곡류 활동이 전면적으로 발달하였으며, 특히 감리 일대의 하상은 소위 '팔곡八曲'을 많이 가지게 되었다. 청대 후기부터는 큰 홍수로 인하여 물이 동정호로 유입되어 동정호의 정탁작용이 강화됨에 따라 하형강의 하곡은 더욱 확대되었다.

4. 동정호의 수축과 팽창

현재 동정호는 중국에서 두 번째로 큰 담수호로서 면적이 3,740㎢다. 동정호는 그동안 수축과 팽창을 반복하면서 현재와 같은 상태에 이르렀다. 동정호는 전신세 초기부터 내적 영력營力과 외적 영력의 상호작용에 따라 수축과 팽창을 거듭하였다. 특히 형강의 하상 변동은 동정호의 지형 발달에 지대한 영향을 주어온 외적 영력이다.

지금부터 약 3~4천 년 전 동정호 일대는 현재와 달리 하계망河系網이 조밀하게 발달한 평원이어서 일찍이 인류가 거주하였으므로 신석기 유적이 보편적으로 발견된다. 신석기시대부터 위魏(220~265)까지 동정호 일대는 침강하는 추세에 있었으며 군산君山 서남쪽으로는 약간의 작은 호수가 출현하였다.

4세기부터 19세기 중엽까지 동정호는 전체적으로 면적이 확대되고 수심이 깊어졌다. 남북조시대(420~589)에는 형강 삼각주가 성장하고 운몽택이 위축되는 상황에서 강릉 부근에 '금제金提'를 쌓았으므로 홍수가 동정호 유역의 평원으로 빠져나가게 되었다. 이때 마침 동정호 일대가 완만하게 침강하고 있었으므로 침강한 부분이 점차 물로 채워져 소택지沼澤地로 변해갔다. 이 소규모 소택지 중에서 가장 먼저 큰 호수로 성장한 것은 현재 악양岳陽 서남쪽에 있는 '청초호靑草湖'였다.

6세기에는 상수湘水·자수資水·원수沅水·풍수澧水 등의 물이 청초호로 흘러가게 되었다. 그 후 청초호는 더욱 성장하여 북쪽에 있는 동정호와 합쳐지게 되었다. 따라서 청초호와 동정호는 동일한 호수를 가리키는 명칭으로 사용되었다. 그러나 그때까지 동정호의 본체는 단지 지금의 '동동정호' 일대만을 포함하고 있었을 뿐 지금의 '남동정호'는 포함하지 않았다.

[지도 7-3] 동정호의 변화도[12]

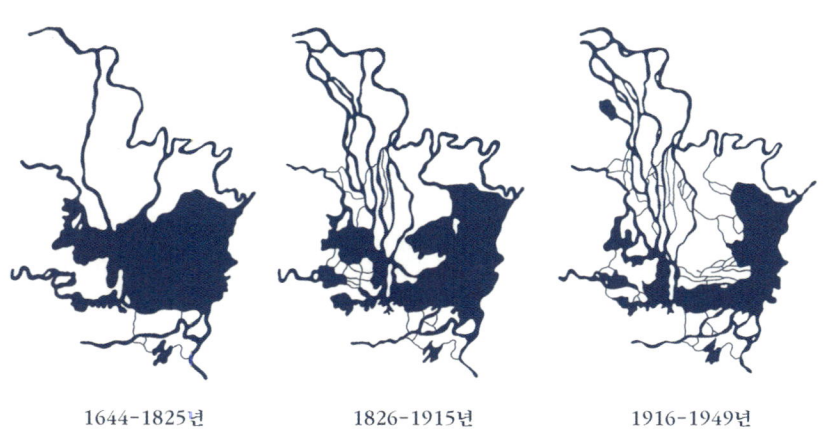

1644-1825년   1826-1915년   1916-1949년

동정호는 당~송대에 더욱 확대되어 동정호의 북쪽에 있는 '적사호赤沙湖'를 합병하였으며, 남쪽에 있는 청초호와 하나로 연결되었다. 동정호는 주위가 7~8백 리나 되어 '팔백리 동정'이라는 이름이 붙기도 하였다. 송대는 동정호의 성장이 중국 역사를 통틀어 가장 활발하였던 시기였다. 이때 동정호는 대체로 수심이 30~60m로 깊었으며, 특히 깊은 곳은 수십 척이나 되었다.

12　중국자연지리도집, 유명광, 중국지도출판사, 2010, p.148.

명대 중기에는 형강 북쪽 지대의 안전을 위하여 형강의 북안에 있는 혈구를 막아버렸기 때문에 니사泥沙는 남안에 있는 조현혈調弦穴과 호도혈虎渡穴 두 곳만으로 형강 남쪽의 동정호 유역으로 빠져나갔다. 동정호의 밑바닥이 니사의 퇴적으로 끊임없이 높아지는 상황에서 호수로 유입되는 물이 늘어나기만 하자 호수 면적은 사방으로 계속 확대되어 물이 가장 불어나는 초가을이면 호수의 둘레가 800~900리에 달하였다. 그러나 그 후부터 동정호 서북부는 니사의 퇴적과 함께 삼각주가 성장하였으며, 청대에는 이미 호수 면적이 상당히 축소되었고, 수면 밑에서 형성되던 삼각주가 점차 수면 밖으로 드러나면서 동정호는 동서의 두 호수로 쪼개지게 되었다.

19세기 중엽부터 20세기 중엽까지 동정호는 전례가 없는 속도로 면적이 축소되고 수심이 얕아졌다. 이 시기에 동정호는 호수 면적이 6천여㎢에서 3천여㎢로 절반이 위축되었다. 사실 이렇게 호수 면적이 전체적으로 줄어드는 추세는 현재까지 이어지고 있다. 20세기 초부터 진흙과 모래가 많이 유입되고 인공 제방이 증가함에 따라 동정호는 동·서·남의 3대 부분으로 분할되었다. 그 중에서도 '서동정호'는 거의 육지로 변하였으며, '동동정호'는 머지않아 소멸할 운명에 처해 있다. 다만 '남동정호' 만이 쉬지 않고 빠른 속도로 확대하고 있는 중이다.

5. 팽려택彭蠡澤의 소멸과 파양호鄱陽湖의 출현

파양호는 현재 집수 면적이 3,960㎢로서 중국에서 가장 큰 담수호이다. 이 호수는 장강 유역의 집수분지集水盆地, 즉 호수분지를 점유하고 있는데, 이 호수분지는 지반의 침강을 수반한 이른바 신구조 지질운동의 산물이다. 호수분지에서 진흙과 모래의 퇴적량과 지반의 침강량은 전신세 시기까지도 기본적인 균형을 이루였으므로 이 일대는 하천이 여기저기 흐르는 평원 지형을 이루고 있었다. 신석기시대에 이 일대는 인류 활동이 있었으며, 그 유적들이 현재의 호수면 이하에서 발견되고 있다.

『한서』「지리지」와 『수경주』의 기록에 의하면 처음에 감강贛江은 '팽려택(현 파양북호)'으로 흘러 들어갔다. 그럼에도 불구하고 지금의 '파양남호' 일대는 450년까지 커다란 호수가 존재하지 않았으며, 다만 지세가 낮고 평평한 가운데 하천과 작은 호소가 여기저기 분포된 평원을 형성하고 있었다.

'팽려고택彭蠡古澤' 형성과 '고장강古長江'의 유로 변경은 '구강九江분지'의 변화와 밀접한 관계가 있다. 갱신세 중기에 장강의 본류는 점차 남쪽으로 이동하여 끝내는 지금의 장강 하도에 도달하였다 이때 폐기된 장강의 옛 물길은 전신세 이후에 비스듬히 함몰하면서 면적이 점점 확대되어 하나의 호수분지를 형성하였다. 이 호수분지는 더욱 성장하여 구강분지의 남쪽 가장자리에 있는 장강의 유로와 이어지면서 하나의 커다란 호수를 형성하였다. 이렇게 형성된 대호수가 바로 선진先秦시대의 지리 저작인 『우공禹貢』에 실려 있는 팽려택이다.

『우공』에 근거하면 고팽려택의 본체는 현재의 장강 이북으로 지금의 용감호龍感湖·대관호大官湖·박호泊湖 등이 있는 호소湖沼지대에 있었다. 지금의 장강 이남으로는 고팽려택이 없었으며, 단지 지금과 같은 파양호의 전신만이 있었을 뿐이다. 그런데 2천 년 전부터 장강이 범람하면서 진흙과 모래를 호수로 운반하여 퇴적시킴에 따라 장강 이북의 팽려택은 점점 축소되기 시작하였다. 이에 반해 장강 이남의 팽려택은 당말오대부터 북송대 초기(대략 850~1000)까지 동남 방향으로 빠르게 성장하여나갔다.

이러한 호수의 새로운 성장은 그때 기후가 온난해지고 강수량이 증가하는 것과 관계가 있다. 송대 초기에 팽려택은 이미 파양현성(현 파양波陽)에 가까이 접근하고 있었다. 이때부터 팽려택은 파양호라는 또 다른 명칭으로 불리기 시작하였으며, 이와 함께 팽려택이라는 이름은 점차 사라져 갔다.

명~청대 파양호의 변천은 '차호汊湖(복수의 작은 호수로 분할되어 있는 호수)'의 형성과 확대를 그 특징으로 하고 있다. 이러한 '차호 현상'은 특히 파양호 낙부, 즉 파양남호에서 현저하였다. 지난 천 년 동안 파양북호는 장강의 물이 역류하여 진흙과 모래가 퇴적되어 수면이 위축되었다. 반면 파양남호에서는 감강의 남쪽 지류, 무하撫河, 신강信江 서대하西大河[13]가 서로 합류하여 동남-서북 방향의 호저하도湖底河道를 형성하였다. 이 호저하도에 의하여 형성된 자연 제방은 파양남호를 동북부와 서남부의 두 호수면으로 완전히 격리시켰다.

감강의 본류와 남쪽 지류에 쌓이는 진흙과 모래의 양이 지난 수십 년 동안에 북쪽 지류를 초과하고 감강 하구 바깥의 사주가 동북쪽으로 뻗어나감에 따라 파양남호의 서남부는 수면이 점점 축소되었다. 또한 무하와 신강·서대하의 삼각주가 북쪽으로 성장함에 따라 파양남호는 전체적으로 수면이 남쪽에서부터 북쪽을 향하여 위축되었다.

---

13 신강信江은 파양호의 5개 수계 가운데 하나로서 여간현余干縣에서 동·서 두 줄기로 갈라지는데, 서쪽이 주류여서 서대하西大河라고 부른다. 따라서 '신강서대하'라는 표기도 있지만 '신강의 서대하'로 표기하는 것이 바람직하다.

6. 태호평야 수계의 변천

태호평야는 장강 하류의 삼각주에 위치하며, 서쪽의 모산茅山과 남쪽의 절강성 천목天目산맥과 남쪽의 항주만杭州灣 사이에 걸쳐 있다. 그 중심에 있는 태호의 면적은 현재 2,425㎢로 중국에서 3번째 큰 규모다. 태호의 밑바닥에 신석기시대의 유물과 고척추 동물의 화석이 보편적으로 분포하는 것을 보면 지금부터 5~6천 년 전의 태호 일대는 호수와 육지의 중간인 '저와低窪평야(저습한 평야)'였을 것으로 추정된다. 신구조운동의 작용으로 내륙지방의 지반이 계속해서 침강하는 반면 연해沿海지방은 진흙과 모래가 퇴적됨에 따라 태호평야는 점점 접시 모양의 와지窪地로 발달하였다. 이 와지가 마침내 광활한 수면의 대형 호수로 진화하였으며, 이 호수가 바로 선진대의 지리 저작물에 보이는 '진택震澤'이다.

[지도 7-4] 태호 유역 지형 및 수계도[14]

---

14   중국자연지리도집, 유명광, 중국지도출판사, 2010, p.139.

태호의 수원水源이 되는 주류는 모산茅山과 의율宜溧의 남쪽 구릉 지대에 있는 형계荊溪에서 발원하며, 그 지류 일부는 천곡산맥의 소계筱溪에서 흘러나온다. 당대 이전에는 장강의 일부 수계가 서계胥溪를 거쳐 소계와 합류하여 태호에 들어갔다. 송대에는 호수분지가 침강하여 풍부한 물이 태호둔지에 유입되고 버수가 잘 안 되었으므로 호수 면적이 계속 확대되었다.

당시의 기록에 의하면 이렇게 호수면이 확대됨에 따라 그때까지 존재하였던 많은 농토와 농가가 호수에 잠겨버렸다. 이러한 현상은 특히 송대에 가장 심하였지만 송대 이후에도 지속되었다. 실제로 태호 동쪽의 호수면 중에는 송대 이후에 함몰된 곳이 적지 않으며, 그 예의 하나가 징호澄湖이다.

오송강吳淞江은 송대 이전에 물길이 상당히 깊고 넓어서 배가 다녔으나, 송대 이후에는 점점 얕아지고 좁아져서 배가 다닐 수 없게 되었다. 13세기 말에 이르면 지금의 유하劉河가 형성되고, 오송강의 돌은 유하를 경유하여 바다로 들어가게 되었다. 그 후에 유하의 물길이 더욱 성장하여 태호의 물이 바다로 빠져나가는 큰 물길이 되었다. 이와 동시에 상해 범가빈范家濱을 준설하여 물을 끌어 인위적으로 황포黃浦에 연결시킴으로써 황포강黃浦江이 형성되었다.

명대에는 태호 이동以東의 오송강·유하 등을 여러 차례 준설하였지만, 하도가 막히고 좁아지는 것을 막지 못하였다. 반면 가정嘉靖 연간(1522~1566)에 황포강이 점점 넓어져서 마침내 태호 이동의 가장 큰 물길이 되었고, 오송강은 황포강의 본류에서 지류로 전락하였다. 이렇게 태호의 물이 동쪽 대신 북쪽으로 배출되게 된 것은 태호 수계사에 있어서 일대 사건이었다. 지난 100년 동안에 태호의 동부 대부분은 퇴적으로 모래톱이 되었으며 그 일부분은 개간으로 육지가 되었다. 예를 들면 동정동산洞庭東山은 원래 호수 안에 있는 하나의 섬이었지만. 19세기 중엽에는 수동반도水東半島와 서로 맞닿게 되었다.

| 제2절 | 해하·회하·한강의 역사적 변천

1. 해하 수계의 형성

　해하는 '하북평원[15]'의 주요 수계이며 유역 면적은 22.9만㎢이다. 해하 수계는 그 본류인 해하와 지류인 북운하北運河·영정하永定河·대청하大淸河·자아하子牙河·남운하南運河 등으로 구성되어 있다. 이 5대 지류들은 천진天津 부근에서 해하로 합류하여 발해渤海로 흘러 들어가지만, 해하에 도달하기 전까지는 제각기 수많은 지류를 가지고 있다. 이러한 지류들은 유로가 짧지 않아서 길이가 10㎞ 이상 되는 것만 해도 300개 가량 된다. 이같이 해하의 크고 작은 지류들이 서로 얽히며 형성된 수계망은 마치 거미줄을 연상시킨다.

　대부분의 해하 지류는 연산燕山·항산恒山·오대五臺·태항太行산맥 등의 산지에서 발원하는데, 모래의 함유량이 많고 유량의 계절적 분포가 불균등하며, 매년 물이 불어나는 시기에는 홍수의 위험이 상존한다. 또한 이들 하천은 경사가 있는 산간부山間部를 나온 후에 평탄한 하북평야로 진입하기 때문에 선상지扇狀地가 발달하고 평야에서는 하도의 이동이 자주 일어난다.

　그동안 하북평야는 수많은 지류가 합종연횡하면서 유로를 자주 변경하였으므로 해하수계는 중국에서 황하 다음으로 하도의 변동이 심하였다. 그래서 하북평야를 흐르는 모든 강이 해하로 합류하여 발해로 빠져나가는 현재와 같은 국면은 3세기 초에야 비로소 형성되기 시작하였다.

15　황하 이북의 충적 평원으로 해하 유역과 황하 유역의 일부를 포함한다.

[지도 7-5] 해하 유역 수계도[15]

1) 해하 수계의 인위적 형성

서주西周~춘추전국시대에는 해하 수계가 형성되지 않았으며, 이때까지 하북평야의 수계는 황하를 주요 하천으로 하였다. 또한 서한 이전에도 하북평야의 하류는 대부분이 황하 수계에 속하였다. 지금의 하북 웅현雄縣과 패현霸縣을 천진과 연결하는 선, 즉 한대漢代의 구하滱河(지금의 당하唐河)

---

16 중국자연지리도집, 유명록, 중국지도출판사, 2010, p.133.

또는 송대의 계하界河(거란과의 국경)가 흐르던 하도는 지질 구조상 일종의 함몰지대에 속한다. 서한대 이전에 황하의 물줄기는 이 함몰지대를 한계로 그 남쪽에까지 와 닿았다. 이 함몰지대의 북쪽은 영정하永定河 수계와 조백하潮白河 수계가 서로 분리된 채 흘러 제각기 발해로 빠져나갔다.

서한 때 황하 본류는 동쪽으로 이동하여 지금의 황화현黃驊縣 부근에 이르러 발해로 들어갔다. 이때부터 원래 황하에 합류하던 큰 하천들이 제각기 황하를 이탈하여 뿔뿔이 발해로 들어가기 시작하였다. 동한 때 황하는 더 남쪽으로 이동하여 산동반도 북부를 지나 지금의 빈현濱縣과 이리현利津縣 일대를 거쳐 발해로 들어감에 따라 하북평야의 수계는 근본적인 변화를 맞이하였다.

3세기 초에 조조曹操가 백구白溝와 평로거平虜渠를 굴착하자 하북평야의 수계에 또 한 번의 중대한 변화가 발생하였다. 이 굴착 공사로 인하여 청하淸河·호타하滹沱河·파수派水·거마하拒馬河·고수沽水 등이 모두 천진에서 해하로 합쳐져 발해로 들어가게 되었다. 이같이 해하는 계속되는 인간의 간섭으로 마침내 황하 수계와 독립된 수계를 형성하게 된 것이다.

수양제隋煬帝는 영제거永濟渠를 개착하여 심수沁水를 끌어서 청수淸水로 보낸 다음 청수로 하여금 백구白溝로 들어가게 하였다. 당대의 영제거, 송·원대의 어하御河, 명·청대의 위하衛河는 여전히 청하淸河와 기수淇水를 수원水源으로 하였다. 송대에는 황하가 북쪽으로 이동하여 해하 수계에 한동안 재편입되었다. 그러나 금대金代 이후에 황하는 다시 남쪽으로 이동하여 회하淮河와 합류하면서 해하 수계의 하천들은 황하의 간섭을 전혀 받지 않게 되었다. 원대元代에 회통하會通河를 굴착하고 문수汶水를 끌어들인 다음 감청監淸에서 어하와 합류하도록 한 결과 해하 수계는 동남 방향으로 확대되어 문수 수계를 포함하게 되었다. 1855년에 황하가 다시 산동반도를 거쳐 발해로 들어가게 됨에 따라 이 부근의 회통하는 폐지되고 문수는 해하 수계에서 이탈하였다. 이렇게 해하 수계의 변천에 결정적 영향을 준 인공 수로의 굴착은 한결같이 수운 교통을 개선하기 위한 것이었다.

2) 해하 수계 주요 하류의 변천

해하 수계는 모래의 함유량이 많으므로 평원에 진입한 다음에 하도河道와 하상河床의 변동이 매우 잦았다. 송대 이후에 상류의 무분별한 개발로 인하여 물에 씻겨 내려가는 토양의 양이 증대되었기 때문에 흐르는 물에 함유된 모래의 양이 계속 증가함에 따라 하도와 하상의 변천이 갈수록 빈번해졌다.

해하 수계 변천의 첫 번째 특징은 처음에는 하도가 단수에서 복수로 발전하다가 나중에는 다시 단수로 통합되었다는 것이다. 처음에는 하천의 모래 함유량이 많지 않고 하천 제방이 안정되어 있었으므로 홍수와 범람이 자주 발생하지 않았다. 그러나 나중에는 하천 유역에서 진흙과 모래가 증가하고 홍수가 빈번해짐에 따라 하천은 배후 산지에서 선상지扇形地로 나오면서 여러 갈래로 갈라지게 되었다.

게다가 평야를 흐르는 물줄기가 여러 갈래로 되었음에도 하천의 제방은 여전히 불안전하였으므로 하도의 변동이 더욱 빈번해질 수밖에 없었다. 명·청대 이후에는 제방이 전면적으로 수축되고, 하도가 고정됨에 따라 하상에 모래가 많이 퇴적되면서 해하 수계의 하천들은 점차 천정천(현하懸河)으로 발달하였다.

해하 수계 변천의 두 번째 특징은 본류의 하도가 전체적으로 영정하永定河를 위주로 하여 동쪽에서 남쪽으로 이동하였다는 것이다. 예를 들면 호타하와 장하漳河는 영정하의 하도 변동에 따라 북쪽에서 남쪽으로 이동하였다. 이와 같은 수계 변천의 총체적인 추세는 무엇보다도 하북평야의 신구조 운동과 관계가 있었다. 그러나 만일 이러한 자연적인 요인이 인위적인 요인과 결합되지 않았다면 해하 수계의 변천은 아마도 다른 방향으로 일어났을 것이다.

해하 수계의 변천에 인간이 간섭한 예로는 송대에 호타하를 끌어서 '전박와지淀泊窪地'로 들여보내고, 명·청대에 장수漳水를 끌어서 위하衛河로 흘러가게 한 것이 대표적이었다.

2. 회하의 특성과 역사적 변천

1) 회하淮河의 하단河段과 특색

회하는 오랫동안 회수라고도 칭했지만, 최근에는 주로 회하로 불리고 있다. 회하는 하남성 동백桐柏산맥에서 발원하여 하남성, 호북성, 안휘성을 거쳐 강소성 홍택호洪澤湖로 유입된 뒤 두 갈래로 갈라져 장강으로 유입되어 바다로 나가는 전장 1,000km의 강이며 유역 면적은 27만km²이다.[17] 회하 유역은 개봉 동쪽~상구商邱~서주徐州~숙천宿遷~회음淮陰을 잇는 폐廢황하를 중심으로 동서 두 유역으로 나뉘며, 경항대운하는 운수 기능 외에도 회하 유역의 유수 조절을 겸하고 있어 주요 수계의 하나로 간주해도 무방하다.

회하는 발원지에서 하남성과 안휘성의 교계지인 홍하구洪河口까지의 364km를 상류로 간주하며, 유역 면적은 30,600km²이고, 이 구간의 낙차는

---

17 회하 자체의 유역면적은 19만km²지만 산동성에서 발원하여 대운하로 유입되어 고우호高郵湖에서 회수와 합류하는 기수沂水·술수洙水·사수泗水를 포함하면 총 27만km²다. 이 가운데 호북성은 1,355km²에 불과하므로 통상 회수유역은 하남·안휘·강소·산동 4개 성에 걸쳐있다고 말한다.

174m로서 전체 낙차의 87%를 차지한다. 홍하구에서 홍택호의 출구까지 490km가 중류이며, 유역 면적은 158,000㎢이지만 낙차는 16m에 불과하다. 홍택호 출구에서 장강까지의 156km가 하류인데 유역 견적은 6,000㎢이며 낙차는 5m로서 사실상 거의 낙차가 없다고 해도 과언이 아니다. 회하 유역의 산지 면적은 31,700㎢로서 총면적의 17%, 구릉은 32,800㎢로서 17.5%, 호소를 포함한 평야가 122,500㎢로서 65.5%를 차지한다. 회하 유역은 비옥한 충적토와 풍부한 수자원과 배수 시설이 갖춰진 생산력이 가장 높은 농업지대다.

[지도 7-6] 회하 유역 수계도[18]

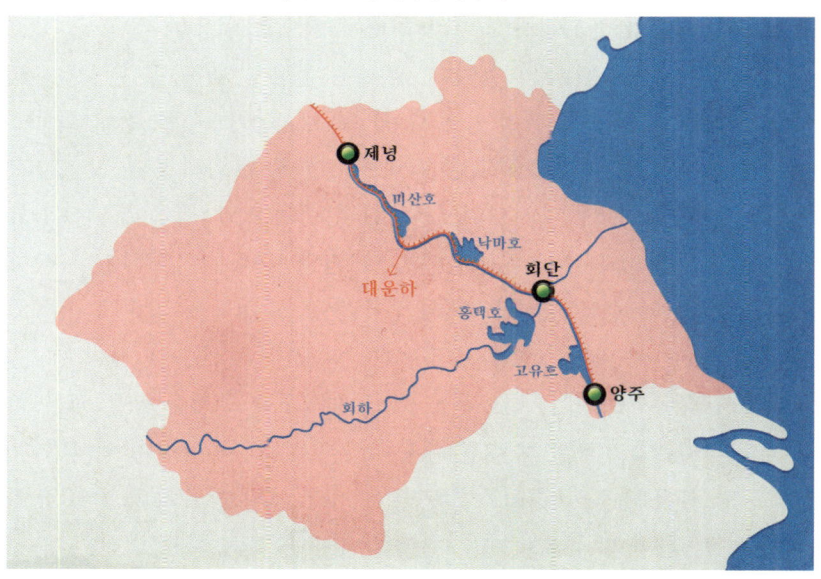

---

18 중국자연지리도집, 유명광, 중국지도출판사, 2010, p.134.

수백 년 전 황회해평야는 넓고 얕은 바다였고, 태산 이동의 산동반도는 바다 위에 떠 있던 거대한 섬이었다. 후에 지각 상승과 황하의 퇴적작용으로 바다가 동쪽으로 이동했지만 회하 중류 지역은 여전히 호소 해안을 이루고 있었다. 황하의 왕성한 퇴적작용으로 하북의 태항산맥과 하남의 복우伏牛산맥 사이에 거대한 삼각주가 형성되고 확대되면서 회하가 점차 커지기 시작했고, 강소성 일대의 많은 호소도 만들어졌다. 현재와 같은 하도가 형성된 것은 대략 5,000년 전의 일이다.

2) 회하와 황하

황하가 본래의 하도에서 벗어나 회하 유역으로 이동한 것은 금 장종章宗 명창明昌 5년(1194)의 일이다. 황하는 하남성 개봉 동쪽 양무陽武에서 제방을 무너트린 뒤 상구商邱, 서주徐州, 숙천宿遷을 거쳐 회음淮陰에서 회하와 만나 동쪽으로 길을 바꿔 서해로 유입되었다. 그러다가 함풍咸豊 5년(1855)에 다시 개봉 난고현蘭考縣에서 제방을 무너트리고 북쪽으로 길을 바꿔 지금처럼 산동성을 지나 바다로 유입되기 시작하였다. 1194년부터 1855년까지 662년이란 긴 시간 동안 황하가 회하의 물길을 이용하여 바다로 흘러간 것이다.

황하가 남쪽 제방을 무너트리고 회하 유역으로 흘러들어 온 일은 대단히 많았다. 가깝게는 1938년 개봉 화원구花園口에서 제방이 무너져 9년 동안 황하의 물이 흘러들어왔다. 하지만 이는 황하의 일부가 유입된 것일 뿐 황하의 주류는 여전히 기존 하도를 통해 흘렀기 때문에 황하가 회하로 물길을 바꾼 662년간의 상황과는 구분된다.

3. 황회해평야 호소湖沼의 변천

1) 황회해평야

　중국 동부에 있는 '황회해평야[19]'는 곳곳에 호수와 소택과 같은 저습지가 다수 분포하고 있었다. 황회해평야에 소택과 호수가 빽빽하게 들어차 있는 모양은 하늘의 별이나 바둑판의 바둑알을 연상시키기에 충분하였다. 이러한 지형 경관은 전체적으로 지표수가 풍부하지 않고 낮고 평평한 지형으로만 되어 있는 현재와는 전혀 다른 것이었다.

　와지 중에는 전신세全新世 중기의 해침海浸으로 바닷가와 얕은 바다였던 것이 하퇴海退로 해수면 위로 드러남에 따라 형성된 것이 많았다. 와지 중에는 과거에 평야를 흐르던 하천의 하상과 우각호牛角湖였던 것도 있다. 또 태항산맥과 연산산맥 입구에 형성된 홍적, 또는 충적선상지와 하천의 자연 제방 사이, 아니면 하천의 자연 제방 사이에 있었던 움푹 꺼진 땅에도 와지가 발달하였다.

　그러나 황회해평야의 호수와 소택은 지난 2~3천 년 동안 그 대부분이 소멸되었다. 기후가 점차 건조해지고 하천의 삼각주가 더욱 성장함에 따라서 와지는 점차 진흙과 모래로 메워졌다. 또 인구가 늘어나면서 와지를 농경지로 개간함에 따라 소택과 호수는 점차 메워져 육지가 되었다.

19　황하黃河·회하淮河·해하海河 유역의 충적 평야로 화토대평야의 대부분을 차지한다.

[지도 7-7] 화북평야의 형성 및 발전도[20]

2) 고대 황회해평야의 호소 분포

춘추전국시대부터 6세기 이전까지 천여 년 동안에 황회해평야에는 호수와 소택이 크게 발달하였다. 신석기 시대~상대商代까지 황하 유역은 기후가 온난하여 연평균 기온이 현재보다 2~3℃ 정도 높았다. 주周 초기에 다시 추워진 날씨는 1~2세기 동안 지속되었으며, 춘추전국시대부터

---

20 중국자연지리도집, 유명광, 중국지도출판사, 2010, p.127.

다시 따뜻해지기 시작한 날씨는 1세기까지 계속되었다. 이렇게 온난한 기후 환경에 강수량이 풍부하게 마련이므로 황회해평야는 호수와 소택이 발달하기에 충분한 지표수가 있었을 것이다.

동한~당 전기에 황하의 중·상류는 물에 의한 토양의 유실량이 적었으므로 황하가 하류로 운반하는 진흙과 모래가 비교적 적었다. 태항·연산산맥, 지금의 하남 서부 산지는 식생의 피복 상태가 양호하고 물에 의한 토양의 유실도 심하지 않았다. 더구나 황회해평야는 그때까지 인구가 포화 상태에 도달하지 않았고, 개간되지 않은 토지도 많이 남아 있었다. 따라서 황회해평야는 최소한 당대 전기까지 호수와 소택의 퇴적이 매우 완만하게 진행되었을 것이다.

3) 송대 이후 황회해평야 호소의 변천

황회해평야의 호소 지형은 북송대부터 크게 변화하기 시작하였다. 북송대부터 기후가 한랭 건조해지고 강수량 자체가 감소함에 따라서 호수와 소택에 공급되는 물이 그 전보다 현저하게 줄어들었으며, 평원의 서부에 있는 산지에서 물에 의한 토양의 유실량이 증가함에 따라 하류로 운반되는 진흙고 모래가 증가하였다. 또 평야에 거주하는 인구가 증가하면서 경지에 대한 요구가 증대됨에 따라 호수 주변의 모래톱이 빠른 속도로 개간되었다.

이처럼 개간은 수면이 좁아지고 얕아지는 호수와 소택의 육지화를 가속화시켰다. 그런데 이러한 황회해평야의 호소 변천은 그 특성상 해하와 황하 유역의 충적 평야인 하북평야와 황하와 회하 유역의 충적 평야인 황회평야로 나누어 볼 수 있다.

북송과 거란은 하북평야의 백구하白溝河[21]를 국경선으로 하여 서로 대치하였다. 당시에 백구하를 '계하界河'라고도 칭한 이유가 바로 여기에 있었다. 이 계하 이남에 있는 지금의 백양정百洋淀과 문안와文安窪를 연결하는 선은 엄연히 하나의 지질 구조선과 일치한다. 북송대에는 이 구조선을 따라 지반이 함몰되어 형성된 와지지대가 크게 형성되어 있었다. 이 와지지대에는 크고 작은 호수와 소택들이 무리를 지으면서 배열되어 있었다.

그러나 명대~청대 전기에는 하북평야의 작은 호소들이 대부분 소멸되고 남은 것이라고는 남박南泊·북박北泊·동정東淀·서정西淀처럼 큰 것뿐이었다. 예를 들면 백양정은 1684~1881년에 호수 면적이 원래의 7/10로 축소되었다. 남박은 청대 후기에 이르러 완전히 메워져 이미 평탄한 육지가 되었고, 북박은 육지가 되기 일보 직전에 있었다. 겨우 동·서정만 호수로서의 명맥을 유지하고 있었다. 그러나 동정마저도 최근 수십 년 동안에 메워져 문안와로 변하였다. 백양정은 20세기에 들어와 계속해서 퇴적되었으며, 1980년대에는 호수의 남은 부분마저 거의 메워져 호수 자체가 머지않아 사라질 위기에 처해 있다.

황회평원의 호소 지형은 송~금대에 황하가 남쪽으로 범람하면서 크게 변하기 시작하였다. 남송 건염建炎 2년(1128)에 동경유수 사충社充이 금군의 남하를 저지하기 위하여 지금의 하남 활현滑縣 경내에 인위적으로 제방을 쌓아 황하가 지금의 하남 동남부와 산동 서남부를 지나 사수泗水를 거쳐 회하에 들어가게 하였다. 황하는 이때부터 하북평야를 벗어나 오늘날의 황회평야로 흐르기 시작하였다.

금~원대에는 황하의 하도가 점차 남쪽으로 이동하면서 홍수가 더욱 빈번하게 발생하였으며 이에 따라 하도가 많이 변경되었다. 금~원대부터

---

21 현 하북 雄縣 북쪽에 있는 白溝鎭·霸縣·天津을 연결하는 선에 위치하였다.

1950년대까지 800여 년 동안에 황하가 저방을 무너뜨리고 범람할 때마다 황하가 운반한 진흙과 모래가 황회평야 일대에 퇴적되었다. 또한 이때 니사를 동반한 홍수는 도처에서 도시와 가옥을 삼켜버리고 농토를 파괴하였으며, 황하는 하상河床이 점차 퇴적되어 천정천天井川으로 변하였다.

끝으로 홀하의 활동과 관계가 있는 호소 지형의 변천은 크게 3가지 유형으로 나누어볼 수 있다. 첫 번째 유형은 호소가 니사의 퇴적으로 인하여 점점 얕아지고 그 면적이 줄어드는 동시에 인간에 의한 개간 활동이 가해져서 육지로 메워진 것이다. 이러한 유형의 대표적인 사례는 지금의 하남성 동남부에 있는 포전택圃田澤·맹저택孟諸澤·맹택蒙澤 등이다.

두 번째 유형은 호소가 니사의 퇴적으로 축소된 반면, 공급되는 수량은 줄어들지 않았으므로 호소의 물이 고도가 상대적으로 낮은 저와지低窪地로 이동하여 새로운 호소를 형성한 것이다. 이러한 호소들도 나중에는 결국 공급되는 물이 감소하는 가운데 인간에 의하여 농경지로 대체된 것이 많다. 이 유형의 대표적인 예는 지금의 산동 서남부 평원 지대의 거야택巨野澤, 산동운하, 제녕濟寧 이북의 북5호北五湖 등이다.

세 번째 유형은 원래 와지에 황하의 홍수가 밀려 들어올 때 배수가 잘 안 되어 물이 빠져나가지 못하고 한군데 고여 호소가 형성된 경우이다. 이러한 유형은 지금의 산동 남4호南四湖와 강소 홍택호洪澤湖가 대표적이다.

특히 지금의 강소 북부에 있는 홍택호는 황하가 회하를 탈취한 다음에 형성된 것으로 오늘날까지 황회평야에서 가장 큰 호수로 남아 있다. 황하 하류의 하상은 이때부터 현저하게 높아졌으므로 회하 상류의 각 지류에서 내려오는 물이 황하 하류를 통하여 제대로 빠져나가지 못하게 되었다. 황하 하류토 몰려든 물이 바다로 빠져나가지 못한 채 그 주위로 넘쳐흘러 저지대에 고인 결과 홍택호라는 대호수가 형성된 것이다.

더구나 명대에 청수의 물을 모아 황하로 보내기 위하여 고가언高家堰을 더 높게 쌓으면서 홍택호는 규모가 더욱 확대되었다. 1855년 이후에는 황하가 다시 북쪽으로 이동함에 따라 공급되는 수량이 크게 줄어들었으므로 홍택호의 북부는 점점 퇴적되어 육지로 변하였다. 그래도 지금 홍택호는 집수 면적이 최고 3,780㎢에 달하는 중국의 5대 담수호 중 하나이다.

4. 한강漢江의 특성과 역사적 변천

1) 한강의 하단과 변화

한강은 총 길이 1,577km, 유역 면적 15.9만㎢로서 장강 지류 가운데 가장 길다. 한강은 원래 한수라고 불렸으나 최근에는 한강이란 지명을 더 많이 사용하고 있다. 발원지에서는 양수漾水, 섬서 한중漢中시에서는 한강, 호북 양양시襄陽市 아래에서는 양하襄河라고도 부른다. 한강은 섬서 영강현寧強縣 진령秦嶺산맥의 남쪽 기슭에서 발원하여 동남쪽으로 흐르면서 섬서 남부와 호북 서북부와 중부를 거쳐 무한시武漢市에서 장강과 합류한다. 한강의 섬서 구간은 657km이고 유역 면적은 26.7%이며, 호북 구간이 920km이고, 유역 면적은 73.3%이며 총 낙차는 1,964m다.

한강은 발원지에서 호북 단강구丹江口까지의 925km를 상류, 단강구에서 호북 형문荊門 종상시鍾祥市까지의 270km를 중류, 종상에서 무한까지의 382km를 하류로 구분한다. 상류는 계곡 지역을 지나지만, 중류는 하도가 넓고 사탄沙灘이 많다. 하류는 강한江漢평야를 지나는데 하도가 많이 굽은 데다 폭이 좁아서 홍수가 자주 발생한다.

한강 북쪽에 있는 진령산맥은 계절풍의 분수령이므로 한강 유수량의 변화에 직접적인 영향을 끼친다. 한강도 유수량의 변화가 비교적 큰 편이며, 진령산맥 남쪽 경사면의 변화가 대파초르산맥 북쪽에 비해 큰 편이다. 통상 겨울의 유수량은 5~6.7%에 불과하고 특히 2월이 가장 적어 2%에 불과하다. 봄의 유수량은 16.6~17.5%를 차지하며, 여름과 가을은 각각 37~40%를 차지하지만 통상 가을의 유수량이 가장 많다. 이처럼 한강은 다른 지역과 달리 매년 6개월 동안 유수량이 풍부하다는 특색을 지닌다. 가을철에 유수량이 많은 까닭은 7월에 서남계절풍, 8월에 동남계절풍의 영향이 큰 것은 다른 지역과 비슷하지만, 9월에 차가운 공기가 내려와 온난한 공기와 마주치면서 비를 만들기 때문이다.[22] 한해는 상류지역에서 주로 나타나며 계절적으로는 5~6월이 비교적 심하다.

한강 유역의 대부분은 산지로서 유역 면적의 70%를 차지하고, 구릉지 역시 13%나 되며, 호수 등이 1%를 차지하고 있어 평야지대는 총 16%에 불과하다. 평지는 종상시鍾祥市 하단부터 펼쳐지지만 화북대평야처럼 완벽한 평지 지형을 이루지는 않는다. 한강 유역 평야는 한중漢中평야, 양양襄陽·의성宜城평야, 당백하唐白河평야, 하루평야 등 4곳이 있는데, 당백하평야를 제외한 세 곳 모두 한강의 범람으로 형성된 평야로서 지세가 평탄하며 하류평야는 해발 35m 내외다. 당백하평야 역시 오래된 충적평야지만 지대가 다소 높아 속칭 강지崗地라고 칭한다.

한강 유역은 북위 30°8′~34°11′에 위치하였으며 바다에서 상당히 떨어져 있다. 전체적인 지형은 서북지방이 높고 동남이 낮아, 동남쪽으로 열린 나팔 형태이다. 이로 인해 동남계절풍이 깊숙이 들어올 수 있고, 고도 2,500~3,000m의 진령산맥이 북쪽을 가로막고 있어 기후는 비교적 온화한 편이다.

---

22 한강의 최고 강수 기록은 1932년 9월 12일, 1967년 9월 16일, 1974년 9월 14일 등 9월 중순에 집중되었다.

북송이래 하류지역에 대한 개간 사업이 활발히 이루어져 많은 호소가 사라졌고, 현재는 모두 200여 개가 있지만 대부분 작게 나뉘거나 소멸되고 있는 상태다. 명·청대는 산지에 대한 개간이 과도하게 이루어져 식피의 파괴가 심각해졌다. 게다가 명대부터 종상시 하단에 대규모 제방을 축조하여 강폭이 좁아져 수해를 증폭시키는 요인이 되었다.

2) 한강의 항행과 지정학적 중요성

한강은 황하 중심의 화북과 장강 중심의 화중지방을 남북으로 연결하는 가장 중요한 자연 수로다. 하남 서부에서 한강 연안을 이용해 동정호까지 내려온 뒤 장강을 이용해 상해까지 이동이 가능하므로 한강을 중심으로 한 호북은 중국의 남북통일을 가름하는 가장 중요한 지정학적 요충지다.

한강의 주류와 지류는 섬서·하남·호북의 70개 현시縣市의 수로로 이용되었다. 한강의 수량은 상당히 풍부한 편이어서 주류의 95%는 항행이 가능하다. 단 경사가 비교적 심해 총 경사도는 0.36%이고, 여울이 상당이 많다. 약 62%의 길이를 차지하는 상류는 경사가 심하고 폭이 좁아 물의 흐름이 빠르기 때문에 항해에 어려움을 겪었다.

중류의 경사도는 평균 0.12%로서 경사도가 낮은 것은 아니지만 강폭이 가장 넓은 편이다. 단 중간중간에 이동성 사탄이 많아 여울이 많고 그 변화가 심한 편이다. 이곳에서는 이동성 사탄을 가리켜 '포사跑沙'라고 칭한다. 하류의 경사도는 평균 0.09%로 항행에 가장 유리한 조건을 갖고 있다.

제3절 해안선의 역사적 변천

중국대륙의 동부 해안선은 길이가 18,000여km로 끊임없이 변동해왔다. 해안선의 역사적 변천은 해안의 에너지·물질·구조의 특성과 밀접한 관계가 있다. 그 가운데 사질 해안은 암질 해안에 비해서 하천이 운반하여 해안이 퇴적시키는 모래의 양이 더 많으므로 해안선의 변화가 더 클 수밖에 없다. 요동만遼東灣 해안, 발해만渤海灣 해안, 소북蘇北 해안, 장강 하구 해안, 항주만杭州灣 해안 등은 대표적인 사질 해안이어서 해안 지형 변화를 주도해 왔다.

1. 요동만 해안

요동만의 북쪽을 흐르는 '요하遼河[23]'유역 평야 중에서 제4기 후빙기後氷期의 하침海浸으로 물에 잠기지 않은 해안 부분은 배수의 불량으로 인하여 호소湖沼지대를 형성하였다. 진대 말기~당대 초기에 요서遼西와 요동遼東 사이를 왕복하며 남긴 기록에도 이러한 정황은 그대로 반영되어 있다. 그럼에도 관련 자료의 부족으로 10세기 이전의 해안선의 정확한 위치는 고증할 수 없다.

---

23 동·서 요하가 합류하는 지점 아래의 요하를 말한다.

미시적인 지형 분석에 의하면 최초의 고古해안선은 개현蓋縣을 출발하여 우장牛莊을 거쳐 사령沙嶺에 도달하는 선으로 추정된다. 이 선을 경계로 그 이북은 전적으로 하천의 충적물로 되어 있는 반면, 그 이남은 얕은 바다의 충적물이 하성퇴적층河成堆積層 20m 이하에 놓여 있다. 만일 이 선을 고해안선으로 가정한다면 요동만의 해안선은 오랜 시간에 걸쳐 서서히 발해 쪽으로 확장되었다고 추정된다.

10세기경에 거란족은 포로로 잡아 온 한인과 발해인에게 서요하의 상류인 시라무렌西拉木倫과 라오하하老哈河 유역에서 초원을 농토로 개간하여 경작하게 하였다. 그 결과 서요하의 상류 유역에서는 물에 의하여 토양이 많이 유실되었으며, 이때 요하에 의하여 운반된 모래가 하구河口 부근에 퇴적됨에 따라 해안선은 확장되었다.

명대 요하의 하구는 그 이전에 비해 더 발해 쪽으로 나아간 양방구관梁房口關(현 영구시營口市)의 대백묘자大白廟子에 있었다. 당시의 해안선은 여기서부터 서쪽을 향하여 달리다가 사령 남쪽으로 약 25km 떨어진 지점을 지난 다음 해안에 이르렀다. 영구는 원래 명대 말기~청대 초기에 요하의 하구 밖에 있는 하나의 모래섬에 불과하였다. 그 후 하구 부근에 니사가 퇴적됨에 따라 이 모래섬은 1820~1830년대에 마침내 육지와 맞붙게 되었으며, 요하 하구는 영구 바깥쪽, 즉 발해 쪽으로 이동하였다.

2. 발해만 해안

현재의 발해만은 황하 하구와 란하灤河 하구의 사이에 놓여 있으며 발해만으로 유입하는 하천은 황하·해하·란하이다. 8,000년~5,000년 전에 빙하가 후퇴하면서 지구의 해수면이 전체적으로 상승할 때 발해만의 해안은 지금보다 4m가량 높았다. 그 후 기후가 다시 한랭해지고 해수면이 낮아지면서 해안선은 점점 동쪽에 있는 발해로 향하여 성장하였다.

근래의 고고학적인 조사에 의하면 천진 부근의 발해만 서안에는 지면에 높게 노출되어 있는 '패각貝殼제방'[24] 3열이 허리띠帶狀처럼 늘어서 있다. 일반적으로 이 제방의 3열은 동쪽에서 서쪽으로 가면서 차례로 제1제방(마붕구馬棚口-여구하驢朐河-경두고蛏頭沽), 제2제방(기구岐口-상고림上古林-니고泥沽-군량성軍糧城-백사령白沙嶺), 제3제방(소왕장小王莊-거갈장巨葛莊-사정자沙井子)으로 분류된다.

C14측정에 의하면 제3제방은 3,800~3,000년 전, 즉 상과 대체로 상응하는 시기에 형성되었다. 제2제방은 북단에서 전국시대의 옛터가 발견되는 반면에 남단에는 당·송대의 문물이 출토된다. 이를 통해 볼 때, 제2제방은 약 1천 년이라는 긴 시간에 걸쳐 형성되었다고 짐작된다. 끝으로 제1제방은 송대 이후에 형성되어 현재의 해안선이 평행하게 배열되어 있다.

발해만 해안선의 확장은 황하가 바다로 유입되는 지점의 변천과 깊은 관계가 있다. 황하는 신석기시대 이후에 오랫동안 발해만을 통하여 발해로 들어갔다. 황하의 중·상류 유역은 최소한 서한西漢 이전까지 식생의 피복 상태가 양호하였으므로 하류 유역의 퇴적량이 그렇게 많지 않았다. 또 이때는 천진을 통하여 발해로 운반되는 니사가 많지 않았기 때문에 파랑의 작용으로 해안에 제3패각 제방이 형성될 수 있는 환경이 조성되었다.

---

24 조개껍질과 모래가 쌓여 형성된 제방을 말한다.

동한東漢 때에는 황하가 다시 지금의 산동 이진현利津縣과 빈현濱縣 사이를 거쳐 황해에 들어가기 시작하였다. 이때부터 천진 부근의 하구로 공급되는 니사가 현저히 감소하여 해안이 니질에서 사질로 전환됨에 따라 발해만 해안에는 제2패각 제방이 형성될 수 있었다. 그 후에는 황하가 다시 지금의 산동을 거쳐 발해로 들어가게 되면서 하구에 니사를 많이 공급하였으므로 이 제방 바깥으로 해안 평야가 형성되었다.

1128년에 황하가 다시 하북평야를 이탈하여 사수泗水와 회하를 거쳐 황해로 들어감에 따라 발해만에 공급되는 모래가 감소하였으므로 발해만 해안에는 제1패각 제방이 형성되었다. 이렇게 최후에 형성된 제1제방은 19세기 중엽의 해안선과 대체로 일치한다. 그 다음에 황하 하구의 니사는 해류海流에 의해 북쪽으로 운반된 다음 발해만 서안西岸의 제1패각 제방 밖에 퇴적되어 광활한 면적의 해안 평야가 탄생하였다.

동한 때 황하가 지금의 산동 이진과 빈현 사이를 통하여 발해로 들어가기 시작하면서 발해만 남안에는 삼각주가 빠른 속도로 성장하였다. 12세기에 황하가 회하 수로로 이동하여 황해로 유입한 후에는 삼각주 해안이 파랑의 침식을 받아 후퇴하였다. 황하가 1855년에 다시 산동 이진을 거쳐 발해로 들어간 다음에는 새로운 삼각주가 하구 바깥으로 확장되었다. 이렇게 황하 하구의 삼각주가 지난 100여 년 동안 성장하면서 새로이 만들어낸 육지는 그 면적이 무려 2,600㎢에 달한다.

3. 소북해안

강소성 북부의 소북蘇北평야에는 북쪽의 부녕阜寧부터 남쪽의 여사진呂四鎭까지 전체 길이가 300km나 되는 '범공제范公堤'가 놓여 있다. 이 인공 제방은 전신세 시기의 해안선과 거의 일치한다는 점에서 매우 중요한 지형 경계선이 된다. 이 소북 평원은 후빙기부터 해침海浸에 의하여 바닷물 속에 깊이 잠겨 5,000~4,000년 전에는 바닷물이 지금의 해안선보다 서쪽으로 30km나 더 들어가 있었다고 추정된다. 그 후 바다가 후퇴한 다음 니사가 파랑의 작용으로 퇴적되어 해수면 밑에는 이른바 '안외사제岸外沙堤(해안선 바깥의 모래 언덕)'가 형성되었다. 지금은 범공제의 동서 양 측에 평행하게 몇 줄의 '사제沙堤(모래둑)'나 패각 제방이 허리띠 모양帶狀의 '강지岡地(언덕)'를 조성하고 있다.

이 강지는 그때 바닷물 속에 형성된 안외사지가 나중에 해수면 위로 드러난 것이다. 그중에서 비교적 유명한 강지는 개성현蓋城縣 경내에 있는 동강東岡·중강中岡·서강西岡이다. 동·서강은 범공제와 길이가 비슷하지만 동·서강 사이에 위치하는 중강은 길이가 이것들보다 짧다.

C14 측정에 근거하면 서강은 지금부터 6,500~4,500년 전, 동강은 약 4,000년 전에 형성되었다. 동강 위에서 한대의 묘장墓葬이나 전국시대의 문화 옛터가 발견된 점으로 미루어보아 동강이 물 밖으로 나온 시기는 바닷속에서 모래 언덕이 형성되기 시작한 신석기시대보다 훨씬 늦은 진~한대로 짐작된다. 그 후 동강은 상당히 오랫동안 안정된 해안선으로 남아 있었으며, 지금의 동강 부근에 있는 이하里下河 유역의 와지窪地(옛 사양호射陽湖)와 운서運西의 모든 호소들은 해안에 발달한 석호潟湖의 잔재들이다.

한편 폐황하 북안의 평야지대에도 사제沙堤가 분포하기는 하지만 범공제와 정확히 일치하지는 않는다. 이 제방 서쪽에는 처음에 석항호碩

項湖·상허호桑墟湖와 같은 대규모의 석호가 발달하였다. 석항호는 남북 조시대에 동서의 폭이 20km, 남북의 길이가 40km에 달하였다. 명·청 시대에 이 석호는 여름에는 물이 차고 겨울에는 바닥이 드러나는 계절적인 내륙 호수로 변하다가 점차 육지화되어 갔다. 18세기에는 더욱 메워져서 결국은 평탄한 육지가 되었다.

소북 해안선은 서한西漢부터 북송까지 장기간 범공제 동쪽으로 그리 멀지 않은 곳에 거의 고정되어 있었다. 즉 남송 이전까지 소북 해안선은 별다른 변동이 없이 염성현 동쪽 500m 지점에 거의 고정되어 있었다. 8세기에는 회안淮安과 양주揚州 사이에 한해당捍海塘(상풍언常豐堰이라고도 함)이 수축되었으나 그 후 오래지 않아 폐지되었다. 11세기에 범중엄范仲淹의 주관 아래 한해당捍海塘을 중수하였고, 그때부터 이 제방을 범공제范公堤라고 부르기 시작하였다.

그러나 1128년에 황하가 회하淮河 수로로 이동한 후에는 소북 해안선의 황하 하구 바깥으로 사주沙洲가 빠른 속도로 성장하여 육지와 연결됨에 따라 해안선의 확장이 가속화되었다. 남송부터는 동대현東臺縣 부안富安과 안풍安豐 부근의 얕은 바다가 퇴적되기 시작하면서 이 부근의 해안선이 더욱 동쪽으로 확장되기 시작하였다. 그 결과 명 중기에는 소북 해안선이 멀리 염성鹽城 동쪽 15km 지점에까지 도달하였다. 실제로 이것은 남송대의 500m에 비하여 1,000m 더 동쪽으로 나아간 위치이다. 1855년에 황하가 다시 하도河道를 바꿔 지금의 산동을 거쳐 발해로 들어가면서 소북 해안선은 내륙 쪽으로 후퇴하기 시작하였다. 그리고 이때에는 폐황하구 부근의 해안선이 가장 먼저 내륙 쪽으로 후퇴하기 시작하였다.

4. 장강 하구 해안

장강 하구의 삼각주는 장강과 동중국해의 상호 작용에 의하여 장기간에 걸쳐 형성되었다. 애초에 형성되어 있었던 삼각주는 후빙기의 해침에 의하여 다시 바닷물에 잠겼다. 실제로 해침 시의 해안선은 대체로 지금보다 높은 해발 4~5m 위치에 있었다. 지금의 삼각주가 위치한 곳은 약 6,000~5,000년 전에 그 대부분이 천해淺海·석호潟湖·소택沼澤·해안 저지 등으로 이루어져 있었다.

[지도 7-8] 장강 삼각주 형성도

장강은 진강鎭江과 양주 이하부터 하도河道가 나팔 모양을 하고 있다. 또한 하도 안에서는 파랑의 작용에 의한 모래의 퇴적작용이 활발하여 하도의 북부에는 '사취沙嘴', 하도의 남부에는 '사제沙堤'가 발달하였다. 그리고 하구 부근에는 모래톱이 활발하게 성장하여 삼각형의 만입을 형성하게 되었다.

제4기에 제1차 빙기가 지난 다음 해수면이 점차 상승함에 따라 장강 삼각주는 대부분이 바닷물에 잠겨 천해·석호·호소·해안 저지로 변하였다. 이때 근해의 니사와 패각 동물의 유해가 장기적인 파랑의 작용에 의하여 장강 하구 남안의 가장자리에 쌓여 몇 줄의 사제를 서북→동남 방향으로 형성하였다. 그 후에 사제는 해퇴 시에 바닷물 위로 드러났는데, 그 서쪽과 동쪽의 지면보다 높다는 이유로 이를 특별히 가리켜 '강신岡身(언덕)'이라고 칭하게 되었다. 북송대 정단鄭亶의 『수리서水利書』와 주장문朱長文의 『오군도경속기吳郡圖經續記』는 이에 대해 언급한 가장 오래된 문헌이다.

1950년대 이후에는 이 강신岡身지대의 마교진馬橋鎭에서 신석기시대의 유적지가 발견되었다. C14측정에 근거하면 이 강신지대의 서쪽 끝부분은 대략 5,000~6,000년 전에 형성되었다. 강신지대의 가장 동쪽 부분에서는 위진魏晉 이전의 문화 유지가 발견되지 않는 것으로 보아 해안선이 강신지대를 벗어나 동쪽으로 확장되어나간 시기는 아무리 빨라야 1~3세기 이후였을 것으로 보인다.

4세기 이후에는 해안선이 강신지대의 동쪽으로 활발하게 성장하기 시작하였으며, 8세기 초기에는 동쪽으로 약 20㎞ 이내의 범위는 모두 육지가 되었다. 이때까지 해안선은 벌써 황포강黃浦江 동쪽의 천사현川沙縣 엄교嚴橋에 있는 당대의 유적지 부근까지 확장되었다. 10세기 초기에 해안선은 월포月浦·강만江灣·북채北蔡·주포周浦·하사下砂·봉성奉城을 연결하는 선에 도달하였다.

이처럼 8세기 초기부터 10세기 초기까지 2백여 년간 해안선은 약 10㎞ 동쪽으로 확장된 것이다. 해안선은 10세기 초기부터 11세기 후반까지 170여 년간 다시 동쪽으로 7~8㎞ 더 전진하였다. 그 결과 1070년대의 해안선은 북쪽의 노보산老寶山을 출발하여 중간에 횡언橫堰을 지난 다음 봉성奉城과 대단大團의 사이에서 서남쪽으로 꺾어져 있었다.

1172년에 이호당里護塘이 새로이 수축되었을 때, 해안선은 벌써 이호당 동쪽 바깥에 도달하여 해안선이 천사川沙·남회南滙·대단大團을 연결하는 선의 동쪽에 있었다. 즉 1070년대부터 1172년까지 100여 년간 해안선이 다시 동쪽으로 6~7㎞ 더 전진한 것이다.

그러나 명·청대 이후에 장강 하구의 남쪽 해안선은 확장이 매우 완만하였을 뿐만 아니라 부분적으로는 축소되기도 하였다. 명대부터 해안지대에는 토지 보호나 개간을 위하여 '해당海塘'이라고 불리는 인공 제방을 끊임없이 쌓았다. 따라서 이러한 해당들은 일정한 시기의 해안선과 대체로 일치하는 경향이 있다. 명 만력萬曆 12년(1584)에는 외한해당外捍海塘을 수축하였고, 청 옹정雍正 11년(1733)에는 흠공당欽公塘을 중수하였다.

청 광서光緖 7년(1881)에는 노우당老友塘 바깥에 소호당小護塘을 더 쌓아 이들을 함께 틀어 '진공당陳公塘'이라고 하였다. 광서 10년(1884)에 일단니성一團泥城의 남쪽 모서리부터 칠단장당七團撐塘까지 '왕공당王公塘'이라는 제방을 새로 쌓았다. 20세기 초에는 왕공당 밖으로 '이공당李公塘'을 새로이 쌓았으며, 신해辛亥혁명 이전에는 지금의 '인민당人民塘'을 축조하였다.

장강의 주류는 지난 400여 년 동안 태창太倉부터 천사川沙의 고교항高橋港 부근에 이르는 해안의 남쪽에 바짝 접근하여 있었다. 그런데 이 일대 해안은 해조의 침식으로 무너져 내리면서 바다에 잠기는 현상이 매우 현저하였다. 이러한 해안의 침식 현상은 월포月浦·보산寶山·고교高橋를 연결하는 선의 북쪽에서 주로 발생하였다. 그 결과 지금의 월포에서 동북쪽으로 3㎞ 떨어진 장가택張家宅의 후해당後海塘 밖에 있는 황요진黃姚鎭의 땅이 명 가정~만력 연간(1573~1619)에 무너져 내려 강물 속에 잠겨버렸다.

이에 반해 고교 이남으로는 조류가 점점 감퇴함에 따라 이 일대 해안에는 니사가 퇴적되었다. 조류는 남쪽으로 갈수록 더 약해져서 니사 퇴적량은 갈수록 증가하였으며, 특히 남회취南滙嘴 일대는 해안선이 가장 빠르게 신장되었다. 이 일대로 운반된 니사의 일부는 남회취를 지난 후 항주만의 강한 조류에 밀려 서남쪽으로 이동한 다음 봉현奉賢의 이호당里護塘 바깥으로 퇴적되어 해안선을 확장시켰다.

5. 항주만 해안

  항주만의 북쪽 해안은 장강 삼각주의 남쪽 가장자리에 있다. 고장강 하구 남안의 사취는 점차 서북쪽에서 동남쪽으로 뻗어나가 항주만에 도달한 다음 강한 조류의 영향을 받아 그 반대 방향인 서남쪽으로 꺾어져 전당강錢塘江의 사취와 이어졌다. 4세기 이전에 항주만의 북쪽 해안선은 대체로 대첨산大尖山에서 동쪽으로 향하여 감포澉浦를 지나 옥반산玉盤山에 이른 다음, 거기에서 동북쪽으로 꺾어져 자림柘林과 봉현 일대의 강신과 연결되었다. 이 옥반산은 동진(4세기)까지 해안의 요새로 남아 있었으며, 남북조시대에는 이 부근에 해안 평야의 개발이 비교적 활발하였다.

  4세기 이후에는 장강 하구 남안의 사취가 신장되고 항주만의 북쪽 해안이 퇴적되어 조류와 풍력의 조건이 변함에 따라 항주만의 북쪽 해안이 침식되었다. 이런 와중에서 북쪽 해안에 솟아 있던 옥반산이 결국 물에 잠겨버렸다. 그러나 전체적으로 보면 항주만의 해안 평야는 침식과 퇴적이 동시에 발생한 것으로 볼 수 있다. 남송대 이전에 항주만의 북쪽 해안선은 금산金山 이동以東을 기본축으로 삼아 시계 방향으로 이동하였다. 이때 북쪽 해안의 북부는 퇴적이 된 반면, 서남부는 침식을 받았다.

당대 전기 해안선은 서쪽의 감포를 출발하여 북쪽의 망해진望海鎭과 녕해진寧海鎭을 지나 금산金山 동남쪽으로 약 5km여 떨어진 지점에 이른 다음 거기에서 다시 동북 방향으로 꺾어져 장강 하구 해안의 봉현과 자림에서 남쪽으로 내려오는 해안선과 서로 만났다. 금산 부근의 해안이 당대 후기부터 심하게 무너져 내리면서 당갈~오대에는 바닷물이 금산의 산비탈 아래로 바짝 접근하였다.

남송 초기에는 항주만 해안이 또다시 빠른 속도로 무너져 내리기 시작하였으며, 1150년대에는 금산이 침수되어 마침내 바다에 잠기기 시작하였다. 금산은 다·소금산의 사이에 자그마한 육지로 얼마 동안 남아 있다가 송말~원초에 완전히 물에 잠겼다. 또한 해염성海鹽城 부에 있는 영해진도 원대에 바닷물에 잠겼으며, 이때 해안선은 해염성에서 동쪽으로 약 1km 떨어진 곳에 있었다.

명대에는 해안이 더 침식을 받아 무너져 내려 해염성 동쪽 250m 지점에 접근하였다. 1460년대에는 바닷물이 금산위金山衛에 바짝 접근하였으며, 그 남쪽에는 모래톱이 전혀 남아 있지 않았다. 1470년대에는 해당을 누차 수리하여 무너져 내리는 해안을 보호하였으며, 이때 해당 바깥으로는 모래톱이 확장되었다.

제8장 인구지리

인산인해, 넘치는 인구

| 제1절 | 역대 인구 현황과 변화 추이

1. 중국의 인구 추이

인구는 국가 구성의 가장 중요한 요소이자 국력의 원천으로 일찍부터 주목되었지만 정작 '인구人口'란 용어는 『한서漢書』 「왕망전王莽傳」에 처음 등장하였다.[1] 그리고 인구를 지리학의 대상으로 삼고 연구하기 시작한 것은 근대지리학이 출현한 뒤의 일로서 인구지리학은 자연지리학, 문화지리학과 함께 지리학의 3대 분과 가운데 하나로 자리 잡았다.[2] 중국 역사지리학에서는 인구의 수, 지역 분포, 이주와 그로 인한 사회적 영향을 연구하는 데 중점이 두어졌다.

지구상의 인구는 100만 년 전에 125,000명, 25,000년 전에 334만 명, 1만 년 전에 532만 명이었을 것으로 추정하고 있다. 인구증가가 급속하게 이루어진 것은 도구의 사용으로 식량 채취가 증가하였을 때, 신석기 농업혁명으로 정주 생활이 이루어졌을 때, 온난화가 진행될 때, 그리고 산업혁명으로 상공업이 발달하고 농기구가 기계화되었을 때였다.

6천 년 전 8,650만 명이었던 인구는 2천 년 전에 2억 5천만~3억이 되었으며, 그 가운데 인도에 1억, 중국과 로마에 각 5,500만의 인구가 있었을 것으로 추정하고 있다. 고대부터 중세까지 연평균 인구 증가율은 0.02~0.04%였을 것으로 추정하며 1650년 세계 인구는 5억 5천만

---

1 서양에서 'population'이란 단어를 처음 사용한 사람은 베이컨(1561~1626)이었다.
2 1950년대까지 지리학에서의 인구 연구는 인구의 특질, 실제와 가정인구, 인구결합, 주·야간 거주 등 4가지 분야에 주로 치중하였다.

이었을 것이다. 당시 중국 인구는 1억 5천만에 달하였을 뿐 아니라 유럽과 인도보다 상대적으로 안정되어 있었다.[3]

1820년에 10억을 돌파한 세계 인구는 1850년에 12억 6천만, 1930년에 20억을 거쳐 1950년에 25억에 달하였다. 1650년까지 매우 완만하게 증가하던 인구는 온난화와 산업혁명, 의학의 발전으로 생활환경과 위생 여건이 좋아지고 사망률이 급격히 낮아지면서 연평균 인구 증가율이 0.9%로 늘어났다.[4] 그 결과 1976년에 40억, 1987년에 50억, 1999년에 60억, 2011년에 70억으로 빠르게 증가하였다. 5억에서 10억이 되는데 180년, 10억에서 20억이 되는데 110년, 20억에서 40억으로 늘어나는 데 46년이 소요된 셈이다. 2020년 현대 세계의 인구는 77억 5천만 명이다.

전 세계의 인구분포는 2005년을 기준으로 하면 구대륙에 86%, 신대륙에 14%, 구소련을 제외한 아시아에 60%가 분포하고 있다. 또 해안에서 500km 이내에 2/3가 분포하고 있다. 이는 해양성 기후의 쾌적함과 무역상의 이익 때문이다.[5]

중국 역대 왕조마다 조세 징수와 부역 부과를 위해 인구 파악과 통제에 유의하였고, 지도와 호적은 정권 인수인계의 상징으로 간주할 정도였다. 그래서 일찍부터 가능한 모든 수단과 방법을 동원하여 인구 파악에 주력하는 한편 관리 범주 밖으로의 임의 이동에 대하여 철저하게 억제하였다. 그렇지만 오늘날처럼 과학적이지 못한 데다 인구 자체에

---

3 안정인구는 출생률과 사망률이 오랫동안 계속 고정된 수준을 유지하는 경우에 나타나는 현상을 가리키는 이론적 개념이다.
4 18~20세기 초 유럽 등 선진국의 사망률 감소 원인은 공중위생과 가옥의 개선, 양질의 식량과 식수 공급, 생활 수준 향상, 노동조건 향상, 의학의 발달 등이다.
5 북반구와 남반구의 비율은 2.1 : 1이지만 인구분포는 90 : 10이며, 온대에 세계 인구의 50%가 거주하고 있다. 해발 고도 200m 이하의 지역에 세계 인구의 56%가 거주하고 500m 이하의 지역에 세계 인구의 80%가 거주한다. 단 중남미는 예외다.

대한 조사-기보다는 조세와 병역을 부과하기 위한 것이어서 그 부담자인 성인 남자 통계에 초점이 맞춰져서 실제 인구와는 상당한 차이가 불가피하였다.[6] 또 실무를 맡은 지방관은 관할 지역의 인구를 보고할 때 책임을 모면하기 위해 인구 통계를 조작하는 일이 적지 않았다.

백성으로서도 조세와 병역 부담을 피하기 위한 최대한 회피해야 했고, 면세특권을 지닌 계층의 규모, 탈세를 위한 이주, 여자와 노약자에 대한 누락을 비롯해 행정 체제의 이완[7] 등 인구 통계에 고려해야 할 변수가 상당히 많다. 그래서 최근 연구에서는 사료에 명기된 자료와 함께 추정치를 제시하는 경우가 많고, 당시의 제반 상황을 고려한 추정치가 오히려 더 사-실에 가까운 경우가 많다.

[지도 8-1] 중국의 인구분포와 호환용선

6 통상 균전제를 도입한 기간의 인구 통계가 상대적으로 정확하나, 송대처럼 정남丁男의 파악에만 초점이 맞춰졌던 경우에는 호당戶當 평균 2.5명 미만에 불과할 정도로 차이가 컸다.
7 조선의 인구는 1721년 698만 명, 1801년에 751만 명이었지만 1906년에는 579만 경으로 감소하였다. 하지만 1906년 일본의 재조사 결과 1,293만 명이었고, 1910년의 조사 결과 역시 1,300만 명이었다.

하지만 인구 통계의 결함에도 불구하고 인구의 증감과 이주, 인구 밀도 등 역대 인구 변동의 일반적 추세는 분명히 드러난다. 우선 거주 환경에 따른 인구분포의 특성은 시대를 넘어선 상수로 작용한다. 1935년에 인구지리학자 호환용胡煥庸은 흑룡강 흑하시黑河市와 운남 보산시保山市 등충현騰衝縣을 잇는 사선을 기준으로 동서의 영토 비율은 43 : 57이지만 인구 비율은 10 : 90임을 지적하였다. 일명 '호환용선'이라고 하는 이 선은 중국 인구분포의 특징을 대표하는 것으로 자리 잡았다. 이 비율은 1982년에 94.4 : 5.6으로 격차가 더 심해졌지만 고대로 올라갈수록 격차가 적었을 것으로 보인다. 이는 서북지방 영토의 크기에 따른 인구 변화의 가능성을 2% 미만으로 봐도 무방할 것임을 말해 준다.

황하 중·하류 지역에 집중되어 있던 인구가 전쟁과 자연재해로 인해 남쪽으로 이주하는 추세도 분명하게 드러나며, 이동 경로와 이주로 인한 영향력 역시 일정한 경향성을 보여주고 있다. 지형적 조건으로 인한 이동 경로의 제한은 역으로 현 사회의 구성요소, 문화적 전파와 확산 등을 거슬러 올라갈 수 있는 길을 제공해 준다.

인구 총수 또한 일정한 경향성을 보였는데, 동한東漢(25~220)부터 당조唐朝(618~907)까지 7~8세기 동안 중국의 인구는 3,000~8,000만 명에서 증감을 거듭하였으나, 11세기에 들어와 1억 명을 넘긴 뒤에는 아무리 많이 감소해도 최소 6,000만 명을 유지할 수 있었다. 1억이라는 변곡점에 이르기까지 수없이 많은 요인이 작용하였지만 아마도 2모작을 가능하게 한 점성도占城稻의 도입이 결정적이었던 것으로 보인다. 한편 중국의 인구변화 추이는 기후 변화에 따른 세계적인 추세와도 상당 부분 일치한다.

18세기까지 인류의 평균 수명은 30세를 넘지 못하였으며,[8] 19세기 말에

---

8 전근대 사회의 평균 수명에 가장 큰 영향을 끼치는 요인은 유아사망률이었다. 통상 1년 이내 사망률이 1/3, 5세까지의 사망률이 1/2이나 되었기 때문이다.

들어와 비로소 40세가 되었는데,[9] 중국인의 경우 청대 33세, 민국 35세로 전 세계평균보다 낮은 편이었는데 여기에는 정치적 불안정성과 전란, 환경 파괴에 따른 후유증이 크게 작용하였을 것으로 보인다. 중국 역대 황제 가운데 생물연대가 확실한 209명의 평균 수명은 39.2세로 전반적으로 조선 국왕의 평균 수명과 유사한 경향을 보였고, 사망 원인 역시 유사하였다.[10]

[표 8-1] 한중 평균 수명 비교

연도	한국	북한	중국	세계 평균
1925~1930	남 32.4세 여 35.1세			
1935~1940	남 42.5세 여 45.0세		35.0(1949)	
1955~1960	남 52.4세 여 57.0세	남 56.0세(1960) 여 59.0세(1960)	43.4(1960)	
1970	남 58.6세 여 65.5세	남 62.0세(1969) 여 68.0세(1969)	58.7	
1975	남 61.2세 여 67.9세		64.0	
1980	남 61.8세 여 70.0세		남 66.9세(1978) 여 69.0세(1978)	
1985	남 64.5세 여 72.8세	남 70.9세(1986) 여 77.3세(1986)	남 66.3세(1981) 여 69.3세(1981)	62.0
1990	남 67.3세 여 75.5세	남 65.6세 여 72.0세	남 66.8세 여 70.5세	
1995	남 69.6세 여 77.4세			62.3(1997)
2000	남 72.3세 여 79.6세		남 69.6세 여 73.3세	
2005	남 75.1세 여 81.9세		남 71.8세 여 75.3세	
2010	남 77.2세 여 84.0세	남 65.0세(2011) 여 72.0세(2011)	남 72.4세 여 77.4세	69.6세
2015	남 79.0세 여 85.2세	남 66.0세 여 72.7세	남 73.6세 여 79.4세	71.6세
2020	남 80.5세 여 86.5세	남 66.9세 여 73.6세		

9 2009년 미국 CIA의 월드팩트북 자료에 따르면 고대 그리스의 평균 기대수명은 36세, 14세기 영국인이 38세, 17세기 유럽인이 51세, 18세기 유럽인이 45세, 19세기 유럽인이 65세, 20세기 유럽인이 76세이다. 이는 유아 사망이나 사산을 제외한 것이다.

10 조선 국왕의 평균 수명은 44.6세였다. 그 가운데 영조가 81.6세로 최장수였고, 태조 72.7세,

인류의 평균 수명은 1900년 47세, 1980년 61세, 1985년 62세, 1997년 62.3세, 2010년 69.6세로 빠르게 증가하였다. 여기에는 여성의 수명 연장이 크게 작용하였다. 일반의 인식과 달리 과거에는 남성이 더 오래 살았고, 여성이 더 오래 살게 된 것은 공업화로 여성이 혹독한 가사 및 농사에서 벗어나고, 피임으로 출산을 조절할 수 있게 된 최근의 일이다.[11] 최근 중국인의 평균 수명 역시 크게 다르지 않다.

2. 제국 초기의 인구

1) 선진先秦시대

중국의 신석기문화는 기원전 8,000~7,000년 사이에 중국 전 지역에서 동시다발적으로 출현하였다. 처음에는 하남의 앙소仰韶문화가 중국 문명의 시발점이라고 알려졌으나 곧 산동의 대문구大汶口문화가 발견되었고,[12] 절강에서 앙소보다 1,000년이나 이른 하모도河姆渡문화가 발견되자 황하문명 대신 양강兩江문명이라고 정정하였다. 하지만 다시 내몽고에서 발견된 홍산紅山문화가 가장 오래된 것으로 인증되는 등 현재

광해군 66세, 연산군 30세였다. 왕의 사인은 세균성 감염, 뇌출혈 순인데, 종기에 따른 패혈증으로 문종·성종·효종·정조·순조가 사망하였고, 연산군·현종·경종은 전염병으로 사망하였다.

11 2009년 미국 CIA의 월드팩트북 자료에 따르면 잠비아 38.6세, 앙골라 38.2세, 스와질랜드 32세로 평균 수명이 가장 짧았다.

12 한때 앙소문화와 용산문화가 독립·병존했다는 주장이 제기되었으나 앙소·용산문화가 선·후문화로 밝혀졌다. 그러나 산동에서 대문구문화가 발견되면서 다시 앙소 → 하남용산문화, 대문구문화 → 산동용산문화로 그 연계성을 해석하고 있다.

중국에서 발견된 신석기문화 유적지가 1,000개에 달하면서 다시 중국 문명이라는 용어로 대체되었다.[13]

이처럼 신석기문화가 동시다발적으로 전국에 걸쳐 고르게 발생하였고, 주변 지역으로 확산하기 쉬운 지리적 환경이 중국 문명을 조숙하게 만든 중요한 요소였다. 이는 중국 인구가 초기부터 상당히 고르게 분포되었고 계속 성장할 가능성을 내포하고 있었음을 말해주는 것이다.

상대商代(기원전 160)~기원전 1046)에는 황하 중류 양안 평야, 산서의 분하汾河 유역 평야, 섬서의 관중關中평야가 인구가 가장 조밀한 지역이었으나 서주 때에는 동쪽으로 산동반도, 남쪽으로 회하 유역까지 확대되었다. 영토 확대를 위한 상의 징병 규모와 이후 장악한 인구에 대한 기록이 산발적이나마 갑골문에 등장하는데, 징병 관련 기록이라 신빙성이 높다고 본다.[14] 서주 역시 선왕宣王 40년(기원전 788)에 강융羌戎과의 전쟁을 위해 "태원太原에서 요민料民"하였다는 『국어國語』 「주어周語」의 기록도 있지만, 당시 제작한 청동기에 기재된 인구 기록은 그 숫자의 상세함이 상상을 초월한다.[15] 이는 지금 우리의 예측 이상으로 훨씬 정밀하게 인구를 파악하고 있었음을 말해주는 것이다.

---

13 중국 고대 문명에 관한 연구는 다른 고대 문명과 달리 그 출발부터 많은 편견과 논란 속에서 시작했다. 메소포타미아문명을 고대 문명의 표준으로 삼고 중국 고대 문명도 표준에 부합하는지 확인하는 방식으로 연구가 시작된 게 문제였다. 고대 문명에 관한 객관적인 연구가 진행되기도 전에 다른 문명의 잣대에 맞춰 평가받는 이상한 일이 생긴 것이다.

14 갑골문에 기록된 인구 기록 가운데 가장 큰 숫자는 3만 명이며, 1~2만 명 규모의 징병 기록이 여러 개 보인다.

15 1954년 6월 강소 진강江鎭江 단도구丹徒區 연돈산煙墩山에서 10개의 청동기와 함께 발견된 의후측궤宜侯夨簋의 명문 내용은 다음과 같다 : "시절은 4월, 날은 정디丁未일. 주왕은 무왕·성왕이 정벌하신 상商의 판도를 시찰하시고 나아가 동국東國의 판도를 시찰하고 계셨다. 그 도중에 왕은 의宜의 어떤 사社에서 남쪽을 향하고 계셨다. 왕은 건후虞侯[건 지역의 제후]였던 측夨에게 명하여 다음과 같이 말씀하셨다 '측夨아, 의宜의 제후가 되어라. 향료주 1유卣, 상商에서 전해온 력鬲 하나, 붉은 칠을 한 활 하나, 붉은 칠을 한 화살 100개, 준은 칠을 한 활 10개, 검은 칠을 한 화살 1,000개를 줄 것이다. 토지를 주겠다. 그 토지의 하천은 300여 갈래, 그 읍邑은 35, 그 구口는 130이 있다. 또 의宜에 사는 왕과 동족 17개 집단을 주겠다. 정鄭 땅의 7토호를 주겠다. 그 종자從者 1,050명(夫)과 의宜에 본래 거주하고 있던 서민 616명(夫)을 주겠다.' 의후인 측夨은 왕의 은총을 사람들에게 알리고 건虔의 선군이었던 아버지 정공丁公을 위해 제기祭器를 만들었다."

춘추전국시대는 철기가 널리 보급되면서 그동안 비옥하나 미개간지로 남아 있던 황하 및 회하의 하류, 연해 지역을 비롯해 숲에 대한 개간이 이루어지면서 농경지가 많이 늘었고 생산량도 크게 증대되었다. 이는 다시 인구의 증가와 생산력 증대로 선순환되어, 종래에 볼 수 없던 새로운 중심 지대가 출현하기 시작하였다. 그 대표적인 사례가 현 하북성 중부에 있던 중산국中山國이다. 중산국은 서북방 유목민인 적인狄人이 세운 국가였지만 『전국책』에서는 천대의 전차를 동원할 수 있는 5개 국가의 하나로 손꼽을 정도였다.

한편 보급 능력이 대폭 늘어나고 철제 무기가 발전하면서 전쟁 형태는 기존의 전차전에서 대규모 보병을 동원한 장기전으로 바뀌었다. 따라서 병력을 동원할 수 있는 행정력이 국가의 존망을 좌우하자 인구 조사는 더욱 정확해질 수밖에 없었다. 하지만 자료가 남지 않아 당시 인구를 정확하게 파악하기는 힘들다. 각국의 병력과 전쟁 규모를 통해 추정할 수밖에 없는데, 추정치는 서주시대 1,300여만 명, 전국시대 2,000여만 명이다.[16]

2) 진대

진秦 역시 중국을 통일한 진시황 26년(기원전 221) 뒤 전국을 대상으로 인구를 조사하여 상당히 정확한 호구 통계 자료를 갖고 있었음을 『사기』를 통해서 확인할 수 있다.[17] 2002년 호북성 이야里耶고성에서 발견된

---

16 전국시대 인구 가운데 초楚가 500만 명, 위魏가 300~400만 명, 진秦과 조趙가 합하여 500~600만 명, 제齊가 300~400만, 연燕과 한韓이 합하여 300만 명 정도였을 것으로 추정하고 있다.
17 유방이 진의 함양을 차지하자 소하蕭何는 진의 지도와 호적을 확보하여 유방에게 "천하의 요충지와 호구의 많고 적음"을 상세히 알도록 하였다. (『사기』「소상국세가蕭相國世家」)

진대 죽간 33,000매에도 호적 관련 자료가 상세히 다루어졌던 데서 인구 통계가 매우 정확하였음을 확인할 수 있다.[18]

[지도 8-2] 진의 중국 통일 직전 상황도

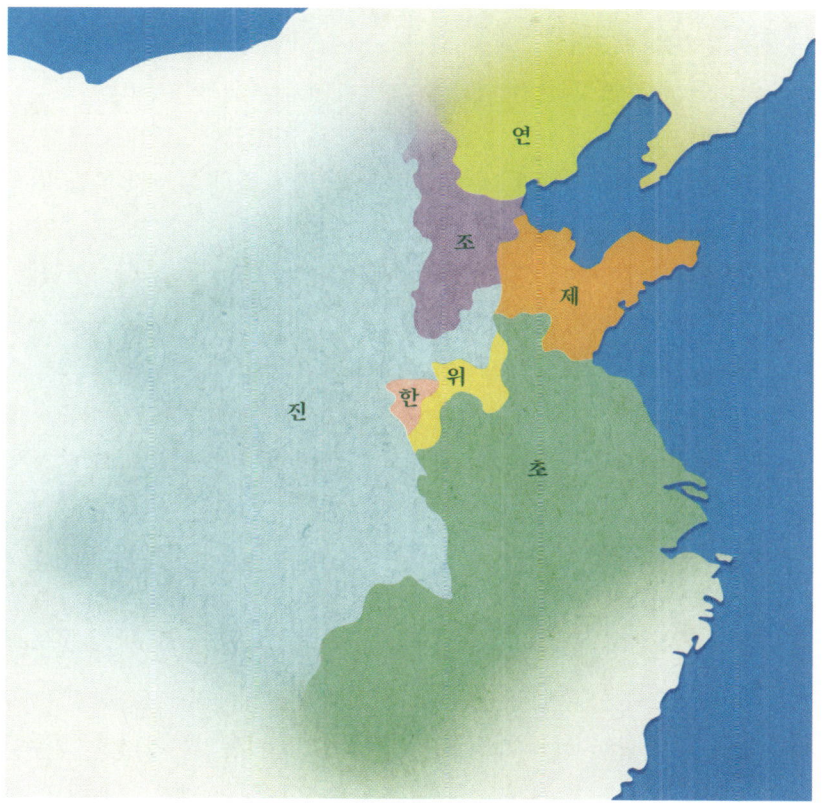

---

18 호남 상서湘西자치주 용산현龍山縣의 성터 우물에서 발견된 진대 죽간은 모두 38,000매가 넘는데, 도두 동정군洞庭郡 천릉현遷陵縣의 공문서였다. 죽간에는 호적·토지·조세·요역·저장 곡물·병기·우편 및 역참·노예 매매·죄수 관리·제사·교육 등 현 행정 분야를 총망라한 내용이 상세히 기재되어 있다.

진시황은 국가 주도의 대규모 이민을 8차례 추진하여 국가를 더욱 효율적으로 운영하고자 하였다.[19] 통일을 이룩하자마자 각 지역 토착 세력을 약화시키고 중앙의 통제력을 강화하기 위해 전국 각지의 유력 호족 12만 호를 수도가 위치한 관중關中으로 이주시켰다. 일반 주민이 아닌 부호를 대상으로 한 이주여서 이주민 숫자는 최소한 100만 명을 넘었을 것으로 보인다.

군사력을 증강하고 군량 공급을 원활하게 하려고 변방 이민도 힘썼다. 진시황 29년(기원전 218), 통일을 달성한 뒤 3년 만에 남월南越 평정을 위해 50만 대군이 파견되었으나 패하자 영거靈渠를 개통시켜 보급 문제를 해결하고 4년 만(기원전 214)에 영남을 차지하였다. 그리고 곧 중원의 주민을 이주시키고 계림군桂林郡·남해군南海郡·상군象郡을 설치하였다. 진시황은 영남을 점령하자마자 몽염蒙恬에게 30만 대군을 주어 흉노를 격파하고 오르도스지역을 점령하게 했고, 이듬해 황하를 넘어 공세를 가한 뒤 34개 현성을 축조하고 구원군九原郡을 설치하였다. 그리고 죄수들을 보내 장성을 축조하게 하는 한편 일반민 이주에도 힘써서 진시황 36년(기원전 211)의 경우, 단 한 차례에 3만 호를 이주시킬 정도로 대규모 이주가 이루어졌다. 그 밖에도 사천으로의 이주도 상당하였다.

강력한 국가 권력의 의지와 집행력이 있었기에 100만 호, 500만 명이 넘는 다량의 이민이 가능했으나 한편으로는 오랜 전쟁 기간을 통해 마련된 교통로와 물류 운반 능력의 뒷받침도 크게 작용하였을 것이다. 아울러 주목할 만한 점은 진시황이 기존의 6국을 통일하자마자 북쪽의 흉노와 남쪽의 남월을 정복하려 했다는 점이다. 이는 당시 진시황이 갖고 있던 세계관·공간관을 반영하는 것으로 보아도 좋을 것이다.

---

19 진에서는 移民이라는 용어를 사용하지 않았다. 秦惠王 때는 새로운 점령지로 사람을 보낼 때는 '出'이라고 하였다. 죄수를 사면하는 대신 특정 지역으로 이주시킬 경우는 '遷'이라고 하였다.

하지만 통일을 달성하여 인구가 증가할 수 있는 좋은 조건을 갖추었지만 계속된 출병, 장성과 궁궐 축조 등에 많은 인원을 강제 동원하는 등 폭정으로 인구가 많이 증가할 수는 없었을 것으로 보인다. 그리고 진이 곧 혼란에 빠지자 흉노는 10년 만에 남하하여 공세를 폈기 때문에 북쪽 변방으로 이주한 사람들 상당수가 고향으로 돌아갔다. 그러나 남방 이주민 등은 전쟁을 피해 정착한 경우가 더 많았다.

3) 한대

진의 붕괴(기원전 206)와 초한楚漢전쟁으로 10여 년 동안 많은 인구가 감소하여 서한 건국기(기원전 202)의 인구는 대략 1,500~1,800만 명이었을 것으로 추정한다. 하지만 건국 이후 지속된 평화와 경세 조치, 영토의 확장 등이 힘입어 인구는 다시 증가하여 기원 전후에 처음으로 6천만 명에 도달하였다.

『한서』「지리지」에 수록된 평제平帝 원시元始 2년(기원전 2)의 인구 통계는 현존하는 가장 오래된 전국 단위 통계인데, 총 12,356,490호, 57,671,401명이 기록되어 있다.[20] 1~10세기까지 중국 인구가 최소 3,000만, 최고 6,000만 명 내에서 증감을 계속하였다는 것은 10세기까지 유지된 중국의 인구부양력이 이미 원시 2년에 최대치까지 작동되었다고 할 수도 있다. 또 이는 1~10세기 중국 사회의 인구부양력이 기본적으로 유사하였음을 말해주는 것이다.

---

20 그 후 역대 정사의 지리지·지방지 등은 『한서』「지리지」의 전통을 계승하여 호구의 수를 기재하였다. 또 『통전通典』·『통지通志』·『문헌통고文獻通考』 등 제도사 서적도 인구와 관련한 중요 자료를 수록하였다.

또 이 기록에 따르면 원시元始 2년 무렵 진령산맥~회하를 기준으로 북중국 인구가 81%, 남중국 인구가 19%였음을 알 수 있다. 북중국 중에서도 황하 중·하류 유역[21]에 전국 인구의 55%가 밀집하였고, 그 가운데서도 수도 장안이 있는 관중평야의 인구밀도가 가장 높았다. 다음은 태항산맥 동쪽의 하북평야였다.

서한 때 장강 유역 행정구역인 형주荊州·양주揚州·익주益州 일대에서 인구가 상대적으로 집중된 곳은 성도成都평야·태호 유역·영소寧紹평야 등이었다. 하지만 양주에서 인구 밀도가 가장 높았던 태호 유역도 북중국의 인구 조밀 지대에는 비할 바가 아니었다. 그것은 고온다습한 이 지역 기후와 밀접한 관계가 있다.

서한 역시 진과 마찬가지로 전란으로 인해 불균형해진 인구의 분포를 조정하고 중앙의 힘을 강화하는 한편, 변방의 농업을 개발하여 방위능력을 증강하기 위해 진의 이민정책을 기본적으로 계승하였다. 고조 때 총 10여만 명을 관중으로 이주시켰고,[22] '능읍陵邑'을 조성하여 관중의 인구증가를 촉진하였다.[23]

한 무제는 원삭元朔 2년(기원전 127)에 '하남지河南地'를 수복한 다음 삭방군朔方郡과 오원군五原郡을 설치하고 백성 10만 명을 모집하여 이주시켰다. 기원전 119년에는 관동지방에 해마다 수해가 발생하자 빈민들을 관서(관중 또는 산서)지방으로 이주시켰고, 삭방군 이남의 '신진중新秦中(오르도스)'으로도 많은 군민을 이주시켰다. 이들을 전부 합치면 72만 5천 명에 달하였는데, 이 숫자는 서북 변방에 대한 이민 가운데 가장 많은 수였다. 그 후 황수湟水 유역과 하서주랑으로도 이주가 활발하게 이루어졌다.

---

21 현 섬서 관중평야, 하북·하남·안휘 등 황하 중·하류, 강소 회하 유역을 말한다.
22 한 고조 7년(기원전 200)에는 사수泗水 유역에 있는 풍현豐縣 주민을 관중의 여읍麗邑으로 이주시킨 뒤 신풍현新豐縣을 설치하였다. 고조 9년(기원전 198)에는 제齊와 초楚의 대족大族인 소昭·굴屈·경景·회懷·전田 등 오성五姓 집단을 관중으로 이주시켰다.
23 서한은 황제릉이 조성될 때마다 능 관리를 위해 많은 사람을 이주시켰다.

[지도 8-3] 서한의 인구분포도[24]

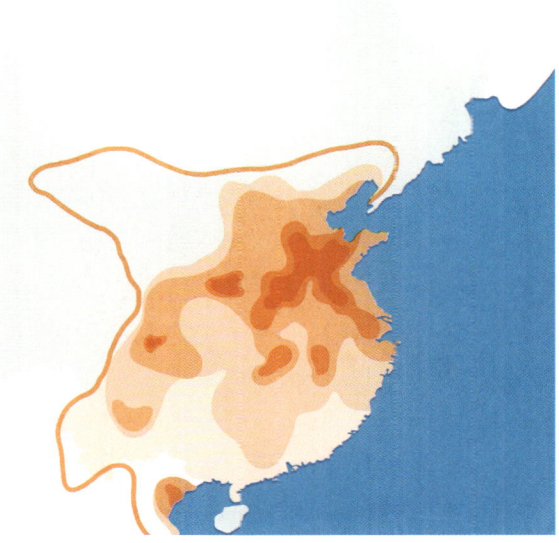

왕망王莽의 신新이 건국되면서 자연재해와 전란이 연이어 발생하자 인구가 격감하여 동한 건국 초에는 3,500만 명까지 줄어들었다. 원시 2년에 비해 42%나 감소한 것이다. 하지만 동한 건국 후 다시 인구가 증가하기 시작하여 『속한서續漢書』「군국지郡國志」에 따르면 140년 동한의 인구는 9,336,665호, 47,892,413명을 기록하였고, 157년에는 6천만 명에 달하여 동한 인구의 최대치를 달성하였다. 이는 서한 전성기와도 유사한 규모였다.

한대 인구 변화와 관련하여 주목할 것은 남중국으로의 이주와 인구증가다. 신新이 15년 만에 멸망하고 북중국에 대규모 전란이 발생하자 중원의 주민들이 장강 유역으로 이주하기 시작하였으며, 일부는 광동·광서 등 '영남'[25]까지 내려갔다. 1~2세기에 장강과 그 이남 지역으로 이주한

---

24 지도 8-3부터 8-9까지 진정상의 『중국문화지리』를 참고하여 작성하였다
25 오령五嶺산맥 이남을 뜻하는 말로 주로 광동과 광서를 통칭한다.

인구는 500~1,000만 명에 달할 것으로 추정하고 있는데, 남중국 인구가 서한 때 보다 2배로 증가한 것은 자연 증가보다 북중국 인구의 이같은 대규모 '남천南遷'이 초래한 결과였다.

인구분포도 크게 변하여 140년경 진령산맥과 회하 이북의 인구가 60%, 이남의 인구가 40%로 점유율 변화가 두드러졌다. 100만 호·500만 명을 초과한 예주豫州(하남)·형주荊州(호북)·양주揚州(강소·안휘)·익주益州(사천) 등 4개 주 가운데 3개 주가 장강 유역에 있었고, 이들의 총 호수가 전국의 42.2%, 총인구가 전국의 42.6%를 점유할 정도였다. 또동한 말에 새로 개발된 현 운남 서부의 영창군永昌郡은 인구가 189만 명에 달하였다. 주강 유역 인구 역시 급증하여 남해군 인구는 서한 때의 9만 명에서 25만 명으로 증가하였다. 이에 반해 황하 유역의 경우 평원군·발해군 등 일부 지역을 제외하면 대다수 지역의 인구가 감소하였다.

이주는 군사적·상업적·문화적 확산과 긴밀한 연관성을 갖기 마련이다. 진한의 인구 이주는 매우 점진적이며 장기적으로 진행되었고, 사서에서도 각별하게 언급하지 않아 간과하기 쉬우나 북중국 인구의 남하와 확산은 중국의 영역을 끊임없이 확대한 가장 중요한 요인 가운데 하나로 큰 의미를 지닌다.

남월南越을 건국한 조타趙佗의 경우도 중국식 영토 확장의 또 다른 전형이라고 할 수 있다. 북중국에서 태어난 조타는 진秦의 원정대 지휘관으로 광동에 파견된 뒤 진의 멸망을 틈타 독립하여 남월 정권을 수립하였다. 조타는 한에 조공을 약속하였지만 사실상 독립을 지속하면서 북부 베트남을 계속 정벌하였고, 한이 압박하면 황제를 자칭하면서 군사적 대립도 마다하지 않았다. 127년 조타가 사망한 뒤 비로소 남월에 대한 한의 통제가 가능하게 되었으니 중국과 베트남의 전형적 관계를 이때부터 찾아볼 수 있다.

3. 이민족의 유입과 이주

1) 삼국시대

　동한의 경제적 번성과 무역 활성화는 자연히 북방 유목민을 비롯한 많은 비한인의 이주를 촉진하여 북중국에 상당수가 거주하게 되었다. 하지만 동한은 유목민을 수용할 수 있는 제도적·문화적 장치를 마련하지 못하였고, 농경과 유목이란 생활 방식에서 유래된 문화적 차이, 인종적 차이 등을 일반적인 차별의 요소로만 사용함으로써 유목민들의 반발이 계속 응축되는 결과를 초래하였다.

　동한 말에 발생한 황건의 난을 계기로 화북 전역이 전란에 휩쓸려 들어가고, 동탁이 장안을 점령하고 군벌 간의 대전투구가 계속되면서 관중 일대 인구는 급격히 줄어들었다. 이어서 위·오·촉 삼국의 대립이 본격화되자 인구는 급속히 감소하여 위 443만(236), 촉 94만(236), 오 230만(280), 합계 767만 명으로 중국 역대 인구 통계 가운데 가장 낮은 수치를 기록하였다. 이 통계는 나름대로 3국의 국세를 어느 정도 반영하긴 하지만 당시 계속된 격렬한 전쟁과 한랭 건조해진 기후, 다량의 도주 및 은닉 인구 등 여러 부정적 요인이 결합한 결과여서 액면 그대로 받아들이기는 힘들다. 따라서 그동안 대다수 학자는 삼국시대의 인구를 1,500~2,000만 명으로 추정하였고, 최근 추일린鄒逸麟은 3천만 명으로 추정하는 등 추정치를 점차 크게 잡고 있다.

　그것은 중원의 인구 감소가 전쟁에 따른 사망보다 피난이 더 큰 비중을 차지하기 때문이다. 서안과 남양南陽 일대 주민들은 주로 사천으로 이주하였고, 서주徐州 일대 주민은 '강동江東'으로 이주하였다.[26] 유비·

26　장강과 회하 사이에 살던 사람 가운데 장강을 건넌 뒤 다시 남쪽으로 이동한 규모는 10여만 가구에 달한다.

장비가 하북, 관우가 산서 출신인 것처럼 촉과 오의 주요 관리 가운데 상당수는 중원에서 이주해온 사람들이었다. 또 일부는 멀리 베트남 북부인 교주交州, 혹은 요동지방으로 이주하였고, 드물지만 선비 거주지로 이주하기도 하였다. 북방으로 이주한 사람 가운데 일부는 고향으로 돌아갔으나 남중국으로 옮겨간 이주민 대다수는 현지에 정착하였다.

위·오·촉 3국 모두 자신들의 통치지역으로 사람들을 강제 이주시켜 경제력과 군사력을 강화하고자 하였다. 유비는 사천으로 진출하면서 형주 주민을 대거 이주시켰다. 건안建安 연간(196~219) 말, 조조는 장로를 토벌하고 한강漢江 유역 주민 8만여 명을 업鄴과 낙양으로 이주하도록 하였으며, 감숙 무도武都의 저氐족 5만여 명도 섬서로 이주시켰다.

조비曹丕 역시 낙양으로 천도하면서 산동의 5만 호를 황하 남쪽으로 이주시켰다. 위가 촉을 멸망시킨 다음 사천의 3만 호를 낙양과 관중으로 이주시켰다. 또 북중국의 오환烏桓과 선비鮮卑는 인구가 감소한 중원을 향해 남하하였고, 흉노 역시 산서의 분수 유역까지 남하하였다. 유목민의 전투력을 십분 활용하고자 했던 조조는 이들의 남하에 대해 긍정적으로 대응하였다.

오의 손권孫權 역시 건안建安 연간(196~220)에 장강 중류의 황조黃祖를 격파하고 수만 명을 강동으로 이주시켰다. 특히 오는 강소와 안휘 남부, 절강과 강서 산간에 흩어져 사는 산월족山越族을 정복하고, 이들 10여만 명을 평야 지대로 강제 이주시킴으로써 점과 선으로 이어진 오의 통치 영역을 확대하고 안정시키는 데 성공하였다.

삼국이 안정기에 들어서면서 인구가 조금씩 회복되었는데, 『진서』「지리지」에 따르면 서진西晉 태강太康 1년(280), 전국 인구는 246만 호, 1,616만 명으로 늘어났다, 하지만 추일린鄒逸麟은 실제 인구가 3,500만 명에 도달하였을 것으로 추정하고 있다. 아무튼 『진서』의 기록에 따르면 이때 진령산맥 이북이 전국 호수의 56%, 이남이 44%를 차지하였고, 그 가운데 운남·광동·광서·교주交州 등은 6%에 불과하였다. 이는 여전히 북중국 인구가 많았기 때문이지만 한편으로는 남중국 인구를 제대로 파악하지 못한 결과이기도 하다.

2) 남북조시대

삼국을 통일한 서진은 곧 안일과 사치, 내분에 빠져서 오래 가지 못하였고, 소수의 남흉노에게 멸망 당하는 영가永嘉의 난(316)이 발생하였다. 이때부터 북위北魏가 북중국을 통일할 때까지 140년 동안 북중국에는 20개 왕조가 명멸하는 '5호16국시대'가 열렸다. 20개 왕조 가운데 한인 정권은 전량前涼·서량西涼·북연北燕 뿐이었다.

한편 동탁의 난으로 관중 일대가 비게 되자 자연스레 북방 유목민들이 이주하기 시작하였고, 조조는 강력한 기병을 확보하기 위해 이들을 적극적으로 유인하였다. 8왕의 난으로 팽배한 기병 수요, 전란으로 다량의 피난민이 발생하면서 생긴 공백지 등 여러 유인 요소에 이끌려 중국 서북부에 거주하던 흉노匈奴·선비鮮卑·저氐·갈羯·강羌 등이 서진 말기에 중원 깊숙이 남하하였다. 흉노는 감숙·섬서·산서·하북의 북부 지역에 널리 거주하였으며, 특히 산서 전역이 흉노의 거주지로 탈바꿈하였다. 선비도 요동에서 청해까지 널리 분포하였으나 하북과 산서에 집중 거주하였다. 저와 강의 대부분은 관중평야를 관통하여 흐르는 위하渭河 유역에, 갈은 산서 동남부에 집중하여 거주하였다.

그러나 서진은 '중원의 반이 북방 유목민'으로 채워진 현실을 직시하지 못하고 동한과 마찬가지로 일방적이고 강압적인 정책으로 일관한 결과 반항을 자초하고 말았다. 권력 쟁탈을 목표로 한 8왕의 난으로 쇠락한 서진은 결국 흉노에게 멸망하고 말았다. 통일제국이 북방 유목민에게 멸망 당하는 중국사 초유의 사태로 북중국은 일대 혼란에 빠졌고, 주민들은 장강 이남으로 대거 이주하기 시작하였다. 이것이 남중국을 향한 최초의 본격적 인구 이동이기에 통상 '제1차 인구 대이동'이라고

칭한다.[27]

　영가의 난을 계기로 남중국을 향해 이주한 인구는 약 90만 명으로 추산되는데, 당시 북중국의 총 호수가 140만이었고, 호당 5.5명으로 가정하면 총 770만 명을 상회한다. 따라서 90만 명이란 숫자는 북중국 인구의 1/8 정도지만 사회경제적으로 유력한 계층이었기에 북중국의 사회경제적 역량은 대폭 감소하였다. 반면 남중국은 6명 중 1명이 북중국에서 내려온 이주민으로 이루어졌고, 이주민 대부분이 문화적으로 우수한 사족士族 집단이었기 때문에 그 파급 효과는 단순한 숫자 이상이었다. 사족들은 자신의 정치적 특권을 유지하기 위해 동진으로 이주한 것이다. 따라서 이들은 이주를 감당할 수 있는 경제적 역량과 함께 상당한 문화적 자산을 갖고 있었다. 이들의 이주 과정에서 북중국의 선진적 지식과 기술이 널리 전파되었다.

　이주민들의 주된 이동 경로는 동쪽으로는 회하와 장강을 잇는 한구[28] 邗溝와 서쪽의 장강·한강 유역의 교통로였다. 따라서 수륙 교통의 요충지였던 한강 연안의 양번襄樊과 장강 이북의 양주揚州가 두 이주로의 대표적인 집결지로 중시되었다. 춘추전국시대에 개통된 몇 갈래의 '남북대로'도 중요한 이동 통로로 활용되었다. 하남의 남양南陽을 출발하여 강릉江陵을 지나 장사長沙에 도달하는 노선, 서주徐州를 떠나 합비合肥를 거쳐 남창南昌에 이르는 노선, 서주를 출발하여 양주를 거쳐 항주에

27　일부 서양학자들은 제1차 인구 대이동을 가리켜 '한족의 열대지방으로의 진군'이라고도 칭한다. 이들은 1, 2차 인구 대이동의 결과 동남지역(대체로 장강 중류) 인구는 8배나 늘어났지만, 북중국 인구는 겨우 54% 증가하는 데 그쳤고, 남중국의 인구 우위는 시종 변하지 않았다고 지적하였다.

28　한구邗溝는 당시 장강과 회하를 잇는 유일한 운하여서 산동과 강소 북부 이주민의 주된 이주로였고, 장강 이북의 양주揚州와 이남의 鎭江은 이들의 집결지였다. 하남을 떠난 이주민들도 가까운 호북 대신 서북~동남 방향으로 흐르는 회하 이북의 지류를 이용하여 안휘로 이주하였다.

이르는 노선이 대표적이다. 섬서와 감숙에서는 한강을 따라서 장강 중류로 이주하는 대신, 육로를 통해 한중漢中을 거쳐 사천으로 이주하였다.[29]

오호의 남하를 두려워하던 토착민은 북중국에서 내려온 이주민과 힘을 합하여 동진東晉 정권을 수립함으로써 남중국 사회 또한 크게 변화하였다. 이주민의 정착지 역시 자신들의 이주 경로와 일치하며 동진 역시 이 일대에 '교주僑州·교군僑郡·교현僑縣'을 설치하여 정착을 도왔다. 당시 교민이 가장 많은 곳은 강소로서 그 숫자가 약 26만 명에 달하였다.[30] 그것은 동진의 수도인 건강建康(현 남경)이 있었기 때문인데, 이는 남송 때도 마찬가지였다.

남중국으로 이주하기가 여의하지 않은 사람들은 전란을 피해 감숙 서부나 요녕 서부로 이주하기도 하였다. 특히 감숙 서부의 전량前涼은 한인 정권이고 사회 질서가 상대적으로 안정되어 중원 한인의 이주를 촉진하였다. 남량南涼은 선비 정권이었지만 한인에 대한 포용책을 추진하여 다수의 한인 이주민을 수용하였다. 하북 북부와 요녕 서부에 있던 전연前燕도 선비 모용부慕容部 정권이었지만 일찍부터 중원 문화와 긴밀하게 교류하고 있었고, 사회 질서도 안정되어 중원 한인이 많이 이주하였다.

북중국에서는 한인과 비한인 간은 물론 비한인 간에도 격렬한 충돌과 대립, 살육과 함께 통혼과 혼거가 광범위하게 일어나면서 호한胡漢이 결합한 새로운 사회가 출현하였다. 북중국 인구는 한때 500~600만 명까지

---

29 '제1차 인구 대이동' 당시 이동의 전체적인 흐름은 북에서 남으로 향하였지만, 크게 동서 두 개의 주투가 있었고, 보다 구체적으로는 6개 구역으로 구분할 수 있다. ①하북성·산동성 북부→산동성 남부, ②산동성·강소성 북부→강소성 남부, ③산서→호북성·호남성 북부, ④감숙성·섬서성→사천성·섬서성 남부, ⑤섬서성·하남성 서부→호북성 한강 유역, ⑥하남성·안휘성 북부→하남성 남부·안휘성·호북성 동부·강서성 북부이다.

30 산동에 21만 명, 안휘에 17만 명, 사천에 10만 명, 호북에 6만 명, 섬서에 5만 명, 하남에 3만 명, 강서와 호남에 각각 1만 명 정도 이주한 것으로 추정하고 있다.

감소하였으나 북위의 통일을 계기로 점차 회복되어 520년대에는 3천만 명을 회복한 것으로 보인다. 남방 인구도 왕조의 부침과 영역의 변화가 커서 다소 혼란스럽기는 하지만 대략 1,500만 명을 유지하였고, 가장 많았던 양무제 때에는 1,800~2,100만 명이었을 것으로 추산한다. 따라서 520년대 남북조 인구를 모두 합하면 5,000만 명 선을 회복하였을 것이다.

두 차례의 대규모 인구 이동을 초래한 '영가永嘉의 난'(316)과 '정강靖康의 변'(1127) 모두 단순한 정권 교체가 아니고 북방 유목민에 의해 통일제국이 멸망한 사건이었다. 또 전란으로 인한 이주였기 때문에 인구가 조밀한 경제적 선진지역에서 인구가 적은 경제적 후진 지역으로의 이주였다.

중국 역사상 정권의 교체나 대규모의 전란은 인구의 급격한 감소나 인구분포의 근본적인 변화를 수반하였다. 그 가운데 서진과 북송 두 시기에 일어난 대규모 이주는 인구의 중심축을 북중국에서 남중국으로 옮겼다. 물론 그전에도 크고 작은 인구 이동이 있었으나 서진과 북송 말의 대이동은 단순한 정권 교체나 전쟁에 따른 것이 아니라 북방에 비한인 정권이 수립된 데 따른 것이어서 기간과 규모, 성격에서 현격한 차이를 보였다.

3) 수당시대

수의 통일과 안정으로 대업大業 5년(609) 인구는 5,600~5,800만 명으로 늘어났는데, 수의 영역은 동한의 영역과 거의 차이가 없었기 때문에 위진남북조 300여 년에 걸친 분란을 극복하고 본래의 규모를 회복한 것이며, 한편으로는 균전제 시행에 따른 엄격한 호구 조사의 결과이기도 하다. 남북의 인구 비율도 33 : 69로 거의 같아졌다. 하지만 수양제의 폭정과 전쟁 등으로 인구가 다시 격감하여 당 건국기에는 전국 인구가 200여만 호까지 줄어들었는데, 실제로는 2,500만 명 정도로 추정하고 있다. 당시 가장 인구가 줄어든 곳은 낙양 이동의 황하 중·하류 지역이었다.

[지도 8-4] 당대의 인구분포도

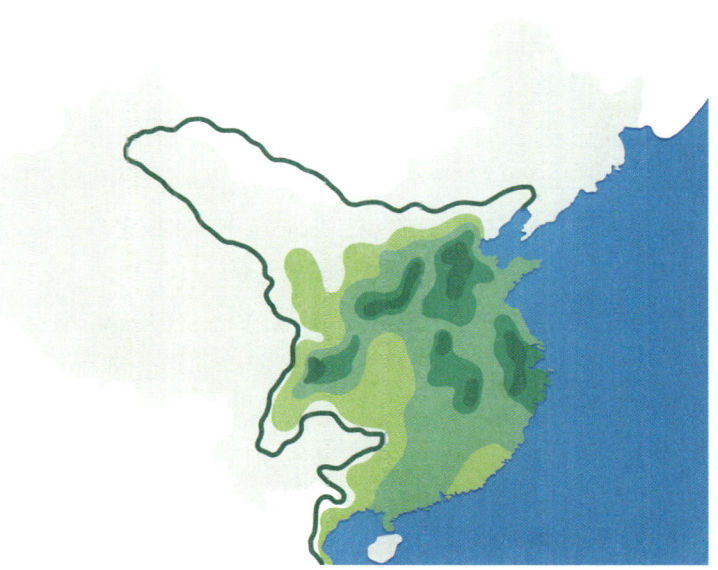

당은 정관貞觀 연간(627~649)부터 사회가 안정되자 인구가 증가하기 시작하여 안사安史의 난(755~763)이 발생하기 전까지 계속되었다. 전국 호구는 천보天寶 1년(742)에 900만 호, 5,000만 명으로 정점에 도달하였다.[31] 이때 전국을 15개 감찰구인 도道로 나누었는데, 북중국 7개 도의 인구가 3,000만 명으로 전국의 3/5을 차지하였다. 이 중에서도 하북도河南道와

---

31 추일린은 안사의 난이 발발하던 천보 14년(755)이 정점으로서 당의 실제 인구는 8,000~9,000만 명에 도달했다고 주장하였다.

하남도河北道의 인구가 2천만 명으로 전국 인구의 2/5나 되었다. 하남도와 하북도는 하북·하남과 강소·안휘의 회하 이북 지역에 해당한다. 인구가 가장 집약된 곳은 수도 장안(315만 명)과 부수도인 낙양(145만 명)이었다. 한편 남중국의 여러 도 가운데 강남동로江南東道(강소 남부·절강·복건)의 인구가 661만 명으로 가장 많았으며, 주로 태호·전당강 유역에 집중되었다. 다음은 검남도劍南道였고(409만 명), 성도부成都府 인구는 92만 명이었다.

안사의 난 이후, 황하 중·하류 유역은 장기 전란으로 인구가 대폭 감소하였으며, 전란의 중심에 있던 수도 장안 일대의 인구는 절반으로 줄어들었다.[32] 특히 문제가 된 것은 세금을 내야 할 양세호兩稅戶의 감소로서 안사의 난이 끝난 뒤인 건중建中 1년(780)에 380만 호로 줄어들었고, 원화元和 2년(807)에는 244만 호로 줄어들었다. 이 역시 인구 감소와 이주, 인구 파악의 곤란이 초래한 결과였지만 번진 할거로 지방의 호구가 은닉되고 제대로 조사되지 않았던 것이 더 큰 요인이었다.

당 후기인 개성開成·회창會昌 연간(836~846)의 인구는 절정기였던 천보 14년의 비해 25~33% 정도 감소한 것으로 보이지만 영역이 축소된 점을 고려하면 실제 인구 감소 폭은 그보다 다소 적었을 것이다. 하지만 황소黃巢의 난(874)이 발생한 뒤 당조 전역이 다시 치열한 전란의 와중에 휩쓸려 들어갔고, 오대십국의 분열기에는 북중국을 중심으로 인구 감소가 더욱 두드러졌다. 후주 현덕顯德 5년(958)의 인구는 오대십국의 최저치였을 것이며 대략 3,000만 명 선이었을 것으로 추정한다.

---

32 안사의 난이 당송변혁을 촉발한 핵심 사안인 것은 인구문제에서도 마찬가지다. 안사의 난 이전까지 북중국의 인구는 다소의 곡절은 있지만 시종 50%를 유지하였으나 안사의 난 이후 다시는 과반수를 차지하지 못하게 되었을 뿐 아니라 청대 중엽까지 기본적으로 한 원시 2년의 호구 수를 유지하였다.

4. 1억 인구 시대의 개막

1) 총인구 1억 돌파

10~13세기 동아시아는 전례 없는 다극화시대가 개막되었다. 거란(916~1125)을 시작으로 고려(918~1392), 대리大理(938~1253), 송(960~1279), 서하西夏(985~1127) 등이 서로 주도권을 장악하기 위해 각축을 벌였다. 그러다가 송과 거란(1004), 고려와 거란(1019), 송과 서하(1044)가 화의를 체결하여 세력 균형을 이루면서 장기 평화가 유지되었다. 여기에 베트남에서 점성도占城稻를 도입하여 이모작을 시작하였고, 농업 기술의 발전과 대운하를 이용한 운송 능력의 향상으로 농작물의 상품화가 이루어졌으며, 수공업의 발달과 정부의 적극적인 대외무역 장려 등에 힘입어 산업 전반에 걸친 비약적 발전이 이루어졌다. 이런 경제적 번영이 한랭한 기후에도 불구하고 송대의 인구증가를 촉발하였다.

10~13세기 인구 변화에서 주목할 만한 것으로는 중국 총인구가 처음 1억 명을 돌파하였다는 점, 남중국 인구가 북중국 인구를 확연히 앞질렀다는 점, 그리고 경제적 이익이나 상업 활동을 위한 이주가 일상화·보편화된 점 등을 들 수 있다.

북송 초 650여만 호에 불과했던 호수는 원풍元豊 연간(1078~1085)에 1,600여만 호로 늘어났고, 숭녕崇寧 1년(1102)에는 2,000여만 호가 되었다. 한 가구당 평균 5.5명으로 계산하면 1100년경 북송 인구는 1억 1천만 명에 달하였고, 북송이 멸망하기 직전에는 1억 2천만 명을 넘어선 것으로 추산할 수 있다. 당시 거란 인구가 대략 900만 명, 서하가 300만 명이었고, 여기에 현 운남·귀주·사천 일부를 장악하고 있던 대리大理의 인구를 더하면 당시 이미 1억 5천만 명에 도달한 것으로 보아도 무방할 것이다.

[지도 8-5] 북송의 인구분포도

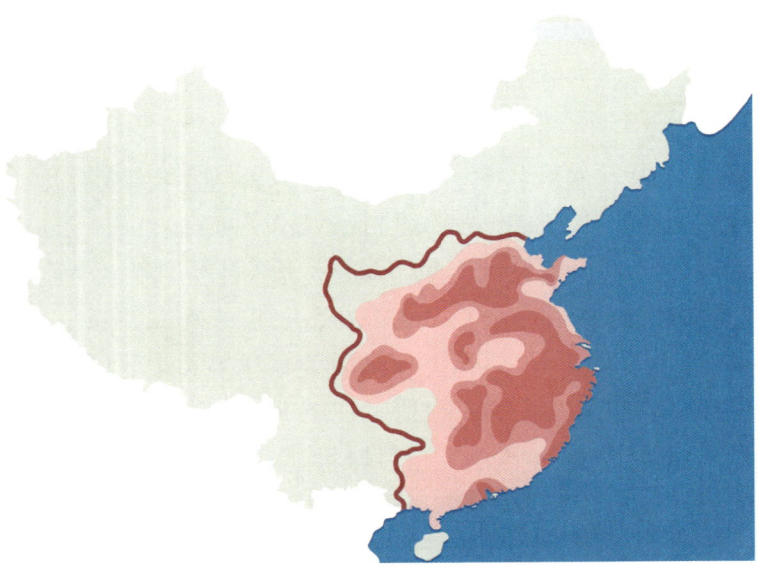

[도 8-1] 남중국과 북중국의 인구 비율 변화[33]

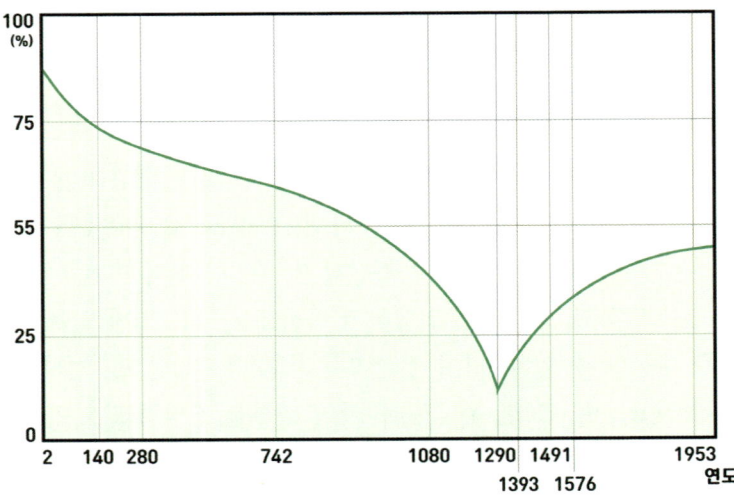

---

33 류제헌, 중국역사지리, p.153 전재

[지도 8-6] 북송의 재상 출신 지역 분포도

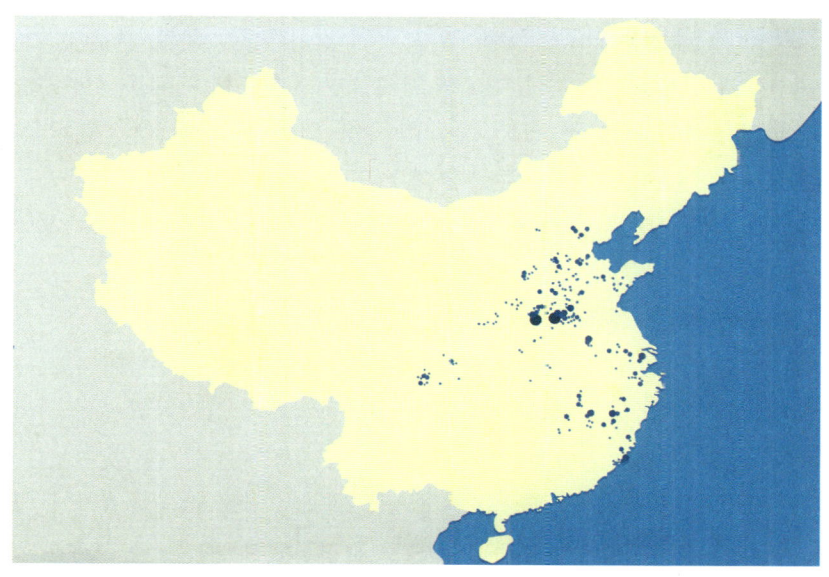

[지도 8-7] 송대의 시인 출신 지역 분포도

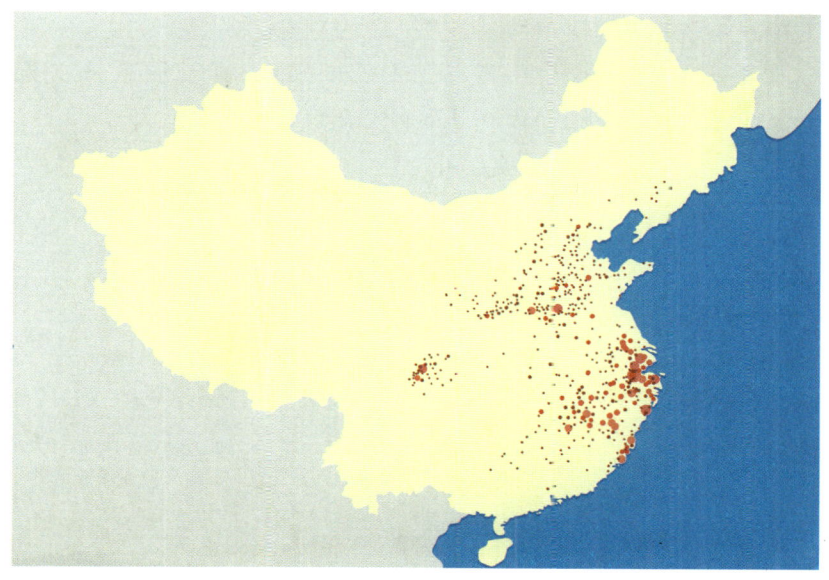

2) 남북 인구 비율의 역전

북송 때 남중국 인구는 강소 남부·안휘 남부·절강, 강서, 복건 등 동남지역에 집중되어 남중국 인구의 1/2을 차지하였다.[34] 북중국에서는 수도 개봉부가 있는 경기로의 인구가 원풍 연간에 23만 호, 숭녕 연간(1102~1106)에 26만 호로서 전국 최고의 인구 밀도를 자랑하였다.[35] 인구가 가장 많은 영흥군로(섬서)가 100만 호였고, 대부분 50~80만 호 규모였다.

중국사에서 최초로 남중국의 인구가 북중국보다 많았던 것은 당 정관貞觀 13년(639)의 전국 호구 통계로서 남방이 54.6%, 북방이 45.4%였다. 이는 수당 교체기 전란의 영향이 북중국에서 심각하였음을 말해 준다. 하지만 이는 일시적인 현상이었을 뿐 계속 유지되지는 못하였다. 북중국의 인구는 천보 1년(742)까지 55 : 45로 우위를 유지하였다가 태평흥국太平興國 5년(980)에 40 : 60으로 역전되었고, 원풍元豊 1년(1078)에는 34 : 66으로 그 격차가 벌어졌다. 그리고 숭녕崇寧 1년(1102)에는 33 : 67로 수 대업大業 5년(609)의 상황과 완전히 역전되었다. 남북 인구의 비율은 1200년대 초에 31 : 69, 원 지원至元 27년(1290)에 10 : 90으로 최대 격차를 보였다가 명 홍무洪武 26년(1393)에 22 : 78, 청 가경嘉慶 25년(1820)에 29 : 71의 비율로 다소 완화되었다.

---

34 동남지역의 인구는 원풍 연간에 521만 호, 숭녕 연간에 571만 호에 달하였다. 그 가운데 강소 남부와 절강에 위치한 양절로兩浙路가 원풍 연간에 177만 호, 숭녕 연간에 197만 호로 가장 많았다. 다음은 강서에 위치한 강남서로로서 원풍 연간에 128만 호, 숭녕 연간에 166만 호였다. 강남서로는 파양호 유역 평야와 길태吉泰분지의 농업 개발, 광공업 발달로 인구가 증가하였다.

35 장안을 중심으로 하는 경조부가 그 뒤를 이어 원풍 연간에 22만 호, 숭녕 연간에 23만 호였다.

3) 사회적·공간적 유동성의 증대

송대는 개방적인 과거제도에 힘입어 자기 능력에 따라 신분 상승이 가능한 사회였다. 그 결과 송대 사회는 당대까지 유지되어 온 귀족 중심의 사회가 아닌 중소 지주와 서리 계층 출신의 신흥 사대부가 사회의 주축이 되었고, 학력과 재력이 사회적 신분을 가늠하는 새로운 기준이 되었다.

그 결과 사회는 폭넓은 상업화의 물결 속에서 자유롭게 경쟁하는 새로운 모습을 지니게 하였고, 정치·군사 중심지였던 도시를 산업의 중심지로 탈바꿈하게 하였다. 도시는 부유한 부재지주의 집결지이자 가난한 농민의 집결지가 되었다. 농사로 생활할 수 없었던 빈농의 다수는 도시로 흘러 들어갔다. 도시에서는 창고지기·짐꾼·심부름 등의 고용 노동 및 대장간이나 잡화점 등 어떻게든 생계를 꾸려갈 수 있는 길이 있었다. 대도회지에서는 매일 아침 특정한 다리 옆에 서 있으면 고용주가 나타나 하역 등의 일을 주는 광경도 나타났다. 이러한 사회경제적 변화는 경제·문화적으로 앞섰으나 정치권력으로부터 소외되었던 남중국 출신 사대부들의 정치적 성장을 가능하게 하였으며, 북송 후기부터 남중국 출신 재상의 출현이 자연스러운 현상이 되었다.

이런 사회적 변화는 경제적 이익을 찾아 객지로 나가는 걸 고생으로 여기지 않는 새로운 풍조를 유행시켰다. 고향에 대한 관념이 강한 중국에서 조상 전래의 토지를 버리는 것은 예법에 어긋난 것으로 인식되었다. 그래서 송대 이전까지 중국인들은 고향을 떠나서 생활하는 것을 매우 꺼려서 먼 타지로 보내는 유형流刑을 사형과 다를 바 없는 중형으로 여기곤 하였다. 그렇지만 일단 관료가 되면 고향으로 되돌아가는 것이 매우 힘들었고, 오히려 지방관으로서 각지를 다니는 동안 안주할 곳을 찾아두었다가 퇴직한 후 거기에 머무는 경우가 많았다. 또 과거를 본적지에서 응시하도록 한 규정 때문에 자식을 위해 경쟁이 약한 지역의 땅을 사서 본적을 옮기는 일도 빈번하였다.

이렇게 이주에 대한 사회적 금기가 없어지면서 정부에서도 새로 정착한 곳에서 1년만 거주하면 그 지역 호적 편입을 허용하는 등 새로운 풍조를 제도적으로도 허용하였다.

4) 남북송 교체와 제2차 인구 대이동

12세기 초 1억을 크게 상회한 인구는 금의 건국과 거란과 북송의 멸망 등으로 갑작스럽게 격감하기 시작하여 남북송 교체기에는 남송 5,600만 명, 금 2,800만 명, 서하 300만 명에 대리의 인구 등을 합하여 총 1억 명 정도로 대략 5,000만 명이 감소한 것으로 추정한다. 그리고 서진 멸망을 계기로 촉발된 제1차 인구 대이동에 이은 제2차 인구 대이동이 북송의 멸망을 계기로 출현하였다.

거란이 차지하고 있던 장성 이남의 이른바 '연운燕雲16주'를 차지함으로써 진정한 통일제국의 위용을 자랑하고 싶었던 송은 만주의 신흥세력인 여진과 손을 잡고자 '해상동맹'을 체결하였다. 하지만 거란을 물리칠 수 없는 허약한 군사력으로 금과 손을 잡는 실책을 범한 데다 요행을 바라고 자충수를 거듭 둠으로써 북송은 거란을 멸망시킨 강력한 금군의 공격을 자초하고 말았다. 1125년, 금군은 개봉을 포위한 뒤 막대한 배상금을 받고 철수하였으나 북송의 약속 위반이 거듭되자 1126년 다시 남하하여 북송을 멸망시킨 뒤 휘종徽帝·흠종欽帝 두 황제를 비롯한 북송의 중추 세력 전원을 포로로 삼아 돌아갔다.

중국사에서 전례를 찾아보기 힘든 치욕적인 '정강靖康의 변'(1127)의 와중에 참화를 면한 흠종의 동생 강왕康王은 남송을 건국하였으나 금군의 공세를 피해 각처로 도피하는 매우 어려운 형편이었다. 때로는 해상으로 도피할 정도로 위태로웠던 고종은 장강의 지형을 이용한 반격에 성공하면서 회하를 사이에 두고 금과 대치하기에 이르렀다.

이런 과정에서 '제2차 인구 대이동'이 발생하였다. 제2차 인구 대이동은 제1차 인구 대이동보다 그 규모와 거리가 훨씬 컸다. 그것은 100 여 년에 걸친 거란·서하와의 전쟁으로 말미암아 고양된 배외의식이 광범위하고도 뿌리 깊게 자리 잡았기 때문이며, 한편으로는 양국의 전쟁이 회하 유역에서 주로 일어났기 때문에 이 지역 주민은 전쟁을 피해 이주할 수밖에 없었고, 남송 또한 이들의 이주를 적극적으로 수용하였기 때문이다. 송대에 고향을 떠나 타지에 정착하거나 도시에 거주하는 일이 일반화되었던 것도 일정 부분 작용하였다.

금과 남송이 소흥紹興화의(1141)를 체결할 때까지 15년 동안 계속된 이동은 그 후 잠시 주춤하였으나 소흥 32년(1161)에 금의 해릉왕海陵王이 화의를 파기하고 대거 남침하면서 다시 이주의 물결이 재개되었다. 남송은 다시 북중국 이주민의 귀순을 적극적으로 수용하는 이른바 '초무招撫정책'을 실시하였다. 이주 경로는 경항대운하를 따라 강소와 절강으로 이주하는 노선을 가장 많이 이용하였고, 하남에서 파양호를 지나 강서와 호남으로 이주하는 노선, 산서와 하남에서 사천으로 이주하는 노선도 많이 이용되었다.

남송의 적극적인 강남 개발 정책은 이러한 인구 대이동과 맞물려 크게 촉진되어 남중국의 경제적 성장은 전례 없이 빠른 속도와 규모로 이루어졌고, 남중국의 경제적·문화적 우위는 확고한 사회적 실체가 되어 원·명·청으로 변함없이 이어져 내려갔고, 인구증가도 빠르게 이루어져 13세기 초에 약 8천만 명에 달하였고, 금 역시 5,600만 명으로 늘어나 전체 인구는 다시 북송 말의 전성기와 유사한 규모가 되었다.

5) 원대의 인구 추이

13세기 초 몽골의 흥기는 동아시아 각국은 물론 세계의 인구를 크게 바꾸어 놓았다. 몽골군은 병력의 집중과 속도전, 철저한 보복전을 특색으로 하였다. 몽골군은 '화살 한 발이라도 발사하게'하면 철저하게 살육하는 초토화 전략을 채택하여 1227년 서하를 멸망시킨 뒤 탕구트족을 멸족시키다시피 하였고, 1234년에 금을 멸망시킨 뒤에도 잔혹한 파괴와 살육을 일삼았다. 그 결과 북중국 인구는 전례를 찾기 힘들 정도로 격감하여 1236년에는 110여만 호로 줄어들었다. 이는 전성기인 금 태화太和 7년(1207)의 13%에 불과한 수치였다.

몽골에 의한 인구 변화의 또 다른 경우는 유럽의 흑사병 창궐이었다. 14세기 유럽 전역에서 유행한 페스트는 1347년 몽골군에 의해 중국에서 유럽으로 전파된 것이다. 중국에서 발생하였으나 중국보다 유럽에서 크게 확산하여 인구의 30%에 해당하는 2,500만 명 이상이 사망하였다. 이로 인해 백년전쟁이 중단되고, 가톨릭의 권위가 추락하였으며 장원경제의 근간이 흔들리는 등 그 파급 효과는 상상을 초월할 정도로 강력하였다.

남송 내에서 인구 감소가 가장 컸던 곳은 50년 가까이 전쟁에 시달렸던 사천이었다. 사천이 전국적인 전쟁의 중심지가 된 경우는 거의 없었는데, 남송 가정嘉定 16년(1223)과 원 지원至元 27년(1290)의 인구를 비교하면 96%나 감소하였다. 정권 교체로 인한 미등록 인구를 고려한다고 해도 인구가 1/5 이하로 줄어든 것만은 분명하다. 많은 사천 주민들이 동남지역으로 피난했고, 동남지역이 다시 몽골의 수중에 떨어지자 '영남嶺南'지방으로 피난하면서 몽골군의 살육을 피하기에 급급하였다.

쿠빌라이가 남송을 공략한 노선을 보면 1268년에 우선 호북의 양양襄陽과 번성樊城을 공격하여 점령한 뒤 여기에서 군대를 두 갈래로 나누어 수륙 양면으로 진격하게 하였다. 하나는 양양에서 출발하여 한강을 거쳐 장강을 따라 내려가는 것이었고, 또 하나는 양주에서 출발하여 장강을 건너서 곧바로 항주에 이르는 것이었다.

몽골의 총인구는 지원 27년(1290)의 경우 1,319만 호, 5,583만 명였고 그 가운데 남송 소속 1,184만 호, 금 소속 135만 호였다. 여기에 대리大理의 인구를 포함하면 대략 1,500만 호, 7,500만 명이었던 것으로 추정할 수 있으니 이는 13세기 초의 절반 수준이다. 1,330년에는 1,700만 호, 8,500만 명으로 다소 늘어나긴 했으나 곧 왕조 말의 전란과 연이은 자연재해로 인구는 다시 대폭 감소하였다.

5. 인구 통제와 대류현상

1) 명의 이주정책과 인구 이동

명 건국기인 홍무洪武 3년(1370)의 인구는 6천만 명으로 원대보다 30% 정도 감소하였는데, 이는 주로 원말의 경제적 혼란과 정권 교체로 인한 전란 때문이었다. 이에 명 태조는 인구증가와 농경지 개간에 주력하는 한편 대규모 이주정책을 통해 전란으로 불균형해진 각지의 인구를 조정하고자 하였다.

당시 북중국의 하북·하남·산동 인구는 전쟁으로 많이 줄어들었고, 최후의 결전장으로 여겼던 산서는 전란의 피해가 가장 클 것으로 예측하였다. 하지만 예상과 달리 몽골군이 일전을 피하고 몽골초원으로 자진 철수함으로써 오히려 산서만 전란의 참화를 피해 갈 수 있었다. 그러자 명 태조는 원래의 인구를 유지하고 있던 산서 주민들을 하북·하남·산동 3개 성으로 대거 이주시켰다.

현 하북·하남·산동 주민의 족보 가운데 상당수는 자신들이 산서에서 이주하였다고 할 정도로 이주는 국가 권력에 의해 상당히 강제적으로 이루어졌다. 추진 과정에서 겪은 이주민의 고초는 상당하였으나 토지와 주택에 대한 공급이 얼마든 가능하였기 때문에 지역 경제의 회복과 사회적 안정이 빠르게 이루어졌다. 현재 이들 3성의 음식·풍속이 유사한 것은 이때의 대규모 이주와 밀접하게 관련되어 있다. 한편 북원을 막기 위해 장성 일대에 설치한 군 주둔지로도 많은 군민이 이주하여 20년 뒤인 홍무 26년(1393)이 되자 북중국의 인구 비율은 21.5%로 거의 2배 가까이 늘어났다.[36]

한편 인구가 밀집한 강남지역 주민을 북쪽의 회하 유역으로 이주시켰고, 서남 변경 방어를 위해 운남·귀주로 군을 파병하면서 가족들을 함께 이주시켰다. 이들은 현지 주민과 별도의 군영에서 생활함으로써 명대 운남과 귀주는 식민지 또는 개척지 성격을 지닌 사회가 되었다. 따라서 명대의 지역사회 연구에 앞서 이주정책으로 조성된 사회적 변동에 대해 면밀한 사전 검토가 필요할 정도다. 전국 인구는 홍무 24년(1391)에 7,100만 명이 되었으니 증가 속도가 상당히 빠름을 알 수 있다.

2) 이갑제와 인구의 대류현상

[지도 8-8] 명대의 인구분포도

---

36 만주의 경우 군인이 13만, 군인 가족이 27만 명이었는데, 그 가운데 중원에서 이주한 군인이 5만, 군인 가족은 15만 명이었다.

[지도 8-9] 명대의 진사 출신 지역 분포도

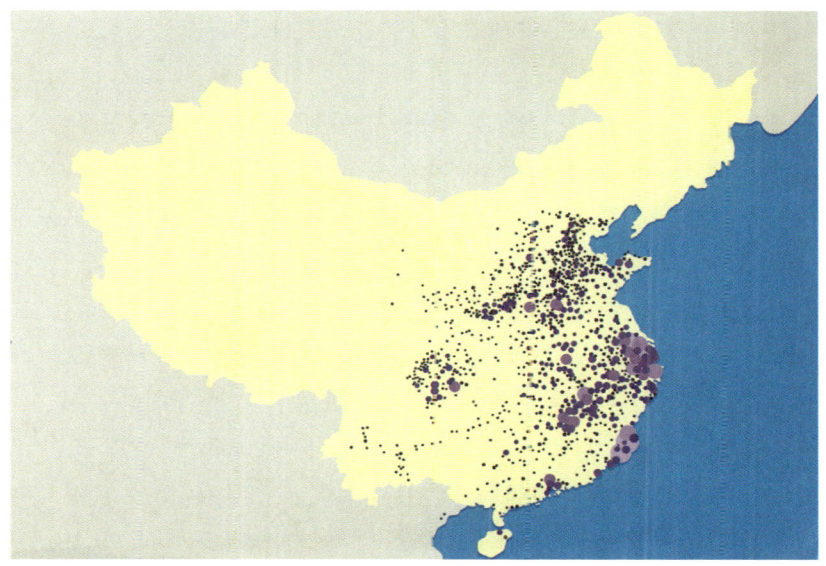

　명 태조는 상업 활동으로 인한 사회적 유동을 최대한 억제하기 위해 지폐 사용과 대외무역을 금지하는 한편 군인 역시 군호軍戶를 별도 편성하여 직업을 계승하도록 하였다. 또 농촌 인구의 유동을 막기 위해서 이갑제里甲制를 실시하였다.
　홍무 14년(1381), 호적과 조세대장인 부역황책賦役黃冊을 근거로 전국의 모든 향촌을 이갑제로 재편하였는데, 110호를 기본 편제인 1리로 하고, 부유한 10호를 이장호里長戶로 삼고, 그 밖의 100호를 갑수호甲首戶로 구분하되 부역을 부담할 수 없는 가난한 집은 별도로 기령호畸零戶로 편성하였다. 매년 이장호 가운데 1명의 이장과 10호의 갑수가 차역差役을 맡고 부역황책은 10년마다 개정하도록 하였다.
　하지만 빈부 격차가 심하고 인구가 과밀한 강남과 이주민으로 이루어진 북중국은 토지 소유와 향촌 구성원 등 기본 여건의 차이가 컸다. 거기에 자연재해나 조세 부담으로 농민은 더욱 영세화되자, 농민은 생활을 유지하기 위해 부업을 해야 했고, 이것이 시장을 더욱 확대시켰으며, 남미 등지에서 은이 대거 유입되면서 상업의 발전을 촉진하니 빈부 격차는 더욱 심화되었다.

이장이나 양장糧長[37] 대신 신사紳士가 사회의 주도층으로 성장한 것도 이갑제 붕괴를 촉진하였으나 조세 부담 등을 피하려고 도주호가 발생하면 잔류하고 있는 주민에게 조세 부담을 전가한 것이 이갑제 붕괴의 결정적 요인이 되었다. 자신에게 전가되는 도주호의 조세 부담을 면하려면 도피 외에는 다른 방법이 없었다. 이런 모순 때문에 도주는 도미노처럼 연이어 발생하였다. 인구 유동을 막기 위한 이갑제가 오히려 공기의 대류처럼 유동을 촉진하는 구조적 모순을 낳은 것이다.

다양하고 유동적인 향촌 사회를 이갑제라는 하나의 틀 안에 넣고 규격화하는 것 자체가 무리인데, 이것을 장기적으로 유지하고 운영하는 것은 더더욱 어려운 일이었다. 자연스레 부역 단위로서 이里의 기능이 약해지면서 호戶 대신 토지를 부과 대상으로 하는 일조편법一條鞭法이 도입되었다.

3) 산간으로의 이주

명 말인 1630년경 인구는 2억 명에 근접한 것으로 추산한다. 이처럼 인구가 늘어나자 토지 이용이 더욱 세밀해졌다. 곡창지대였던 강남은 더욱 고수익을 창출할 수 있는 견직물 제작으로 돌아서면서 벼농사보다는 뽕나무를 대량 식재하였고, 호남·호북이 새로운 곡창지대로 주목받았다. 개간이 어려운 산지나 구릉지를 제외하면 개간이 가능한 평야

---

37 남직예南直隷·절강浙江·호광湖廣·강서江西·복건福建 등 조세 부담이 큰 지역에는 별도로 양장糧長을 두어 '구區'라고 하는 별도의 관할 범위를 부여하여 징세를 감독하게 하였다. '구區'는 기존의 '도都'를 기초로 한 것이었다.

지대가 더는 남지 않은 상태에서 농토를 갖지 못한 농민은 유민으로 전락하여 인구가 상대적으로 희박한 산간이나 변방으로 가서 생계 수단을 찾지 않으면 안 되었다.

　유민은 영락永樂 연간(1403~1424)에 처음 발생하였지만, 선덕宣德 연간(1426~1435)에 이르러 심각한 사회 문제로 대두되었다. 토지를 잃은 농민들이나 과중한 부역을 피하려는 농민들이 고향을 등지고 뿔뿔이 다른 곳으로 이주하였다. 선덕~성화成化연간(1426~1487)에 하북·하남·산동·산서·섬서에서 도망한 농민 100만~200만여 명이 하남과 호북의 교계지에 있는 형주부荊州府·양양부襄陽府의 산간으로 유입되었다.[38] 강서에서는 운남과 귀주로 대거 이주하기 시작하였다. 명조는 산간으로 유입되는 인구를 통제하기 위하여 전담 행정기구를 설치하였지만 굶주린 유민의 유입을 막을 수는 없었다.

　명조가 무너지고 청조가 수립되던 1630~1640년대는 서구 역사학자들이 '소빙하기'라고 부르는 시기와 대체로 겹친다.[39] 계속된 한랭화와 가뭄으로 기후 요란이 심해지자 이는 다시 전염병과 황재蝗災를 촉발하였다.[40] 거기에 임진전쟁과 청조와의 만주 공방전으로 재정 적자가 커지면서 조세와 군역의 부담이 가혹해졌다. 임진전쟁 이후 일본이 쇄국정책을 추진하여 대일본수출이 막히자 은의 유입이 격감하였고, 이는 다시 판매 부진과 물가 폭등이라는 모순된 현상을 함께 불러왔다.

38　이들은 주로 농사 외에도 목재나 광물 생산, 숯과 버섯 생산 등에 종사하였는데, 오두막에서 산다고 하여 '붕민棚民(오막살이 사람들)'이라고 하였다.

39　이 시기는 태양활동이 저하된 시기로 '태양의 불규칙 활동기(Maunder minimum)'라고 불린다. 당시 기후는 기근과 역병으로 엄청난 사망을 가져온 일본의 칸에이寬永대기근(1630년대 말~1640년대 초)과도 일치한다.

40　1630년대 말부터 1640년대 초까지 화북지방에서 광범위하고도 치명적인 역병이 발생하였다.

게다가 가뭄으로 시달리던 산서와 섬서 일대를 뒤흔든 엄청난 지진으로 이재민이 속출하였다.[41] 이처럼 각종 악재가 한꺼번에 명조에 몰려왔다. 더는 견딜 수 없는 혹독한 여건 속에서 유민들은 반란을 일으켰고, 이자성李自成이 이끈 반란군은 북경을 점령하고 명조를 멸망시켰다. 한편 관리들의 가렴주구와 극심한 빈부격차에 시달리던 사천 주민들은 장헌충張獻忠이 주도한 반란군을 반갑게 맞았지만, 관리, 대지주, 중소지주로 확대되는 대규모 보복 학살이 이어지자 일대 공포에 휩싸이게 되었다. 기존의 사회적 질서가 무너지자 생존을 위한 무차별적 투쟁이 벌어지면서 사천의 인구는 10% 미만으로 줄어들었다. 이후 사천은 빈 땅을 찾아 유입되는 인구로 빠르게 채워졌지만 명말청초의 혼란은 중국사에서 가장 참혹한 사건의 하나로 남았다.

---

41 1556년에 발생한 이 지진으로 83만여 명이 목숨을 잃었다. 이는 세계 최대 지진 피해로 기네스북에 등재되었다.

제2절 내부 프론티어의 종식과 본격적 이산

1. 청의 인구증가와 생태계와의 부조화

1) 지구온난화와 인구증가

명말 청초의 혼란과 청의 정복전쟁 등의 여파로 인구는 다시 감소세에 들어서 강희제康熙帝(1661~1722) 초년에는 약 1억 6천만 명으로 4,000만 명이 줄어들었다. 하지만 정치적 안정과 조세제도의 개혁, 특히 인두세의 철폐로 인구는 신속하게 증가하기 시작하였다. 불과 100여 년 뒤인 1800년에 청의 인구는 3억을 돌파했고, 50년 뒤인 1850년에 다시 4억 3천만 명으로 증가하였다.[42]

100년이란 짧은 시간에 두 배가 늘어나 3억 명이 되었다는 것은 연평균 인구 증가율이 1% 가까웠음을 말해준다. 그리고 1770년대 이후 증가율이 약간 완화되었음에도 1850년에 4억 3천만 명으로 증가할 수 있었던 것은 강력한 복리효과 때문이다. 전근대사회에서 이 정도의 증가율이 장기간 지속된 것은 매우 특이한 경우에 속한다.

그러면 18세기에 인구가 이렇게 급증한 원인은 무엇일까? 전통 농업사회에서의 출생률이 급격한 변화를 보이기 힘들다는 점에서 인구학자들은 출생률 증가보다는 사망률 감소에서 그 해답을 찾고 있으나 아직 정답을 찾지 못한 상태이다. 다만 사망률 감소에 대해서는 다음과 같은 몇 가지 해석이 제기되고 있다.

---

42 1800년 러시아의 인구가 4,000만, 일본이 3,000만, 영국이 1,100만 명 규모였던 점을 고려해보면 청조의 인구 3억은 비교가 불가능한 정도였다.

첫째, 청조가 오랜 기간 누렸던 평화와 안정의 결과다. 이 시기는 중국사에서 가장 위대한 황제로 손꼽히는 강희제·옹정제雍正帝(1722~1735)·건륭제乾隆帝(1735~1795)가 만들어낸 130여 년에 걸친 전성기였다. '강옹건康雍乾' 전성기에 축적된 긍정적 후광 효과가 인구증가에 큰 영향을 주었다는 것이다.

둘째, 신대륙에서 유입된 이른바 '콜럼버스 작물'로 알려진 옥수수·고구마·감자·땅콩·호박·담배·면화 등의 재배 면적이 확대되고 재배 기술이 좋아진 점이다. 송대의 점성도 도입에 이어 새롭게 도입된 '종자혁명'은 청대 인구 증가의 중요한 요소임에 틀림이 없다. '콜럼버스 작물'의 장점은 기존에 작물 재배를 포기했던 척박하고 건조한 지역에서 재배할 수 있다는 점이다. 그래서 옥수수·고구마·감자·땅콩·호박은 구황救荒작물로 널리 보급되었고, 담배·면화 등은 상품작물로서 큰 부가가치를 창출하였던 것이 인구 증가에 큰 영향을 주었다는 것이다.[43]

셋째, 의학과 위생의 개선이다. 가장 치명적인 전염병의 하나인 천연두에 관한 면역 방법이 중국에서는 16세기에 이미 널리 알려져 있었다.[44] 이를 통해 역병에 의한 사망자 수가 줄었던 것이 인구 증가에 큰 영향을 주었다는 것이다.

넷째, 아마 가장 결정적 요인은 1700년부터 본격화한 지구온난화였을 것이다. 당시 인구증가는 전 지구적인 현상이었지만 지역에 따른

---

43 신품종의 도입과 육종 기술의 발전은 눈에 잘 띄지는 않지만, 인구증가에 매우 결정적인 영향력을 행사한다. 우리나라 남해안에 자생하는 앉은뱅이밀(난쟁이밀)은 태풍과 거센 섬바람을 견디느라 키가 작다. 이 밀이 임진왜란 때 일본에 전해졌고, 태평양전쟁 이후 맥아더 사령부에 의해 다시 일본에서 미국으로 건너갔다. 미국 육종학자 노먼 볼로그는 키가 커서 잘 쓰러지던 기존의 밀과 이 앉은뱅이밀을 교잡해 키가 작고 이삭이 큰 '소노라'를 탄생시켰다. 덕분에 10ha당 300kg 미만이었던 수확량은 1,409kg까지 늘어났다. 그 결과 엄청난 인구증가에도 불구하고 기아에 시달리는 비율은 크게으로 줄어들었다. 볼로그는 녹색혁명의 공로로 70년 노벨평화상을 수상하였다. [중앙일보, 2008.06.03.]

44 이는 제너(Edward Jenner)가 천연두 백신을 개발한 것보다 200년이나 앞서는 것이다.

긍정적 효과를 중국이 많이 본데다 청조의 정치적 안정과 조세제도 등이 그것을 더욱 상승한 것이 인구증가에 큰 영향을 주었다는 것이다.[45]

2) 인구증가와 환경 악화

1850년 청의 인구 4억 3천만 명은 명 홍무洪武 3년(1370)의 6,000만 명과 비교하면 480년 동안 약 7배나 늘어난 수치였다. 반면 경지 면적은 1723년이 730만 경頃, 1824년 756만 경으로 거의 정체 상태에 있었다. 더는 경작지를 넓힐 수 없게 되자 농민은 그동안 방치된 황무지와 가파른 구릉지를 개간하고, 호수와 습지를 간척하는 등 경작지를 확보하기 위해 갖은 노력을 다하는 한편 토지 이용을 극대화하기 위해 세심한 노력을 기울였다.

하지만 절대 농지가 부족한 상태에서 아무리 세심하게 관리하더라도 노동력 대비 생산성은 계속 저하되었다. 구릉지 개발 역시 홍수와 토양 침식을 가속화 하여 결국 지역의 전체 생산력 저하를 초래하였으며, 호수와 습지 간척은 홍수와 가뭄에 대한 완충력을 급속히 감소시켰다. 과도한 인구는 결국 생태환경에 대한 광범위한 파괴를 불러일으켰고, 그로 인한 악순환 고리는 갈수록 심해질 수밖에 없었다.[46]

갈 곳이 없는 농민들은 생존을 위해 산간으로 이주하는 수밖에 없었다. 호남의 빈농들은 처음에는 호남 서부의 산간으로 이주하였지만, 건륭 연간(1735~1795) 이후에는 자수資水·원수沅水·풍수澧水의 중·상류 유역

---

45 프랑스의 역사학자 브로델Fernand Braudel은 이런 사실을 '동시성의 문제'라고 했다. 온난화의 혜택은 지구상의 모든 국가에 고루 미쳤지만, 러시아 등 북쪽에 위치한 국가에 더욱 집중되었고 중국도 마찬가지였다. 작물 생육기간의 증가는 2배에 달하는 인구증가라는 결과를 야끌어냈다.
46 과도한 인구로 노동력이 넘치자 기계를 이용한 새로운 생산 시설 도입을 망설이게 되었고, 이것은 산업화의 저해 요인으로 작용하였다.

심산유곡을 경지를 개간하기 시작하였다. 강소와 절강의 빈농들은 복건·절강·안휘 남부의 산간으로 이주하여 새로 경지를 개간하였다. 복건과 광동의 빈농들은 접근이 어려운 궁벽한 강서 남부의 산간벽지로 이주하였다. 하지만 어떻게 해도 구조적인 빈곤을 면하기 힘들었고 상태계의 파괴는 갈수록 심각해졌다.

가경 연간(1796~1820)에 사천·섬서·호북·호남·감숙의 경계 지대에서 백련교도白蓮敎徒의 반란이 일어났다. 반란의 주동 세력은 바로 각지에서 이 일대 산간으로 이주한 빈농들이었다.

3) 내부 갈등의 증폭과 혼란

인구가 폭증하면서 생태환경과 경제환경이 파괴되어 가던 청조의 유일한 버팀목은 전통적으로 강세를 보여 온 무역 분야의 막대한 흑자였다. 도자기와 차 등을 세계 각국에 독점 수출하면서 신대륙 발견의 열매를 독식했던 중국은 인구가 가장 많이 늘어나던 시기에 그동안 누려왔던 산업 경쟁력을 점차 상실하기 시작하였다.

1710년, 독일 마이센에서 독자적인 자기 생산 기술이 개발되자 천년에 걸친 중국의 독점 생산이 종식되기 시작하였다. 1780년, 영국은 중국의 차나무를 인도에 이식하여 재배하는 데 성공하였고, 1850년부터 인도 북부 다르질링 지역에서 중국 차 재배에 성공하면서 양질의 차 생산이 본격화되었다. 일본도 집약적 양잠업 육성에 힘쓰면서 비단 수출에 뛰어들어 새로운 경쟁자로 부상하면서 중국 비단산업의 경쟁력은 급속히 위축되었다.

수출 경쟁력을 상실한 중국은 더는 은을 구입할 수 있는 방법이 없었다. 최대의 은 수요처가 없어지면서 국제 은가가 하락하였지만 수백 년 동안 쌓아온 양질의 중국 은을 유럽으로 가져다 되팔면 상당한 이익이 보장되기 때문에 대량 투기자본이 중국에 들어와 은을 구매하면서 중국이 보유한 은이 유출되기 시작하였다. 경제 불황으로 물가는 하락하였으나 은의 유출로 은가는 상승하자 은으로 조세를 내던 모든 납세자에게 조세 부담이 전가되었다.

　기계 면방직 보급으로 농촌의 최대 부업인 방적 생산량이 1875~1905년 사이에 반으로 감소하였다. 생계를 유지하기 위한 개간으로 생태환경이 악화되자, 수리시설 이용을 둘러싼 종족·마을간 갈등과 충돌이 늘어났고, 심지어 계투械鬪라고 집단무력 충돌이 복건과 광동 등지에서 흔하게 일어나기 시작하였다. 또 증기기관선 등장으로 선진적인 해운업이 물류 수송을 독점하자 대운하 중심의 내륙 물류체계가 붕괴하였고, 수많은 실업자가 출현하였다. 이들 대량의 잉여 노동자가 도시로 집중하여 불안정한 직업군에 종사하면서 사회적 불안이 격화되었다.

　남중국에서는 영아 살해가 급증하여 그렇지 않아도 불균형을 이루고 있던 남녀 성비 불균형이 더욱 심해져서 일부 도시에서는 170 : 100까지 이르러 정상적인 결혼이 불가능한 지경에 이르렀다.

2. 변방과 교계지로의 침투

　중국의 인구 이동은 진한에서 송대까지는 북중국에서 장강을 넘어 남중국으로 이주하는 것이 주류를 이루었다. 하지만 명대 이후로는 남중국 내부에서 인구 희소지역으로의 점진적 이주가 주류를 이루었다. 하지만 험준한 산간지대에서도 빈 땅을 찾을 수 없던 유민들은 변방과 해외로 눈을 돌리기 시작하였다. 소수민족의 땅으로 넘겨준 운귀雲貴 고원으로 다시 진출한 한인들은 현지 주민의 토지를 빼앗고 그들을 더 높은 산으로 밀어 올렸다. 동부 연안의 한인에게 발견된 신천지는 바로 대만과 만주였고, 드물지만 건조한 내몽고과 신강도 신천지로 주목의 대상이 되었다.

한인에 의한 식민지 팽창은 결코 순조롭게 진행되지 않았으며 대부분 유혈 투쟁을 수반하였다. 청조는 대학살과 같은 극단적인 방법을 동원하여 이들의 저항을 진압하기도 하였다. 아무튼 한인의 변방 진출은 오늘날 중화인민공화국의 국경을 확정하는 소득을 거두었다.

1) 대만으로의 이주

대만은 오키나와와 달리 국가를 건립하지 못하였고, 해류의 영향 등으로 인해 오랫동안 중국과 교류하지 못하여 명 말까지 그 존재조차 알려지지 않았다.[47] 명 말인 1621년 당시 동남 연해를 장악하고 있던 정지룡鄭芝龍 등이 처음 대만으로 이주를 시작해 명청 교체기에 2~3만 명의 이주민이 팽호와 대만에 거주하고 있었다.

1624년 네덜란드인이 대만 남부를 점령하였지만 1661년 정지룡의 아들 정성공鄭成功에 의해 축출되면서 비로소 중국인에 의한 대만 지배가 시작되었다.[48] 1662년 청조는 정성공 세력을 억제하기 위해 복건 연안 주민의 해안 거주를 금지하였는데, 오히려 많은 주민이 대만으로 이주하는 계기가 되었다. 1680년경 대만의 인구는 총 25만 명이었고, 그 가운데 토착 고산족인 10만, 이주민이 15만 명이었다.

강희 23년(1684), 청이 대만을 정복한 뒤 복건에 예속시키고, 대남에 대만부를 설치하였으나 이주는 제한하였다. 하지만 복건 남부의 장주漳州·천주泉州

---

47 남송 때 처음 대만과 복건성 사이에 있는 팽호澎湖열도로 이주가 시작되었으나 대만으로의 이주는 전혀 이루어지지 못하였다. 그리고 명 태조의 해금海禁정책으로 말미암아 팽호열도의 주민도 복건으로 귀환해야 했다.

48 정성공은 대남臺南을 근거지로 점차 북쪽으로 진출하여 기륭基隆을 개척하였다.

등지에서 이주를 계속하자 옹정 10년(1732)에 부분적으로, 건륭 29년(1764)에 완전히 제한을 풀었고, 1875년에는 일본의 대만 침략을 저지하기 위해 대만 이민을 적극적으로 권장하였다. 대만 이주민 수는 가경嘉慶 16년(1811)에 23만 호, 190만 명에 달하였고 계속 늘어나자 1875년 대북臺北으로 행정 중심지를 이전하였고, 1885년에 복건에서 분리된 대만성으로 독립시켰다. 대만 인구는 1905년에 312만으로 늘었다.

대만의 식민지화 과정에서 한인 이주자들은 원주민들을 난폭하고 무자비하게 진압하였으며, 특히 객가客家집단은 더욱 그러하였다. 한인 이주자의 압박으로 말레이-폴리네시아계 원주민은 비옥한 서부 평야로부터 척박한 동부의 산지로 밀려났다. 청일전쟁으로 대만과 팽호열도가 일본의 식민지로 전락하자 주민들은 대만공화국을 성립하고 저항하였으나 곧 진압되고 말았다. 그 뒤로 60년에 걸친 일제의 지배와 국민당 인수 과정에서 발생한 '2·28사건'(1947)을 거치면서 대만인은 매우 독특한 정체성을 갖게 되었다.[49]

2) 만주로의 이주

변방지대는 인구 밀도가 극히 낮았기 때문에 유민들에게 신개척지로 환영받았고 특히 광활한 만주는 가장 이상적인 이주지로 여겨졌다.[50] 청조는 자신들의 중원 통치가 실패할 경우에 대비하여 발상지인 만주를 복귀할 수 있는 근거지로 남겨두고자 하였다. 또 한인의

49　대만 주민의 정서는 '중국인, 중국인이며 대만인, 대만인이며 중국인, 대만인'이라는 네 가지 정체성을 갖고 있었으나 그 비율은 상당히 빠르게 변하고 있다. 최근에는 '대만인'이라는 정체성이 압도적 주류를 이루고 있으며, 심지어 중국을 별도의 '외국'으로 간주하는 경향마저 나타난다.

50　1620년경 만주에 거주하던 한인은 대략 300만 명이었지만 명청 교체기의 전란으로 200만 명이 관내로 이주하였다. 그래서 청초에는 대략 100만 명만 거주하여 만주 전체가 무인지경이나 다름없었다.

개척 능력을 익히 알고 있었기에 만주지역으로 한인이 이주하는 것을 의도적으로 억제하였음은 물론이고 출입조차 엄격하게 금하였다. 순치順治 연간(1644~1661)에 일시 요동의 개간을 권장한 일이 있었으나 그것도 명대에 설치한 유조변柳條邊 이서로 제한하였고, 강희 7년(1668)에는 개간 자체를 금하였으며, 강희 16년(1677)에는 백두산 일대에 대한 엄격한 출입 제한령을 공포하였다.[51]

하지만 육로를 통한 이주가 끊이지 않았고, 천진과 산동 등주登州에서 발해를 넘어 요동반도에 상륙한 뒤 멀리 송화강松花江 유역까지 이주하는 사람도 있었다. 이주민 대부분은 산서·산동·하남·하북 출신이었고, 그 가운데서도 하북과 산서 출신이 가장 많았다. 청 중기에 이르러 이민자의 수는 130여 만에 달하였다.

만주에 대한 이민 제한을 풀게 한 것은 아편전쟁 이후 계속된 러시아를 비롯한 열강들의 침략이었다. 청조는 러시아의 남하를 막기 위해 1860년대부터 본격적으로 규제를 풀자 1862~1897년 사이 요녕 인구는 284만에서 496만 명으로, 1908년에는 1,100만 명으로, 1930년에는 1,494만 명으로 급증하였고, 길림과 흑룡강 인구도 1820~1911년 사이 각각 56만 명에서 554만 명으로, 17만 명에서 322만 명으로 늘어났다. 1908년 흑룡강은 상해·천진·烟臺 등에 전담기관을 설치하고 적극적으로 이민자 유치에 나서기도 하였다.

만주로의 대규모 이민을 촉진한 것은 20세기 초에 부설된 철도였다. 1920년대 중엽에는 매년 백만에 가까운 중원 지역 한인들이 이주하였다. 1931년, 만주를 점령한 일본은 한인의 이민을 강력히 규제하려고 하였으나 이민 행렬을 되돌리기에는 역부족이었다.

---

51 백두산 일대는 만주족의 '용흥지지龍興之地'라는 이유로 '봉금지구封禁地區'로 지정되었다. 누구도 정착·개간·벌채를 할 수 없었으며 인삼 채취와 담비 사냥 등도 엄금하였다.

3) 내부 식민지로의 이주

더는 미개척지가 없자 한인들은 '내부 식민지'로 눈을 돌리기 시작하였다. 풍부한 자원을 품고 있는 운귀雲貴고원은 한인은 물론 청조에게도 다시 발견된 미개척지로 여겨졌다. 귀주는 목재를 비롯하여 금·은·구리·납·철·수은의 생산지였다. 이들 자원을 확보하기 위하여 청조는 한인의 이민을 적극적으로 지원함은 물론 현지 주민에 대한 강압적인 조치를 마다하지 않았다. 현지 주민어 대한 이동의 자유를 제한하였고, 토착민의 토지를 몰수한 뒤 그 토지를 한족에 인계하였다. 묘족苗族의 종교적 행사를 금지하였고 전통 의상과 머리 모양도 버릴 것을 강요하는 등 토착 문화를 말살하려는 정책을 추진하였다.

묘족은 18세기에 두 번, 19세기 중엽에 한 번, 모두 세 번이나 독립을 시도하였지만 모두 실패로 끝났다.[52] 청조의 강압적 지배에 대한 저항 가운데 가장 대표적인 사건은 1855~1872년어 대리大理에서 벌어진 대규모의 군사적 저항이었다. 양측의 끔찍한 살육전은 결국 청군이 약 3만 명의 회교도들을 학살하면서 끝이 났다.

산서와 섬서 주민 가운데 새로운 토지가 필요한 농민들은 너몽고 중부와 오르도스로 이주하였고, 감숙 동부隴右의 빈민 중에는 은천銀川평야로 이주한 사람들이 많았다. 1930년대 이즈민 총수는 470여만 명에 달하여 이미 몽골족보다 다수를 차지하였다. 당시 몽골공화국으로 직접 이주한 한인도 10만이 넘었다.[53]

청조는 건륭 24년(1759)에 준가르부를 격파하고 신강을 차지한 뒤 감숙의 빈민을 대거 이주시켰고, 그 뒤로도 섬서·사천 주민은 물론 동북 지방으로 보냈던 죄수들까지 신강으로 보내서 건륭 42년(1777), 신강에

---

52 중국 남서부에서는 현지 주민들의 간헐적 저항은 당대부터 명대까지 4년 1회에서 매년 1회로 뚜렷한 증가세를 보였다.

53 당시 현 몽골공화국 경내의 몽골인의 수는 54만 명이었다.

거주하던 한인은 35만 명으로 전체 인구의 절반에 달하였다. 그러자 야쿱베그阿古柏伯克가 이 일대를 장악하고 동치同治 3년(1864), 독립 국가임을 선포하였다.

　청의 일부 관리들은 신강이 너무 멀리 떨어져 있어서 통치하기 힘들다는 이유를 들어 포기를 주장하기도 하였다. 그때 만일 좌종당左宗棠의 강력한 반대가 없었더라면 그렇게 결정될 수도 있었던 상황이었다. 하지만 좌종당은 지공遲攻작전과 난주蘭州에서 제조한 서양식 무기를 활용하여 1878년 야쿱베그를 물리치고 신강을 청의 영토로 재편입하였다. 그때 소름 끼치는 살상이 만연한 것은 지금까지도 이어지는 큰 후유증을 남겼다. 그 뒤 청조는 호남 출신 군인들에게 하미哈密와 빠리쿤巴里坤 등지에서 둔전 개간을 권장하였다.[54] 호남의 군인 중 일부는 이러한 조건에 부응하여 신강에 잔류하였다.

　내부식민지에 한인들을 이주시키는 것은 마치 강물이 흐르듯 홍수기에는 군사적 압력과 함께, 갈수기에는 서서히 배어들 듯 간헐적이지만 꾸준히 진행되었다. 이들에게 밀려난 각지의 원주민은 더 높은 곳으로 이주하여 섬처럼 고립되거나 더 남쪽으로 이주할 수밖에 없었다. 이렇게 초원에서 시작된 인구 이주의 파도는 중원을 강타하였고, 그 파도가 다시 장강을 건너 남중국으로 밀려왔으며, 그 여파는 동남아까지도 영향을 미쳤다. 눈에 띄는 개척의 영웅은 없었으나 북쪽에서 밀려온 파도를 피해 남쪽으로 점진적으로 이주하며 결국 자신들의 영역을 확대하는 중국 이주사의 기본적인 흐름은 시종 큰 변화 없이 꾸준하게 유지되고 있다.

54　청조는 현지에서 배우자를 구하고 정착하기를 원하는 사람이 있으면 소·농기구·종자 등을 빌려주고 일정한 면적의 개간지를 떼어주었다.

3. 객가와 화교

1) 객가의 형성과 그 특성

객가는 광동어로 하카Hakka라고 하며 중원에 거주하던 한인들이 서진 영가永嘉의 난(312), 당말 황소黃巢의 난(875~884), 북송 정강靖康의 변(1127) 등 큰 전란이 발생할 때마다 대거 남쪽으로 이주하면서 형성된 이주민 집단이며, 이주 후 주변과 격리된 상태에서 천년 넘게 독자적 언어와 문화를 유지해 온 독특한 집단이다. 객가의 뿌리는 통상 하락河洛이라고 하는데,[55] 그것은 ①족보의 기록, ②태산석감당泰山石敢當의 전설, ③객가어가 관화官話의 일종이며 하남어와 뿌리가 같기 때문이다. 그래서 흔히 객가어를 고대 한어漢語의 살아있는 화석이라고 칭한다.

객가의 거주지는 전국에 걸쳐 있지만, 광동·광서·강서·복건이 주된 근거지이며, 다시 대만과 동남아 및 세계 각지로 뻗어나갔다. 객가 총인구는 7,000~8,000만 명이며, 그 가운데 해외 80개국에 1,000만 명이 거주하고 있다. 2009년 광동의 경우 총인구의 27.5%인 2,300만 명이 객가이며, 2011년 대만의 경우 420만 명으로 전체 인구의 18%를 차지한다.

객가들은 자신들을 가리켜 복광인福廣人·영동인嶺東人, 혹은 정주인汀州人·소주인韶州人이라고 칭하는 등 주로 지명에 근거한 다양한 호칭을 사용하였다. '객가'라는 용어는 객가 연구의 대가인 나향림羅香林[56]이 사용한

---

55 객가에 대해 최초로 체계적인 연구를 시작한 사람은 청清의 혜주부惠州府 사람 서욱증徐旭曾으로써 그는 『풍호차기豊湖劄記』(1815)에서 간략하지만 객가의 남천이 송·원대에 이루어졌으며 그 근거지가 중원임을 주장하였다.

56 나향림(1906~1978)은 청화대학 사학과를 다니면서 양계초梁啟超·왕국유王國維 등에게 수학하였다. 中山대학·香港대학·珠海書院의 교수를 역임하였다. 41권의 저서와 300편의 논문을 발표하였으며 族譜學을 창안하여 甲骨學·敦煌學·簡牘學과 함께 역사학의 새로운 영역을 개척하였다. 『客家研究導論』·『客家源流考』·『客家史料彙篇』등을 통해 객가 연구의 기초를 확립하였다.

학술용어에서 시작되었으나 곧 모든 객가인들에 의해 받아들여지면서 정착되었다.

　객가가 중원 각지에서 출발하였고, 이주를 시작한 시기가 다르며 각지로 흩어져 정주하였기에 성씨와 언어 모두 다양성을 지니고 있음에도 북중국의 고유 전통을 그대로 유지할 수 있었던 것은 친족과 마을 단위로 이주한 데다 인구가 적은 광동·강서·복건 교계지에 정착하여 주위 사람들과 교류하지 않았기 때문일 것이다. 아마 객가 특유의 언어와 관습 등은 늦어도 남송 때 이미 형성된 것으로 보인다.

　전란을 피해 장거리를 이주해 온 대규모 이주민 집단이기 때문에 객가인들은 강인한 적응력과 단결력을 지니고 있었다. 또 척박한 교계지에 정착하면서 주변의 선주민과 경작지 등을 놓고 갈등관계에 있었기 때문에 더욱 배타적인 성격을 지녔을 것으로 보인다. 객가들은 자신들의 단결을 유지하고 토착민과의 대결에서 자신을 지키기 위해 공동주택인 토루를 건설하고 집단 생활을 하며, 농지 부족으로 상업에 종사자하는 비중이 크다.

[사진 8-1] [복건성 남정현 전라갱]

[사진 8-2] [복건성 남정현 회원루-1]

[사진 8-3] [복건성 남정현 회원루-2]

[사진 8-4] [복건성 남정현 회원루-3]

[사진 8-5] [복건성 남정현 유창루-1]

[사진 8-6] [복건성 남정현 유창루-2]

2) 해외 이주의 활성화

　중국은 방대한 영토와 인구를 지니고 있어 항상 막대한 국내 유통 수요가 존재하였다. 또 지속적인 경제 발전과 무역은 수많은 외국인을 유입하게 하는 요소였다. 반면 중국인의 대외무역은 한대 실크로드의 개통으로 시작되긴 했지만, 소수에 불과했고 중국인의 해외 진출은 당대부터 시작되었다고 할 수 있지만 여전히 예외적인 경우에 해당하였다.[57] 남송 때는 국가의 적극적인 대외무역 장려책과 함께 인구 증가로 인해 복건과 광동지방을 중심으로 해외 진출이 비로소 이루어지기 시작하였고

57　당말 황소의 난 때 광주에서 살해된 외국인만 12만 명이었고, 송대 개봉에 유태인이 거주하기도 하였다.

원의 중국 지배로 해외와의 교류가 일상화되었지만, 해외 이민에 대한 정부와 사회의 부정적 인식은 여전히 강고하였다.[58]

한편 청초까지 남아 있던 사천성 등 미개척지는 내부 이주에 의한 사회적 동력을 유지하게 한 중요한 요인이었다. 하지만 청말 대만·만주·신강·운남 등에 대한 이주를 끝으로 마지막 프런티어가 사라지고 말았다. 게다가 차 무역 붕괴로 중요한 수입원을 상실한 남중국 사람들은 새로운 삶의 길을 모색해야만 했다. 여기에 우선 이주의 대상으로 등장한 것은 동남아였다. 동남아는 지리적으로도 가깝지만 명대 정화의 해외 원정을 통해 화교사회의 기초가 닦여 있었던 것도 결정적인 영향을 주었다. 또 서구 제국주의의 식민지가 된 동남아에서도 중국의 저렴한 노동력과 수공업 제품에 대한 수요가 있어 중국인들의 이주를 촉진하였다.[59]

또 1840년대 마침 반노예운동이 확산되면서 각국에서는 아프리카 출신 노예를 대체할 수 있는 노동자로 중국인을 주목하기 시작하였다.[60] 이에 값싸고 양질의 노동자를 필요로 하는 쿠바·하와이·수마트라의 사탕수수, 페루·말레이시아 광산으로 중국 노동자들이 대거 이주하기 시작하였다.[61] 1848년 캘리포니아 골드러시로 대륙횡단철도의 건설이 추진되자 중국인 노동자 쿠리苦力가 대거 고용되어 철도 공사에 투입되었다.

---

58 당대부터 남송까지 동남아로 이주하여 정착한 인구는 10여만 명으로 추정한다.

59 아편전쟁(1840) 이전 동남아로 이주하여 정착한 인구는 100만 명을 상회한 것으로 추정한다.

60 아프리카 노예무역은 포르투갈이 자국 노동력 보충을 위해 시작했고, 1517년부터는 신대륙 경영을 위해 보내기 시작했다. 이후 에스파냐, 네덜란드가 가세했고, 1620년부터는 영국이 중심이 되어 노예무역 독점권을 획득하고(1713) 2,704척의 노예무역선을 운영하였다. 1807년 노예무역이 법으로 금지되었지만 사실상 1850년까지 계속되었다.

61 노예 청부업자들이 대거 중국에 몰려와 노동자 송출에 종사하였으며, 국제 정세에 대한 이해와 법적 계약 등에 무지했던 대다수 노동자는 노예와 다를 바 없는 혹독한 대우와 노동에 시달려야 했다. 페루에 도착한 1만여 명의 중국인 노동자들은 사슬에 묶인 채 노동해야 했고, 하와이에서도 하루 12시간의 중노동에 시달려야 했다.

그 결과 1830년에 미국 서부에만 10만 명 이상의 중국인이 거주하였지만, 미국 정부는 값싼 노동력을 원할 뿐 정착을 노골적으로 기피하여 여성의 이주를 금지하였다. 또 1882년에는 미국 시민권 취득과 이민을 금지함으로써 차이나타운은 남자만 사는 사회가 되었고, 독신사회의 병폐를 이유로 중국인의 입국과 권리를 다시 배척하는 일이 반복되었다.[62]

이러한 악조건 속에서도 중국인의 정착이 조금씩 이루어지기 시작하였다. 계약 기간이 지난 뒤 대다수가 정착한 하와이에는 1900년 무렵 25,000명의 중국인 공동체가 형성되었다. 이주 노동자 대부분이 문맹이었지만 돈을 번 뒤 자녀들에게 중국어와 한문을 교육하는 등 문화적 결속은 화교 공동체의 가장 큰 특징이 되었다.

3) 화교사회의 형성

청말 인구의 폭증과 그로 인한 경제 및 생태환경의 파괴, 빈곤의 만연 등으로 노동자 이주가 크게 활성화되었지만, 아무래도 그 중심은 복건성과 광동성[63]이었다. 복건성과 광동성은 인구가 과밀한 지역이기도 했지만, 복건성과 광동성 자체가 오랜 이민의 전통과 관습을 가지고 있었던 점도 해외 진출에 크게 영향을 주었다. 그 결과 1840~1940년까지 총 700만 명의 노동자가 해외로 송출되었고, 그 밖에도 또 500만 명이 이주하여 총 1,200만 명이 세계 각국으로 이주하여 화교華僑 사회를 성립하였다.[54]

---

62 10만 명의 중국인 가운데 여성은 3,000명에 불과하였다.

63 광동성과 복건성은 산이 많고 경지가 적은 인구 과밀지역이어서 일찍부터 해외이주하기 시작하였다. 이들에 주요 목적지는 대만臺灣과 동남아東南亞의 각 섬이었다. 1850년~19세기말에 광동성 대산현臺山縣에서 해외로 이주한 사람만 무려 20만 명에 달하였다.

64 '화華·호하華夏'는 중국의 대명사이며, '교僑'는 외지에서 거주한다는 뜻이다. 고대부터

이들 해외 이주 중국인에 대하여 당송~명청대까지 가장 널리 쓰인 호칭은 '당인唐人', 혹은 '당산인唐山人'이었다. 청대에 비로소 '화인華人'과 '한인漢人'이라는 호칭이 쓰였고, 청말에 '화인華人·화공華工·화상華商' 등의 호칭이 사용되었다. 1878년, 주미대사 진란빈陳蘭彬이 제출한 주장奏章에서 '교민僑民'이란 호칭을 사용한 것처럼 여전히 교민이란 용어가 쓰였지만 1883년 이홍장李鴻章에게 보낸 정관응鄭觀應의 주장奏章에서 처음으로 '화교華僑'라는 호칭이 등장하였다. 1904년 청조 외무부 공문에서 '화교'란 용어를 수용하면서 현재와 같은 의미로 자리 잡았다.

화교의 출신지역은 광동과 복건이 절대 다수를 차지하며, 화교의 90%는 거주지 국적을 취득하였고, 현지 적응과 결혼 등으로 인해 화교 사회는 다양한 모습을 지니고 있다. 현재 화교는 1997년 현재 5,500만 명으로 추정되며, 복건·광동 출신의 동남아 이주가 가장 많아 한때 650만 명을 넘었다. 동남아시아 화교가 전체 화교의 85%를 차지하고 있으며, 1900년경 이미 50만 명이 거주한 인도네시아가 현재 600만 명으로 가장 많고 태국(470만)·말레이시아(510만)가 그 뒤를 잇고 있다. 1991년 현재 싱가포르 총인구의 76%, 말레이시아의 30.5%, 브루나이의 23%, 타이의 11%, 인도네시아의 3.6%를 차지한다.

화교들은 1980년대부터 추진한 개혁개방에 필요한 자본의 상당 부분을 지원함으로써 중국 경제의 성공적인 발전을 이끄는데 결정적으로 기여하였다.

고향을 떠나 외지에서 거주하는 사람을 가리켜 '교인僑人·교사僑士'라고 칭하였다. 화교華僑는 해외에 거주하는 중국인을 뜻한다. 당송대까지 해외로 이주한 중국인을 뜻하는 특정한 호칭은 없었다. 남북조시대에는 '한인漢人' 혹은 '교인僑人'이라고 했고, 『수서隋書』 「식화지」에도 '교인僑人'이라고 하고 "중원에서 전쟁이 발생하여 원제元帝가 강좌江左로 이주한 뒤로 남쪽으로 자원하여 이주한 백성을 가리켜 교인僑人이라고 칭하였다"라고 설명하였다.

제3절 과도한 인구압과 '계획생육'

1. 잘못된 생각과 다산정책

1) 중국의 인구관

중국은 전통적으로 다자다복多子多福 관념을 유지하였으며, 인구는 노동력과 부의 원천으로 출산을 매우 긍정시하며,[65] 유가의 윤리가 그것을 뒷받침하고 있어 산아제한의 필요성이 공식적으로 제기된 적이 거의 없었다.[66] 이는 유럽도 마찬가지여서 인구가 생산력과 국방력의 원천이라고 간주하였고, 특히 중상주의 시절 저렴한 임금을 바탕으로 상품을 생산하여 수출하기 위해서는 인구증가가 필수적이라고 보고 인구 부양책을 적극 추진하였다.[67]

중상주의가 인구의 질보다는 양을 중시하고 노동자를 착취의 대상으로만 보았던 것[68]과 달리 인구증가의 사회적 의미를 본격적으로 제시한

---

65 출산에 영향을 주는 일반적 요소는 신체적, 사회적, 경제적 요인으로 나눌 수 있다. 사회학적 요인으로는 가족규모·자녀에 대한 가치와 규범, 혼인규범과 결혼의 안정성, 피임과 인공유산, 양육에 따른 경제적·심리적 이익 등이다.

66 플라톤은 최초로 적정인구 개념을 제시하여 인구 통제를 주장하였고, 원시사회에서는 영아살해, 부부동거 제한, 노약자 유기 등을 통해 식량 문제를 해결하는 관습을 찾아볼 수 있다. 투발루의 Funafuti족은 홀수 번째 출생한 아이만 기르고 짝수 번째 출생한 아이는 살해하는 제도가 있고, Kingsmill섬에서는 둘째부터 살해하는 제도가 있었다. 피지에서는 유아가 만 2세가 될 때까지 부부 동거가 금지되었으며, 일본에서는 '솎음(間引き)'라는 허약한 영아 살해 풍속이 있었다. 고려장 유기는 매우 흔하게 찾아볼 수 있는 관습이다.

67 출산에 영향을 주는 일반적 요소는 신체적, 사회적, 경제적 요인으로 나눌 수 있다. 사회학적 요인으로는 가족규모·자녀에 대한 가치와 규범, 혼인규범과 결혼의 안정성, 피임과 인공유산, 양육에 따른 경제적·심리적 이익 등이다.

68 유럽에서 중상주의가 성행하였을 때, 프랑스에서는 6세가 되면 공장에 보내야 하며 이를 어길 경우, 벌금을 지출해야 한다는 규정이 있을 정도였다.

것은 맬서스(1766~1834)의 『인구론』이 출판된 뒤부터다.[69] 도시 빈민 증가 문제에 주목한 맬서스는 인구증가가 사회악의 근원이라고 생각하고, 방치할 경우, 인구는 기하급수적으로 증가하지만, 식량은 산술급수적으로 증가한다며 빈곤의 필연성을 주장하였다.[70]

 1840~1949년까지 109년 동안 아편전쟁, 중일전쟁, 국공내전 등 전쟁이 그칠 날 없었지만, 중국의 인구는 1억 3천만 명이 증가하였다. 따라서 맬서스의 인구이론은 일찍부터 중시되었으며, 중화인민공화국 건국 직후인 1949년부터 결혼 허가 연령을 남자 22세, 여자 20세로 정한 것도 그 때문이다. 하지만 남초 현상과 혼례비용 때문에 어린 신부와 결혼하는 일이 많아서 법 규정이 사문화되었던 것이 당시의 현실이었다.

 북경대학 총장이었던 마인초馬寅初(1882~1982)는 사회주의 계획경제의 시작은 인구에 대한 통제로부터 시작된다며 적극적인 산아 제한을 주장하였다. 마인초는 1949년 5억 4천만 명이었던 중국 인구가 1953년에 6억을 넘어섰고, 인구 증가율은 2%였다며 적극적인 대응책 마련을 강조하였다. 유소기劉少奇는 출산 제한에 찬성하였고(1954), 모택동도 이를 경제발전5개년계획에 포함시키라고 지시하였다(1956.3).

---

69 맬서스는 영국의 경제학자이자 성직자로서 1798년 『미래사회의 개선에 영향을 미치는 인구 원리에 관한 일론』을 출간하였다. 당시 영국은 미국의 독립전쟁, 프랑스 대혁명, enclosure운동으로 인한 농민의 도시 집중, 곡물법 제정으로 외국에서 값싼 곡물 수입 금지되어 곡가 상승 등 극도의 혼란 상태에 있었다.

70 맬서스는 영국 인구가 25년마다 2배로 증가하지만 식량생산은 처음 25년만 2배로 증가할 뿐 이후 산술급수적으로 증가한다고 보았다. 맬서스는 당시 700만의 영국 인구가 1,400만, 2,800만으로 증가하더라도 부양 가능한 인구는 1,400만, 2,100만 명이라고 보았다. 맬서스의 인구론은 식량 증산에 관한 과학기술의 영향을 과소평가하였고, 인구증가를 억제하는 유일한 수단을 도덕적 억제에 국한하고 피임 등을 무시하였으며, 인구증가를 식량 문제에만 국한하였다는 비판을 받지만, 인구이론의 의미는 여전히 높이 평가받고 있다.

[표 8-2] 20세기 중국 인구 통계		
연도	총인구	비고
1913	4억 3,200만 명	
1928	4억 7,478만 명	
1939	5억 1,756만 명	
1948	4억 6,100만 명	
1953	6억 19˙만 명	제1차 전국 인구 조사
1964	6억 9,458만 명	제2차 전국 인구 조사
1982	10억 818만 명	제3차 전국 인구 조사
1990	11억 3,368만 명	제4차 전국 인구 조사
2000	12억 4,260만 명	제5차 전국 인구 조사
2010	13억 7,053만 명	제6차 전국 인구 조사
2020	14억 1,178만 명	제7차 전국 인구 조사

2) 모택동의 '계급투쟁만능론'과 마인초의 비극

1957년 다인초는 '신인구론'을 발표하여 부부 당 2명으로 출산을 제한하고 초과할 경우, 세금을 부과할 것을 주장하였다.[71] 하지만 곧이어 시작된 반우파투쟁과 대약진운동으로 마인초는 우파 맬서스주의자로 몰려 북경대 총장직에서 해임되었고, '인구가 많을수록 노동력이 풍부해진다'는 극좌파의 주장에 맞서 누구도 산아제한 문제를 거론할 수 없었다.[72]

모택동은 과도한 인구 증가가 초래할 여러 문제를 잘 인식하고 있었지만, 한편으로는 미국과의 대결을 위해 8억까지 인구를 증가시켜야 한다는 생각도 갖고 있었다. 그것은 계급투쟁이 역사발전의 원동력이라는 막스 이론에 입각한 논리로서 미국을 비롯한 '제국주의' 세력과의 제3차 세계대전이 불가피하다는 견해였다. 그리고 현대 무기로 무장한 미국과의 전쟁에 맞설 구체적인 대응책으로 모택동이 생각한 것은 중국의

---

71 1957년에 결혼연령을 남녀 각각 20·18세 이상으로 규제하는 혼인법이 통과된 것도 이와 같은 노력의 결과였다.
72 막스(1818~1883)는 맬서스의 인구이론을 비판하면서 과잉인구 대신 상대적 잉여인구란 개념을 제시하였다.

최대 장점인 많은 인구를 이용한 비정규전 전략이었으며, 그를 위한 적극적 다산정책이 필수적이었다.

이렇게 인구 문제를 이데올로기 투쟁의 수단으로 접근한 결과, 인구 문제는 20년간 누구도 감히 관여할 수 없는 성역이 되고 말았다. 그 결과 중국 인구는 1969년 8억, 1980년 9억 7천만 명으로 급속하게 늘어나고 말았다.

3) 다산정책 추진의 후유증과 인구 전망

적극적인 산아제한 없이는 무한정 늘어가는 인구를 통제할 방법이 없던 중국에서 다산을 권장하는 정책이 추진된 결과 중국 인구는 1963~1970년 사이에 가장 빠르게 증가하여 1970년에 8억 5천만 명을 초과하였다. 게다가 20세 이하가 50%, 30세 이하가 65%나 되는 전형적인 피라미드형 인구 구조를 갖게 되었다. 이는 1980년 이후 매년 평균 2천만 명 이상 결혼과 출산에 들어가게 되며, 만약 부부당 2.2명을 출산할 경우, 2000년이 되면 중국 인구는 13억이 되고, 2020년에는 15억이 될 것임을 뜻하는 것이다.

1970년부터 8억 5천만 명이 넘는 인구가 각종 사회경제적 압박 요인이 되자[73] 산아제한 필요성이 자연스레 제기되기 시작하였다. 이에 1970년대 초부터 3명의 자녀를 가장 이상적이라고 강조하고 산아제한에 나서기 시작한 결과 1971~1979년 사이 5,600만 명의 산아제한이 이루어졌고, 1979년이 되자 1970년에 비해 신생아가 1,000만 명이나 감소하였다.[74]

---

73 1인당 필요한 연평균 양식은 최소한 800kg이므로 인구가 1억 증가하면 8,000만 톤의 식량이 필요하게 된다.

74 1949년 이후 30년 동안 6억 명이 출생하였고, 사망자를 제외한 순 증가가 4억 3천여만 명이었다.

게다가 1980년을 기점으로 10억 인구 돌파가 예상되자 인구 문제는 더욱 초미의 관심사가 되었고, 마침 등소평이 집권하여 개혁개방노선을 채택하면서 중국 정부는 더욱 본격적인 산아제한정책이 필요하다고 판단하고 1978년에 부부 당 1명이 가장 이상적이고, 최대 2명으로 제한한다는 출산정책을 헌법에 명기하기에 이르렀다. 그리고 다음해인 1980년부터 부부 당 자녀를 1명으로 제한하는 정책이 본격적으로 추진되기 시작하였다.

1980년 당시 중국 정부는 총 5억 명의 노동인구가 2000년에는 6억 명으로 늘어나고, 2000년 이후 매년 1천만 명씩 증가하되 2010년 이후부터 인구 증가 문제가 조금씩 완화될 것으로 기대하였다.

2. 강압적 산아제한정책과 통제

1) 전면적인 산아제한 전쟁의 추진

중국 정부는 1979년부터 결혼연령을 남자 26세, 여자 23세로 정하는 등 만혼정책과 함께 1가구 1자녀, 남녀평등을 통해 인구 억제정책을 추진하였다. 또 셋째 자녀를 갖는 경우 14세가 될 때까지 월급 10% 감봉, 무상교육·의료·식량 공급을 중단하는 억제 조치도 병행하였다. 그 밖에도 한자녀 가정에만 주택을 우선 제공하고, 퇴직 후 월급 80%의 연금을 지급할 것을 제도화하여 1970년의 1일 72,000명에 달하던 출생아 수를 1979년에는 47,000명으로 44%나 감소시켰다. 2000~2003년 연평균 인구증가율은 0.6%였다.

2) 강력한 초과 출산 통제와 인구 조사

중국 정부는 각 지역 출생자 수에 대한 목표를 설정하고, 각 하부 단위에 배정하는 방식으로 출산을 철저히 통제하기 시작하였다. 우선 결혼은 각 직장·단위의 사전 허가를 받아야 했고, 출산도 단위별 쿼터 내에서 사전 허가를 받도록 하였다. 그리고 허가 외 임신은 강제 중절 수술에 처할 것을 의무화하였으며, 1980년대 후반부터는 정기 초음파 검진을 통해 철저하게 출산을 억제하였다.

그와 동시에 혼외 출산자나 초과 출산자에게는 사회부양비社會撫養費란 범칙금을 부과하였다. 1명일 경우 평균 연봉의 3~10배에 달하는 범칙금을 납부해야 했고, 2명일 경우 6~20배의 범칙금을 납부해야 했다. 범칙금의 부담이 크기 때문에 농촌에서는 통상 6년 분할 납부를 원칙으로 하였다. 만약 범칙금을 미납할 경우, 재산을 몰수하고, 범칙금에 해당하는 주택의 부분 철거 등 초강경 대처로 인한 사회적 갈등도 적지 않았다.[75] 이처럼 강력한 산아제한정책을 추진할 결과 지난 30년 동안 약 4억에 달하는 출산을 억제한 것으로 평가하고 있다.

중국의 인구정책과 관련해 가장 주목을 받고 동시에 논란이 되는 것이 바로 인구 조사의 정확성과 신뢰성이다. 이에 대해서는 매우 부정적·긍정적인 두 가지 대조적인 인식이 있는데, 전자는 중국의 넓은 지역과 많은 인구의 특성상 정확한 통계의 작성이 곤란하다는 것이고, 그 대표적인 예로 호적에 등재하지 않은 초과 출산자, 일명 흑해자黑孩子[76] 문제를 지적한다.

---

75 농촌 지역의 행정부서에서 가장 많은 인력과 예산을 투입하는 분야가 바로 초과출산을 단속하는 조직이다. 또 가장 큰 수입 가운데 하나가 바로 초과출산에 따른 범칙금이다. 따라서 초과출산이 전혀 없는 이상적인 상태가 되면 대규모 인력 조정과 예산 감축이 불가피하는 것이 명백한 모순으로 존재한다.

76 중국은 엄격한 호적제도를 유지하고 있는 국가로서 출생신고를 하지 않을 경우 취학과 취업은 물론 은행거래와 기차표 구입에 이르기까지 엄청난 불이익이 따르게 된다. 특히 전산화가 보편화되면서 호적이 없는 사람들이 겪는 불편은 상상하기 힘들 정도다. 현재 혼외 출산자와

반면 후자는 인구 통계는 중국 정부의 최대 관심사일 뿐 아니라 식량과 에너지 소비 등 세계 경제와 밀접한 관련을 맺고 있기 때문에 유엔을 비롯한 유관 기관의 긴밀한 협조와 국제적 관심이 집중되는 것이어서 그 정확성과 신뢰도가 상당하는 견해다.[77]

3. '가족주의' 사회의 가족해체

1) 최근 인구 상황

중국 인구정책의 근간은 2004년에 제정된 '중화인민공화국헌법' 제25조와 제49조[78], 그리고 2002년 9월부터 실행되고 있는 '중화인민공화국 인구여계획생육법中華人民共和國人口與計劃生育法'[79]이었다. 중국의 인구는 정부의 적극적인 인구정책의 실행으로 출산율은 1970년의 3.34%에서 2012년의 1.21%로 감소하였고, 인구 증가율은 1970년의 2.58%에서 2012년의 0.49%로 감소하였다. 이는 세계평균의 1/2 수준이다. 1970년 출생자는 2,739만 명이고 순 증가자는 2,321만 명이었으나 2012년

초과 출산자의 호적에 관한 중국 정부의 명확한 법적 규정이 없는 상태이며 각 지방정부의 재량에 따라 처리하고 있는 실정이다. 黑孩子는 2010년 인구 조사 결과 1,300만 명을 초과한다고 하지만 사회에서는 통상 그 숫자를 3,000만 명으로 보고 있다.

77 중국인 인구 조사에는 총 600만 명의 인력이 동원되며 2010년 북경시의 경우 총 6억元 (1080억원)의 예산을 지출하였다.

78 제25조에는 "국가는 계획 출산을 추진하여 인구 증가와 경제 및 사회 발전 계획이 상응하게 한다(國家推行計劃生育, 使人口的增長同經濟和社會發展計劃相適應)."고 하였고, 제49조에는 "부부 모두 계획 출산의 의무를 실행하여야 한다.(夫妻雙方有實行計劃生育的義務)."고 명기되어 있다. 이 조항은 2018년 개정 헌법에도 그대로 유지되었다.

79 '計劃生育法' 2조에는 "중국은 인구가 많은 국가이며 계획 출산의 실행은 국가의 핵심적 기본 국책이다"라고 명기되어 있다.

출생자는 1,635만 명이고 순 증가자는 669만 명이었다.

2021년 5월에 발표한 제7차 인구 조사 결과 2020년 중국 인구는 2010년 전에 비해 7,206만 명이 증가한 14억 1,178만 명으로 연평균 0.53% 증가하여 그 전 10년 평균치 0.57%보다 다소 낮아졌고 가구당 인구도 2.62명으로 2010년의 3.1명에 비해 0.48명이 감소하였다. 남녀 성비는 2010년의 111.3에서 105.1로 크게 개선되었으며 농촌인구는 63.9%로 2010년에 비해 14.2%나 낮아진 점도 두드러진 변화이다.

전국 31개 성 가운데 인구가 1억이 넘은 곳은 광동성(1억 2,601만 명)과 산동성(1억 152만 명)이었고, 가장 많은 인구를 자랑하던 하남성(9,936만 명)과 사천성(8,367만 명)은 그 순위가 밀렸다. 소수민족 비율은 1953년의 6.1%에서 1990년의 8.04%, 2000년의 8.41%, 2010년의 8.49%, 2020년 8.89%로 점차 증가하고 있다. 이는 2000~2010년 한족漢族의 연평균 인구 증가율이 0.57%인데 비해 소수민족의 연평균 증가율이 0.67%인 것에서 확인할 수 있다.[80]

이런 변화 가운데 가장 주목할 만한 것의 하나는 합계출산율(가임 기간에 출산할 것으로 예상되는 평균 출생아 수)이 1994년의 1.7명, 2020년의 1.3명에서 2021년 1.15명으로 급속하게 내려와 인구 평형을 유지할 수 있는 2.1명이 이미 무너졌다는 점이다. 그 결과 성공적인 인구정책에도 불구하고 매년 800~1,000만 명의 순증가가 불가피하므로 2020년 총인구는 14억 5천만 명이 될 것이란 기존의 추정치는 물론 중국 인구가 2030~2040년에 16억 5천만 명으로 정점에 이를 것이란 기존의 모든 예측이 무너졌다. 2019년 중국사회과학원에서는 중국의 인구 정점을 2029년의 14억 4천만 명으로 예상되었다. 상해사회과학원에서는 2021년을 인구 정점으로 예측할 정도였다.

---

80 소수민족 가운데 인구 증가율이 비교적 높은 민족은 위구르족·彝족·티베트족이지만 국외에 거주하는 동족과 비교하면 1/2에 불과하다. 回족·壯족·苗족 등은 漢族과 비슷하고, 만주족·조선족은 감소하고 있다.

2) 급격한 출산율 저하 요인

중국의 인구는 이미 1980년대부터 낮은 출산율·사망률·증가율을 보이고 있으며, 이러한 추세는 정책적 변화와 무관하게 지속될 것으로 보인다. 그것은 지난 40여 년에 걸친 교육과 계도를 통해 인구 문제에 대한 사회적 공감대가 강하게 형성되었고, 생활 수준 향상에 따른 소비 수준 유지 욕구란 일반적인 요소 외에도 중국 특유의 환경이 이를 가속화하고 있기 때문이다.

결혼과 출산을 가로막는 첫 번째 요인으로 부동산 가격 폭등을 들 수 있다. 최근 중국 경제성장을 이끈 가장 중요한 요소 가운데 하나가 도시화다. 새로운 도시건설을 통해 생활 여건을 개선하고 내수를 진작한다는 목표하에 북경·상해 등 제1선 도시는 물론 제2선 도시의 상당수까지 개발이 활발히 추진되었고, 이제는 제3선 도시의 개발에 주력하고 있다. 그 결과 부동산 관련 산업은 GDP의 30%를 차지하고 가계 자산의 75%를 차지하며 지방정부 재정의 45% 이상을 차지하므로 부동산 개발과 가격 상승이야말로 지방정부의 재정확보와 기득권의 이익을 보장하는 가장 손쉽고 확실한 수단이었다.

여기에 중국은 부동산 거래세만 있을 뿐 보유세가 없고, 상속세와 증여세도 없어서 경제성장에 따른 부의 편중이 제도화되어 있다고 해도 과언이 아니다. 연간 소득 상승보다 몇 배나 빠른 속도로 폭등한 부동산은 정상적인 경제 활동으로는 주택을 구입할 수 없는 상황을 초래하였고, 이는 곧 중국 청년의 결혼과 출산을 가로막는 가장 큰 요인으로 작용하고 있다.

저출산의 두 번째 원인은 출산적령기(25~29세) 여성이 2015년의 6,300만 명에서 2021년에는 4,600만 명으로 27%나 줄어들었다. 그것은 1990년대 한 자녀 정책으로 아들만 선호한 결과이며, 최근 중국 여성 가운데 비혼주의가 만연한 것도 이런 결과를 가중시킨 요인이다. 그 밖에도 사교육비 증가 등의 경제적 요인, 이미 핵가족에 익숙한 사회적 풍토, 남아선호에 따른 남녀 성비 불균형 등도 크게 영향을 끼치는 것으로 보인다.

3) 최근의 조정정책

적정인구·최적인구는 정치·군사적 측면과 사회·경제적 측면에서 각기 다른 기준을 갖고 있고, 각 국가의 자연·인문적 조건이 달라서 객관화가 어렵다. 따라서 인구 총수, 인구의 질, 연령별 비율, 남녀 비율, 지역 분포 등을 고루 고려해야 하는데 중국 정부의 정책 목표가 공개적으로 제시되지는 않았지만, 인구 감소는 경제 위축 등 후유증이 커서 급속한 감소를 추진하기도 쉽지 않기 때문에 대체적으로 zero 성장을 희망하고 있다.

현재 중국은 세계 최대의 인구, 급속한 노령화,[81] 노동력 감소,[82] 노동인구의 고령화, 남녀 성비의 부조화,[83] 미혼남성의 증가,[84] 과도한 유동인구, 소수민족의 비율 상승, 서부지역 인구의 급증, 빈곤층의 다산으로 인한 경제적 악순환, 과잉보호로 인한 '소황제' 문제 등 많은 문제를 안고 있지만, 그 가운데서도 급격한 출산율 저하가 가장 시급한 과제로 부상되면서 인구정책에 대한 대대적인 점검에 착수하여 조정정책을 내놓고 있다.[85]

---

81 1979년 65세 이상은 1% 미만이었지만 2015년 현재 60세 이상의 인구가 10%, 2030년에는 25%, 2050년에는 33%로 급증할 것으로 예상된다.
82 중국 경제의 최대 장점인 풍부한 노동력은 2015년 이후 점차 감소하고 있다.
83 신생아의 남녀 비율은 자연 상태에서는 105 : 100이지만 중국은 2014년의 경우 116 : 100이었다. 그 격차를 115 : 100으로 다소 줄이는 것이 2015년 중국 정부의 목표였다. 이 같은 남녀 성비의 차이는 인위적인 여아 낙태의 결과로서 2010년의 경우 인위적인 여아 낙태는 2,400만 명에 달하였다.
84 미혼 남성의 증가는 남녀 성비 불균형이 가장 큰 요인이지만 남성이 전적으로 주택 구입의 책임을 져야하는 결혼풍속과 지역적 경제 수준 차이에 따른 수급 문제가 상황을 더욱 어렵게 만들고 있다.
85 각 개인은 특정 연령이 경험할 수밖에 없는 '연령효과'와 특정 시대의 역사적 사건인 '시대효과'를 부여받는다.

조정정책의 핵심은 일률적인 산아제한에서 제한적 산아제한으로의 전환이다. 중국에서 둘째를 출산할 수 있는 예외 규정의 대상은 지역과 상황에 따라 약간 다르기는 하지만 널리 알려진 것처럼 부부 모두 농민이거나 소수민족인 경우가 가장 대표적이다. 하지만 그 밖에도 여러 경우가 있는데, 2002년부터 규제를 완화해 둘째의 성性을 구분하지 않고 출산할 수 있는 경우,[86] 여아로 제한하는 경우,[87] 그리고 입양이 가능한 경우[88]로 나누어 두 자녀까지 허용하는 것으로 바꾸었다. 그리고 2016년부터는 2명까지 출산을 할 수 있도록 허용하였고, 2021년 7월부터는 3명의 출산도 허용하였다.

다만 중국의 인구 문제는 단순한 양적 조정보다는 질적 조정에 더 힘을 쏟아야 할 것으로 보인다. 비록 심각한 저출산의 문제에 직면했다고는 하지만 어차피 중국의 인구가 과잉 상태인 데다가 현재의 인구가 한자녀 정책이란 강제적 규제의 결과라는 점, 그리고 아직도 향촌에서는 출산율이 상당하다는 점 등을 고려해 볼 때 단순한 양적 조정보다는 결혼과 출산을 용이하게 할 수 있게 사회경제적 구조를 안착하는 것이 선행되어야 하며, 고령화로 인한 노동력 공급 조정, 지역간 경제력 차이로 인한 과도한 유동 인구의 문제 등 섬세한 정책적 접근이 필요하다.

---

[86] ①부부 가운데 1명이 독생 자녀로서 1명의 자녀만 출산하였을 경우, ②농촌 부부 가운데 1명이 독생 자녀로서 1명의 자녀만 출산하였을 경우, ③부부 모두 소수민족으로서 1명의 자녀만 출산하였을 경우, ④부부 모두 귀국 화교거나 거주한지 6년 미만의 홍콩·마카오·대만 출신 주민으로서 1명의 자녀만 출산하였을 경우, ⑤첫째 자녀가 장애아로서 정상적인 노동력을 갖춘 성인으로 성장할 수 없다는 의학적 인증을 받은 경우, ⑥재혼 부부로서 재혼 전 출산 자녀의 수가 합계 2명 이내인 경우(단 재혼 이상 부부에게는 적용되지 않는다), ⑦부부 가운데 1명이 1~6급 상이군인인 경우, 1~5급 公傷 장애인인 경우, ⑧남자가 妻家 호적에 입적하고 부인이 형제가 없으며 농촌에 거주하는 부부일 경우(단 처가 자매 중 1명에 한하여 적용 가능) 1명의 자녀를 더 출산할 수 있다.

[87] ①농촌 부부의 경우, ②산악지대의 鄕 및 농촌에 사는 여성의 경우, ③광산 채굴현장에서 5년 이상 작업하였고 향후 계속 작업할 경우 여아에 한하여 1명을 더 출산할 수 있다.

[88] 결혼 후 출산하지 않았고, 부부 모두 30세 이상일 경우 법에 의거 1명의 자녀를 입양할 수 있다.

사회적으로도 4-2-1로 표현되는 역피라미드 구조의 가족 구성이 초래할 제반 문제, 독생자 중심의 도시 문화, 전통문화와의 단절 등도 해결해야 할 과제 가운데 하나다. 하지만 도시와 달리 농촌에서는 대부분 2명의 자녀를 낳고, 전체 인구의 70%가 농민이기 때문에 순수한 독자는 1억 내외로 추산된다. 따라서 중국의 모든 가정이 1명의 자녀를 두고 있다는 인식은 정확한 것이 아니다.

한편 중국 정부에서 자녀의 출산에 대한 권리를 각 가정으로 되돌리는 조치는 중국 사회의 정상적인 성숙을 위해 반드시 거쳐야 할 과정의 하나라고 볼 수도 있다.

	1	2	3	4	5	6	7	8	9	10
	\[표8-3\] 2021년 중국 지급시 인구별 순서(단위: 만 명)									
1	광주 廣州 1868	심천 深圳 1756	성도 成都 1658	서안 西安 1295	소주 蘇州 1275	정주 鄭州 1260	항주 杭州 1194	무한 武漢 1121	임기 臨沂 1102	하얼빈 哈爾濱 1076
2	석가장 石家莊 1064	동안 東莞 1047	청도 青島 1007	장사 長沙 1005	남양 南陽 971	온주溫州 957	불산 佛山 950	한단 邯鄲 941	영파 寧波 940	유방 濰坊 939
3	합비 合肥 937	남경 南京 931	보정 保定 924	제남 濟南 920	서주 徐州 908	주구 周口 903	하택 菏澤 880	천주 泉州 878	남녕 南寧 874	공주 贛州 871
4	장춘 長春 907	곤명 昆明 846	제녕 濟寧 836	심양 沈陽 832	복주 福州 829	부양 阜陽 820	상구 商邱 782	남통 南通 773	당산 唐山 772	무석 無錫 746
5	대련 大連 745	창주 滄州 730	형태 邢台 711	연대 煙臺 710	낙양 洛陽 706	금화 金華 705	담강 湛江 703	주마점 駐馬店 701	필절 畢節 690	염성 鹽城 671
6	형양 衡陽 665	태주 台州 662	준의 遵義 661	소양 邵陽 656	상요 上饒 649	남창 南昌 626	신향 新鄉 625	신양 信陽 623	무덩 茂名 617	혜주 惠州 604
7	귀양 貴陽 599	요성 聊城 595	황강 黃岡 588	옥림 玉林 580	곡정 曲靖 577	덕주 德州 561	남충 南充 561	게양 揭陽 558	산드 汕頭 550	안양 安陽 548
8	태안 泰安 547	랑방 廊坊 546	가흥 嘉興 540	달주 達州 539	상주 常州 535	숙주 宿州 532	태원 太原 530	영주 永州 529	상덕 常德 528	소흥 紹興 527
9	양양 襄陽 526	형주 荊州 523	하문 廈門 516	소통 昭通 509	장주 漳州 505	악양 岳陽 505	의춘 宜春 501	박주 亳州 500	평정산 平頂山 499	숙천 宿遷 499
10	계림 桂林 493	면양 綿陽 487	양산 涼山 486	개봉 開封 482	강문 江門 480	운성 運城 477	치박 淄博 470	위남 渭南 468	침주 郴州 463	구강 九江 460
11	연운항 連雲港 460	의빈 宜賓 459	희하 懷化 459	양주 揚州 456	회안 淮安 456	태주 泰州 451	카슈카르 喀什 450	홍하 紅河 448	길안 吉安 447	중산 中山 442
12	육안 六安 439	허창 許昌 438	난주 蘭州 436	귀항 貴港 432	효감 孝感 427	노주 瀘州 425	형수 衡水 421	안경 安慶 417	유주 柳州 416	장가구 張家口 412

13	조경 肇慶 411	치치하얼 齊齊哈爾 407	우룸치 烏魯木齊 405	적봉 赤峰 404	의창 宜昌 402	저주 滁州 399	임분 臨汾 398	청원 清遠 397	함양 咸陽 396	빈주 濱州 393
14	주주 株洲 390	매주 梅州 387	조장 棗莊 386	익양 益陽 385	누저 婁底 383	복양 濮陽 377	검동남 黔東南 376	수화 綏化 376	무호 蕪湖 364	유림 榆林 362
15	길림 吉林 326	무주 撫州 361	백색 百色 357	초작 焦作 352	문산 文山 350	검남 黔南 349	덕양 德陽 346	은시 恩施 346	호흐호트 呼和浩特 345	하지 河池 342
16	여량 呂梁 340	진중 晉中 338	호주 湖州 337	승덕 承德 335	대리 大理 334	안산 鞍山 333	보계 寶雞 332	흠주 欽州 330	동인 銅仁 330	방부 蚌埠 330
17	광안 廣安 325	한중 漢中 321	포전 莆田 321	진강 鎮江 321	십언 十堰 321	장치 長治 319	낙산 樂山 316	영덕 寧德 315	내강 內江 314	진황도 秦皇島 314
18	대동 大同 311	회남 淮南 303	육반수 六盤水 303	검서남 黔西南 302	천수 天水 298	일조 日照 297	미산 眉山 296	위해 威海 291	해구 海口 287	통료 通遼 287
19	조양 朝陽 287	은천 銀川 286	소관 韶關 286	이리 伊犁 284	하원 河源 284	오주 梧州 282	수녕 遂寧 281	대경 大慶 278	상담 湘潭 273	용암 龍岩 272
20	악쑤 阿克蘇 271	파중 巴中 271	포두 包頭 271	금주 錦州 270	흔주 忻州 269	남평 南平 268	산미 汕尾 267	함녕 咸寧 266	양강 陽江 260	형문 荊門 260
21	조주 潮州 257	정서 定西 252	여수 麗水 251	호탄 和田 250	선성 宣城 250	안강 安康 249	자공 自貢 249	상서 湘西 249	삼명 三明 249	안순 安順 247
22	황석 黃石 247	서녕 西寧 247	주해 珠海 244	호로도 葫蘆島 243	보산 保山 243	초웅 楚雄 242	롱남 隴南 241	보이 普洱 241	철령 鐵嶺 239	운부 雲浮 238
23	루하 漯河 237	영구 營口 233	자양 資陽 231	광원 廣元 231	목단강 牡丹江 229	연안 延安 228	구주 衢州 228	임창 臨滄 226	송원 松原 225	옥계 玉溪 225
24	후룬부이르 呼倫貝爾 224	진성 晉城 219	동영 東營 219	단동 丹東 219	경양 慶陽 218	마안산 馬鞍山 216	가목사 佳木斯 216	오르도스 鄂爾多斯 215	임하 臨夏 211	숭좌 崇左 209
25	래빈 來賓 207	수주 隨州 205	상락 商洛 204	삼문협 三門峽 203	하주 賀州 201	회북 淮北 197	연변 延邊 194	북해 北海 185	평량 平涼 185	사평 四平 181

26	평향 萍鄉 180	무순 撫順 173	우란챠부 烏蘭察布 171	부신 阜新 165	경덕진 景德鎮 162	바잉골 巴音郭楞 161	창길 昌吉 131	요양 遼陽 160	삭주 朔州 159	학벽 鶴壁 157
27	백성 白城 155	바얀누르 巴彦淖爾 154	좡자계 張家界 152	백은 白銀 151	계서 雞西 150	무위 武威 147	아안 雅安 143	흥안 興安 142	반금 盤錦 139	오충 吳忠 138
28	해동 海東 136	지주 池州 134	황산 黃山 133	본계 本溪 132	양천 陽泉 132	덕굉 德宏 132	동릉 銅陵 131	통화 通化 130	씨슈앙빤나 西雙版納 130	흑하 黑河 128
29	여강 麗江 125	반지화 攀枝花 121	쏜압산 雙鴨山 121	신여 新餘 120	주산 舟山 116	응담 鷹潭 115	고원 固原 114	타바가타이 塔城 114	장액 張掖 113	가제 甘孜 111
30	씨링골 錫林郭勒 111	악주 鄂州 108	중위 十堰 107	주천 酒泉 106	방성항 防城港 105	삼아 三亞 103	요원 遼源 100	담주 儋州 95	백산 白山 95	학강 鶴崗 89
31	이춘 伊春 88	라싸 拉薩 87	느가와 阿壩 82	시가쯔 日喀則 80	칸도 昌都 76	석취산 石嘴山 75	동천 銅川 70	투르판 吐魯番 69	감남 甘南 69	칠태하 七台河 69
32	하미 哈密 67	알타이 阿勒泰 67	키질쓰키르키스 克孜勒蘇 柯爾克孜 62	오해 烏海 56	노강 怒江 55	나그츄 那曲 50	케라마이 克拉瑪依 49	보르타라 博爾塔拉 49	해서 海西 46	해남 海南 45
33	금창 金昌 44	옥수 玉樹 43	적경 迪慶 39	로카 山南 35	대흥안령 大興安嶺 33	가욕관 嘉峪關 31	황남 黃南 27	해북 海北 27	알싸 阿拉善 26	닝치 林芝 24
34	골록 果洛 22	느가리 阿里 12	삼사 三沙 0.2							

도표 및 사진 목록

[도 5-1] 중국 역대 평균기온 변화 및 온난기·한랭기 분포 상황

[도 5-2] 중국 평균기온의 변화와 노르웨이 설선의 비교

[도 5-3] 위진남북조 이래 중국 기온변화도

[도 8-1] 남중국과 북중국의 인구 비율 변화

[표 1-1] 역사지리학의 영역과 세부 분류

[표 3-1] 남북조의 주·군·현 수

[표 3-2] 성급 행정단위의 지역 구분, 약칭 및 성회

[표 3-3] 4대 직할시 현황

[표 3-4] 성 관할 행정단위 수의 변화

[표 3-5] 각 성·자치구의 지급시 현황

[표 8-1] 한중 평균 수명 비교

[표 8-2] 20세기 중국 인구 통계

[표 8-3] 2021년 중국 지급시 인구별 순서

[사진 6-1] 황토고원의 지형-1

[사진 6-2] 황토고원의 지형-2

[사진 8-1] 복건성 남정현 전라갱

[사진 8-2] 복건성 남정현 회원루-1

[사진 8-3] 복건성 남정현 회원루-2

[사진 8-4] 복건성 남정현 회원루-3

[사진 8-5] 복건성 남정현 유창루-1

[사진 8-6] 복건성 남정현 유창루-2

지도목록

[지도 2-1] 10대 관문과 기타 주요 관문

[지도 3-1] 당의 감찰구역도

[지도 3-2] 명의 행정구역도

[지도 3-3] 성급 행정단위와 지역구분도

[지도 4-1] 『상서』의 '우공9주'

[지도 4-2] 내지와 변지의 구분

[지도 4-3] 남중국과 북중국의 구분

[지도 4-4] 동북 9성

[지도 4-5] 내몽고 4성

[지도 4-6] 티베트 문화 구역도

[지도 4-7] 8대 지역구분도

[지도 4-8] 동남·중남지역 구분도

[지도 4-9] 4대 지역구분도

[지도 4-10] 5대 지역구븐도

[지도 4-11] 3대 계단식 지형 구분도

[지도 4-12] 계절풍 영향력에 따른 7개 지역구분도

[지도 4-13] 중국 경제의 동서 격차

[지도 4-14] 호적인구와 상주인구 유출입

[지도 4-15] 8대 경제구역 구분도

[지도 4-16] 고택동의 3선 구분도

[지도 4-17] 7대 대군구 구역도

[지도 4-18] 5대 대군구 구역도

[지도 5-1] 중국의 계단식 지형

[지도 5-2] 중국의 황막화 지역도

부록   393

[지도 5-3] 중국의 주요 사막 및 사지 분포도

[지도 5-4] 남수북조공정 노선도-1

[지도 5-5] 남수북조공정 노선도-2

[지도 5-6] 남수북조공정 동선 노선도

[지도 5-7] 남수북조공정 중선 노선도

[지도 6-1] 황토고원 분포도

[지도 6-2] 황하 유역도

[지도 6-3] 황하의 하도 변천도

[지도 7-1] 장강의 본류와 지류 지도

[지도 7-2] 형강의 홍수 체류구와 제방 지도

[지도 7-3] 동정호의 변화도

[지도 7-4] 태호 유역 지형 및 수계도

[지도 7-5] 해하 유역 수계도

[지도 7-6] 회하 유역 수계도

[지도 7-7] 화북평야의 형성 및 발전도

[지도 7-8] 장강 삼각주 형성도

[지도 8-1] 중국의 인구분포와 호환용선

[지도 8-2] 진의 중국 통일 직전 상황도

[지도 8-3] 서한의 인구분포도

[지도 8-4] 당대의 인구분포도

[지도 8-5] 북송의 인구분포도

[지도 8-6] 북송의 재상 출신 지역 분포도

[지도 8-7] 송대의 시인 출신 지역 분포도

[지도 8-8] 명대의 인구분포도

[지도 8-9] 명대의 진사 출신 지역 분포도

참고문헌

■한국서적

고려대중국학연구소, 『중국지리의 즐거움』, 차이나하우스 2012, pp.399.
菊地利夫 저, 윤정숙 역, 『역사지리학방법론』, 이회문화사, 1995, pp.344.
그레이엄 클라크 저, 정기문 역, 『공간과 시간, 그리고 인간』, 푸른길, 2011, pp.240.
김추윤·장삼환, 『중국의 국토환경』, 대륙연구소 출판부, 1995, pp.630.
남영우, 『지리학자가 쓴 도시의 역사』, 푸른 길, 2013, pp.368.
다바타 히사오 저, 원정식 역, 『중국소수민족입문』, 2006, 현학사, pp.339.
도날드 휴즈 저, 표정훈 역, 『고대문명의 환경사』, 사이언스 북스, 1998, pp.293.
董鑒泓 저, 이유진 역, 『고대 도시로 떠나는 여행』, 글항아리, 2016, pp.425.
라우텐자흐 저, 김종규 역, 『코레아』, 민음사, 1998, pp.1057.
레스터 브라운 저, 지기환 역, 『중국을 누가 먹여 살릴 것인가』, 따님, 1998.
류제헌, 『중국역사지리』, 문학과 지성사, 1999. pp.329.
마크 엘빈 저, 정철웅 역, 『코끼리의 후퇴』, 사계절, 2011, pp.909.
박승규, 『일상의 지리학』, 책세상, 2009, pp.174.
박한제, 『중국 도성 건설과 입지』, 서울대학교 출판문화원, 2019, pp.407.
브라이언 페이건 저, 윤성옥 역, 『기후는 역사를 어떻게 만들었는가』, 중심, 2002. pp.371.
브라이언 페이건 저, 남경태 역, 『기후, 문명을 바꾸다』, 예지, 2007, pp.398.
브로노 바우만 저, 이수영 역, 『타클라마칸』, 다른 우리, 2001, pp.367.
斯波義信 저, 신태갑·윤귀희 역, 『중국도시사』, 서경문화사, 2008, pp.353.
서인범, 『명대의 운하길을 걷다』, 한길사, 2012, pp.415.
서인범, 『연행사의 길을 가다』, 한길사, 2014, pp.575.
앨프래드 크로스비 저, 안효상·정범진 역, 『생태 제국주의』, 지식의 풍경, 2002, pp.439.

에드워드 하임스, 김준민 역, 『토양과 문명』, 범양사, 1989, pp.304.

엘스워스 헌팅턴 저, 한국지역지리학회 역, 『문명과 기후』, 민속원, 2013, pp.413.

吳祥輝 저, 허유영 역, 『배낭에 담아 온 중국』, 흐름출판, 2012, pp.379.

오토 프리드리히 볼노, 이기숙 역, 『인간과 공간』, 에코리브르, 2011, pp.424,

王 暉 저, 송인재 역, 『아시아는 세계다』, 글항아리, 2011, pp.408

윌리엄 맥닐 저, 허정 역, 『전염병과 인류의 역사』, 한울, 1992, pp.327.

劉昭民 저, 박기수·차경애 역, 『기후의 반역 : 기후로 본 중국의 흥망사』, 성대 출판부, 2003. pp.344.

이강원, 『사막중국』, 폴레테이아, 2007, pp.245.

伊原弘 저, 趙寬熙 역, 『중국 중세 도시 기행』, 學古房, 2012, pp.244.

임중혁, 『스무날 동안의 황토 기행』, 소나무, 2001, pp.341.

임춘성·王曉明 저, 중국문화연구공부모임 역, 『21세기 중국의 문화지도』, 현실문화, 2009, pp.517.

정철웅, 『역사와 환경』, 책세상, 2002, pp.173.

정철웅, 『자연의 저주』, 책세상, 2012, pp.628.

제레드 다이아몬드 저, 김진준 역, 『총·균·쇠』, 문학사상사, 2013, pp.751.

제레미 다이아몬드, 강주헌 역, 『문명의 붕괴 : 과거의 위대한 문명은 왜 몰락했는가?』, 김영사, 2005, pp.787.

최덕경, 『중국 고대 산림 보호와 환경생태사 연구』, 신서원, 2009, pp.526.

최덕경, 『동아시아 농업사상의 똥 생태학』, 세창출판사, 2016, pp.621.

최진성, 『역사지리학강의』, 사회평론, 2011, pp.323.

鄒振環 저, 한지은 역, 『지리학의 창으로 보는 중국의 근대』, 푸른역사, 2013, pp.632.

祝 勇 저, 김양수 역, 『베이징을 걷다』, 미래인, 2008, pp.200.

湯淺赳男 저, 임채성 역, 『문명 속의 물』, 푸른 길, 2011, pp.352.

크리스티안 디트리히 쉰비제 저, 김종규 역, 『기후변동론』, 한울, 1998, pp.198.

하름 데 블레이 저, 유나영 역, 『왜 지금 지리학인가』, 사회평론, 2016, pp.515.

何炳棣 저, 정철웅 역, 『중국의 인구』, 책세상, 1994, pp.390.

한주성, 『인구지리학』, 한울아카데미, 2007, pp.557.

한중황사조사연구단, 『황사』, 동아일보사, 2004, pp.311.

헤르만 플론 저, 김종규 역, 『과거와 미래의 기후변화 문제』, 한울아카데미, 2000, pp.262.

胡兆量, 저, 김태성 역, 『중국의 문화지리를 읽는다』, 휴머니스트, 2005, pp.549.

휴버트 램, 김종규 역, 『기후와 역사』, 한울아카데미, 2004, pp.468.

팀 마샬 저, 김미선 역, 『지리의 힘』1, 사이, 2016, pp.368.

팀 마샬 저, 김미선 역, 『지리의 힘』2, 사이, 2022, pp.472.

■중국서적

江蘇省交通廳航道局 『京杭運河志(蘇南段)』, 北京, 人民交通出版社, 2009, pp.791.

高　凱, 『地理環境與中國古代社會變遷三論』, 天津, 天津古籍出版社, 2006, pp.281.

顧一群, 『運河名城無錫』, 蘇州, 古吳軒出版社, 2008, pp.255.

岑仲勉, 『黃河變遷史』, 北京, 中華書局, 2004, pp.786.

藍　勇, 『中國歷史地理學』, 北京, 高等敎育出版社, 2003, pp.360.

魯西奇, 『中國歷史的空間結構』, 桂林, 廣西師範大學出版社, 2014, pp.478.

唐元海, 『淮河300問』, 鄭州, 黃河水利出版社, 2000, pp.218.

董文虎, 『京杭大運河的歷史與未來』, 北京, 社會科學出版社, 2008, pp.379.

孟慶枚, 『黃土高原水土保持』, 鄭州, 黃河水利出版社, 1999, pp.535.

謝敏聰, 『中國古代的城市與建築』, 臺北, 大立出版社, 1985, pp.154.

史念海, 『河山集(第5集)』, 太原, 山西人民出版社, 1991, pp.571.

史念海, 『黃河流域諸河流的演變與治理』, 西安, 陝西人民出版社, 1999, pp.414.

史念海, 『黃土高原歷史地理研究』, 鄭州, 黃河水利出版社, 2002, pp.886.

山東省濟寧市政協文史資料委員會, 『濟寧運河文化』, 濟南, 山東友誼出版社, 2000, pp.447.

山東省濟寧市政協文史資料委員會, 『濟寧運河文化研究』1, 濟南, 山東友誼出版社, 2002, pp.521.

石　泉, 『中國歷史地理專題』, 武漢, 湖北人民出版社, 2013, pp.285.

孫承恩, 『黃河』, 北京, 科學普及出版社, 1992, pp.259.

晏祖壽, 『太湖160問』, 鄭州, 黃河水利出版社, 1999, pp.126.

安芷生, 『黃土黃河黃河文化』, 鄭州, 黃河水利出版社, 1998, pp.252.

吳祥定, 『歷史時期黃河流域環境變遷與水沙變化』, 北京, 氣象出版社, 1994, pp.169.

王　頲, 『黃河故道考辨』, 上海, 華東理工大學出版社, 1995, pp.231.

王子今, 『秦漢時期生態環境研究』, 北京, 北京大學出版社, 2007, pp.540.

王天順, 『河套史』, 北京, 人民出版社, 2006, pp.575.

姚漢源, 『黃土水利史研究』, 鄭州, 黃河水利出版社, 2003, pp.604.

魏嵩山, 『太湖流域開發探源』, 南昌, 江西教育出版社, 1993, pp.284.

劉善建, 『治水·治沙·治黃河』, 北京, 中國水利水電出版社, 2003, pp.320.

劉昭民, 『中國歷史上氣候之變遷』, 臺北, 臺灣商務印書館, 1982, pp.259.

劉會運, 『黃河明清故道考察研究』, 南京, 河海大學出版社, 1998, pp.385.

李心純, 『黃河流域與綠色文明』, 北京, 人民出版社, 1999, pp.285.

李　泉, 『山東運河文化研究』, 濟南, 齊魯書社, 2006, pp.355.

林　頰, 『中國歷史地理學研究』, 福州, 福建人民出版社, 2006, pp.370.

林　拓, 『文化的地理過程分析』, 上海, 上海書店出版社, 2004, pp.420.

張家誠·林之光, 『中國氣候』, 臺北, 明文書局, 1987, pp.653.

趙　榮, 『中國古代地理學』, 北京, 商務印書館, 1997, pp.174.

朱蘭琴, 『黃河300問』, 鄭州, 黃河水利出版社, 1999, pp.163.

朱士光, 『黃土高原地區環境變遷及其治理』, 鄭州, 黃河水利出版社, 1999,

pp.312.

朱振宏, 『長江400問』, 鄭州, 黃河水利出版社, 2000, pp.184.

周振鶴, 『中國歷史文化區域研究』, 上海, 旦大學出版社, 1997, pp.375.

陳橋驛, 『中國運河開發史』, 北京, 中華書局, 2008, pp.578.

陳芳惠, 『歷史地理學』, 臺北, 大中國圖書公司, 1977, pp.231.

陳正祥, 『中國文化地理』, 臺北, 木鐸出版社, 1983, pp.290.

蔡桂林, 『運河傳』, 保定 河北大學出版社, 2009, pp.292.

鄒逸麟, 『中國歷史地理概述』, 福州, 福建人民出版社, 2002, pp.244.

鄒逸麟, 『中國歷史人文地理』, 北京, 科學出版社, 2011, pp.437.

編輯部, 『黃土水利史述要』, 鄭州, 黃河水利出版社, 2003, pp.433.

韓昭慶, 『黃淮關係及其演變過程研究』, 上海, 旦大學出版社, 1999, pp.240.

海野一隆, 王妙發 譯, 『地圖的文化史』, 香港, 中華書局, 2003, pp.191.

華林甫, 『中國地名史話』, 濟南, 齊魯書社, 2006, pp.203.

華林甫, 『中國地名學研究』, 北京, 人民出版社, 2010, pp.444.

黃錫荃, 『中國的河流』 北京, 商務印書館, 1995, pp.211.

■일본서적

井上靖, 『NHK大黃河』, 東京, 日本放送出版協會, 1986, pp.287.

鶴間和幸, 『黃河下流域の歷史と環境』, 東京, 東方書店, 2007, pp.375.